前　言

　　本书坚持以习近平新时代中国特色社会主义思想为指导，坚持立德树人，按照"知行合一，德技并修"的职业教育精神，以培养学生坚定的理想信念、良好的人文素养为目标，将专业理论基础、专业知识、实践能力、创新能力融为一体，探索高素质技术技能人才培养模式的改革，注重促进学生思想、能力与心理的健康发展，同时将精益求精的工作意识贯穿于理论及实践技能训练过程中，使学生在个人生活和社会活动中具有良好的公民意识、社会责任感和工匠精神，从而为将来就业及职业发展打下良好的基础。

　　本书的编写充分体现教材、教学、教法改革理念与思路，内容设计合理，充分考虑教学模式改革与创新，将理论与实践紧密结合，能够有效提高师生的教学效果。本书的编写一方面依托学校与行业协会、汽车生产企业、汽车售后服务集团的战略合作关系，充分调研汽车前、后市场现状与未来发展趋势，分析企业的实际用人需求，按照企业岗位职责的要求，提炼典型工作任务，剖析其技能与知识要求，使编写的内容符合学生未来就业岗位及职业发展方向要求；另一方面以培养学生专业能力、学习能力和社会实践能力为导向，按照新能源汽车职业教育教学模式的要求，以面向工作过程的学习领域为基础组织内容。本书不仅是职业院校汽车类专业的重要专业基础课程教材，同时为从事汽车研究、设计、制造、使用和维修的工程技术人员提供了学习与参考依据。

　　本书的特色及创新体现在以下3个方面。

　　(1) 职业教育教学理念全程贯穿。本书吸纳具有实际教学经验及企业实践经验的优秀教师参与编写，选择内容的深度与广度充分考虑具体的教学情境、企业真实工作任务，教学过程融入职业教育理念，对照职业教育国家专业教学标准，开发配套信息化资源。在编写过程中，本书紧紧围绕新能源汽车类专业人才培养目标和新能源汽车电工电子技术的课程标准，有机结合"教"和"学"，方便教师利用教材及配套的教学资源开展教学，教材也是学生自主学习的主要参考。

　　(2) 体系架构与国际接轨。本书以编者学校"中德汽车机电职业技能培训中心"为依托，融入国内外最新教育教学理念与方法。本书借鉴德国汽车行业标准，将德国职业教育理论落地中国职业教育环境的研究与实践成果进行总结和凝练，对内容进行重组，培养知识、技能、行为习惯、职业素养四位一体的技术技能型人才。

　　(3) 内容与职业标准对接。本书贴合企业用人实际，以汽车生产企业真实工作案例为载体,建立工作任务与知识、技能的联系。工作任务的选择体现先进性、典型性、通用性,教学活动设计符合学生自身与企业的实际需求,对接职业标准,使学生在工作任务中能够更好地适应工作岗位,符合企业用人需求现状,能适应未来发展趋势。

　　本书由广西交通职业技术学院刘学军、黄莲花以及南宁市第四职业技术学校陈健健担任主编;广西交通职业技术学院林土淦、张浩雨、韦皓担任副主编;参与编写的人员还有广西交通职业技术学院黄朝干、朱希一、李泽辉、刘凤鸣、黄显昆。

　　由于编者的水平有限,书中的诊断流程、测试数据等可能存在疏漏,内容也可能存在不妥之处,恳请读者批评指正。

编者
2023 年 2 月

职业教育新能源汽车类专业
新形态一体化教材

新能源汽车
电工电子技术

主　编　刘学军　黄莲花　陈健健

副主编　林土淦　张浩雨　韦　皓

参　编　黄朝干　朱希一　李泽辉

　　　　刘凤鸣　黄显昆

中国教育出版传媒集团

高等教育出版社·北京

内容简介

本书是职业教育新能源汽车类专业新形态一体化教材。

本书主要内容包括新能源汽车常用检测仪器、新能源汽车常用基本元器件、新能源汽车直流电路基础、新能源汽车交流电路基础、新能源汽车电磁学基础、新能源汽车常用半导体器件、新能源汽车模拟电路基础、新能源汽车数字电路基础、新能源汽车电压转换电路、新能源汽车驱动电机及控制技术、新能源汽车电力电子变流技术。同时，本书还提供了丰富的教学及学习资源，包括电子课件、微课视频等，微课视频可通过扫描书上的二维码在线学习，全部资源可通过智慧职教（www.icve.com.cn）平台上的"新能源汽车电工电子技术"在线课程进行学习，详见"智慧职教"服务指南。

本书可作为职业院校新能源汽车技术、汽车检测与维修技术等汽车类专业的教学用书，也可供汽车行业相关技术人员学习参考。授课教师如需本书配套的教学课件等资源或是有其他需求，可发送邮件至 gzjx@pub.hep.cn 获取。

图书在版编目（CIP）数据

新能源汽车电工电子技术 / 刘学军，黄莲花，陈健健主编.--北京：高等教育出版社，2023.5（2024.9重印）
ISBN 978-7-04-061147-2

Ⅰ.①新… Ⅱ.①刘… ②黄… ③陈… Ⅲ.①新能源－汽车－电工技术－高等职业教育－教材②新能源－汽车－电子技术－高等职业教育－教材 Ⅳ.①U469.7

中国国家版本馆CIP数据核字（2023）第174447号

XINNENGYUAN QICHE DIANGONG DIANZI JISHU

策划编辑	姚 远	责任编辑	姚 远	封面设计	赵 阳	版式设计 童 丹
责任绘图	黄云燕	责任校对	刘丽娴	责任印制	张益豪	

出版发行	高等教育出版社	网　址	http://www.hep.edu.cn
社　址	北京市西城区德外大街4号		http://www.hep.com.cn
邮政编码	100120	网上订购	http://www.hepmall.com.cn
印　刷	唐山嘉德印刷有限公司		http://www.hepmall.com
开　本	787mm×1092mm　1/16		http://www.hepmall.cn
印　张	19.5		
字　数	470千字	版　次	2023年5月第1版
购书热线	010-58581118	印　次	2024年9月第2次印刷
咨询电话	400-810-0598	定　价	49.80元

本书如有缺页、倒页、脱页等质量问题，请到所购图书销售部门联系调换
版权所有　侵权必究
物 料 号　61147-00

"智慧职教"服务指南

"智慧职教"（www.icve.com.cn）是由高等教育出版社建设和运营的职业教育数字教学资源共建共享平台和在线课程教学服务平台，与教材配套课程相关的部分包括资源库平台、职教云平台和 App 等。用户通过平台注册，登录即可使用该平台。

● 资源库平台：为学习者提供本教材配套课程及资源的浏览服务。

登录"智慧职教"平台，在首页搜索框中搜索"新能源汽车电工电子技术"，找到对应作者主持的课程，加入课程参加学习，即可浏览课程资源。

● 职教云平台：帮助任课教师对本教材配套课程进行引用、修改，再发布为个性化课程（SPOC）。

1. 登录职教云平台，在首页单击"新增课程"按钮，根据提示设置要构建的个性化课程的基本信息。

2. 进入课程编辑页面设置教学班级后，在"教学管理"的"教学设计"中"导入"教材配套课程，可根据教学需要进行修改，再发布为个性化课程。

● App：帮助任课教师和学生基于新构建的个性化课程开展线上线下混合式、智能化教与学。

1. 在应用市场搜索"智慧职教 icve"App，下载安装。

2. 登录 App，任课教师指导学生加入个性化课程，并利用 App 提供的各类功能，开展课前、课中、课后的教学互动，构建智慧课堂。

"智慧职教"使用帮助及常见问题解答请访问 help.icve.com.cn。

目　录

项目一 ▶▶▶
新能源汽车常用检测仪器

▶ **项目目标**

1. 知识目标

(1) 掌握新能源汽车检测仪器的分类和构成。

(2) 掌握如何判断检测仪器正常与否。

(3) 掌握如何正确选用检测仪器及使用注意事项。

2. 能力目标

(1) 掌握使用万用表测量直流电压、交流电压、直流电流、电阻的方法。

(2) 会用万用表检测新能源汽车元器件合格与否。

(3) 会分析新能源汽车绝缘是否正常。

3. 素养目标

(1) 培养分析能力、动手能力、利用所学知识解决实际问题的能力。

(2) 培养认真仔细的学习态度、工作态度和严格遵守组织纪律的习惯。

(3) 培养规范意识、安全生产意识和敬业爱岗精神。

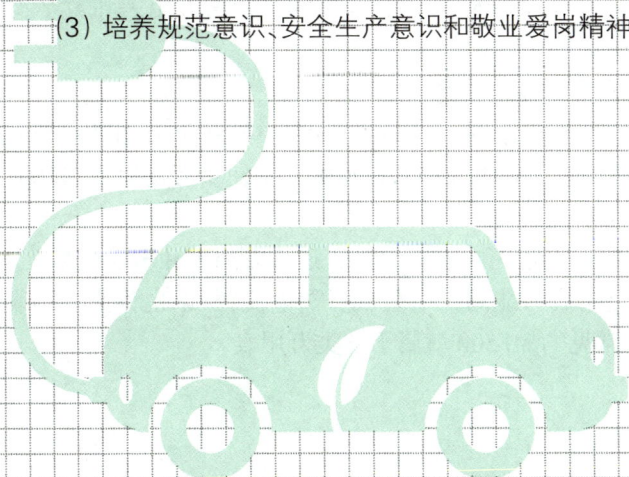

任务一 万用表使用与操作方法

必学必会

1. 学会使用指针式万用表测量汽车电路电压、电路元器件电阻、电路电流。
2. 学会使用数字式万用表测量汽车电路电压、电路元器件电阻、电路电流。

任务描述及分析

万用表是万用电表的简称,万用表因具有多项测量功能,操作简单且携带方便,已成为目前最基本、最常用的电工电子测量仪器之一。对于汽车维修工以及电工、电路设计人员等,尤其是汽车维修工来说,掌握万用表的使用方法和技巧是快速判断元器件合格与否、快速检测车辆电气线路正常与否的基础。下面通过本任务的学习,不仅可以了解如何选用万用表,而且能够掌握万用表的基本原理、使用方法和使用注意事项。

相关知识

一、万用表的分类和构成

1. 万用表的分类

1) 按表头的构成分类

按表头的构成不同,万用表可分为指针式万用表和数字显示式(简称数字式)万用表两类。目前,常见的指针式万用表有 MF47、MF50 等,常见的数字式万用表有优利德 UT33D+、胜利 VC890C+ 等。常见的指针式万用表和数字式万用表如图 1-1-1 和图 1-1-2 所示。

2) 按功能操作旋钮分类

按功能操作旋钮不同,万用表可分为单旋钮型万用表和双旋钮型万用表两类。常见的单旋钮型万用表为 MF47,常见的双旋钮型万用表为 MF50。

3) 按测量功能分类

按测量功能不同,万用表可分为普通型万用表和多功能型万用表两类。

普通型万用表只能测量电阻、电压、电流,所以也称为三用表,并且测量的电流容量较小,如常见的 MF500 就属于此类万用表。

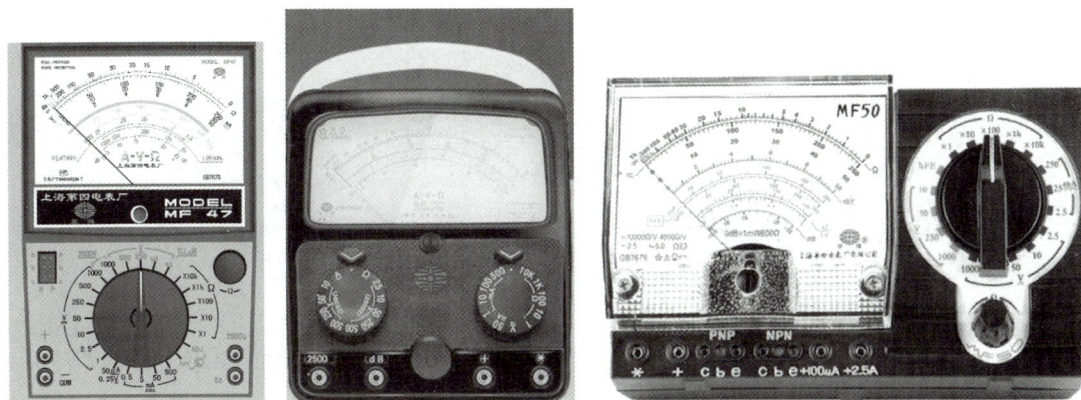

图 1-1-1 常见指针式万用表

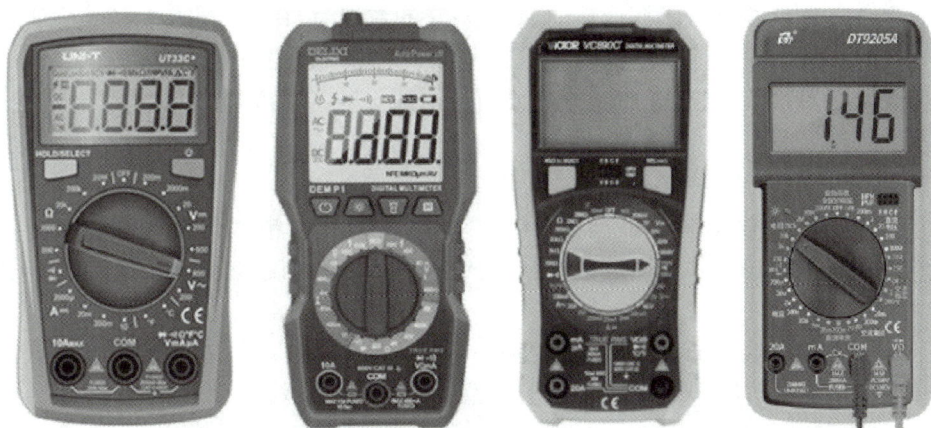

图 1-1-2 常见数字式万用表

早期的多功能型万用表是在普通型万用表的基础上增加了三极管放大倍数测量功能、大电流测量功能,如 MF30 和部分 MF47 型万用表;后期生产的多功能型万用表还增加了短路(通路)测量功能、电容测量功能,甚至有的万用表还增加了欠电压(电池电量不足)提示功能、自动延迟关机功能,以及音频电平、温度、电感量、频率测量和遥控器信号检测等功能,并且多功能型万用表的保护功能也越来越完善。

2. 万用表的构成

1)指针式万用表的构成

(1)表头。表头由磁铁、线圈、游丝、表针(指针)构成。当有微弱的电流通过线圈时,它就会产生磁场,驱动表针从左侧向右侧偏转。电流越大,偏转角度也越大。

(2)表盘。表盘上有大量的图形、符号,并且还有多条刻度线。图 1-1-3 是 MF47 型万用表的表盘示意图。

MODEL MF47

C(μF)50 Hz

A—V—Ω

L(H)50 Hz

MC苏01000121-1

南京电表厂
MADE IN CHINA

ZBN21004

20 kΩ/ＶＶ 4 kΩ/~Ｖ

2.5~5.0 Ω ⑩

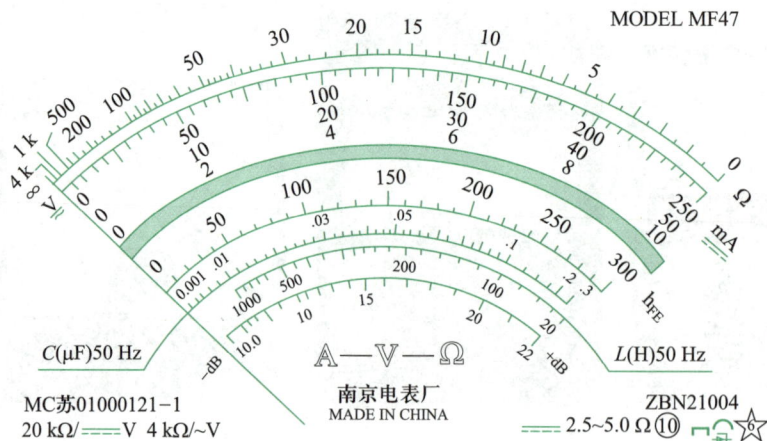

图 1-1-3　MF47 型万用表的表盘示意图

第 1 条刻度线是电阻挡读数的刻度线，它的右端为"0"，左端为"∞"（无穷大），所以读数要从右向左读。也就是说，表针越靠近右端，数值越小。

第 2 条刻度线是交流、直流电压及直流电流读数的刻度线，它的左端为"0"，右端为最大值，所以读数要从左向右读。也就是说，表针越靠近右端，数值越大。如果测量量程不同，即使表针在同一位置，数值也是不同的。

第 3 条刻度线是为了提高 0~10 V 交流电压的读数精度而设置的，它的左端为"0"，右端为"10 V"，所以读数要从左向右读。也就是说，表针越靠近右端，数值越大。

第 4 条刻度线是分贝读数的刻度线，它的左端为"10 dB"，右端为"+22 dB"，所以读数要从左向右读。也就是说，表针越靠近右端，数值越大。

2）数字式万用表的构成

数字式万用表以直流数字电压表作为基本表，配接与之呈线性关系的直流电压、交流电压、直流电流、电阻变换器，即能将各自对应的电参量准确地用数字显示出来。数字式万用表主要由两大部分构成：第一部分是输入与变换部分，其主要作用是通过电流/电压转换器（I/U 转换器）、交流/直流转换器（AC/DC 转换器）、电阻/电压转换器（R/U 转换器）将各测量数据转换成直流电压量，再通过量程选择，经放大或衰减电路送入模/数转换器（A/D 转换器）进行转换处理；第二部分是 A/D 转换电路、译码电路与显示部分。

3. 万用表的使用方法

1）指针式万用表的使用方法

（1）检查表头。使用指针式万用表之前，首先要晃动万用表查看表针能否灵活摆动，若不能灵活摆动，则说明表针或游丝异常，需要校正或更换。晃动万用表后，查看表针能否回到左侧的"0"位置，若不能，则需要用一字螺钉旋具调节面板上的调零旋钮，使指针回到"0"位置上，如图 1-1-4 所示。

微课

万用表的使用
介绍

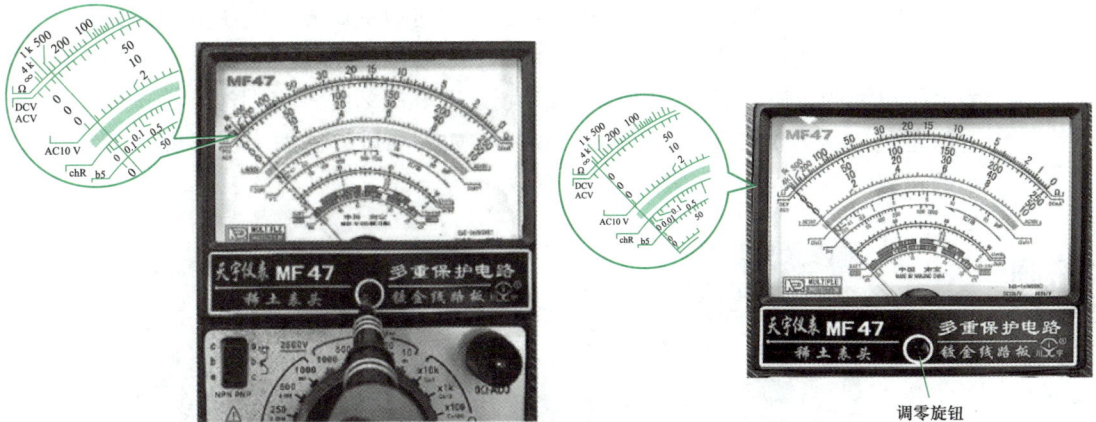

图 1-1-4 指针式万用表调零

（2）安装表笔。测量前，先将负表笔（黑表笔）插入"–"（COM）插孔内，将正表笔（红表笔）插入"+"插孔内，如图 1-1-5（a）所示。若需要测大电流或高电压，则需要将正表笔插入"10 A"或"2 500 V"的插孔内，如图 1-1-5（b）、（c）所示。

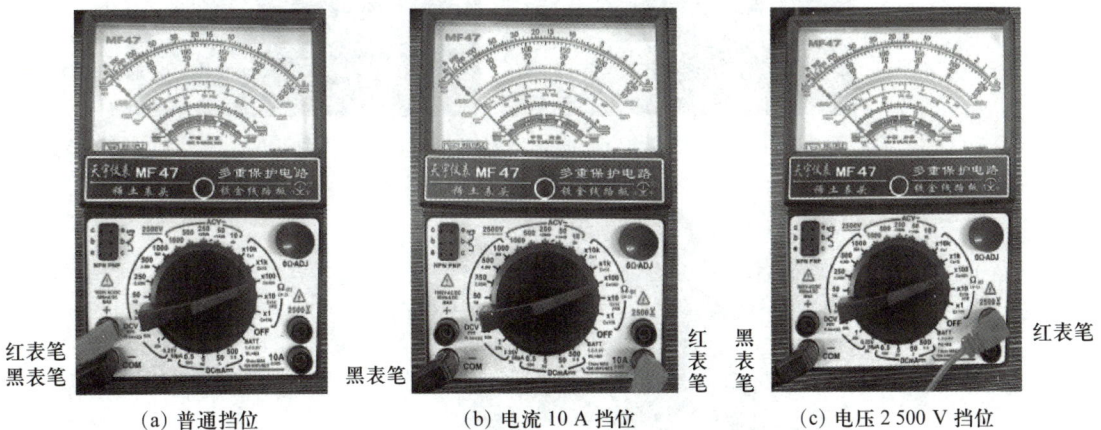

（a）普通挡位　　　　　　　（b）电流 10 A 挡位　　　　　　　（c）电压 2 500 V 挡位

图 1-1-5 指针式万用表安装表笔示意图

2）数字式万用表的使用方法

开关机操作：在关机状态下，旋转转换开关，显示屏显示数字"0 L"，说明已开机；在开机状态下，再旋转转换开关，使其处于"OFF"位置，显示屏熄灭，说明已关机，如图 1-1-6 所示。

二、直流电压的测量

1. 指针式万用表测量直流电压

在测量直流电压时，要先根据电压的高低选择合适的直流电压挡位。若被测电压为 10 V 以内，则选择 10 V 直流电压挡；若被测电压的范围为 10~50 V，则选择

50 V 直流电压挡,以此类推。选择正确的挡位可以准确测出电压值。例如,在测量汽车 12 V 蓄电池电压时,首先选择 50 V 直流电压挡,再将红表笔接电池的正极,黑表笔接电池的负极,此时表针停留在最大数值 50 的刻度线的"13.2"的位置,说明该蓄电池的电压为 13.2 V,如图 1-1-7 所示。如果测量数据大于所选量程,表针就会因超量程而出现"打弯"等异常现象。

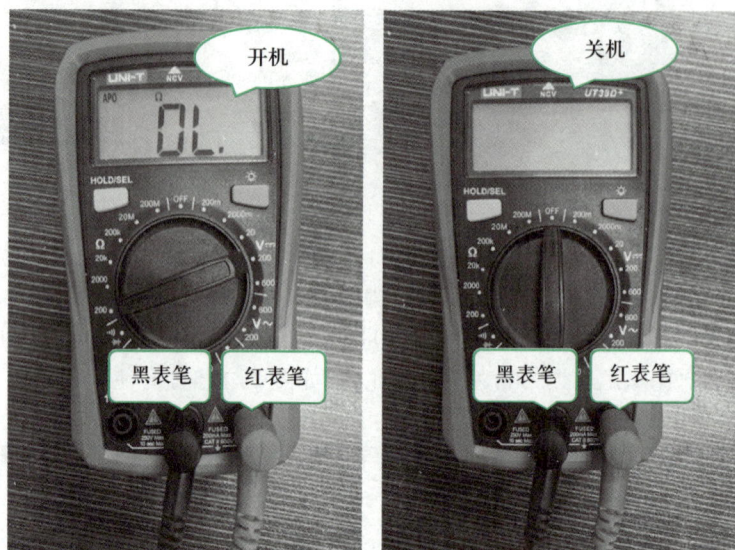

图 1-1-6   数字式万用表开关机示意图

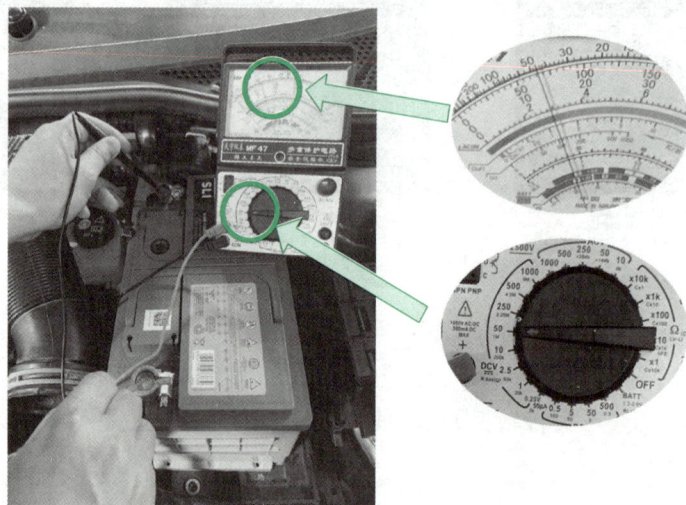

图 1-1-7   指针式万用表测量直流电压示意图

2. 数字式万用表测量直流电压

在测量直流电压时,根据需要将量程开关拨至 DCV(直流)的合适挡位,红表笔插入"VmAμA"插孔内,黑表笔插入"COM"插孔内,并将万用表与被测线路并联,显示屏就会显示读数。如图 1-1-8 所示，在测量汽车蓄电池的电压时，先将数字式万用表置于 20 V 直流电压挡，再将表笔接在汽车电池的正、负极上，此时显示屏显示的数值为"12.47"，说明该蓄电池的电压为 12.47 V。

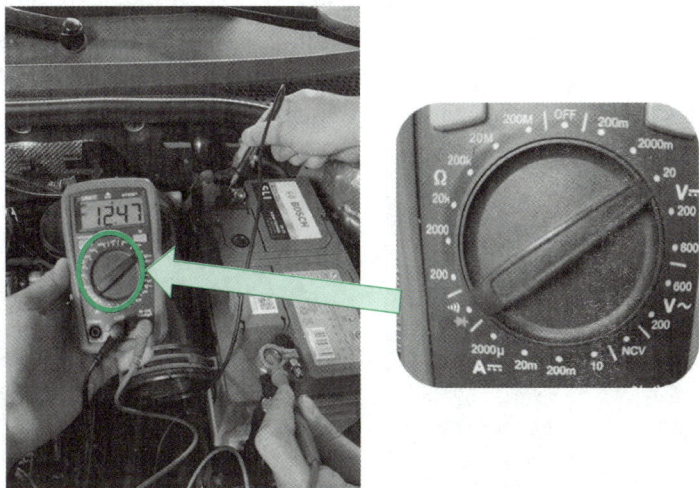

图 1-1-8　数字式万用表测量直流电压示意图

三、交流电压的测量

1. 指针式万用表测量交流电压

在用指针式万用表测量交流电压时，只要根据电压的高低选择合适电压挡位即可，不必考虑表笔的极性。图 1-1-9 是测量市电电压的示意图，此时表针停留在最大数值 250 的刻度线的"232"的位置，所测数值为 232 V。

微课
交流电压的
测量

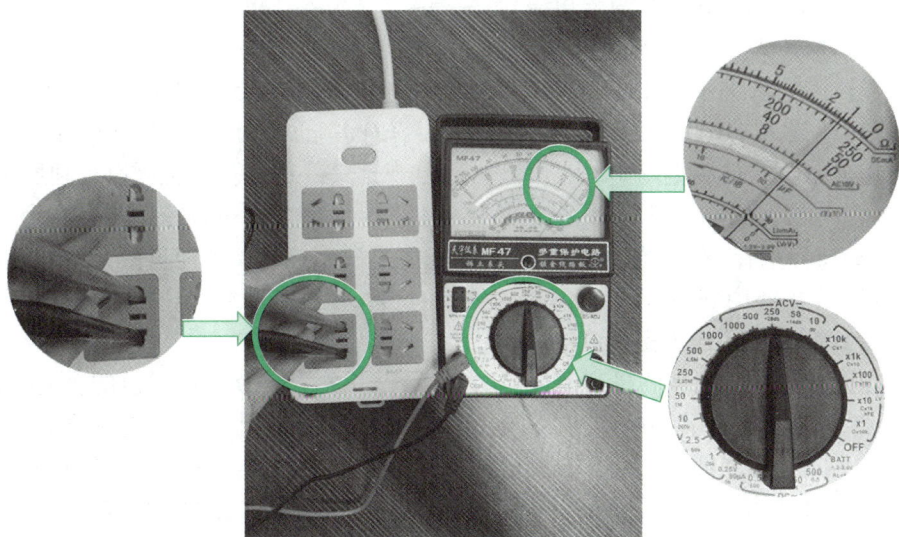

图 1-1-9　指针式万用表测量市电电压示意图

2. 数字式万用表测量交流电压

在用数字式万用表测量交流电压时,根据需要将量程开关拨至 ACV(交流)的合适挡位,红表笔插入"VmAμA"插孔内,黑表笔插入"COM"插孔内,并将万用表与被测线路并联,显示屏就会显示读数。如图 1-1-10 所示,在用数字式万用表测量市电电压时,先将万用表置于交流 600 V 电压挡,再将两个表笔插入市电插座中,显示屏显示的数字为"224",说明所测的市电电压为 224 V。

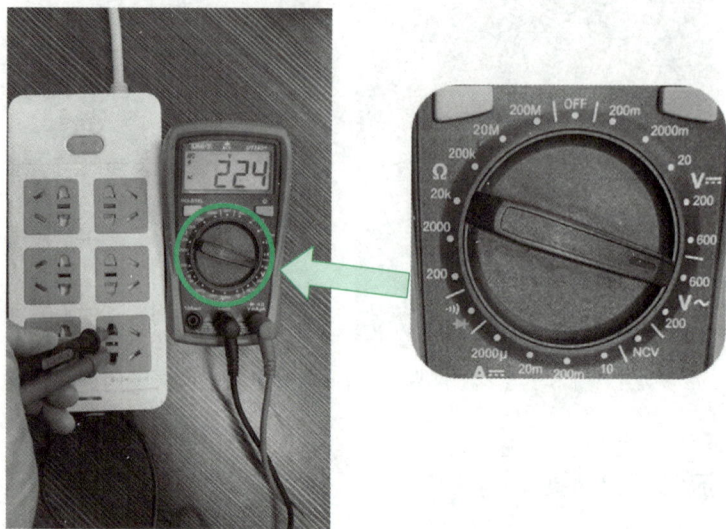

图 1-1-10　数字式万用表测量交流电压示意图

四、直流电流的测量

1. 指针式万用表测量直流电流

在用指针式万用表测量直流电流时,首先应将量程开关拨至直流电流的合适挡位。当被测电流小于 500 mA 时,红表笔插入"+"插孔内;当被测电流大于 500 mA 时,红表笔插入"10 A"插孔内,黑表笔插入"COM"插孔内。在测量电流时,需要将万用表串联在被测电路中,表针偏转,通过观察其停留的位置就可以得到所测的电流值。如图 1-1-11 所示,测量汽车仪表盘通电时电路中的电流,因为电流大于 500 mA,所以选择 10 A 的直流电流挡位,先将黑表笔接到蓄电池负极,再将万用表串联到汽车电路中,此时表针停留在"8.8"的位置,说明该回路的直流电流为 8.8 A。

2. 数字式万用表测量直流电流

在用数字式万用表测量直流电流时,将量程开关拨至 DCA(直流)的合适挡位,当被测电流小于 200 mA 时,红表笔插入"VmAμA"插孔内;当被测电流大于 200 mA 时,红表笔插入"10 A"插孔内,黑表笔插入"COM"插孔内。在测量电流时,先选择好挡位,再将万用表串联在被测电路中,显示屏就会显示相应的读数。如图 1-1-12 所示,测量汽车仪表盘通电时电路中的电流,选择 10 A 的直流电流挡位,先将黑表笔接到蓄电池负极,再将万用表串联到汽车电路中,显示屏显示的数值为"9.49",说明该回路的直流电流为 9.49 A。

微课
直流电流的
测量

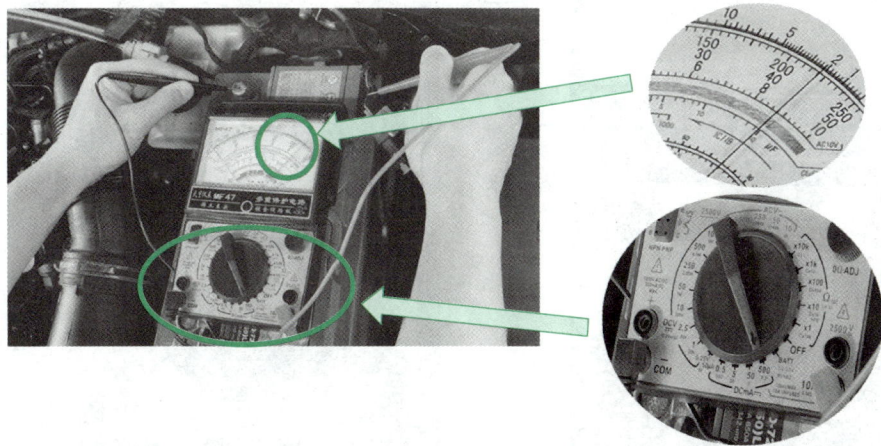

图 1-1-11　指针式万用表测量直流电流示意图

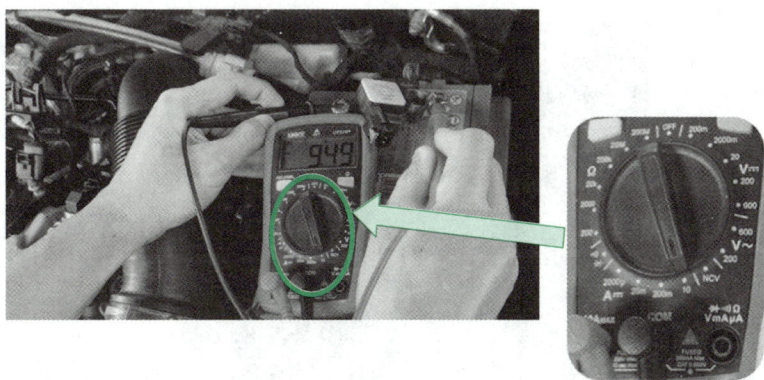

图 1-1-12　数字式万用表测量直流电流示意图

五、电阻的测量

1. 指针式万用表测量电阻

使用指针式万用表电阻挡测量电阻前,先对接表笔,查看表针能否指在"0"的位置,若不能,则旋转面板上的调零旋钮,使表针指在"0"的位置,如图 1-1-13 所示。若切换电阻挡位,则需要再次进行调零。

若 R×1、R×10 等电阻挡不能调"0",则应该检查万用表内的 1.5 V 电池电量是否充足;若 R×10 k 挡不能调"0",则应该检查万用表内的 9 V 电池电量是否充足。

例如,在采用 R×10 挡测量汽车继电器线圈电阻时,表针指示到 11 的位置(图 1-1-14),则说明该线圈的阻值为 11×10=110(Ω);

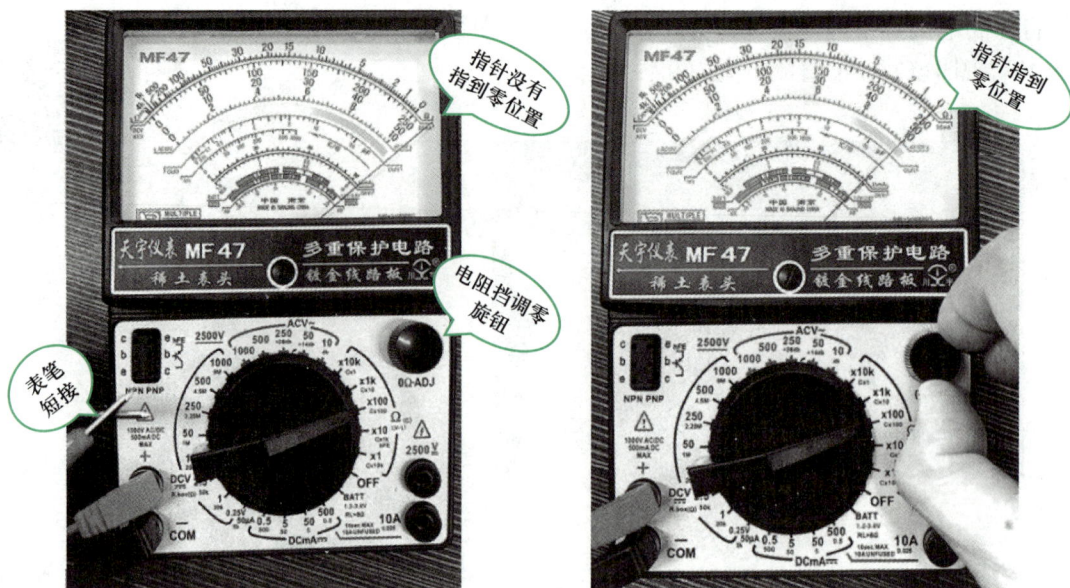

图 1-1-13　指针式万用表电阻挡调零示意图

微课

电阻的测量

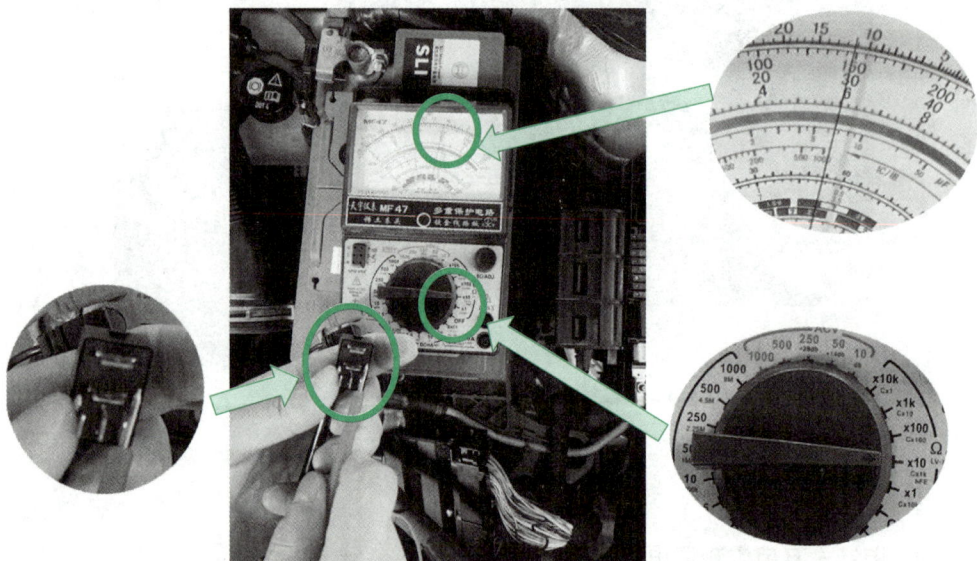

图 1-1-14　指针式万用表测量电阻示意图

2. 数字式万用表测量电阻

在用数字式万用表测量电阻时,将量程开关拨至合适挡位,红表笔插入"VmAμA"插孔内,黑表笔插入"COM"插孔内。如图 1-1-15 所示,用 200 Ω 挡测量汽车继电器线圈电阻时,显示屏显示的数值为"104.8",说明该线圈电阻为 104.8 Ω。如果被测电阻值超出所选择量程的最大值,显示屏将显示"1",这时应选择更高的量程。

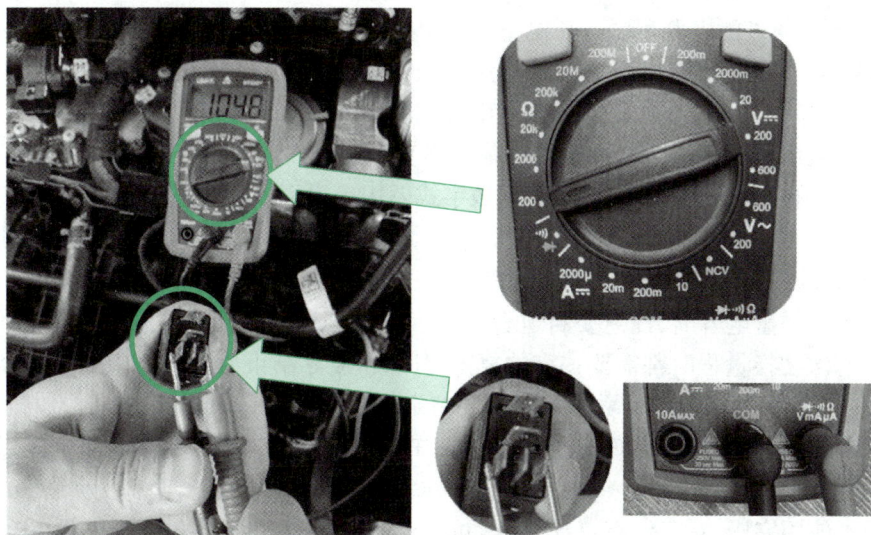

图 1-1-15　数字式万用表测量电阻示意图

六、万用表的使用注意事项

1. 指针式万用表的使用注意事项

（1）应在无强磁场的条件下使用指针式万用表，否则会导致其测量误差过大。

（2）在使用指针式万用表的过程中，不能用手去接触表笔的金属部分。这样一方面可以保证测量的准确性，另一方面可以保证人身安全。

（3）测量电流与电压时不能选错挡位，否则容易损坏指针式万用表。另外，也不能在测量时切换挡位，尤其是在测量高电压或大电流时更应注意。否则，容易产生电弧，烧毁开关触点。如果需要切换挡位，应先拿开表笔，切换好挡位后再测量。

（4）当不清楚被测电压或电流的大小时，应先用最高挡，再根据测量的结果选择合适的挡位，以免表针偏转过大将表针打弯或损坏表头。不过，所选用的挡位越接近被测值，测量的数值就越准确。

（5）在测量直流电压和直流电流时，注意"＋""－"极不要接错。如果发现表针反转，应立即调换表笔，以免损坏表针、表头等。

（6）使用完毕，应将转换开关置于交流电压的最高挡位或"OFF"挡。如果长期不使用，应将电池取出来，以免电池腐蚀表内其他元器件。

2. 数字式万用表的使用注意事项

（1）如果无法预先估计被测电压或电流的大小，应先选择最高挡测量，再根据实际情况逐渐减小到合适量程。测量完毕，应将量程开关转到最高电压挡，然后关闭电源开关。

（2）当超量程测量时，仪表仅在最高位显示数字"1"，其他位均消失，这时应选择更高的量程。

（3）在测量电压时，应将数字式万用表与被测电路并联；在测量电流时，应将数字式万用表与被测电路串联。在测量交流电压时，不必考虑正、负极性。

（4）当误用交流电压挡去测量直流电压或误用直流电压挡去测量交流电压时，显示屏将显示"000"或低位上的数字出现跳动。

（5）在测量时，不能将显示屏对着阳光直晒，这样不仅会导致显示的数值不清晰，还会影响显示屏的使用寿命，并且数字式万用表也不要在高温的环境中存放。

（6）禁止在测量高电压（220 V 以上）或大电流（0.5 A 以上）时切换量程，以防止产生电弧，烧毁开关触点。

（7）在测量电容时，注意要将电容插入专用的电容测试插座中，不要插入表笔插孔内；每次切换量程时都需要一定的复零时间，待复零结束后再插入待测的电容；在测量大电容时，显示屏显示数值稳定需要一定的时间。

（8）显示屏显示电池符号或显示"BATT""LOW BAT"时，说明电池电压过低，需要更换电池。

（9）使用完毕，对于没有自动关机功能的数字式万用表应将开关转至"OFF"（关闭）位置。

知识拓展

在使用仪器测量过程中，无论采用哪种仪器，不论其质量多高，它的测量结果与被测量量的实际值之间总会存在一定的误差。其中，基本误差是仪器在正常工作条件下，由于仪器本身的结构、制造工艺等方面产生的误差，这类误差一般无法消除。附加误差是由于外界工作条件而产生的误差，如量程选择不当、没有断开电路等进行测量等，此类误差要尽可能想办法消除。

技能训练

用万用表测量汽车车窗玻璃升降器电机（图 1-1-16）的电阻值。

图 1-1-16　汽车车窗玻璃
升降器电机

　　汽车车窗玻璃升降器电机的电阻一般为几欧姆到几十欧姆,如果电机烧坏,汽车将无法正常开关车窗,同时电机电阻将变得很大,因此判断电机是否烧坏的方法就是使用万用表电阻挡进行测量。请分别使用指针式万用表和数字式万用表测量汽车车窗玻璃升降器电机的电阻大小,同时把测量过程和结果记录在表 1-1-1 中。

表 1-1-1　汽车车窗玻璃升降器电机电阻的测量

序号	项目内容	测量过程	测量结果
1	用指针式万用表测量汽车车窗玻璃升降电机的电阻大小		
2	用数字式万用表测量汽车车窗玻璃升降器电机的电阻大小		

课后思考

一、判断题

1. 使用万用表电阻挡能够测量变压器线圈的电阻。　　　　　　　　　　(　　)
2. 使用万用表测量电阻时每转换一次挡位都要进行调零。　　　　　　　(　　)
3. 万用表使用完毕,其转换开关可置于任意位置。　　　　　　　　　　(　　)

二、选择题

1. 指针式万用表一般可以测量交、直流电压,(　　　　)电流和电阻。
   A. 交直流　　　　　　　　B. 交流　　　　　　　　　　C. 直流
2. 用万用表测量电阻时黑表笔接表内电源的(　　　　)。
   A. 两极　　　　　　　　　B. 负极　　　　　　　　　　C. 正极
3. 万用表 2.5 V 电压量程是当指针指在(　　　　)位置时电压值为 2.5 V。
   A. 1/2 量程　　　　　　　B. 满量程　　　　　　　　　C. 2/3 量程
4. 指针式万用表测量电阻时刻度线最右侧是(　　　　)。
   A. ∞　　　　　　　　　　B. 0　　　　　　　　　　　　C. 不确定

任务评价

完成任务评价表,见表 1-1-2。

表 1–1–2　任务评价表

评价项目	评价内容	要求	配分	评分		
				自评	小组	教师
指针式万用表	指针式万用表使用检查	能正确检查指针式万用表正常与否	5分			
	指针式万用表测量交流电压	能够独立完成交流电压的测量	10分			
	指针式万用表测量直流电压	能够独立完成直流电压的测量	10分			
	指针式万用表测量直流电流	能够独立完成直流电流的测量	10分			
	指针式万用表测量电阻	能够独立完成电阻的测量	10分			
数字式万用表	数字式万用表使用检查	能正确检查数字式万用表正常与否	5分			
	数字式万用表测量交流电压	能够独立完成交流电压的测量	10分			
	数字式万用表测量直流电压	能够独立完成直流电压的测量	10分			
	数字式万用表测量直流电流	能够独立完成直流电流的测量	10分			
	数字式万用表测量电阻	能够独立完成电阻的测量	10分			
安全规范操作	仪器的操作	在使用万用表过程中，正确选择挡位与量程进行测量，并且使用完毕整理工位	10分			
总分			100分			
综合评价得分						

任务二　钳形电流表使用方法

必学必会

1. 学会使用钳形电流表测量交流电路的工作电流。
2. 学会小电流的测量方法。
3. 掌握钳形电流表的使用步骤与检查方法。

任务描述及分析

通过本任务的学习能够掌握钳形电流表的工作原理，并熟悉钳形电流表的使用方法。在进行设备维修或检查线路是否正常时,要测量电路电流,通常需要断开电路并把电流表串联到电路中,而钳形电流表可以在设备正常工作时测量电流。下面通过本任务学习钳形电流表的使用。

相关知识

一、钳形电流表的分类和面板介绍

钳形电流表通常作为交流电流表使用,它的表头为钳形,因此称为钳形电流表。钳形电流表的突出优点是可以在不切断电路的情况下测量运行中的交流电的工作电流。

1. 钳形电流表的分类

按照结构形式的不同,钳形电流表可分为指针式钳形电流表和数字式钳形电流表,如图 1-2-1 和图 1-2-2 所示。

图 1-2-1 指针式钳形电流表

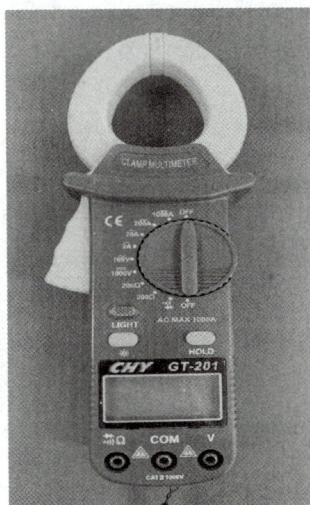

图 1-2-2 数字式钳形电流表

2. 钳形电流表的面板介绍

钳形电流表的种类很多,不同的钳形电流表的面板也不同。钳形电流表的面板如图 1-2-3 所示。

钳形电流表的表头由固定铁心和活动铁心组成。钳形电流表的表头的内部缠有线圈,通过缠绕的线圈组成一个闭合的磁路,按下表头闭合开关便可以看到钳形电流表的表头的连接处缠有线圈,如图 1-2-4 所示。

钳形电流表的转换开关位于面板的中心位置,在其四周有挡位及量程刻度盘,参数包括电压、电流、电阻等,如图 1-2-5 所示。在测量时,只需要调整中间的转换开关,使其指示到相应的挡位及量程,即可进行相应的测量,测量结果在液晶屏上显示。

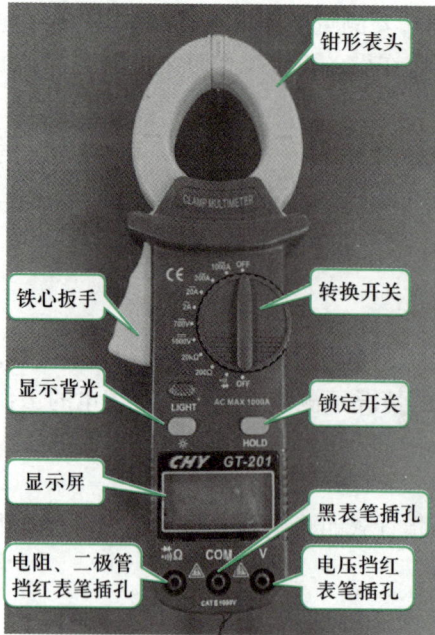

图 1-2-3　钳形电流表的面板

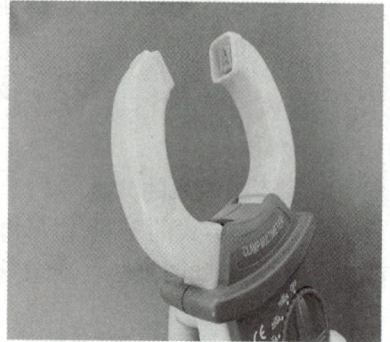

图 1-2-4　钳形电流表的表头

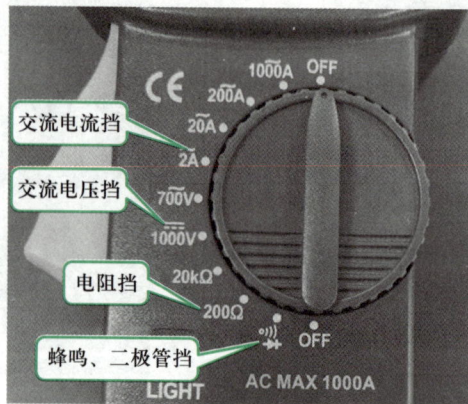

图 1-2-5　钳形电流表的转换开关

二、钳形电流表的使用

1. 使用前的准备工作

（1）根据测量对象的不同，正确选择不同型号的钳形电流表。

（2）检查仪器正常与否。重点检查钳形表头上的绝缘材料有无脱落、破裂等现象，这会影响测量安全，并且影响测量的精度，造成较大的读数误差。对于指针式钳形电流表，应检查指针是否指在零位置上；对于数字式钳形电流表，应检查电池电量是否充足。

（3）选择合适量程。通过转动钳形电流表的转换开关调整钳形电流表的量程，在选择量程时，要选择大于被测量值的量程，若不知道被测量值的大小，则要从最大的量程开始测量，依次递减到合适量程。

2. 钳形电流表的测量方法

（1）用钳形电流表测量交流电压、直流电压、电阻和用万用表测量交流电压、直流电压、电阻相似，都需要使用表笔进行测量。

（2）当用钳形电流表测量交流电流时，把转换开关转到 ACA 合适挡位进行测量，测量时不需要断开电路，每次只能测量其中一根相线的电流。把被测导线置于钳形表头中间（图 1-2-6），所测量交流电流大小为 4.3 A。

3. 钳形电流表的使用注意事项

（1）每次测量完毕一定要把转换开关转至"OFF"挡位，以防止下次使用时，由于未选择合适挡位而损坏仪器。当长时间不使用仪器时，应将仪器电池取出保存。

（2）钳形电流表应存放在环境干燥、温度适宜、通风良好、无腐蚀性的环境中。

图 1-2-6　钳形电流表测量家用电路电流

（3）测量时，应尽量使被测导线处于钳形表头的正中央，并使钳形表头紧密闭合，以减少误差。

（4）钳形表头测量时闭合要紧密，闭合后如果有杂声，可反复打开关闭钳形表头，若杂声仍不能消除，应检查磁路上各结合面是否光滑。

（5）当需要更换挡位或量程时，应将导线退出钳口后方可进行，以免损坏仪器。

（6）当被测电流过小时，可将被测导线多绕几圈后再放入钳形表头进行测量，被测的实际电流大小等于仪器读数除以放进钳口中的导线的匝数。

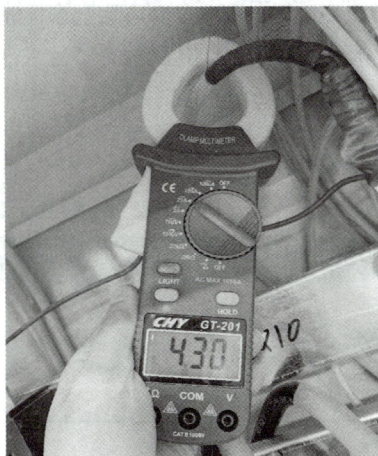

知识拓展

电流互感器

电流互感器的作用是将回路中较大的一次电流通过一定的比例转换为数值较小的二次电流，用来进行保护测量等。钳形电流表就是根据此原理制成的。电流互感器是用来测量交流电的仪器，如在输电过程中，可将不同设备线路的交流电转换成所需的几十安到几万安的电流，不仅能监控测量这些设备线路的电流大小，还能避免高压直接测量。

技能训练

用钳形电流表测量新能源汽车慢充时充电电流的大小。

新能源汽车充电有两种方式,分别是慢充和快充。慢充采用的是家用 220 V 的交流电,使用 220 V 的交流充电桩,功率是 7 kW 左右;快充采用的是三相四线制的 380 V 交流电,充电功率较大,大于 10 kW,这种充电方式主要用于长距离行驶或需要进行快速充电的情况。下面测量新能源汽车慢充时的工作电流,并把测量过程和结果记录在表 1–2–1 中。

表 1–2–1　测量新能源汽车慢充时的工作电流

序号	项目内容	测量过程	测量结果
1	准备工作:检查仪器		
2	充电时火线电流		
3	充电时零线电流		

课后思考

一、判断题

1. 钳形电流表可做成既能测量交流电流也能测量直流电流的仪器。　（　　）
2. 钳形电流表可测量交、直流电压。　（　　）

二、选择题

1. 钳形电流表在使用时应先用较大量程,然后根据被测电流的大小切换量程。在切换量程时,应（　　）。

　　A. 直接转动转换开关

　　B. 先移出导线再转动转换开关

　　C. 一边进线一边换挡

2. 钳形电流表由电流互感器和带（　　）的磁电式表头组成。

　　A. 测量电路　　　　　　　　B. 整流装置　　　　　　　　C. 指针

3. 钳形电流表是利用（　　）的原理制造的。

　　A. 电流互感器　　　　　　　B. 电压互感器　　　　　　　C. 变压器

4. 钳形电流表在测量交流电流时可以在（　　）电路的情况下进行。

　　A. 断开　　　　　　　　　　B. 短接　　　　　　　　　　C. 不断开

任务评价

完成任务评价表,见表 1–2–2。

表 1–2–2 任务评价表

评价项目	评价内容	要求	配分	评分		
				自评	小组	教师
钳形电流表的使用	钳形电流表使用检查	能正确检查钳形电流表正常与否	10 分			
	选用合适的挡位测量交流电流	能够独立完成并正确选用合适的挡位测量交流电流	30 分			
	小电流的测量	正确缠绕合适的匝数,对小电流进行测量,并对测量结果进行正确的计算	30 分			
	估算电流值	能够估算出所测电流值的范围	20 分			
安全规范操作	仪器的操作	在使用钳形电流表过程中,正确选择挡位与量程进行测量,并且使用完毕整理工位	10 分			
总分			100 分			
综合评价得分						

任务三 绝缘电阻表使用方法

必学必会

1. 学会绝缘电阻表的开路、短路测试方法。
2. 学会使用绝缘电阻表测量新能源汽车电机的绝缘电阻等级。
3. 掌握绝缘电阻表的检查方法。

任务描述及分析

电气设备在使用过程中,由于工作时间、使用环境、老化等因素可能会使得电气设备内部的绝缘电阻发生变化,就可能存在潜在故障,如果不及时排除故障,将有可能引发安全事故。这就需要使用绝缘电阻表检测电气设备的绝缘性能。下面通过本任务学习如何使用绝缘电阻表测量电气设备的绝缘性能。

相关知识

一、绝缘电阻表的分类和构成

绝缘电阻表也称为兆欧表或摇表,主要用于测量电气设备或线路的绝缘电阻。绝缘电阻表的额定电压有 500 V、1 000 V、2 500 V 等几种,如图 1-3-1 所示。绝缘电阻表由一个手摇发电机、表头和 3 个接线柱(L 为线路端钮、E 为接地端钮、G 为屏蔽端钮)组成,如图 1-3-2 所示。

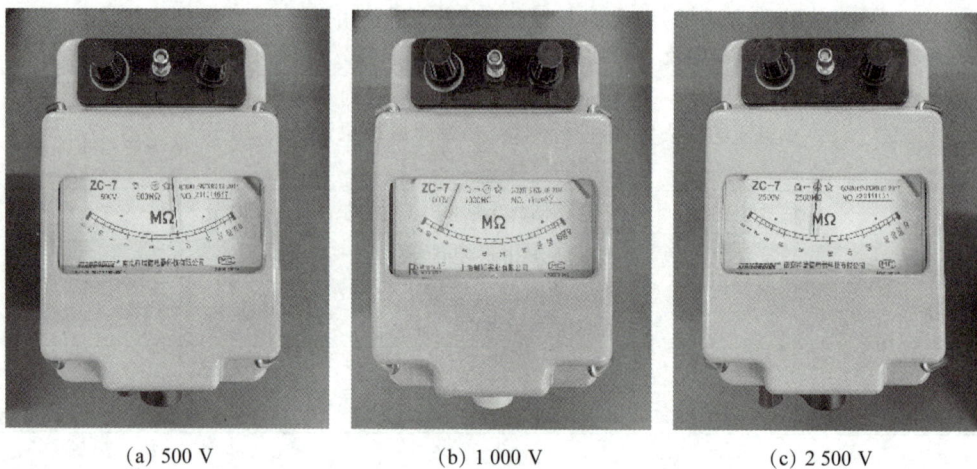

| (a) 500 V | (b) 1 000 V | (c) 2 500 V |

图 1-3-1　绝缘电阻表的额定电压

二、绝缘电阻表的使用

1. 绝缘电阻表的选择

绝缘电阻表的额定电压一定要与被测电气设备或线路的工作电压相适应。一般额定电压在 500 V 以下的电气设备或线路,选用 500 V 或 1 000 V 额定电压的绝缘电阻表;额定电压在 500 V 及以上的电气设备或线路,选用 1 000 V 或 2 500 V 额定电压的绝缘电阻表。绝缘电阻表的测量范围要与被测的绝缘电阻值的范围相符合,以免引起大的读数误差。

2. 绝缘电阻表的接线

绝缘电阻表有 3 个接线端钮,分别标有 L(线路端钮)、E(接地端钮)和 G(屏蔽端钮)。当测量电气设备或线路对地的绝缘电阻时,应将 L 接到被测电气设备或线路上,E 可靠接地即可。图 1-3-3 所示为测量三相异步电动机 A 相绕组对地的绝缘电阻的接线图。

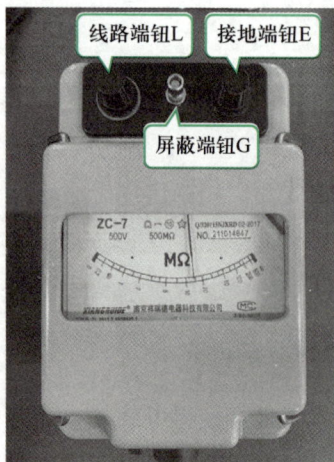

图 1-3-2　绝缘电阻表

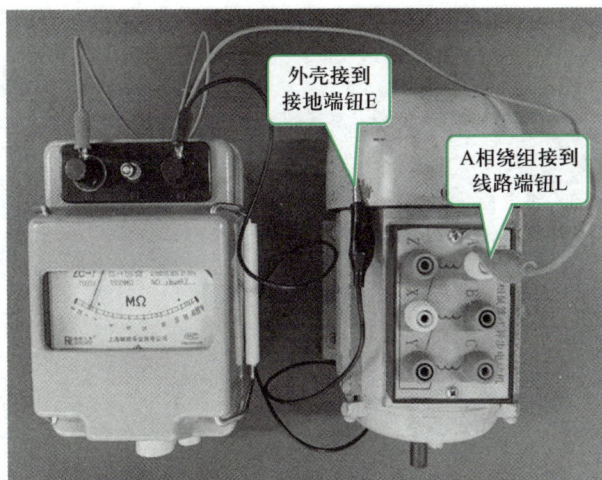

图 1-3-3　测量三相异步电动机 A 相绕阻对地的绝缘电阻的接线图

3. 绝缘电阻表的检查

（1）开路检查：在绝缘电阻表未测量绝缘电阻之前，把两个表笔分开，摇动手柄使发电机达到 120 r/min 的额定转速，观察指针是否指在无穷大方向的位置。如果往无穷方向偏转，说明开路测试合格，如图 1-3-4 所示。

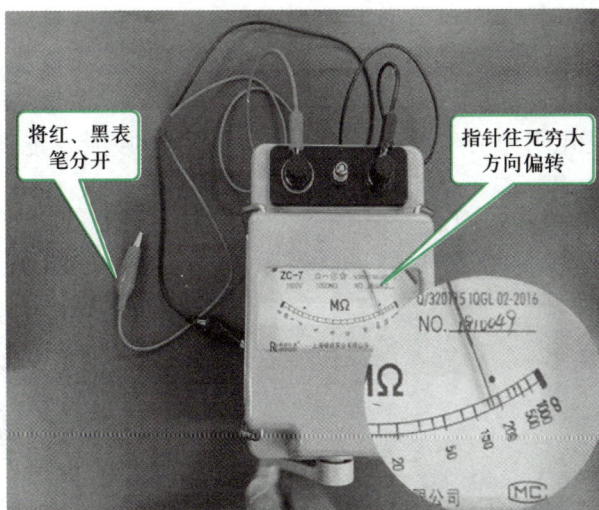

图 1-3-4　开路检查

（2）短路检查：将 L 和 E 短接，缓慢摇动手柄 1/4 圈，观察指针是否往 "0" 方向偏转。如果往 "0" 方向偏转，说明短路测试合格，如图 1-3-5 所示。

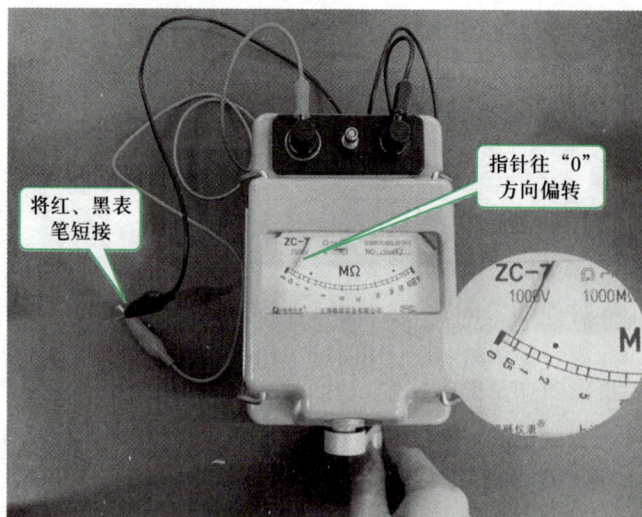

将红、黑表笔短接

指针往"0"方向偏转

图 1-3-5 短路检查

4. 绝缘电阻表的测量方法

（1）在被测设备或线路停电的状态下进行测量，并且绝缘电阻表与被测设备或线路之间的连接导线不能用双股绝缘线或双绞线，应用单股线分开单独连接。

（2）将被测设备或线路与绝缘电阻表正确接线，摇动手柄时应由慢到快升至额定转速 120 r/min。

（3）正确读取被测绝缘电阻值大小，同时，应记录测量时的温度、湿度、被测设备或线路的状况等，以便于分析测量结果。如图 1-3-6 所示，测得三相异步电动机 A 相绕组对地的绝缘电阻为 150 MΩ，说明 A 相绕组对地的绝缘性能良好。

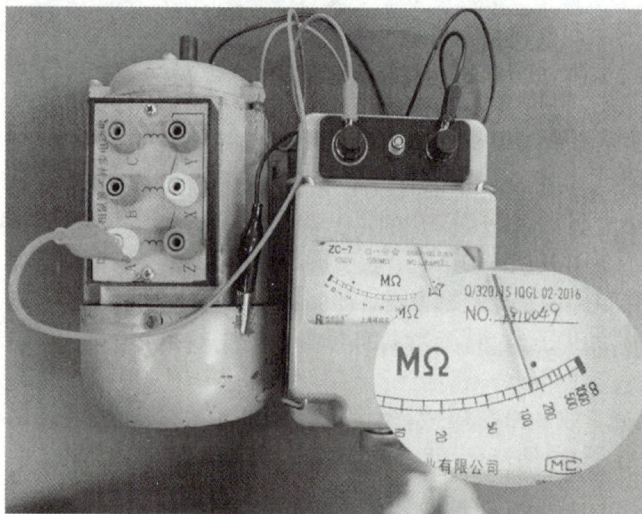

图 1-3-6 三相异步电动机 A 相绕组对地的绝缘电阻

5. 绝缘电阻表的使用注意事项

（1）使用绝缘电阻表测量高压电气设备或线路绝缘电阻，应由两人完成。

（2）应根据被测电气设备或线路电压等级的不同选用合适的绝缘电阻表。

（3）测量用的导线应为绝缘导线，其端部应有绝缘套。

（4）绝缘电阻表与被测电气设备或线路之间应使用单股线分开单独连接，并保持线的表面清洁干燥，避免因线与线之间绝缘不良引起误差。

（5）在测量绝缘电阻时，必须将被测电气设备或线路从各方面断开，验明无电压，证明电气设备或线路无人使用后方可进行。在测量中，禁止他人接近电气设备或线路。

（6）在测量绝缘电阻前后，必须将被测设备或线路对地放电。被测设备或线路必须与其他电源断开，以保护设备及人身安全。

（7）在测量线路绝缘电阻时，应取得允许后方可进行。

（8）在有感应电压的线路上（同杆架设的双回线路或单回路与另一线路有平行段）测量绝缘电阻时，必须将另一线路同时停电，方可进行。

（9）在带电设备附近测量绝缘电阻时，测量人员和绝缘电阻表相对位置必须适当，保持安全距离，以免绝缘电阻表引线或引线支持物触碰带电部分。在移动引线时，必须注意监护，防止工作人员触电。

（10）在测量时，将绝缘电阻表置于水平位置，摇把转动时其端钮间不许短路。在测量电容器电缆绝缘电阻时，必须在摇把转动的情况下才能将接线拆开，否则反充电将会损坏绝缘电阻表。

（11）当摇动手柄时，应由慢到快，均匀加速到 120 r/min，并注意防止触电。在摇动过程中，当出现指针指零时，就不能再继续摇动了，以防表内线圈发热损坏。

（12）为了防止被测设备或线路表面泄漏电流，在使用绝缘电阻表时，应将被测设备或线路的中间层（如电缆壳芯之间的内层绝缘物）与保护环相接。

（13）禁止在雷电天气或在邻近带高压导体的设备处使用绝缘电阻表测量。

知识拓展

电气规范中绝缘电阻的检测标准是每千伏电压绝缘电阻不低于 1 000 000 Ω，这个标准的真实含义是保证泄漏电流不大于 1 mA，即 1 000 V/1 000 000 Ω=1 mA。这个泄漏电流就是有可能流经人体的电流，而 1 mA 以内的电流是人体能够承受的电流。例如，220 V 的电动机，根据绝缘电阻检测标准，220 V 电机的绝缘电阻应不低于 220 V/1 000 000 Ω=0.22 mA，才能合格。

技能训练

使用绝缘电阻表测量三相异步电动机的绝缘电阻。

电气设备在使用过程中，因发热、受潮、老化都会使得绝缘电阻下降，可能会造成电气设备或线路漏电或短路以及人身触电事故。为了确保电气设备或线路的正常运行,应不定期地对电气设备或线路进行检查。三相异步电动机的接线端子如图1-3-7所示,使用绝缘电阻表测量三相异步电动机的绝缘电阻。并把测量过程、结果记录在表1-3-1中。

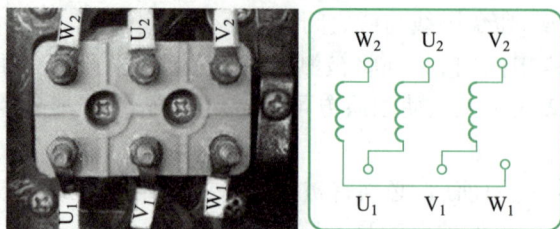

图 1-3-7 三相异步电动机的接线端子

表 1-3-1 测量三相异步电动机绝缘电阻

序号	项目内容	测量过程	测量结果
1	准备工作:检查仪器		
2	U 相对地的绝缘电阻		
3	V 相对地的绝缘电阻		
4	W 相对地的绝缘电阻		

课后思考

一、判断题

1. 测量电动机的对地绝缘电阻和相间绝缘电阻常使用绝缘电阻表,而不宜使用万用表。   （   ）

2. 使用绝缘电阻表前不必切断被测设备的电源。   （   ）

二、选择题

1. 电气设备或线路的绝缘电阻的测量使用(   )。

    A. 万用表的电阻挡　　　　　B. 绝缘电阻表　　　　　C. 接地摇表

2. 绝缘电阻表测量电阻的单位是(   )。

    A. Ω　　　　　　　　　　B. $k\Omega$　　　　　　　　　C. $M\Omega$

3. 在对 380 V 电动机各绕组的绝缘检查中发现绝缘电阻(   ),则可初步判定电动机受潮,应对电动机进行烘干处理。

    A. 小于 10 $M\Omega$　　　　　B. 大于 0.5 $M\Omega$　　　　　C. 小于 0.5 $M\Omega$

4. Ⅱ类手持电动工具是带有(   )绝缘的设备。

  A. 基本   B. 防护   C. 双重

5.（ ）的电动机在通电前必须先做各绕组的绝缘电阻检查,合格后才可通电。

  A. 一直在用,停止没超过一天

  B. 不常用,但电动机刚停止不超过一天

  C. 新装或未用过的

任务评价

完成任务评价表,见表 1-3-2。

表 1-3-2　任务评价表

评价项目	评价内容	要求	配分	评分		
				自评	小组	教师
绝缘电阻表的使用	绝缘电阻表使用检查	能正确检查绝缘电阻表正常与否	10 分			
	选用合适的绝缘电阻表	能够正确选用合适的绝缘电阻表对电气设备或线路进行测量	20 分			
	测量电动机等电气设备的绝缘电阻	能够独立完成仪器的接线、测量线路的接线,正确测量电气设备的绝缘电阻	30 分			
	正确测量电缆的绝缘电阻	能够独立完成仪器的接线、测量线路的接线,正确测量电缆的绝缘电阻	30 分			
安全规范操作	仪器的操作	在使用绝缘电阻表过程中,正确选择挡位与量程进行测量,并且使用完毕整理工位	10 分			
总分			100 分			
综合评价得分						

项目二 ▶▶▶

....

新能源汽车常用基本元件

▶ 项目目标

1. 知识目标

（1）掌握电阻、电感、电容的作用及分类。

（2）熟悉万用表测量电阻、电感、电容的方法。

2. 能力目标

（1）能够识别电路中常见的电阻、电感、电容等元件。

（2）掌握常用元件如电阻、电感、电容在电路中的作用及在电路中的应用。

（3）会用万用表测量常用元件如电阻、电感、电容等。

3. 素养目标

（1）提升团队协作能力和分析问题、解决问题的能力。

（2）增强安全工作、规范操作意识。

（3）训练工程思维。

任务一　电阻器认识与测量

必学必会

1. 电阻器的作用、分类及标识方法。
2. 电阻器的应用及检测方法。

任务描述及分析

　　某电动汽车的充电器指示灯常亮且不能正常充电。拆开充电器,电路板上密密麻麻地布满了电子元器件,其中有电阻器、电感器、电容器等常见的元件。电路板上的电阻器几乎是任何一个电子设备中不可缺少的一种元件,在电路中主要的作用是分压分流、保护等。如何识别电阻器? 如何检测电阻器? 下面通过本任务的学习,掌握电阻器的基本知识。

相关知识

一、概述

　　电阻器(简称电阻)是电子设备中最常用的电子元件之一,任何一个电子设备都离不开它。电阻表示导体对电流阻碍作用的大小,导体的电阻越大,表示导体对电流的阻碍作用越大。导体对电流所呈现的阻碍作用称为电阻(Resistance),通常用 R 表示。从本质上看,导体的电阻值大小取决于物质本身的结构,即决定于物质的电阻率。在实际工程应用中,导体的电阻不仅取决于电阻率的大小,还与导体的长度、截面有关,即

$$R = \rho \frac{l}{S}$$

式中,ρ 是电阻率,单位为欧·米($\Omega \cdot m$);l 是导体的长度,单位为米(m);S 是导体的截面面积,单位为平方米(m^2);R 是电阻,单位为欧姆(Ω),简称欧。电阻的常用单位还有千欧($k\Omega$)、兆欧($M\Omega$),它们的换算关系为

$$1 \ M\Omega = 10^3 \ k\Omega = 10^6 \ \Omega$$

二、电阻的分类

　　(1) 按材料划分:可分为碳膜电阻、水泥电阻、金属膜电阻和线绕电阻等,如图2-1-1 所示。

| (a) 碳膜电阻 | (b) 水泥电阻 | (c) 金属膜电阻 | (d) 线绕电阻 |

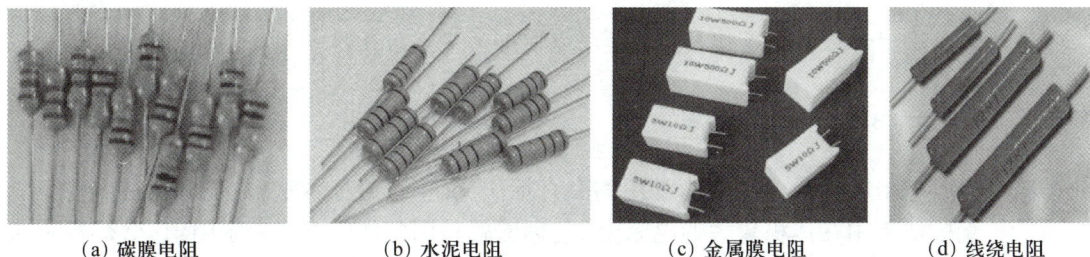

图 2-1-1　按材料划分的电阻的种类

（2）按功率划分：可分为 1/16 W、1/8 W、1/4 W、1/2 W、1 W、2 W 等电阻。

（3）按电阻值的精度划分：有精度为 ±5%、±10%、±20% 等的普通电阻；还有精度为 ±0.1%、±0.2%、±1% 及 ±2% 等的精密电阻。

（4）按电阻值是否可调划分：可分为固定电阻和可变电阻。可变电阻的阻值在一定的范围内可以调整，标称阻值是其最大值，滑动端到任意一个固定端的阻值在零和最大值范围连续可调。可变电阻的种类如图 2-1-2 所示。

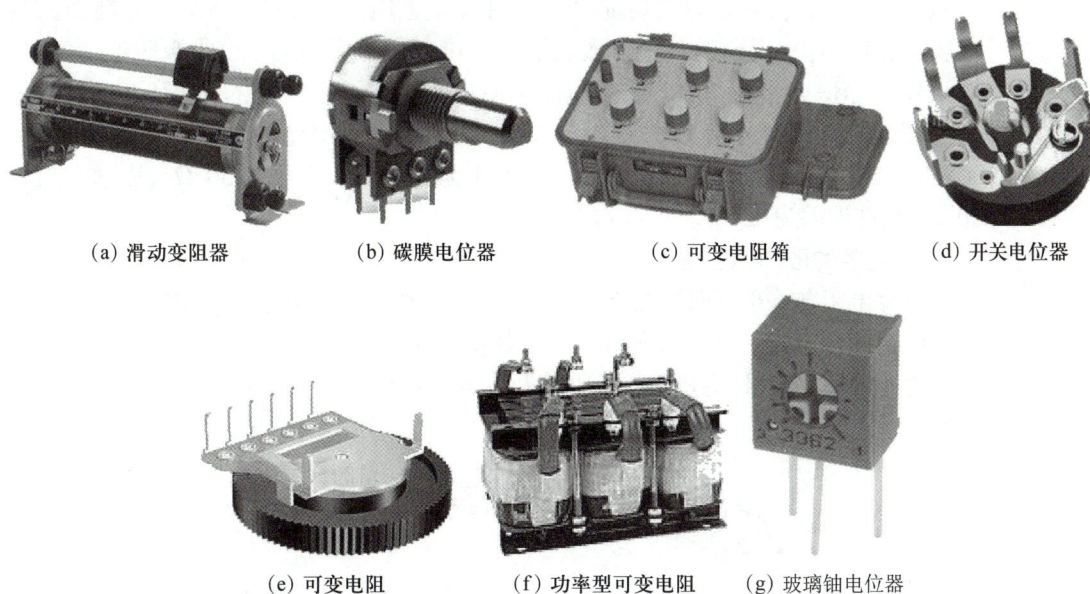

| (a) 滑动变阻器 | (b) 碳膜电位器 | (c) 可变电阻箱 | (d) 开关电位器 |

| (e) 可变电阻 | (f) 功率型可变电阻 | (g) 玻璃铀电位器 |

图 2-1-2　可变电阻的种类

电阻的图形符号如图 2-1-3 所示。

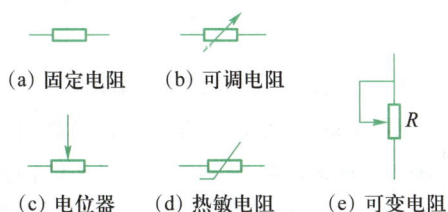

| (a) 固定电阻 | (b) 可调电阻 |

| (c) 电位器 | (d) 热敏电阻 | (e) 可变电阻 |

图 2-1-3　电阻的图形符号

【想一想】金属膜电阻和碳膜电阻如何鉴别区分？

三、电阻的标示方法

电阻的标示方法较为常用的有直标法、文字符号标示法、数码标示法、色标法。直标法常用在体积较大的电阻上；色标法就是用色环的方式表示阻值；数码标示法常用于贴片电阻等体积小的元件。

1. 电阻的直标法

直标法是将电阻的阻值和误差直接用数字和字母印在电阻上（无误差标识为允许误差 ± 20%），直标法通常适用于阻值较小的电阻。例如，3.3 Ω 5% 表示电阻值为 3.3 Ω，允许误差为 ±5%；1.8 kΩ 表示电阻值为 1.8 kΩ，允许误差为 ±20%；5.1 kΩ 10% 表示电阻值为 5.1 kΩ，允许误差为 ±10%。

2. 电阻的文字符号标示法

文字符号标示法就是将电阻的标称阻值用阿拉伯数字和文字符号两者有规律的组合来表示的方法。这种标示法的允许误差也用文字符号表示。符号前面的数字表示整数阻值，后面的数字依次表示第一位小数阻值和第二位小数阻值。例如，电阻器上标识符号为 "6k8" 表示电阻的阻值为 6.8 kΩ。文字符号标示法中，表示允许误差的文字符号有 D、F、G、J、K、M，与它们相对应的允许误差分别为 ±0.5%、±1%、±2%、±5%、±10%、±20%。例如，电阻器上标识符号为 50 ΩJ，表示电阻为 50 Ω，允许误差为 ±5%。

3. 电阻的数码标示法

贴片电阻与一般元件的标示方法有所不同，在贴片电阻上用 3 位数字代码表示标称阻值的标志方法称为数码标示法。如图 2-1-4 所示，数字代码从左到右，第一、二位为有效值，第三位为倍乘，即 10 的几次方，单位为 Ω。

图 2-1-4 贴片电阻器的数码标识法

数码标示法通常只有 3 位数码，在 3 位数字代码中，从左至右的第一、二位为有效数字，第三位表示有效数字后面所加 "0" 的个数。例如，标有 "223"，表示该电阻的阻值为 22 kΩ；标有 "680"，表示该电阻的阻值为 68 Ω；标有 "102"，表示该电阻的阻值为 1 kΩ。如果电阻值带有小数或纯小数，就用 "R" 表示 "小数点"，R 前为整数,R 后为小数。例如,"8R20"表示贴片电阻的阻值为 8.2 Ω;"R068"表示贴片电阻的阻值为 0.068 Ω。

4. 电阻的色标法

色标法是将电阻的类别及主要技术参数的数值用颜色(色环或色点)标注在它的外表面上。色标电阻(色环电阻)可分为三环、四环、五环 3 种标法,四环和五环标注如图 2-1-5 所示。

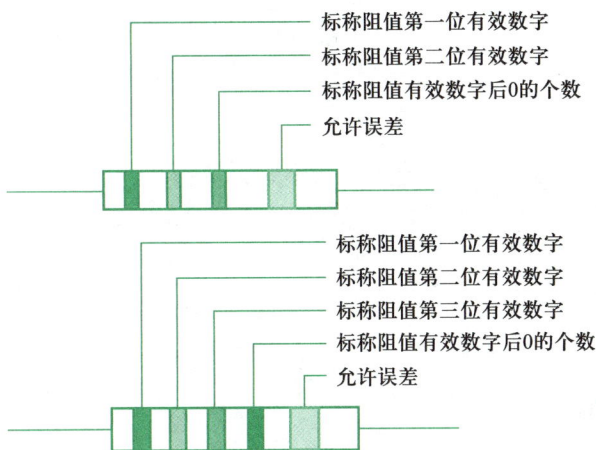

图 2-1-5　电阻的四环和五环标法

快速识别色环电阻的要点是熟记色环所表示的数值。为方便记忆,色环表示的数值口诀如下:"1 棕 2 红 3 为橙,4 黄 5 绿在其中,6 蓝 7 紫随后到,8 灰 9 白黑为 0,尾环金银为误差,数字应为 5 和 10。"电阻色标法数值的读取方法如图 2-1-6 所示。

色环电阻无论是采用三环还是四环、五环,关键色环是第三环或第四环(尾环),因为该色环的颜色表示电阻值有效数字的倍率。想快速识别色环电阻,关键在于根据第三环(三环电阻、四环电阻)、第四环(五环电阻)的颜色把阻值确定在某一数量级范围内,再将前两环读出的数"代"进去,这样可很快识读出电阻数值。

三环电阻的色环表示标称阻值(允许误差均为 ±20%),如色环为棕黑红,表示 1.0 kΩ ± 20% 的电阻。

四环电阻的色环表示标称阻值(2 位有效数字)及精度,如色环为棕绿橙金,表示 15 kΩ ± 5% 的电阻。

五环电阻的色环表示标称阻值(3 位有效数字)及精度,如色环为红紫绿黄棕,表示 2.75 MΩ ± 1% 的电阻。

一般四环和五环电阻表示允许误差的色环特点是该色环距离其他色环的距离较远。较标准的表示允许误差的色环的宽度是其他色环的 1.5~2 倍。在五环电阻中,棕色环常常既作为误差环又作为有效数字环,且常常在第一环和最后一环中同时出现,使人很难识别哪一个是第一环,哪一个是误差环。在实践中,可以按照色环之间的距离加以判别,通常第四环和第五环(误差环、尾环)之间的距离要比第一环和第二环之间的距离宽一些,根据此特点可判定色环的排列顺序。如果靠色环间距仍无法判定色环顺序,还可以利用电阻的生产序列值加以判别。如果上述方法均无法识读出色环电阻的阻值,就需要使用万用表对色环电阻的阻值进行直接测量。

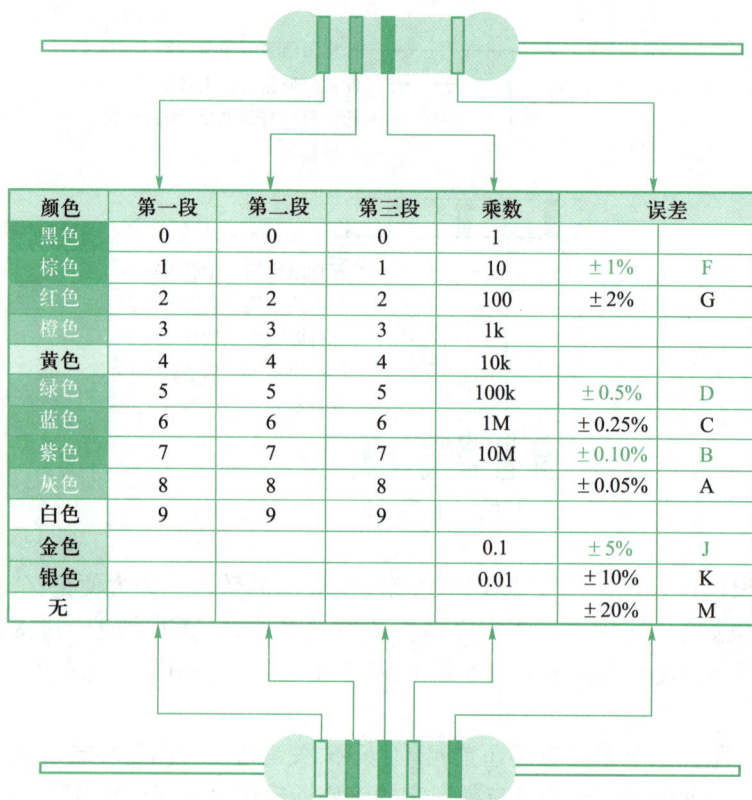

颜色	第一段	第二段	第三段	乘数	误差	
黑色	0	0	0	1		
棕色	1	1	1	10	±1%	F
红色	2	2	2	100	±2%	G
橙色	3	3	3	1k		
黄色	4	4	4	10k		
绿色	5	5	5	100k	±0.5%	D
蓝色	6	6	6	1M	±0.25%	C
紫色	7	7	7	10M	±0.10%	B
灰色	8	8	8		±0.05%	A
白色	9	9	9			
金色				0.1	±5%	J
银色				0.01	±10%	K
无					±20%	M

图 2-1-6　电阻色标法数值的读取方法

四、电阻的应用

电阻串联时可以降压、限流、调节电压;电阻并联时可以分流、调节电流等。在根据用途选择电阻时,对性能要求不高的收音机、普通电视机等电路可选用碳膜电阻;对整机质量和工作稳定性、可靠性要求较高的电路可选用金属膜电阻;对仪器、仪表电路应选用精密电阻或线绕电阻;热敏电阻的特点是电阻值随温度的变化而变化,主要在电路中作温度补偿用,也可在温度测量电路和控制电路中用作感温元件。片状电阻属于新一代电阻元件,是超小型电子元件,由于占用安装空间很小,没有引线,其分布电容和分布电感均很小,使高频设计易于实现,因此通常用于高频电路中。

一般情况下,所选用电阻的额定功率要大于在电路中电阻实际消耗功率的两倍左右,以保证电阻使用的安全可靠。

电阻的代替原则:大功率电阻可代替小功率电阻器,但用于熔断的电阻例外;金属膜电阻可代替碳膜电阻;固定电阻与半可调电阻可相互代替使用。

知识拓展

一、特殊电阻的种类

敏感电阻的种类较多,电路中应用较多的有热敏电阻、光敏电阻、压敏电阻、气敏电阻、湿敏电阻、磁敏电阻等。其种类及特点如表 2-1-1 所示。

微课
认识电阻

表 2-1-1　敏感电阻的种类及特点

名称	实物	结构和特点
热敏电阻	正温度系数(PTC)热敏电阻 负温度系数(NTC)热敏电阻	热敏电阻是敏感元件的一类,按照温度系数不同分为正温度系数(PTC)热敏电阻和负温度系数(NTC)热敏电阻。热敏电阻的典型特点是对温度敏感,不同的温度下表现出不同的电阻值。正温度系数热敏电阻在温度越高时电阻值越大;负温度系数热敏电阻在温度越高时电阻值越低。它们同属于半导体元件。热敏电阻是一种电阻值随温度变化而产生变化的电阻,这种变化特性使其广泛地应用在需要进行元器件热保护或热控制的产品上。在电源类产品中,热敏电阻被使用在大功率放大管的热保护上,当放大管温度升高时,热敏电阻阻值变化,利用电阻分流网络,使输入到放大管的电流减小,从而使放大管输出功率减小,发热降低,这样放大管在达到热平衡后保持稳定输出,从而使放大管得到了保护
光敏电阻		光敏电阻又称为光感电阻,它是利用半导体的光电效应制成的一种电阻值随入射光的强弱而改变的电阻。入射光强,电阻值减小;入射光弱,电阻值增大

续表

名称	实物	结构和特点
压敏电阻		压敏电阻是一种电阻值随电压变化而变化的电阻,由于这种变化特性使其广泛地应用在需要进行电压保护和恒定输入的产品上。在电源类产品中,压敏电阻被应用在大功率放大管的输入端起到保护和控制作用
气敏电阻		气敏电阻是利用气体的吸附使半导体本身的电导率发生变化这一原理将检测到的气体的成分和浓度转换为电信号的电阻
湿敏电阻		湿敏电阻是利用湿敏材料吸收空气中的水分导致本身电阻值发生变化这一原理而制成的电阻
磁敏电阻		磁敏电阻是利用半导体的磁阻效应制造的电阻
熔断电阻		熔断电阻又称为安全电阻或保险电阻,是一种兼具电阻器和熔断器双重作用的功能元件
力敏电阻		力敏电阻是一种阻值随压力变化而变化的电阻,国外称其为压电电阻。所谓压力电阻效应,是指半导体材料的电阻率随机械应力的变化而变化的效应

二、特殊电阻的检测方法

1. 热敏电阻的检测

热敏电阻分为负温度系数热敏电阻和正温度系数热敏电阻。测量时,需分两步进行:第一步测量常温电阻值;第二步测量温变时(升温或降温)的电阻值。

常温下检测:将万用表置于合适的电阻挡(根据标称阻值确定挡位),用两个表笔分别接触热敏电阻的两个引脚测量出实际阻值,并与标称阻值相比较,如果二者相差过大,就说明所测热敏电阻性能不良或已损坏。在常温测试正常的基础上,即可进行升温或降温检测。若加热后热敏电阻阻值减小,则说明这个负温度系数热敏电阻正常。

2. 光敏电阻的检测

在检测光敏电阻时,需分两步进行:第一步测量有光照时的电阻值;第二步测量无光照时的电阻值。通常光敏电阻有光照时电阻值为几千欧姆(此值越小,说明光敏电阻性能越好);无光照时电阻值大于 1 500 kΩ,甚至无穷大(此值越大,说明光敏电阻性能越好)。

3. 压敏电阻的检测

在检测压敏电阻时,将万用表调整到最大电阻挡位。常温下测量压敏电阻的两个引脚间的阻值应为无穷大,若阻值为零或有阻值,则说明已被击穿。

4. 气敏电阻的检测

在检测气敏电阻时,首先,判断哪两个极为加热极引脚,哪两个是阻值敏感极引脚。由于气敏电阻加热极引脚之间的阻值较小,应将万用表置于最小电阻挡。万用表两支表笔任意接触气敏电阻的两个引脚并测量其阻值,当测量到其中两个引脚之间的阻值较小(一般为 30~40 Ω)时,则这两个引脚为加热极 H、h,余下引脚为阻值敏感极 A、B。其次,检测气敏电阻是否损坏。将指针式万用表置于 $R \times 1$ kΩ 挡或将数字式万用表置于 20 kΩ 挡,红、黑表笔分别接气敏电阻的阻值敏感极。气敏电阻的加热极引脚接一限流电阻与电源相连,对气敏元件加热,观察万用表显示的阻值的变化。在清洁空气中,当接通电源时,万用表显示的阻值刚开始应先变小,随后阻值逐渐变大,大约几分钟后,阻值稳定。如果测得阻值为零、无穷大或测量过程中阻值不变,都说明气敏电阻已损坏。在清洁空气中检测,待气敏电阻阻值稳定后,将气敏电阻置于液化气灶上(打开液化气瓶,释放液化气,不点火),观察万用表显示的阻值。如果测得阻值明显减小,就说明所测气敏电阻为 N 型;如果测得阻值明显增大,就说明所测气敏电阻为 P 型;如果测得阻值变化不明显或阻值不变,就说明气敏电阻灵敏度差或已损坏。

5. 湿敏电阻的检测

在用万用表检测湿敏电阻时,应先将万用表置于电阻挡(具体挡位根据湿敏电阻阻值的大小确定),再把蘸水棉签放在湿敏电阻上,如果万用表显示的阻值在数分钟后有明显变化(依湿度特性不同而变大或变小),就说明所测湿敏电阻性能良好。

6. 磁敏电阻的检测

使用万用表检测磁敏电阻只能粗略检测其好坏,但不能准确测出阻值。在检测时,将指针式万用表置于 $R \times 1$ Ω 挡,数字式万用表置于 200 Ω 挡,两个表笔分别与磁敏电阻的两个引脚相接,并测量其阻值。当磁敏电阻旁边无磁场时,阻值应比较小,此时若将一磁铁靠近磁敏电阻,万用表显示的阻值有明显变化,则说明磁敏电阻正常;若显示的阻值无变化,则说明磁敏电阻已损坏。

7. 熔断电阻的检测

熔断电阻的检测方法与普通电阻的检测方法一样。如果检测出熔断电阻的阻值远大于它的标称阻值,就说明被测熔断电阻已损坏。对于熔断后的熔断电阻,所测阻值应为无穷大。

8. 力敏电阻的检测

在检测力敏电阻时,将指针式万用表置于 $R \times 10$ Ω 挡,数字式万用表置于 200 Ω 挡,两个表笔分别与力敏电阻两个引脚相接,并测量阻值。未对力敏电阻施加压力时,万用表显示的阻值应与标称阻值一致或接近,否则说明力敏电阻已损坏。对力敏电阻施加压力时,万用表显示的阻值将随施加压力大小的变化而变化。若万用表显示的阻值无变化,则说明力敏电阻已损坏。

9. 排阻的检测

根据排阻的标称阻值大小选择合适的万用表电阻挡位(指针式万用表注意调零),将两个表笔(不分正负)分别与排阻的公共引脚和另一引脚相接即可测出实际阻值。通过万用表测量就会发现所有引脚对公共引脚的阻值均是标称阻值,除公共引脚外,其他任意两个引脚之间的阻值是标称阻值的两倍。

⚙ 技能训练

电阻的识别与检测

(1) 观察电路板,认识各种类型的电阻和电位器,识读电阻和电位器上的各种数字标识和其他标示。

(2) 用万用表测量电阻和电位器,并将测量结果填入表 2-1-2 的 R_1、R_2、R_3 中。

表 2-1-2　电阻的测量

电阻	R_1	R_2	R_3	R_4	R_5	R_6
电阻的色环	—	—	—			
标称阻值 /Ω	—	—	—			
标称误差 /%	—	—	—			
测量值 /Ω	—	—	—			
实测误差	—	—	—			
指针式万用表测量值						
数字式万用表测量值						

（3）完成以下操作,并将操作结果填入相应的表格中。

① 色环电阻的测量:读出色环电阻的标称阻值和标称误差,再分别用指针式万用表和数字式万用表的电阻挡测量其阻值,算出实测误差,并将结果填入表 2-1-2 中。

② 写出指定电阻的标称阻值、色环颜色、允许误差,并填入表 2-1-3 中。

表 2-1-3 电阻的识别

电阻	标称阻值	色环颜色	允许误差
100 Ω			
510 Ω			
1 kΩ			
120 kΩ			
2 MΩ			

（4）操作注意事项。

① 在测量电阻时,不能带电测量,如图 2-1-7 所示。

② 被测电阻应从电路中拆下或断开一端(图 2-1-8)后再进行测量。

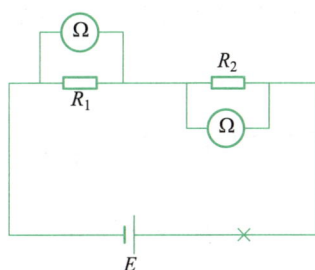

图 2-1-7 断开电路上的电源

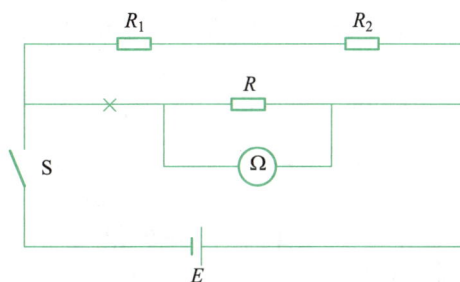

图 2-1-8 使被测电阻的一端断开

③ 两个表笔不要长时间碰在一起。

④ 两只手不能同时接触两个表笔的金属杆或被测电阻的两个引脚,避免把人体的电阻接入,如图 2-1-9 所示,最好用右手同时持握两个表笔。

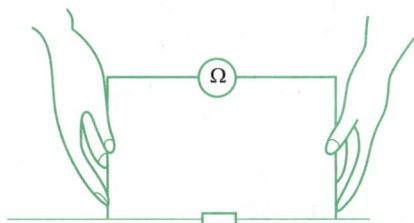

图 2-1-9 避免把人体的电阻接入

⑤ 长时间不使用数字式万用表,应将万用表中的电池取出。

⑥ 测量完毕后,应将量程选择开关调到"OFF"挡或最大电压挡,防止下次开始测量时不慎烧坏万用表。

课后思考

一、判断题

1. 在用万用表测量电阻时,绝不能带电测量。　　　　　　　　　　　　(　　)

2. 当温度一定时,导体的长度和横截面面积越大,电阻越大。　　　　(　　)

3. 在用万用表测量电阻时,两只手应紧捏电阻的两端。　　　　　　　(　　)

4. 四环电阻和五环电阻的识别方法没有大的区别。　　　　　　　　　(　　)

5. 并联电阻数目越多,等效电阻越小,因此向电路取用的电流也越少。(　　)

二、选择题

1. 通常说的电路中负载增大,是指(　　　　)。

　　A. 负载电阻增大　　　　　　　　　　B. 负载电阻减小

　　C. 电源对负载提供的电流增大

2. 某电阻的标称值为"1 kΩ、2.5 W",正常使用时允许流过的最大电流为

(　　　)

　　A. 50 mA　　　　　B. 2.5 mA　　　　　C. 250 mA

3. 在电路的三大基本元件中,表征用电器上耗能特性的理想电路元件是

(　　　)。

　　A. 电阻元件　　　B. 电感元件　　　C. 电容元件　　　D. 无法判断

4. 根据电阻数码标示法,"203"表示的电阻值为(　　　)。

　　A. 203 Ω　　　　　B. 20 kΩ　　　　　C. 20 Ω

5. 贴片电阻标有数字223,说明电阻值应为(　　　)。

　　A. 22 Ω　　　　　B. 22 kΩ　　　　　C. 223 Ω　　　　　D. 22.3 Ω

三、思考题

1. 电阻有什么作用? 主要有哪些性能参数?

2. 电位有什么作用? 如何用万用表测试电位器的性能?

3. 写出下列标有色环的电阻的标称阻值和误差,并指出其标示方法。

　　红黄绿金棕;棕绿黑棕棕;橙蓝黑黑棕;黄紫绿金棕。

4. 写出下列标有数字和字母的电阻器的标称阻值和误差,并指出其标示方法。

　　103 k;4R7;223 J;104;109;224 k;68。

任务评价

完成任务评价表,如表 2-1-4 所示。

表 2-1-4　任务评价表

评价项目	评价内容	要求	配分	评分		
				自评	小组	教师
电阻识别	电阻的认识	认识不同种类的电阻,如碳膜电阻、水泥电阻、金属膜电阻等	10 分			
	电阻标称阻值的识别	不同的标示方法的电阻标称阻值识别	10 分			
	特殊电阻的认识	认识压敏电阻、光敏电阻、热敏电阻等	10 分			
	电阻的应用	认识电阻限流、分流等应用	10 分			
参数测量	电阻的测量	电阻测量方法正确,读数正确	30 分			
安全规范操作	仪器的操作	在使用万用表过程中,正确选择挡位与量程进行测量,并且使用完毕整理工位	10 分			
完成工作任务的表现	学习态度端正,积极完成工作任务,认真学习相关知识,遵守安全操作规程和劳动纪律,有良好的职业道德和职业素养			10 分			
完成本次工作任务的体会(学到了哪些知识、掌握了哪些技能、有哪些收获):			10 分			
总分			100 分			
综合评价得分						

任务二　电容器认识与测量

必学必会

1. 掌握各种电容器的种类、作用、特性与标识方法。
2. 掌握各种电容器的主要参数。

3. 能用目视法判断、识别常见电容器的种类,能正确说出各种电容器的名称。

4. 能正确识读电容器上标示的主要参数,了解该电容器的作用。

5. 会使用万用表对各种电容器进行正确测量,并对其质量做出评价。

任务描述及分析

某工区检修人员从高压电网上切除一组电容器进行检修。由于着急完成任务,在电容器刚刚被切除一小时就进行检修,结果刚接触电容器,就被电击受伤。事故发生后,许多人对此大惑不解,认为电容器已经与电网断开一段时间,为什么还带电呢? 下面通过本任务的学习,掌握电容器的特性、作用、种类、参数及标识方法。

相关知识

一、概述

电容器(简称电容)的作用是储存电荷,它也是构成电路的最基本元件之一。电容是衡量导体储存电荷能力的物理量,电容器在电路中的主要作用是建立电场、储存电能。衡量电容储存电荷能力大小的参数称为电容量,在电路原理图中电容用 C 表示。常用电容在电路原理图中的图形符号如图 2-2-1 所示。电容的单位是法拉(F),简称法。常用的单位还有毫法(mF)、微法(μF)、纳法(nF)、皮法(pF)等。它们之间的换算关系为:

$1\ \mathrm{mF}=10^{-3}\ \mathrm{F}, 1\mu\mathrm{F}=10^{-3}\ \mathrm{mF}, 1\ \mathrm{nF}=10^{-3}\ \mu\mathrm{F}, 1\ \mathrm{pF}=10^{-3}\ \mathrm{nF}$。

(a) 普通电容　　(b) 电解电容　　(c) 可变电容　　(d) 微调电容　　(e) 双联可变电容

图 2-2-1　常用电容在电路原理图中的图形符号

1. 电容的基本特性

(1) 电容两端的电压不能突变。向电容中存储电荷的过程,称为"充电",而电容中的电荷消失的过程,称为"放电"。电容在充电或放电的过程中,其两端的电压不能突变,即有一个延续过程。

(2) 通交流、隔直流、通高频、阻低频。电容的充放电是需要时间的,这是由于电容的充放电过程,实质上是电容上电荷的积累和消散的过程。由于电荷量的变化是需要时间的,因此充放电也是需要时间的。

2. 电容的充放电特性

(1) 电容充电过程如图 2-2-2 所示。

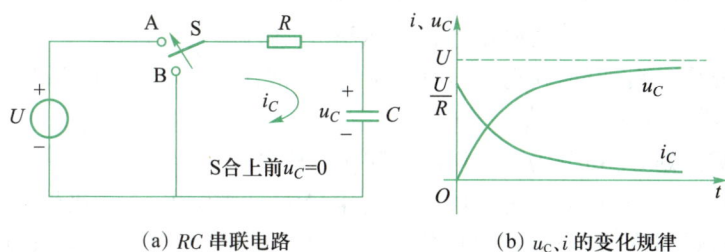

(a) RC 串联电路　　　　(b) u_C、i 的变化规律

图 2-2-2　电容充电过程

从图 2-2-2 中可以看出，电容在充电开始阶段，充电电流较大，充电电压上升速度较快，随着时间的增长，充电电流逐渐减小，充电电压上升速度变缓，且向着电源电压 U 趋近。从理论上说，要使电容器完全充满，完成充电的全过程需要无限长的时间。

充电速度的快慢取决于 R、C 的大小，充电时间常数 $\tau_充 = RC(\mathrm{s})$。充电时间常数 $\tau_充$ 是衡量充电快慢的物理量。

(2) 电容放电过程如图 2-2-3 所示。

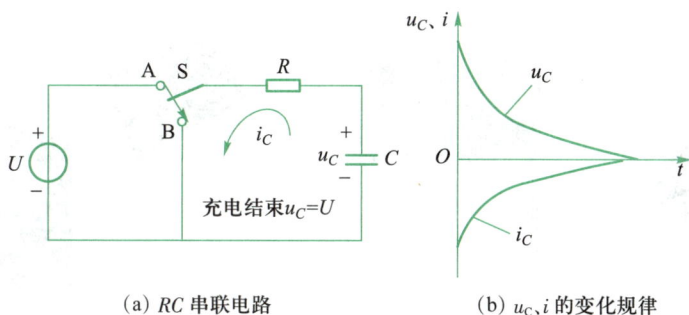

(a) RC 串联电路　　　　(b) u_C、i 的变化规律

图 2-2-3　电容放电过程

同样，从图 2-2-3 中可以看出，电容在放电开始阶段，电压 u_C 及电流 i_C 的变化是较快的，而后期变得缓慢。放电的快慢取决于放电回路中参数 R、C 的大小，放电时间常数 $\tau_放 = RC(\mathrm{s})$。放电时间常数 $\tau_放$ 是衡量放电快慢的物理量。

3. 电容的作用

(1) 电容的充放电就是电荷的储存与释放过程或电能的储存与释放过程。

(2) 电容具有隔直流通交流的作用。

(3) 电容充放电的快慢决定于电路的参数，通常用时间常数表示。

【想一想】思考一下，任务描述及分析中提到的某工区检修人员为什么刚接触电容器，就会被电击受伤呢？

二、电容的分类

由于划分方式不同,电容的种类也有所不同。

（1）按结构划分：可分为固定电容、可变电容、微调电容。

（2）按介质材料划分：可分为气体介质电容、液体介质电容、无机固体介质电容、有机固体介质电容、电解电容。

（3）按极性划分：可分为有极性电容和无极性电容。

（4）按原理划分：可分为无极性可变电容、无极性固定电容、有极性电容等。

（5）按材料划分：可分为 CBB 电容（聚乙烯）、涤纶电容、瓷片电容、云母电容、独石电容、电解电容、钽电容等。

三、电容的标识方法

1. 直标法

直标法是将电容的标称电容量、耐压及偏差直接标注在电容体上,如图 2-2-4 所示。用直标法标注的电容量,有时不标注单位,其识读方法为：凡是电容量>1 的无极性电容,其电容量单位为 pF,如 5100 表示电容量为 5 100 pF；凡电容量<1 的电容,其电容量单位为 μF,如 0.01 表示电容量为 0.01 μF。凡是有极性电容器,电容量单位为 μF,如 100 表示其电容量就为 100 μF。

图 2-2-4　直标法

2. 文字符号标示法

电容量的整数部分标注在电容量单位符号前面,电容量的小数部分标注在单位符号后面,电容量单位符号所占位置就是小数点的位置。例如,4n7 表示容量为 4.7 nF 或 4 700 pF。如果在数字前面标注有 R 字样,那么容量为零点几微法,如 R33,其容量就是 0.33 μF。

3. 数码标示法

体积较小的电容常用数码标示法,如图 2-2-5 所示。一般用 3 位整数表示,第一位、第二位为有效数字,第三位表示有效数字后面零的个数,单位为 pF,但是当第三位数是 9 时表示 10^{-1}。例如,"224" 表示电容量为 220 000 pF,"473" 表示电容量为 47 000 pF,而 "339" 表示电容量为 33×10^{-1} pF(3.3 pF)。又如,1 000 pF 标示为

1n，6800 标示为 6n8，2.2 μF 标示为 2 μ。

4. 色标法

电色标法与电阻的色标法类似，如图 2-2-6 所示。颜色涂于电容器的一端或从顶端向引线排列。色环一般只有 3 种颜色，前两环为有效数字，第三环为位率，电容量单位为 pF。

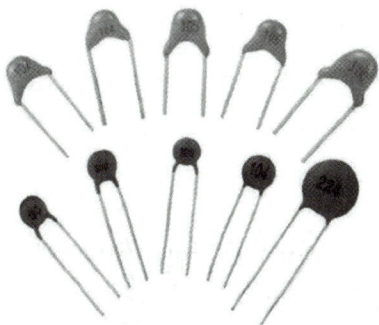

图 2-2-5　数码标示法

图 2-2-6　色码标示法

【想一想】色环电容与色环电阻的区别是什么？

四、电容的技术参数

1. 标称电容量

电容的标称电容量是指标示在电容表面的电容量。

2. 电容耐压值

电容耐压值是指在允许环境温度范围内，电容长期安全工作所能承受的最大电压有效值。常用固定式电容的直流工作电压系列为 6.3 V、10 V、16 V、25 V、40 V、63 V、100 V、160 V、250 V、400 V、500 V、630 V、1 000 V。

3. 允许误差

电容的允许误差等级是电容的标称电容量与实际电容量的最大允许偏差范围。允许误差的标示方法一般有如下 3 种。

（1）将电容量的允许误差直接标示在电容器上。

（2）用罗马数字 Ⅰ、Ⅱ、Ⅲ 分别表示 ±5%、±10%、±20%。

（3）用英文字母表示误差等级，如用 J、K、M、N 分别表示 ±5%、±10%、±20%、±30%；用 D、F、G 分别表示 ±0.5%、±1%、±2%；用 P、S、Z 分别表示 0%~+100%、−20%~+50%、−20%~+80%。

4. 绝缘电阻（漏阻）

绝缘电阻（漏阻）是指加到电容上的直流电压和漏电流的比值。漏阻越低，漏电流越大，介质耗能越大，电容的性能就越差，寿命也越短。

五、电容的应用

1. 电容的串联与并联

在实际应用中,根据需要常常要对电容进行串联和并联。当若干电容相串联时,它们的等效电容量是减小的,其计算方法类似于电阻的并联公式,即

$$C=\cfrac{1}{\cfrac{1}{C_1}+\cfrac{1}{C_2}+\cdots+\cfrac{1}{C_n}}$$

当若干电容相并联时,它们的等效电容量是增大的,其计算公式类似于电阻的串联公式,即

$$C=C_1+C_2+\cdots+C_n$$

2. 电容的选用

在电源滤波和退耦电路中应选用电解电容;在高频电路和高压电路中应选用瓷片和云母电容;在谐振电路中可选用云母、瓷介或有机薄膜电容等;用来隔直流时可选用纸介、涤纶、云母、电解电容等;用在谐振回路时可选用空气或小型密封可变电容。电容的额定电压应高于其实际工作电压 10%~20%,以确保电容不被击穿损坏。对于用在振荡和延时电路中的电容,其允许误差应尽可能小(一般小于 5%);在低频耦合电路中的电容误差可以稍大一些(一般为 10%~20%)。电容在替换时要与原电容的电容量基本相同(对于旁路和耦合电容,电容量可比原电容大一些),耐压值要不低于原电容的额定电压。在高频电路中,电容的替换一定要考虑其频率特性,应满足电路的频率要求。电解电容一般都会有储能的作用。

3. 超级电容器在新能源汽车中的应用

在电机控制系统中,为了提高电机的起动性能,使电机转动更加平稳,都会在电机电源附近并联一个大的电解电容。这是因为电机起动瞬间,由静止开始动作所需要的电流非常大,这个大电流会将电源电压突然拉低,导致电机性能变差。根据电机的功率不同,电容的电容量和耐压可以有不同选择。如果是用在电动汽车或混合动力汽车,需要的电容的电容量和耐压就更大,这样普通电解电容已经不能胜任,常用的做法是应用超级电容器。超级电容器作为与蓄电池相提并论的储能器件,最显著的特性是功率密度高,容量大,可快速充电、大电流放电,可充放电次数多(50 万次),安全,环保。其缺点是体积大,能量密度低,自放电率高,单体耐压低。而且与蓄电池相比,和其他电容相同,放电过程中它的电压是持续下降的。

新能源汽车电机正常工作时由动力蓄电池提供电流,额定电流由动力蓄电池的特性决定。同时系统启动时通过充电电路,由动力蓄电池向超级电容器充电。当电机起动或负载突然增加时,电机需要的电流是额定电流的几倍。对于动力蓄电池来讲,突然提供一个很大的电流将会使电池电压迅速降低,从而使电机的性能不能达到正常水平。如果并联了超级电容器,那么这个突然增加的电流可以由超级电容器提供。这样,动力蓄电池两端的电压变化,电流变化都会大大减小,不仅对改善电机的性能有很大帮助,对动力蓄电池寿命的影响也大大减小。

知识拓展

微课
认识电容

一、电容的种类及特点

电容的种类很多,它的分类方式也有多种。表 2-2-1 所示是固定电容的种类及特点。

表 2-2-1　固定电容的种类及特点

名称	实物	结构和特点
纸介电容	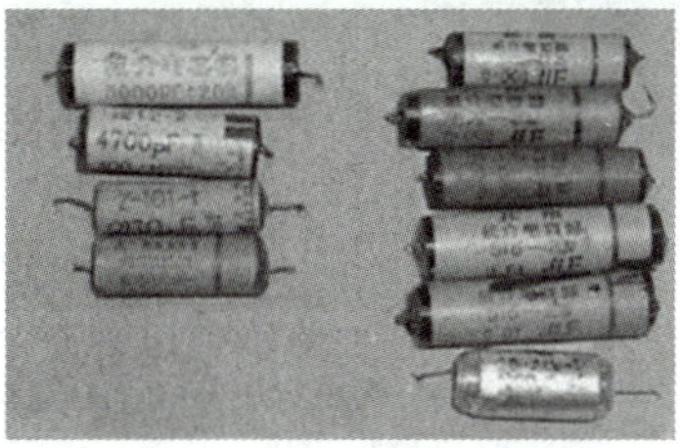	纸介电容制造工艺简单、价格低、体积大、损耗大、稳定性差,并且存在较大的固有电感,不宜在频率较高的电路中使用
瓷介电容		瓷介电容属于无极性、无机固体介质电容,是以陶瓷材料为介质制作的电容。瓷介电容体积小、耐热性好、绝缘电阻高、稳定性较好,适用于高低频电路
涤纶电容	 	涤纶电容属于无极性、有机固体介质电容,是以涤纶薄膜为介质,金属箔或金属化薄膜为电极制成的电容。涤纶电容体积小、容量大、成本较低,绝缘、耐热、耐压和耐潮湿的性能都很好,但稳定性较差,适用于稳定性要求不高的电路
玻璃釉电容	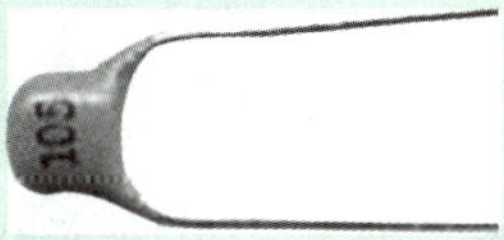	玻璃釉电容属于无极性、无机固体介质电容,使用的介质一般是玻璃釉粉压制的薄片,通过调整釉粉的比例,可以得到不同性能的电容。玻璃釉电容介电系数大、耐高温、抗潮湿强、损耗低

续表

名称	实物	结构和特点
云母电容		云母电容属于无极性、无机固体介质电容，以云母为介质，具有损耗小、绝缘电阻大、温度系数小、电容量精度高、频率特性好等优点，但成本较高、电容量小，适用于高频电路
薄膜电容		薄膜电容属于无极性、有机固体介质电容。薄膜电容是以金属箔或金属化薄膜为电极，以聚乙酯、聚丙烯、聚苯乙烯或聚碳酸酯等塑料薄膜为介质制成。薄膜电容又分为聚乙酯电容（又称为 Mylar 电容）、聚丙烯电容（又称为 PP 电容）、聚苯乙烯电容（又称为 PS 电容）和聚碳酸酯电容
铝电解电容		铝电解电容属于有极性电容，是以铝箔为正极，铝箔表面的氧化铝为介质，电解质为负极制成的电容。铝电解电容体积大、容量大，与无极性电容相比，其绝缘电阻低、漏电流大、频率特性差、容量与损耗会随周围环境和时间的变化而变化，特别是当温度过低或过高的情况下损耗增大，长时间不用还会失效
钽电解电容		钽电解电容属于有极性电容，是以钽金属片为正极，以表面的氧化钽薄膜为介质，二氧化锰电解质为负极制成的电容
贴片式多层陶瓷电容		贴片式多层陶瓷电容内部为多层陶瓷组成的介质层，为防止电极材料在焊接时受到侵蚀，两端头外电极由多层金属结构组成
贴片式铝电解电容		贴片式铝电解电容是由阳极铝箔、阴极铝箔和衬垫卷绕而成的

续表

名称	实物	结构和特点
贴片式钽电解电容	 	贴片式钽电解电容有矩形的,也有圆柱形的,封装形式有裸片型、塑封型和端帽型3种,以塑封型为主。它的尺寸比贴片式铝电解电容小,并且性能好

表 2-2-2 所示是可变电容的种类及特点。

表 2-2-2　可变电容的种类及特点

名称	实物	结构和特点
单联可变电容	 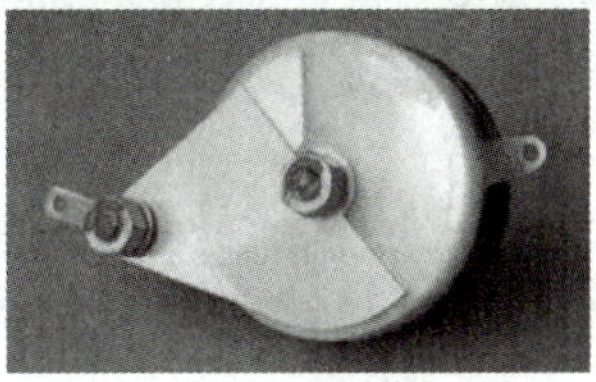	单联可变电容由两组平行的铜或铝金属片组成:一组是固定的(定片);另一组固定在转轴上,是可以转动的(动片)
双联可变电容	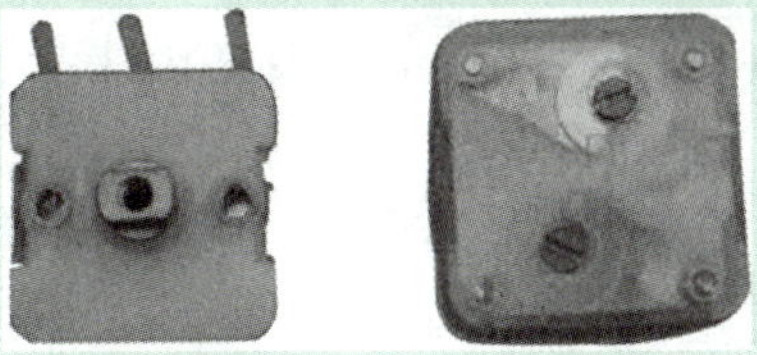	双联可变电容是由两个单联可变电容组合而成的,有两组定片和两组动片,动片连接在同一转轴上。在调节时,两个可变电容的电容量同步调节
空气可变电容	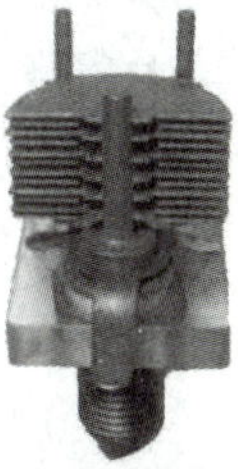 	空气可变电容的定片和动片之间的电介质是空气
有机薄膜可变电容		有机薄膜可变电容的定片和动片之间填充的介质是有机薄膜。其特点是体积小、成本低、容量大、温度特性较差等

二、电容的测量

电容的品质主要表现在电容量和漏电阻。电容量可用带有电容量测量功能的数字式万用表、电容表、交流阻抗电桥或万用电桥测量；漏电阻可用绝缘电阻测量仪、绝缘电阻表等专用仪器测量。下面只介绍用万用表对电容的简易测量方法。

1. 指针式万用表测量电容

1）固定电容的测量

（1）容量在 0.01 μF 以上固定电容的测量。将指针式万用表调至 $R \times 10$ k 电阻挡，并进行调零，然后观察万用表显示阻值的变化。若表笔接通瞬间，万用表的指针向右微小摆动，然后又回到无穷大处，调换表笔后，再次测量，指针向右摆动后返回无穷大处，可以判断该电容正常；若表笔接通瞬间，万用表的指针摆动至"0"附近，可以判断该电容被击穿或严重漏电；若表笔接通瞬间，指针摆动后不再回到无穷大处，可判断该电容漏电；若两次接通，万用表指针均不摆动，可以判断该电容已开路。

（2）容量小于 0.01 μF 的固定电容的测量。测量 10 pF 以下的小电容，因电容容量太小，用万用表进行测量，只能检查其是否有漏电、内部短路或击穿现象。在测量时，选用万用表 $R \times 10$ k 电阻挡，将两个表笔分别任意接电容的两个引脚，阻值应为无穷大。如果测出阻值为零，可以判定该电容漏电损坏或内部击穿。

2）电解电容的测量

电解电容的电容量较一般固定电容的电容量大得多，在测量时，针对不同电容量选用合适的量程。测量前，应让电容充分放电，即将电解电容的两个引脚短路，把电容内的残余电荷放掉。电容充分放电后，将指针式万用表的红表笔接负极，黑表笔接正极。在刚接通的瞬间，万用表指针应向右偏转较大角度，然后逐渐向左返回，直到停在某一位置。此时的阻值便是电解电容的正向绝缘电阻，一般应在几百千欧以上；调换表笔测量，指针重复之前现象，最后万用表显示的阻值是电容的反向绝缘电阻，应略小于正向绝缘电阻。

3）可变电容的测量

可变电容的电容量通常都较小，主要是检测电容动片和定片之间是否有短路情况。用手缓慢旋转转轴，应感觉十分平滑，不应有时松时紧甚至卡滞现象。当将转轴向前、后、上、下、左、右各方向推动时，不应有摇动转轴时与动片之间接触不良的可变电容，该电容不能继续使用。将万用表置于 $R \times 10$ k 电阻挡，一只手将两个表笔分别接可变电容的动片和定片的引出端，另一只手将转轴缓慢来回转动，万用表的指针都应在无穷大位置不动。如果指针有时指向零，说明可变电容动片和定片之间存在短路点；如果旋到某一角度，万用表读数不是无穷大而是有限阻值，说明可变电容动片和定片之间存在漏电现象。

2. 数字式万用表测量电容

用数字式万用表测量电容的电容量，并不是所有电容都可测量，要依据数字式万用表的测量挡位来确定。用数字式万用表测量电容的电容量的具体方法是将数字式万用表置于电容挡,根据电容量的大小选择适当挡位,待测电容充分放电后,将待测电容直接插到测试孔内或两个表笔分别直接接触进行测量。数字式万用表的显示屏上将直接显示出待测电容的电容量。

技能训练

电容器的识别与测量

(1) 观察电路板,认识各种类型的电容,识读电容上的各种数字和其他标识。

(2) 用万用表对电路板上的电容进行测量。

(3) 完成以下操作,将操作结果填入表 2-2-3 中。

电容的测量:读出电容标称值,用万用表的电容挡测量其电容,算出相对误差,注意电解电容的耐压与极性。单位用 μF 和 pF 表示。

表 2-2-3 电容的测量

电容器的标注	104	339	470 μF/16 V	0.1 μF
电容标称值				
电容测量值				
误差/%				

课后思考

一、判断题

1. 有极性的电解电容,其两个引脚中较长的一根是负极引线。   （ ）

2. 电容在使用时不允许超过耐压值,若超过此值,电容则可能损坏或被击穿,甚至爆裂。   （ ）

3. 当几个电容相串联时,它们的等效电容量是减小的;当几个电容相并联时,它们的等效电容量是增大的。   （ ）

4. 电解电容在使用中一旦极性接反,则通过其内部的电流过大,导致其过热击穿,温度升高产生的气体会引起电容外壳爆裂。   （ ）

5. 电容放电的方法就是将其两端用导线连接。   （ ）

6. 电容的容量就是电容量。   （ ）

7. 电容具有"隔直流、通交流"的作用。   （ ）

8. 在电容充、放电过程中,两端的电压不能突变。   （ ）

9. 电容储存的电能与其两端所加的电压成正比。   （ ）

10. 电容测量之前可以不充分放电。   （ ）

11. 如果电容用在交流电路中,应使交流电压的最大值不超过它的额定电压值,

否则电容会被击穿。　　　　　　　　　　　　　　　　　　　　　（　　　）

12. 万用表测量电容时指针摆动后停在最大值,说明电容完好;如果指针停在较小值,说明电容漏电。如果接近于零,说明电容短路。　　　　　　　（　　　）

13. 在电容串联电路中,总电容一定小于其中最小的那个电容。　　　（　　　）

14. 电容的电容量 C 的大小与外加电压 U 成正比,与电荷量成反比。（　　　）

二、选择题

1. 根据电容数码标示法,"243"表示电容量为（　　　）。
   A. 24.3 pF　　　　　　　　　　　　B. 24 000 pF
   C. 243 F　　　　　　　　　　　　　D. 243 μF

2. 在耦合、滤波、旁路的电路中,通常选用（　　　）。
   A. 云母电容　　　　　　　　　　　B. 有机薄膜电容
   C. 电解电容　　　　　　　　　　　D. 瓷介电容

3. 具有通高频、阻低频特性的电路元件是（　　　）。
   A. 电阻　　　　B. 电感　　　　C. 电容　　　　D. 不存在

4. 用数码标示法标示电容量通常采用 3 位整数,其单位是（　　　）。
   A. 法拉(F)　　B. 微法(μF)　　C. 皮法(pF)　　D. 毫法(mF)

5. 衡量电容储存电荷能力大小的参数称为电容量,用 C 表示,其单位有（　　　）(多选题)。
   A. 拉(F)　　　B. 微法(μF)　　C. 皮法(pF)　　D. 安培(A)

6. 储存电荷的电路基本元件是（　　　）。
   A. 电阻　　　　B. 电感　　　　C. 电容　　　　D. 二极管

7. 电容的功率的单位是（　　　）。
   A. 法拉(F)　　　B. 瓦(W)　　　C. 伏(V)

8. 电解电容在使用时,下面正确的是（　　　）。
   A. 电解电容有极性,使用时应负极接低电位,正极接高电位
   B. 电解电容有极性,使用时应负极接高电位,正极接低电位
   C. 电解电容与一般电容相同,使用时不用考虑极性
   D. 电容在交、直流电路中均可使用

9. 电容在充电过程中,充电电流逐渐（　　　）。
   A. 增大　　　　　　　　　　　　　B. 减小
   C. 不变　　　　　　　　　　　　　D. 无法确定

10. 下列电容中有正负极的是（　　　）。
    A. 瓷介电容　　　　　　　　　　　B. 纸质电容
    C. 电解电容　　　　　　　　　　　D. 可变电容

11. 电容上标有"400 μF,50 V"的字样,则该电容器两端加 25 V 电压时,其电容量为（　　　）。
    A. 200 μF　　　B. 400 μF　　　C. 800 μF　　　D. 0 μF

12. 下面对电容的说法正确是（　　　）。
　　A. 电容的电容量 C 的大小与外加电压 U 成反比，与电荷量成反比
　　B. 电容的电容量 C 的大小与外加电压 U 的变化率成正比
　　C. 电容的电容量 C 与电容本身的几何尺寸及介质有关
　　D. 电容的电容量 C 与所储存的电荷量成正比

13. 电容 A 的电容量比电容 B 的电容量大，这表明（　　　）。
　　A. A 所带的电荷量比 B 多
　　B. A 比 B 有更大的容纳电荷的能力
　　C. A 的体积比 B 大

任务评价

完成任务评价表，见表 2-2-4。

表 2-2-4　任务评价表

评价项目	评价内容	要求	配分	评分		
				自评	小组	教师
电容器件识别	电容元件的认识	能识别不同种类的电容，如纸介电容、涤纶电容、云母电容、电解电容等	10分			
	电阻标称值的识别	不同标注方法电容标称值的识别	10分			
	电容特性	理解电容充放电特性	10分			
	电容的应用	电容耦合、旁路、滤波、谐振等应用	10分			
参数测量	电容测量方法	电容测量方法正确，读数正确	30分			
安全规范操作	仪器的安全操作	在使用万用表过程中，正确选择挡位与量程进行测量，并且使用完毕整理工位	10分			
完成工作任务的表现	学习态度端正，积极完成工作任务，认真学习相关知识，遵守安全操作规程和劳动纪律，有良好的职业道德和职业素养		10分			
完成本次工作任务的体会（学到了哪些知识、掌握了哪些技能、有哪些收获）：			10分			
总分			100分			
综合评价得分						

任务三　电感器认识与测量

必学必会

1. 掌握各种电感器的种类、作用、特性与标识方法。

2. 能目视判断、识别常见电感器的种类，能正确说出各种电感器的名称，能根据色环准确识读电感量。

3. 会使用万用表对各种电感器进行正确测量，能用万用表检测电感器正常与否，并对其品质做出评价。

任务描述及分析

某品牌收音机的电路板上布满了电子元器件，电路板上有电阻、电感、电容等常见的电路元件，你能识别出哪些元件是电感器吗？它们在电路中起了什么作用？如何检测这些元件的正常与否？下面通过本任务的学习，掌握电感器的基本知识。

相关知识

一、概述

电感器又称为电感线圈，简称为电感，它也是构成电路最基本元件之一。与电容相同，电感也是一种储能元件，它能使电场能与磁场能相互转换，电感常与电容配合在一起工作，在电路中主要用于滤波（阻止交流干扰）、振荡（与电容组成谐振电路）、波形变换等。电感通电以后就会在它周围建立磁场，并将从电路中接收到的电场能转换为磁场能并储存起来，即建立磁场、储存磁场能是电感的主要工作方式。电感的基本工作特性是通低频、阻高频。电感在交流电路中常用于扼流、降压、谐振等。小型电感在手机、数字机顶盒、蓝牙耳机、液晶电视、汽车电子、工业控制等领域应用广泛。

二、电感的特性

电感的特性是其电流是渐变的；电感的自感会阻碍电流的变化；电感的自感方向与电流方向相反；电感是存储能量元件，本身不耗能。电感也是闭合回路的一种属性，是一个物理量。当电流通过线圈后，在线圈中形成感应磁场，感应磁场又会产生感应电流来抵制通过线圈中的电流。电感是描述由于线圈电流变化，在本线圈中或在另一线圈中引起感应电动势效应的电路参数。电感是自感和互感的总称。提供电感的元件称为电感器(或电感)。电感器的结构类似于变压器,但只有一个绕组。电感器具有一定的电感,它只阻止电流的变化,因此,电感器又称为扼流器、电抗器等。

电感的电流是渐变的,因为自感电动势会阻碍电感电流的变化。自感电动势与电感的电流变化率成正比。当电感的电流变化率为 0 时,自感电动势就为 0。电感上的电流是不能突变的,电容上的电压是不能突变的;电感上的电压是可以突变的(电弧),电容上的电流是可以突变的(浪涌)。电感与电容都是电抗器,且无损耗,电容以电压形式存储能量,电压越高,存储的能量越大。

电感通直流、阻交流,通低频、阻高频。通直流是指电感对直流电呈通路状态,如果不计电感线圈的电阻,那么直流电可以"畅通无阻"地通过电感。对直流电而言,电感线圈本身的电阻对直流电的阻碍作用很小,所以在电路分析中往往忽略不计。阻交流是指当交流电通过电感线圈时电感对交流电存在着阻碍作用,阻碍交流电的是电感线圈的感抗。

三、电感的种类

电感按其结构的不同可分为线绕式电感和非线绕式电感(多层片状、印刷电感等),还可分为固定式电感和可调式电感。除上述几种分类之外,电感器按贴装方式可分为有贴片式电感和插件式电感。同时,对电感器有外部屏蔽的称为屏蔽电感,线圈裸露的一般称为非屏蔽电感,如图 2-3-1 所示。

微课
认识电感

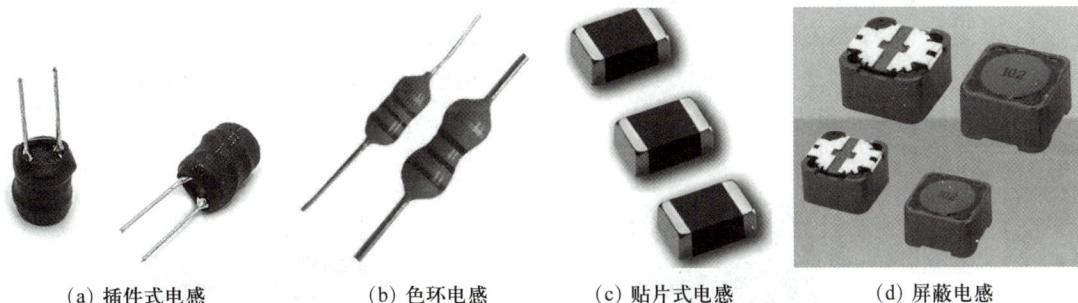

(a) 插件式电感　　　(b) 色环电感　　　(c) 贴片式电感　　　(d) 屏蔽电感

图 2-3-1　常见电感器的外形

固定式电感又分为空心电感、磁芯电感、铁心电感等,根据其结构外形和引脚方式还可分为立式同向引脚电感、卧式轴向引脚电感、大中型电感、小巧玲珑型电感和片状电感等。

可调式电感又分为磁芯可调电感、铜芯可调电感、滑动接点可调电感、串联互感可调电感和多抽头可调电感。

常见可调式电感的外形如图 2-3-2 所示。

图 2-3-2　常见可调式电感的外形

四、电感的标示方法

1. 直标法

直标法是指将电感的标称电感量用数字和文字符号直接标注在电感体上面,电感量单位后面的字母表示偏差。例如,插件工字电感和 UU 型共模电感多数就是采用这种标示方法来表示电感量的。

2. 文字符号标示法

文字符号标示法是指用数字和文字符号,按照一定的规律把电感的标称电感量和偏差值标注在电感体上面。这种标示方法通常用在小功率电感体上面,单位一般是 μH,分别用 R 和 n 表示小数点。图 2-3-3 所示为用文字符号标示法标示的电感,这里 1R5 表示电感量为 1.5 μH。

3. 数码标示法

数码标示法有点像文字符号标示法,只不过这是用 3 位数字来表示电感量的方法,其中从左数起,前面两位是有效数字,最后一位表示有效数字后面加 "0" 的个数,单位是微亨(μH),多见于小功率贴片式电感。如图 2-3-4 所示,标示为 "100" 的电感其电感量为 10 μH。

图 2-3-3　电感的文字符号标示法

图 2-3-4　电感的数码标示法

4. 色标法

与电阻的色标法类似,电感的色标法也是将不同颜色的色环标示在电感上。在用色环标示时,一般露出电感体本色较多的一端的色环为末环,另外一端的色环就是第一环,用色标法在电阻上的单位是欧姆(Ω),在电感上的单位则是微亨(μH)。

对于色码电感,有四环电感和五环电感两种。其识别方法如下:当拿到一个四环电感时,首先看它的第四道色环,第四道色环一般离其他 3 道色环的距离较远一些,容易找到,并且第四道色环的颜色也只有金色和银色,或者无色。之所以要先看第四道色环。不是因为它位置特殊和颜色简单容易识别,而是因为它将决定第一道和第二道色环的颜色;看完第四道色环后,接着看第三道色环,第三道色环是快速读出电感量的关键一环,第三道色环是倍率,如果只是读出倍率的数字,那么将影响整个电感量读取过程,应该将倍率直接读成数值的单位,再加上第一、二道色环的数值就是正确的结果;然后看第一、二道色环,第一、二道色环表示的是有效值,第一道色环一般会紧靠在色环电感的某一端,紧接着是第二道色环和第三道色环,再隔较远的距离才是第四道色环。

五环电感与四环电感之间的不同之处是:前 3 道色环是有效数值,第四道色环是倍率,第五道色环是误差。

五、电感的技术参数

1. 电感量

电感上标注的电感量的大小,表示电感本身固有特性,反映电感存储磁场能的能力,也反映电感通过变化电流时产生感应电动势的能力,用 L 表示,单位为亨 (H)。常用的单位还有毫亨 (mH) 和微亨 (μH)。它们之间的换算关系为 $1\ \text{H}=10^3\ \text{mH}=10^6\ \text{μH}$ 电感量的大小与电感的圈数、绕制方式及磁芯材料等因素有关,与电流大小无关。圈数越多,绕制的线圈越集中,电感量越大;有磁芯的电感的电感量比无磁芯的大;磁芯磁导率大的电感,电感量大。

2. 允许误差

电感的实际电感量相对于标称值的最大允许偏差范围称为允许误差。

3. 感抗 X_L

电感对交流电流阻碍作用的大小称为感抗 X_L,单位是欧姆 (Ω)。它与电感量 L 和交流电频率 f 的关系为

$$X_L=2\pi f L \tag{2-3-1}$$

4. 品质因素 Q

品质因素是衡量电感品质好坏的一个物理量,用字母 Q 表示。Q 值越高,表明电感功耗越小,效率越高,则品质越好。Q 值与电感的结构(导线粗细、多股或单股、绕法、磁芯)有关。品质因素 Q 为感抗 X_L 与其等效的电阻的比值,即 $Q=X_L/R$。电感的 Q 值越高,回路的损耗越小,电感的 Q 值与导线的直流电阻、骨架的介质损耗、屏蔽罩或铁心引起的损耗、高频趋肤效应的影响等因素有关,线圈的 Q 值通常为几十到一百。

5. 标称电流

标称电流是指电感允许通过电流的大小,常以字母 A、B、C、D、E 来代表,对应的标称电流分别为 50 mA、150 mA、300 mA、700 mA、1 600 mA。大体积的电感,标称电流及电感量在其外壳上都有标注。

6. 分布电容（寄生电容）

电感的匝与匝间、线圈与屏蔽罩间、线圈与底板间存在的电容被称为分布电容。分布电容的存在使电感的 Q 值减小，稳定性变差，因而电感的分布电容越小越好。

六、电感的应用

电感是汽车电路中必不可少的三大基础元件之一。电感可以用于电路调谐，如作为收音机中的调谐线圈和中频变压器的谐振线圈等；可以用于振荡电路，如作为收音机中的振荡线圈、各种 LC 振荡电路中的电感线圈；可以用于阻断电流滤波器，如作为电源滤波器的 LC 滤波电感器；带通和带阻滤波器采用谐振电感进行频率选择。电感在新能源汽车电子电路中的应用广泛，是汽车电子电路重要元件。电感在汽车上应用领域按功能分为两大类：一是车体电子控制系统，如传感器、DC/DC 变换器等；二是车载电子控制系统，如车载 CD/DVD 音响系统、GPS 导航系统等。电感的解决方案朝着效率高、体积小、噪声低的方向发展，从而充分发挥新能源汽车的优势。

知识拓展

电感检测的相关知识

电感损坏的表现形式有短路、开路等。电感在检测时，先要进行外观检查，看电感线圈绕线是否松散，引脚是否有折断、生锈现象；再用万用表的电阻挡测量电感的直流电阻，若为无穷大，则说明电感（或与引出线间）有断路，若比正常值小很多，则说明出现局部短路，若电感电阻为零，则电感完全短路。对于有金属屏蔽罩的电感，还需检查它的线圈与屏蔽罩间是否短路；对于有磁芯的可调电感，螺纹配合要好。

1. 用指针式万用表判定电感正常与否

用指针式万用表检测电感的方法：首先将万用表调到电阻挡的 $R \times 1$ 挡，两个表笔与电感的两个引脚相接，正常情况下能测得一个固定的阻值，如果表针不动，说明电感内部断路，如果表针指示趋向于 $0\ \Omega$ 时，说明电感内部存在短路；然后将万用表置于 $R \times 10\ k$ 挡，检测电感的绝缘情况，测量线圈引线与铁芯或金属屏蔽之间的电阻，均应为无穷大，否则该电感绝缘不良；最后查看电感的结构，正常的电感线圈绕线应不松散、不变形，引出端要固定牢固，磁芯既可灵活转动，又不会松动等，否则电感可能损坏。

2. 数字式万用表检测电感的方法

首先将数字式万用表量程开关拨至合适的电感挡，然后将电感两个引脚与两个表笔相连，即可从显示屏上显示出该电感的电感量。若显示的电感量与标称电感量相近，则说明该电感正常；若显示的电感量与标称电感量相差很多，则说明该电感损坏。损坏的电感一般应用标称电感量、标称电流相同的电感替换。

技能训练

电感的识别与检测

（1）观察电路板，认识各种类型的电感，识读电感上的各种数字和其他标识。

（2）用万用表对电路板上的电感器进行检测。

（3）完成以下操作，并将结果填入表 2-3-1 中。

电感的测量：读出电感的标称值，用万用表测量电感的直流电阻，判断电感正常与否。

表 2-3-1　电感的测量

电感的类型	插件电感	色码电感	贴片电感	环形电感
电感的标称值				
电感的直流电阻				

课后思考

一、填空题

1. 电感的单位有＿＿＿＿＿＿＿＿、＿＿＿＿＿＿＿＿、＿＿＿＿＿＿＿＿。

2. 电感的特性为：＿＿＿＿＿＿＿＿；＿＿＿＿＿＿＿＿＿＿＿＿。

3. 电感器简称为电感，它是将电能转换为＿＿＿＿＿＿并储存起来的元件。

4. 电感标注为 33 m 表示＿＿＿＿＿；标注为 47 n 表示＿＿＿＿＿。

5. 标称电感量及偏差为 0.22 μH，±20% 的电感其色码为＿＿＿＿＿。

二、思考题

1. 电感的作用是什么？主要有哪些技术参数？

2. 电感的特性是什么？举例说明电感在新能源汽车中的应用。

任务评价

完成任务评价表，见表 2-3-2。

表 2-3-2　任务评价表

评价项目	评价内容	要求	配分	评分		
				自评	小组	教师
电感器识别	电感的识别	不同种类的电感,如插件电感、色码电感、环形电感、可变电感等的识别	10 分			
	电感标称值的识别	不同的标识方法的电感标称值识别	10 分			
	电感的技术参数	理解电感量、感抗、品质因素等	10 分			
	电感的应用	了解电感在电路中调谐、滤波等应用	10 分			
参数测量	电感的测量	电感测量方法正确,读数正确	30 分			
安全规范操作	仪器的操作	在使用万用表过程中,正确选择挡位与量程进行测量,并且使用完毕整理工位	10 分			
完成工作任务的表现	学习态度端正,积极完成工作任务,认真学习相关知识,遵守安全操作规程和劳动纪律,有良好的职业道德和职业素养		10 分			
完成本次工作任务的体会(学到了哪些知识、掌握了哪些技能、有哪些收获):			10 分			
总分			100 分			
综合评价得分						

项目三 ▶▶▶

新能源汽车直流电路基础

▶ **项目目标**

1. 知识目标

(1) 掌握电路的组成及作用。

(2) 掌握电流、电压、电位、电动势、电功率的概念。

(3) 理解在电路分析中选择电压或电流参考方向的方法。

(4) 掌握欧姆定律。

(5) 了解电阻串、并联的实际应用。

(6) 掌握基尔霍夫定律。

2. 能力目标

(1) 能够利用欧姆定律对简单电路进行分析。

(2) 能够正确计算电阻串、并联的阻值。

(3) 能够运用基尔霍夫定律对复杂电路进行分析和计算。

3. 素养目标

(1) 提高思维能力、理论联系实践能力,以及利用所学知识解决实际问题的能力。

(2) 养成正确的学习态度和良好的学习习惯,并寻求有效的学习方法。

任务一　基本电路安装与检测

必学必会

1. 掌握电路的组成及作用。
2. 掌握电流、电压、电位、电动势、电功、电功率的概念。
3. 理解在电路分析中选择电压或电流参考方向的方法。

任务描述及分析

手电筒是人们日常生活中常用的工具,其实物图如图 3-1-1(a)所示。图 3-1-1
(b)中的灯珠、开关、导线、电池构成了一个手电筒的简单电路,当开关闭合时,电路形
成闭合回路,手电筒发光。电路到底是什么呢? 下面通过本任务的学习,掌握电路
的组成及电路中的基本物理量。

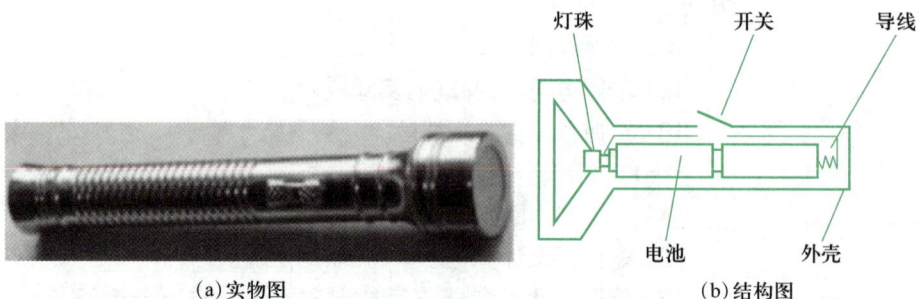

(a)实物图　　　　　　　　　　　　　(b)结构图

图 3-1-1　手电筒

相关知识

一、电路的组成及作用

1. 电路的组成

电路是由金属导线和实际电路元件构成的电流通路。电路的主要作用是实现
电能或电信号的产生、传输、转换和处理。不管电路复杂与否,一个完整的电路一般
分为三部分:电源、负载和中间环节。

电源是指电路中提供电能的装置,其作用是将其他形式的能量转换为电能并且

向电路提供能量,如发电机、蓄电池等。发电机将机械能转换为电能,而蓄电池则是将化学能转换为电能,它们都属于电源。

负载是指电路中接收电能的设备,如电阻、电动机、灯泡等。负载将电路中的电能转换为非电能,是各类用电器的总称。

中间环节是指将电路中的元件连接成闭合电路的导线、开关设备、保护设备和测量仪器等,其作用是传输和分配电能。

2. 电路模型

实际电路都是由多种电路元件组成的,大多数电路元件的电磁性质都较为复杂,在分析和计算电路时,直接按照实际电路元件来画出电路图会存在一定的困难。所以,为了方便分析和计算电路,一般用能够反映其主要电磁特性的理想电路元件来代替实际电路元件,这样可以突出实际电路元件的电磁特性,忽略其次要因素。这种以理想电路元件来代替实际电路元件的抽象电路,称为电路模型。

电路模型反映了各种理想电路元件在电路中的作用和相互之间的连接方式,并不表示元件之间的真实几何关系和实际位置,如图 3-1-2 所示。另外,在电路模型中,连接各元件的导线也被认为是理想电路元件,其电阻忽略不计。图 3-1-2(b) 是图 3-1-2(a) 所示电路的电路模型,在电路模型中以电源 U_s 和内阻 R_s 来表示电池,以电阻 R_L 来表示灯泡。

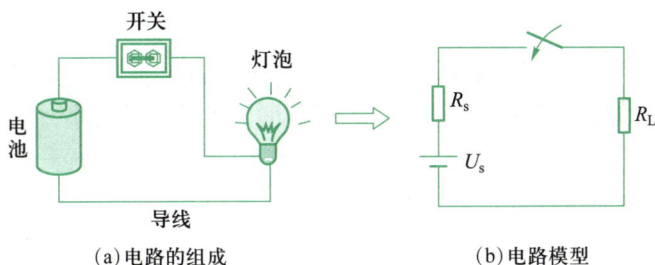

图 3-1-2　电路的组成及电路模型

理想电路元件是指由实际电路元件抽象出的具有某种确定的电磁性能的元件。理想电路元件包括电阻、电感、电容、理想电压源和理想电流源。电阻、电感、电容属于无源元件,在工作时不需要额外电源。理想电压源和理想电流源属于有源元件,在工作时需要有额外电源。理想电路元件的图形符号如图 3-1-3 所示。

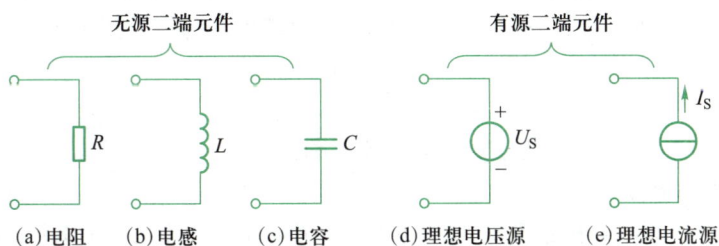

图 3-1-3　理想电路元件的图形符号

图 3-1-3(a)所示是电阻的图形符号,电阻是电路中的耗能元件的代表,在电路中只消耗电能,不会提供能量。图 3-1-3(b)所示是电感的图形符号,电感是电路中产生磁场、储存磁电元件的代表,在电路中起交换能量的作用。图 3-1-3(c)所示是电容的图形符号,电容是电路中产生电场、储存电能元件的代表,在电路中起交换能量的作用。图 3-1-3(d)所示是理想电压源的电路符号,理想电压源以提供电压的方式给电路供电,其输出电压恒定。图 3-1-3(e)所示是理想电流源的电路符号,理想电流源以提供电流的方式给电路供电,其输出电流恒定。

实际电路元件在工作时的电磁特性可以用理想电路元件或其组合来表示。图 3-1-2(b)中理想电压源没有内阻,电源的输出电压等于理想电压源电压,但实际电源存在内阻,电流在流过内阻时会有压降,因此,在理想电压源不变的情况下,电源的输出电压会随着输出电流的变化而改变。为了反映以上特性,可以用一个理想电压源 U_s 和一个电阻 R_s 串联的电路来表示该实际电源。

3. 电路的作用

电路的作用多种多样,在不同的应用场合,电路的组成形式以及结构也不尽相同。在电力系统中,电路可以实现电能的传输、分配和转换。在电子技术中,电路可以实现电信号的传递、存储和处理。

二、电路的基本物理量

1. 电流

导体内部的自由电子在电场的作用下会产生定向移动,由此形成电流。在电磁学中,电流是指单位时间内通过导体某一横截面的电荷量的大小,也称为电流强度。在物理学中,把带电微粒的定向移动称为电流,用 i 表示电流、q 表示电荷量、t 表示时间,则计算电流的公式为

$$i = \frac{\mathrm{d}q}{\mathrm{d}t} \tag{3-1-1}$$

式中,q 为时间 t 内通过导体横截面的电荷量,在国际单位制(SI)中,规定电流的基本单位为安培(A),即 1 A=1 C/s。除了安培(A),电流的常用单位还有毫安(mA)、微安(μA)等。它们之间的换算关系为

$$1\ A = 10^3\ mA = 10^6\ \mu A \tag{3-1-2}$$

电流不仅有大小,还有方向,因此电流是矢量,一般把正电荷的移动方向规定为电流的实际方向。当电流大小和方向随时间变化时,称为交流电(AC)。当电流大小和方向均不随时间变化时,称为直流电(DC)。直流电的计算公式为

$$I = \frac{Q}{t} \tag{3-1-3}$$

图 3-1-4 所示是直流电与交流电的波形图。

2. 电压和电位

(1) 电压。电压是衡量电场力做功本领大小的物理量,是产生电流的根本原因。在国际单位制中,规定电压的基本单位为伏特(V)。如果设正电荷由点 A 移到点 B 时

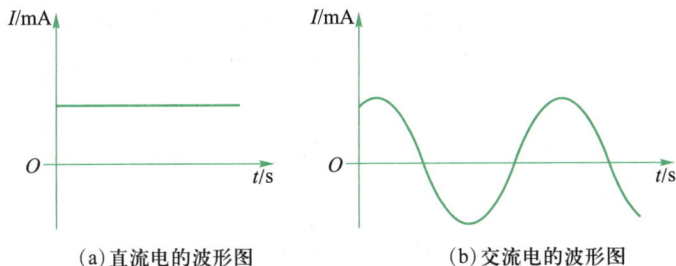

(a)直流电的波形图　　　　　(b)交流电的波形图

图 3-1-4　直流电与交流电的波形图

电场力所做的功为 W,电场力把单位正电荷由点 A 移到点 B 所做的功在数值上等于 A、B 两点之间的电压。因此 A、B 两点之间的电压为

$$U_{AB} = \frac{W}{q} \qquad (3\text{-}1\text{-}4)$$

式中,U_{AB} 为 A、B 两点之间的电压,单位为伏特(V);W 为电场力所做的功,单位为焦耳(J);q 为电量,单位为库仑(C)。除了伏特(V),电压的常用单位还有千伏(kV)、毫伏(mV)等。它们之间的换算关系为

$$1\ V = 10^3\ mV = 10^{-3}\ kV \qquad (3\text{-}1\text{-}5)$$

(2) 电位。电位是衡量电势能大小的物理量,在数值上等于电场力将单位正电荷从该点移到参考点所做的功。电位的计算公式为

$$V = \frac{W}{q} \qquad (3\text{-}1\text{-}6)$$

式中,V 为电路中某一点的电位,单位为伏特(V);W 为电场力所做的功,单位为焦耳(J);q 为电量,单位为库仑(C)。

3. 电动势

电动势是描述电源性质的重要物理量。在电源中,正电荷在电场力作用下不断从电源正极流向电源负极,同样,在电源内部,也有一种力将正电荷从电源负极移动到电源正极,这种力称为非静电力。非静电力不断地把正电荷从电源负极移动到电源正极,将其他形式的能量转换为电能,使电源两端的电压保持不变。非静电力所做的功与被移动电荷的电量的比值,称为电源的电动势。

4. 电功和电功率

(1) 电功。电流流过负载时对负载所做的功称为电功,用符号 W 表示。其计算公式为

$$W = UIt \qquad (3\text{-}1\text{-}7)$$

式中,U 为电压,单位为伏特(V);I 为电流,单位为安倍(A);t 为时间,单位为秒(s);W 为电功,单位为焦耳(J)。在国际单位制中,电功的基本单位是焦耳(J)。在实际应用中,电功常用单位为千瓦时(kW·h),又称为度,此时电压 U 的单位为千伏(kV),电流 I 的单位为安培(A),时间 t 的单位为小时(h)。千瓦时与焦耳之间的换算关系为

$$1\ kW \cdot h = 3.6 \times 10^6\ J \qquad (3\text{-}1\text{-}8)$$

　　电能是指在一定的时间内电路元件或设备吸收或发出的电能,当电流流过负载时,电能转换为其他形式的能量,而这个过程便是电流在做功,因此电功可以用来衡量电能的多少。

　　(2) 电功率。电功率是指电流在单位时间内消耗的电能(或做的功),用符号 P 表示,其计算公式为

$$P = \frac{W}{t} = \frac{UIt}{t} = UI \tag{3-1-9}$$

　　在国际单位制中,电功率的基本单位是瓦特(W),简称为瓦,除了瓦,电功率常用的单位还有千瓦(kW)、毫瓦(mW)。

知识拓展

　　(1) 电压和电位的区别是什么?

　　从定义上看,电压是衡量电场力做功本领大小的物理量,电位是衡量电势能大小的物理量。电位的大小是相对参考点而言的,而电压是电路中两点间的电位差,因此电压不会因为参考点的选取不同而改变。电压与电位的关系为

$$U_{AB} = V_A - V_B \tag{3-1-10}$$

式中,V_A 为电路中点 A 的电位,V_B 为电路中点 B 的电位。

　　(2) 在分析电路时,应该如何选择电流、电压的参考方向?

　　对于复杂电路,电路中各支路或元件的电流和电压的实际方向往往很难事先判断,这给实际电路的分析和计算带来了困难。例如,当对电路列出代数方程时,无法确定电压和电流的正、负号,这直接影响计算结果的准确性。为了解决这个问题,在实际电路的分析和计算中,会事先假定电流或电压的参考方向,再依据参考方向列出代数方程,即可求出各支路或元件的电流和电压。电流和电压的实际方向与参考方向无关,当计算结果为正值时,则表明选用的参考方向与实际方向相同;否则相反。

技能训练

基本电路的组装与测试

　　利用电线、30 W 灯泡、若干干电池、开关组件搭建基本电路,观察电路的连接方法。

　　(1) 认识相关电路元件。

　　(2) 搭建基本电路模型。

　　(3) 测试电路运行情况,理解电路的基本组成,使用万用表对电路中各参数进行测量。

课后思考

一、判断题

1. 蓄电池在电路中属于负载。　　　　　　　　　　　　　　　　（　　）
2. 电路可以实现电信号的传递、存储和处理。　　　　　　　　　（　　）
3. 电荷的移动形成电流。　　　　　　　　　　　　　　　　　　（　　）
4. 负载在电路中主要提供保护作用。　　　　　　　　　　　　　（　　）

二、选择题

1. 下列元件中属于有源元件的是（　　　　）。
   A. 电阻　　　　　B. 电感　　　　　　C. 电容　　　　　　D. 电压源
2. 电流的国际单位制基本单位是（　　　　）。
   A. μA　　　　　B. mA　　　　　　C. A　　　　　　　D. V
3. 1 A 相当于（　　　　）mA。
   A. 10　　　　　B. 100　　　　　C. 1 000　　　　D. 10 000
4. 在电路分析中,（　　　　）表示电流的实际方向与参考方向一致。
   A. −5 A　　　　B. 5 A　　　　　C. −10 A　　　　D. −20 A
5. 1 kV 等于（　　　　）V。
   A. 10　　　　　B. 100　　　　　C. 1 000　　　　D. 10 000
6. 下列选项中属于电流源的是（　　　　）。
   A. 光电池　　　B. 干电池　　　　C. 发电机　　　D. 蓄电池

任务评价

完成任务评价表,见表3-1-1。

表 3-1-1　任务评价表

评价项目	评价内容	要求	配分	评分		
				自评	小组	教师
电路的基本组成元件识别	电源的认识	不同种类的电源的识别	10分			
	负载的认识	负载的基本参数的识别	10分			
	开关的认识	认识电路中的开关	10分			
	中间环节的认识	导线的识别	10分			
参数测量	电压、电流的测量	电压、电流测量方法正确,读数正确	20分			

续表

评价项目	评价内容	要求	配分	评分		
				自评	小组	教师
安全规范操作	仪器的操作	在使用万用表过程中,正确选择挡位与量程进行测量,并且使用完毕整理工位	10分			
完成工作任务的表现		学习态度端正,积极完成工作任务,认真学习相关知识,遵守安全操作规程和劳动纪律,有良好的职业道德和职业素养。	10分			
完成本次工作任务的体会(学到了哪些知识、掌握了哪些技能、有哪些收获):			10分			
总分			100分			
综合评价得分						

任务二　欧姆定律验证与应用

必学必会

1. 掌握欧姆定律。
2. 掌握欧姆定律在电路分析和计算中的应用方法。

任务描述及分析

　　学习了电路的基本组成及电路中的基本物理量,在实际应用中,应该如何确定电路的各部分参数呢? 下面通过本任务的学习,掌握电路分析中的欧姆定律。

相关知识

一、概述

1. 部分电路欧姆定律

　　欧姆定律反映电路中电流、电压和电阻之间的相互关系。欧姆定律的一般阐述为通过某段导体的电流与导体两端的电压成正比,而与导体的电阻成反比。不包含电源的电路,称为部分电路。那么部分电路欧姆定律可直接用公式表示,即

$$R=\frac{U}{I} \tag{3-2-1}$$

式中,I 为流过导体的电流,单位为安培(A);R 为导体的电阻,单位为欧姆(Ω);U 为加在导体两端的电压,单位为伏特(V)。在应用欧姆定律时,应统一各物理量之间的单位。

2. 全电路欧姆定律

全电路是指包含电源的闭合电路。电源内部的电路称为内电路,电源内部的电阻称为内电阻,简称内阻。电源外部的电路称为外电路,外电路中的电阻称为外电阻。全电路欧姆定律的一般阐述为闭合电路中的电流与电源的电动势成正比,与电路的总电阻(内电阻与外电阻之和)成反比,公式为

$$I=\frac{E}{R+r} \tag{3-2-2}$$

式中,I 为流过导体的电流;R 为导体的电阻;E 为电源的电动势;r 为电源的内阻。

在应用欧姆定律时需要注意电压和电流的参考方向,当电压、电流的参考方向相同时,U 和 I 的正、负号相同;当电压、电流的参考方向不相同时,U、I 的正、负号相反。

二、欧姆定律的应用

根据欧姆定律可以推导出,在导体的电阻不变的情况下,通过导体的电流与导体两端的电压成正比;在导体两端的电压不变的情况下,通过导体的电流与导体的电阻成反比。

电阻的特性一般用伏安特性来表示,通过欧姆定律可得到电阻的伏安特性曲线。伏安特性指的是电阻两端的电压 U 与通过它的电流 I 的关系。当电阻两端的电压与通过它的电流成正比时,其伏安特性曲线为线性;电阻两端的电压与通过它的电流不是线性关系的,其伏安特性曲线为非线性。

微课
欧姆定律

知识拓展

欧姆定律在任何电路中都成立吗?

欧姆定律只适用于纯电阻电路。对于非纯电阻电路(如电动机电路等)不能直接应用。在使用欧姆定律时,各物理量应是处于同一时刻的量。当电路中的连接方式发生改变时,不能继续使用上一连接方式中各物理量的值。

技能训练

欧姆定律实验

利用电线、滑动变阻器、30 W 灯泡、若干干电池、开关组件搭建基本电路,并通过修改电路中接入的电源与电阻,观察和测试电路的运行情况。

（1）搭建基本电路模型。

（2）测试电路运行情况，理解电路的基本组成，使用万用表对电路中各参数进行测量。

（3）修改电路中接入的电源与滑动变阻器的阻值，观察并使用万用表测试电路运行情况，结合欧姆定律对电路变化前后参数进行分析，验证欧姆定律。

课后思考

一、判断题

1. 通过导体的电流与其两端的电压成正比。 （　　）

2. 在电压不变时，通过导体的电流与导体的电阻成正比。 （　　）

3. 非线性电阻的伏安特性曲线是一条直线。 （　　）

4. 根据欧姆定律，假设电阻两端电压不变，电阻阻值增大，则通过电阻的电流减小。 （　　）

5. 应用欧姆定律时不需要考虑电流和电压的参考方向。 （　　）

6. 欧姆定律不适用于非纯电阻电路。 （　　）

二、选择题

1. 一个灯泡的额定电压为 36 V，电阻为 720 Ω，当灯泡正常工作时，通过的电流为（　　）A。

　　A. 0.05　　　　　B. 0.10　　　　　C. 0.20　　　　　D. 0.30

2. 有一电阻为 20 Ω 的电灯，在正常工作时，它两端的电压为 10 V。但是我们手边现有的电源电压是 12 V，要把电灯接在这个电源上，需要给它串联一个（　　）Ω 的电阻。

　　A. 1　　　　　B. 2　　　　　C. 3　　　　　D. 4

3. 图 3-2-1 所示的电路中 $R_1=5$ Ω，当开关 S 闭合时，$I=0.6$ A，$I_1=0.4$ A，则 R_2 的电阻值为（　　）Ω。

　　A. 5　　　　　　　　　　　　B. 8

　　C. 10　　　　　　　　　　　D. 12

4. 1 A 的电流流过一个 5 Ω 的负载，则负载两端的电压为（　　）V。

　　A. 2　　　　　　　　　　　　B. 3

　　C. 4　　　　　　　　　　　　D. 5

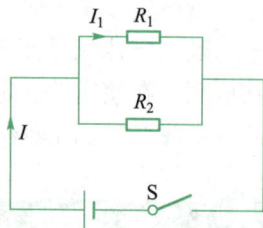

图 3-2-1　电路

任务评价

完成任务评价表,见表 3-2-1。

表 3-2-1　任务评价表

评价项目	评价内容	要求	配分	评分		
				自评	小组	教师
欧姆定律的认识	欧姆定律的认识	结合欧姆定律对电路的情况进行理论分析	20 分			
	欧姆定律的验证	对变化后的电路,利用欧姆定律对运行结果进行判断,并与实际结果对比,得出欧姆定律中各参数之间的关系	20 分			
参数测量	电压、电流、电阻的测量	电压、电流、电阻测量方法正确,读数正确	30 分			
安全规范操作	仪器的操作	在使用万用表过程中,正确选择挡位与量程进行测量,并且使用完毕整理工位	10 分			
完成工作任务的表现	学习态度端正,积极完成工作任务,认真学习相关知识,遵守安全操作规程和劳动纪律,有良好的职业道德和职业素养		10 分			
完成本次工作任务的体会(学到了哪些知识、掌握了哪些技能、有哪些收获):			10 分			
总分			100 分			
综合评价得分						

任务三　电阻串联与并联电路特点探究

必学必会

1. 掌握电阻串、并联的阻值计算方法。
2. 了解电阻串、并联的实际应用。

如果在图 3-3-1(a)所示电路中增加一个相同的电阻[图 3-3-1(b)],灯泡的亮度会发生什么变化?

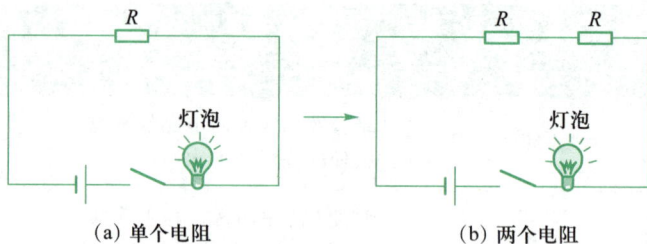

(a) 单个电阻　　　　　　　　(b) 两个电阻

图 3-3-1　简单灯泡电路

图 3-3-1(b)中两个电阻是串联连接的。这种连接有什么特点? 应该如何分析呢? 下面通过本任务学习电阻的串联与并联。

相关知识

微课
电阻的串联与并联

一、电阻串联

1. 电阻串联的定义

把两个或多个电阻一个接一个地顺序连接,每个电阻都通过同一电流,这种连接方式为电阻串联,如图 3-3-2 所示。

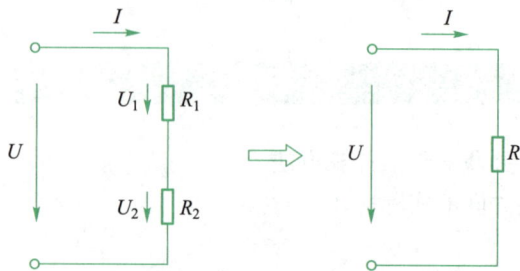

图 3-3-2　电阻串联

2. 电阻串联的等效电路

串联的几个电阻可以用一个等效电阻代替,等效电阻的阻值等于各串联电阻之和,如图 3-3-3 所示。

图 3-3-3　电阻串联的等效电路

在图 3-3-3 中，R_1 和 R_2 串联后，可以等效为 R，其中 $R=R_1+R_2$。如果电路中有 n 个电阻串联连接，公式可写为

$$R=R_1+R_2+\cdots+R_n \tag{3-3-1}$$

3. 电阻串联电路的特点

（1）流过各电阻的电流相等。

（2）电路的总电压等于各电阻上的电压之和。

（3）电路的等效电阻等于串联的各电阻的阻值之和。

（4）各电阻分得的电压与各电阻的阻值成正比。

（5）等效电阻消耗的总功率等于各串联电阻消耗的电功率之和。

4. 电阻串联的应用

通过电阻串联，可以对电路的电压和电流进行调节，从而实现降压、限流等功能。电阻串联的应用很多，如为了扩大电压表的量程，就需要给电压表（电流表）串联电阻；当负载的额定电压低于电源电压时，可以通过串联一个电阻来分压；为了调节电路中的电流，通常可以在电路中串联一个变阻器。在新能源汽车中，风扇风速大小的调节就是通过改变电路中电阻的阻值来实现的。

二、电阻并联

1. 电阻并联的定义

把两个或多个电阻连接在两个公共点之间，每个电阻承受同一电压，这种连接方式为电阻并联。

2. 电阻并联的等效电路

并联的几个电阻可以用一个等效电阻代替，等效电阻的倒数等于各并联电阻的倒数之和，如图 3-3-4 所示。

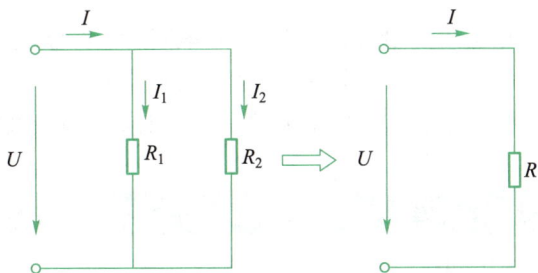

图 3-3-4　电阻并联的等效电路

在图 3-3-3 中，R_1 和 R_2 并联后，可以等效为 R，如果电路中有 n 个电阻并联连接，公式可写为

$$\frac{1}{R}=\frac{1}{R_1}+\frac{1}{R_2}+\cdots+\frac{1}{R_n} \tag{3-3-2}$$

【例3-3-1】 有一个额定电压 U_1=30 V、额定电流 I=4 A 的电灯,应该怎样把它接入电压 U=220 V 的电路中。

解：根据欧姆定律,如果直接把 220 V 电压接在电灯两端,那么通过电灯的电流会过大,从而烧坏电灯,因此要限制流过电灯的电流不超过 4 A,所以可以给电灯串联一个电阻后再接入 220 V 电路。假设该电阻的阻值为 R,电灯的电阻为 r,则电路总电阻为 R 与 r 之和,电路总电流 I=4 A,由此可以列出

$$(R+r)I=U \tag{3-3-3}$$

$$rI=U_1 \tag{3-3-4}$$

结合式(3-3-3)和式(3-3-4),可求得电阻 R 的阻值为 47.5 Ω。

3. 电阻并联电路的特点

(1) 各电阻两端的电压相等。

(2) 电路的总电流等于各电阻所在支路的电流之和。

(3) 电路的总电阻的倒数等于并联的各电阻的倒数之和。

(4) 经过各电阻的电流与各电阻的阻值成反比。

(5) 等效电阻消耗的总功率等于各并联电阻消耗的电功率之和。

4. 电阻并联的应用

电阻并联可以实现分流、调节电流的作用。在汽车上,不同功能的电气设备通常都是并联运行的,这些设备之间的工作情况不会互相影响,当并联的设备数量增加时,电路的等效电阻减小,电路的总电流和总功率增大,各设备的电流和功率不变。

知识拓展

如果是为了增大电流表的量程,应该是串联电阻还是并联电阻?

在电流表上并联电阻可以增大电流表量程。并联电阻可以分担测量电路的电流,若要使电流表的量程增大为原来的 k 倍,则需并联的电阻是电流表内电阻的 $1/(k-1)$。

技能训练

电阻串、并联训练

器材:电源、开关、导线若干、万用表、滑动变阻器、4个已知阻值电阻(5 Ω、10 Ω、10 Ω、20 Ω)、小灯泡。

(1) 利用电源、开关、导线、灯泡和 5 Ω 电阻,搭建基本电路。

(2) 用万用表测量搭建的电路的电流和灯泡两端的电压并记录。

(3) 利用 2 个 10 Ω 电阻并联代替原电阻,用万用表测量电路的电流和灯泡两端的电压并记录。

(4) 利用 1 个 20 Ω 电阻代替原电阻,用万用表测量电路的电流和灯泡两端的电

压并记录。

（5）利用 2 个 10 Ω 电阻串联代替原电阻,用万用表测量搭电路的电流和灯泡两端的电压并记录。

（6）分别对比第(2)、(3)、(4)和(5)步的实验数据,结合电阻串、并联的阻值变化规律验证实验结果。

课后思考

一、判断题

1. 在电流不变的情况下,导体的阻值与导体两端的电压成正比。　　　　（　　）
2. 两个电阻串联,则通过两个电阻的电流相等。　　　　（　　）
3. 要增大电路的总电阻,可以在电路中并联电阻。　　　　（　　）
4. 要减小电路的总电阻,可以在电路中并联电阻。　　　　（　　）
5. 电阻并联可以实现降压、限流的作用。　　　　（　　）
6. 电阻串联可以实现分流的作用。　　　　（　　）

二、选择题

1. 电阻 a 的阻值为 4 Ω,电阻 b 的阻值为 4 Ω,则两个电阻并联后等效电阻为（　　）Ω。

　　A. 1　　　　　　B. 2　　　　　　C. 3　　　　　　D. 4

2. 电阻 a 的阻值为 5 Ω,电阻 b 的阻值为 10 Ω,则两个电阻串联后等效电阻为（　　）Ω。

　　A. 10　　　　　B. 15　　　　　C. 20　　　　　D. 30

3. 电阻 a 的阻值为 5 Ω,电阻 b 的阻值为 15 Ω,电阻 c 的阻值为 20 Ω,则电阻 a、b 串联后再与电阻 c 并联,此时等效电阻为（　　）Ω。

　　A. 10　　　　　B. 15　　　　　C. 20　　　　　D. 30

4. 有一电阻为 20 Ω 的电灯,在正常工作时它两端的电压为 10 V。但是手边现有的电源电压是 12 V,要把电灯接在这个电源上,需要给它串联一个（　　）Ω 的电阻。

　　A. 1　　　　　　B. 2　　　　　　C. 3　　　　　　D. 4

任务评价

完成任务评价表,见表 3-3-1。

表 3-3-1　任务评价表

评价项目	评价内容	要求	配分	评分		
				自评	小组	教师
理解电阻串、并联电路	电阻串、并联电路的搭建	搭建电阻串、并联电路	20 分			
	电阻串、并联电路的分析	对不同的实验电路,利用电阻串、并联知识分析电路的状态	20 分			
参数测量	电压、电流的测量方法	电压、电流测量方法正确,读数正确	30 分			
安全规范操作	仪器的操作	在使用万用表过程中,正确选择挡位与量程进行测量,并且使用完毕整理工位	10 分			
完成工作任务的表现	学习态度端正,积极完成工作任务,认真学习相关知识,遵守安全操作规程和劳动纪律,有良好的职业道德和职业素养		10 分			
完成本次工作任务的体会(学到了哪些知识、掌握了哪些技能、有哪些收获):			10 分			
总分			100 分			
综合评价得分						

任务四　基尔霍夫定律验证与应用

必学必会

1. 掌握基尔霍夫定律。
2. 掌握基尔霍夫定律在电路分析和计算中的应用方法。

任务描述及分析

　　学习了欧姆定律,可以解决简单电路的计算问题,那么当遇到复杂电路问题时,又应该参照什么规律来对电路进行分析呢? 下面通过本任务的学习,掌握用于复杂电路分析和计算的另一重要定律——基尔霍夫定律。

相关知识

一、基尔霍夫电流定律

1. 相关电路的定义

（1）支路：电路中通过同一电流的电路分支。

（2）节点：3 条或 3 条以上支路的连接点。

（3）回路：电路中的任意闭合路径。

（4）网孔：不包含其他支路的单一闭合路径。

对于图 3-4-1 所示电路，根据以上的定义，可以得到其支路数为 3、节点数为 2、回路数为 3、网孔数为 2。

2. 基尔霍夫电流定律概述

基尔霍夫电流定律（KCL）又称为基尔霍夫第一定律，它是用来约束连接在同一个节点上各支路之间的电流关系。KCL 的表述为：在任一时刻，流入任一节点的电流的代数和恒等于零，其数学表达式为

$$\sum I = 0 \qquad (3\text{-}4\text{-}1)$$

如图 3-4-2 所示，若规定流入节点的电流为正，流出节点的电流为负，则有

$$I_1 + I_2 - I_3 = 0 \qquad (3\text{-}4\text{-}2)$$

可转换为

$$I_1 + I_2 = I_3 \qquad (3\text{-}4\text{-}3)$$

式（3-4-3）说明流入节点的电流之和等于流出节点的电流之和。

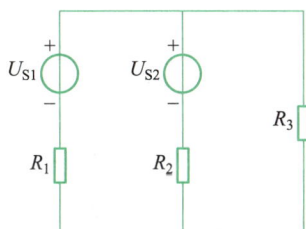

图 3-4-1　电路举例（一）

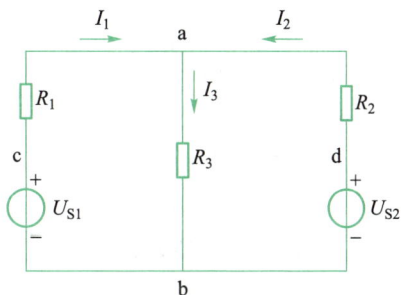

图 3-4-2　电路举例（二）

微课
基尔霍夫定律

3. 应用 KCL 时的注意事项

（1）在列 KCL 方程时，应先假定电流的参考方向，然后根据参考方向确定电路中各支路的电流的正负值，最后列写方程。

（2）KCL 可以推广到包围几个节点的任一封闭面（广义节点）。

【例 3-4-1】 如图 3-4-3 所示,已知 I_1=2 A, I_2=6 A, I_3=1 A,求 I_4 的大小。

解: 根据 KCL,假定流入节点 a 的电流为正,流出节点 a 的电流为负,可列出

$$-I_1+I_2-I_3-I_4=0 \qquad (3\text{-}4\text{-}4)$$

将 I_4 移到等号右边,可得

$$-I_1+I_2-I_3=I_4 \qquad (3\text{-}4\text{-}5)$$

代入已知条件可以得出,I_4=3 A。

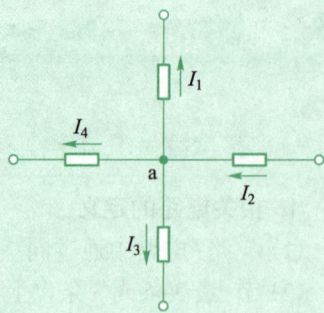

图 3-4-3　例 3-4-1 电路图

二、基尔霍夫电压定律

1. 基尔霍夫电压定律概述

基尔霍夫电压定律(KVL)又称为基尔霍夫第二定律,它用来描述回路中各段电压之间的关系。KVL 的表述为:在任一瞬间,沿任一回路参考绕行方向,回路中各段电压的代数和恒等于零,其数学表达式为

$$\sum U=0 \qquad (3\text{-}4\text{-}6)$$

在应用 KVL 列写电路方程时,应事先指定回路的绕行方向,若电压的参考方向与绕行方向一致,则电压为正值;否则电压为负值。

如图 3-4-4 所示电路举例,选定绕行方向为顺时针。

根据 KVL 可得

$$-U_1-U_{S1}+U_2+U_3+U_4+U_{S4}=0 \qquad (3\text{-}4\text{-}7)$$

结合欧姆定律,可转换为

$$-R_1I_1+R_2I_2+R_3I_3+R_4I_4=U_{S1}-U_{S4} \qquad (3\text{-}4\text{-}8)$$

由此可以得到 KVL 的另一种表述方法,即任一瞬间,沿任一回路参考绕行方向,回路中电阻的总电压降等于电源的总电压升,其数学表达式为

$$\sum IR=\sum U_S \qquad (3\text{-}4\text{-}9)$$

图 3-4-4　电路举例(三)

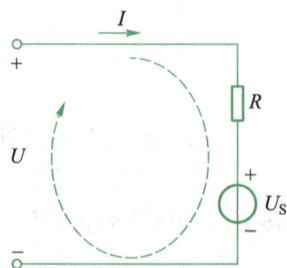

2. 基尔霍夫电压定律的推广

KVL 不仅适用于闭合回路,还适用于回路的部分电路,此时根据 KVL 可以求出该部分电路的开路电压。如图 3-4-5 所示电路举例,选定顺时针为绕行方向,根据图中的参考方向可列出

$$IR+U_S-U=0 \qquad (3\text{-}4\text{-}10)$$

即

$$U=IR+U_S \qquad (3\text{-}4\text{-}11)$$

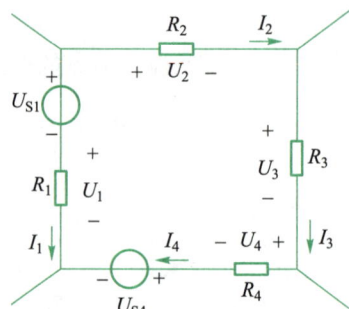

图 3-4-5　电路举例(四)

知识拓展

基尔霍夫定律遵循电荷守恒定律、欧姆定律,在稳恒电流条件下严格成立。联合基尔霍夫电流定律、基尔霍夫电压定律方程组可正确迅速地计算出电路中各支路的电流值。似稳电流,即低频交流电,在电路中任一瞬间的电流与电压均能基本满足基尔霍夫定律。因此,基尔霍夫定律的应用范围也可扩展到交流电路中。

技能训练

验证基尔霍夫定律

基尔霍夫定律是电路的基本定律之一,电路中各支路的电流及每个元件两端的电压,应能分别满足基尔霍夫电流定律(KCL)和基尔霍夫电压定律(KVL)。也就是说,对于电路中的任一节点而言,应有 $\sum I=0$;而对于任何一个闭合回路而言,应有 $\sum U=0$。

器材:电工电子实训台、万用表。

使用基尔霍夫定律验证实验板进行实验。实验前,先假定任意 3 条支路和 3 条闭合回路的电流参考方向,然后将两个已知直流稳压电源接入电路,将电源插头分别插入 3 条支路,用万用表测量支路电流和两个电源电压,记录实验数据,分析实验结果。

课后思考

一、判断题

1. 基尔霍夫定律包括基尔霍夫电流定律和基尔霍夫电压定律。　　(　　)

2. 在应用基尔霍夫定律分析电路时,分析结果与所选的参考方向无关。(　　)

3. 基尔霍夫电流定律用来描述回路中各段电压之间的关系。　　(　　)

4. 基尔霍夫电流定律用来约束连接在同一个节点上各支路之间的电流关系。

　　　　　　　　　　　　　　　　　　　　　　　　　　　(　　)

5. 基尔霍夫电压定律不适用于闭合回路的部分电路。　　　　(　　)

6. 在使用基尔霍夫定律分析电路时,电流与电压的数值应为同一瞬时测量所得。　　　　　　　　　　　　　　　　　　　　　　　(　　)

二、选择题

1. 在图 3-4-6 所示的电路中,电流 I 的值为(　　)A。

　　A. -3　　　　　　　　　　　　B. -5

C. 3   D. –7

2. 不包含其他支路的单一闭合路径称为(　　)。
   A. 支路   B. 节点
   C. 回路   D. 网孔

3. 电路中通过同一电流的电路分支称为(　　)。
   A. 支路   B. 节点
   C. 回路   D. 网孔

4. 3 条或 3 条以上支路的连接点称为(　　)。
   A. 支路   B. 节点
   C. 回路   D. 网孔

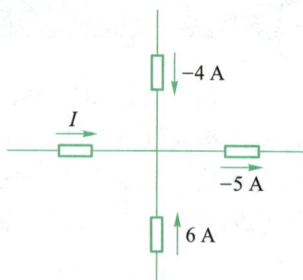

图 3-4-6 电路

任务评价

完成任务评价表,见表 3-4-1。

表 3-4-1 任务评价表

评价项目	评价内容	要求	配分	评分		
				自评	小组	教师
理解基尔霍夫定律	基尔霍夫定律的认识	写出基尔霍夫电流定律和基尔霍夫电压定律的公式	20 分			
	验证基尔霍夫定律	根据实验要求,测量相关数据,验证基尔霍夫定律	20 分			
参数测量	电压、电流的测量	电压、电流测量方法正确,读数正确	30 分			
安全规范操作	仪器的操作	在使用万用表过程中,正确选择挡位与量程进行测量,并且使用完毕整理工位	10 分			
完成工作任务的表现	学习态度端正,积极完成工作任务,认真学习相关知识,遵守安全操作规程和劳动纪律,有良好的职业道德和职业素养		10 分			
完成本次工作任务的体会(学到了哪些知识、掌握了哪些技能、有哪些收获):			10 分			
总分			100 分			
综合评价得分						

项目四 >>>

新能源汽车交流电路基础

▶ **项目目标**

1. 知识目标

(1) 掌握正弦交流电的定义、三要素及应用。

(2) 掌握三相交流电路及负载的连接方式及特点。

(3) 掌握安全用电常识。

2. 能力目标

(1) 能区分交流电路和直流电路。

(2) 掌握交流电路中电压、电流的计算方法,正确选择三相负载不同的连接形式。

(3) 会进行人工急救。

3. 素养目标

(1) 提升分析交流电路的能力,检测、安装交流电路的能力,利用所学知识解决新能源汽车交流电路中实际问题的能力。

(2) 养成良好的学习习惯,寻求有效的学习方法。

任务一　交流电源认识

必学必会

1. 掌握区分交流电与直流电的方法。
2. 认识正弦交流电的三要素。

任务描述及分析

汽车电路都是直流电路,但是汽车交流发电机产生的电流,在没有整流之前是交流电流。在汽车维修企业中,许多大型汽车维修检测设备的电源都使用交流电,给新能源汽车充电的电源既有交流电也有直流电,日常生活中使用的电源也都是交流电源。那么什么是交流电呢?交流电有什么特点?下面通过本任务的学习,掌握正弦交流电的基本知识。

相关知识

一、正弦交流电

1. 交流电的定义

大小和方向均随时间变化的电压或电流称为交流电。图 4-1-1 所示是交流电波形图。等腰三角波、矩形脉冲波、正弦波都属于交流电的波形。

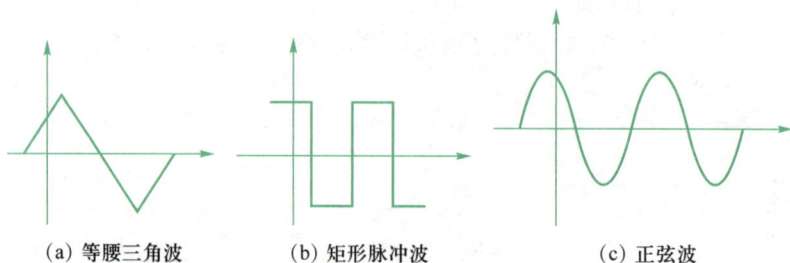

(a) 等腰三角波　　　　(b) 矩形脉冲波　　　　(c) 正弦波

图 4-1-1　交流电波形图

其中,大小和方向均随时间按正弦规律变化的电压或电流称为**正弦交流电**。正弦交流电广泛应用于工农业生产、科学研究及日常生活中。

【问一问】交流电和直流电有什么区别?

2. 直流电和交流电的区别

（1）直流电的电流方向一直是由正到负，不会发生改变，而交流电的电流方向会按周期反复变化。

（2）交流电适用于电力电路传输、变压器等方面，而直流电适用于电子仪器、电力拖动等方面。

二、正弦交流电的三要素

一个正弦量可以由频率（或周期）、幅值（或有效值）和初相位 3 个特征或要素来确定。

1. 周期、频率和角频率

正弦量变化一个循环所需的时间称为**周期**，用 T 表示。正弦量 1 s 内经历的循环数称为**频率**，用 f 表示。正弦量 1 s 内经历的弧度数称为**角频率**，用 ω 表示。三者是从不同的角度反映的同一个问题：**正弦量随时间变化的快慢程度。**

正弦交流电的周期、频率和角频率示例如图 4-1-2 所示，该正弦交流电的周期、频率、角频率如下。

周期：$T=0.5$ s，单位为秒（s）。

频率：$f=2$ Hz，单位为赫兹（Hz）。

角频率：$\omega=4\pi$ rad/s，单位为每秒弧度（rad/s）。

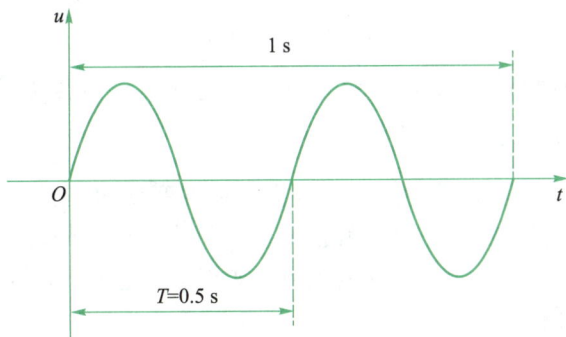

图 4-1-2　正弦交流电的周期、频率和角频率示例

显然，周期、频率和角频率之间存在以下关系。

$$\omega=2\pi f=\frac{2\pi}{T} \tag{4-1-1}$$

我国和大多数国家的电力标准频率都采用 50 Hz，有些国家（如美国、日本等）采用 60 Hz。50 Hz 频率在工业上应用广泛，习惯上也称为工频。交流电动机和照明设备通常都采用这种频率。

2. 瞬时值、最大值和有效值

（1）瞬时值、最大值。正弦量随时间按正弦规律变化，对应各个时刻的各参数的数值称为瞬时值。瞬时值是变量，用小写英文字母表示，如 i、u、e 分别表示电流、电

压及电动势的瞬时值。瞬时值中最大的值，称为最大值或幅值，通常用带有下标 m 的大写字母来表示，如 I_m、U_m 及 E_m 分别表示电流、电压及电动势的最大值。它们的数学表达式为

$$u=U_m\sin(\omega t+\psi_u) \tag{4-1-2}$$

$$i=I_m\sin(\omega t+\psi_i) \tag{4-1-3}$$

（2）有效值。正弦交流电流、电压和电动势的大小往往不是用它们的幅值，而是用有效值来计量的。

在相等的时间内，如果某交流电流和直流电流分别通过同样阻值的电阻，产生的热量相等，两个电流热效应相等，可理解为二者做功能力相等。把做功能力相等的直流电的数值 I 定义为相应交流电 i 的有效值。有效值可确切地反映正弦交流电的大小。

有效值是根据热效应相同的直流电数值而得的，因此引用直流电的符号，即有效值用 U 或 I 表示。和表示直流的字母一样，有效值都用大写字母表示。一般所讲的正弦交流电压或电流的大小，如交流 380 V 或 220 V，都是指它的有效值。一般交流电流表和电压表的刻度也是根据有效值来确定的。

理论和实践都可以证明，正弦交流电的有效值和最大值之间具有特定的数量关系，即

$$U=\frac{U_m}{\sqrt{2}}=0.707U_m \tag{4-1-4}$$

$$I_m=\sqrt{2}\,I=1.414I \tag{4-1-5}$$

【想一想】耐压为 220 V 的电容器，能否用在 180 V 的正弦交流电源上？

3. 相位、初相位和相位差

（1）相位和初相位。正弦量是随时间而周期性变化的，正弦量所取的计时起点不同，正弦量的初始值就不同，到达幅值或某一特定值所需的时间也就不同。相位代表随时间变化的电角度，是时间 t 的函数。初相位确定了正弦量计时开始的位置，即 $t=0$ 时的确切电角度。

在公式 $i=I_m\sin(\omega t+\psi_i)$ 中，$\omega t+\psi_i$ 表示相位，ψ_i 表示初相位。

如图 4-1-3 所示，正弦量与纵轴相交处若在正弦波形的正半周，则初相位为正；正弦量与纵轴相交处若在正弦波形的负半周，则初相位为负。初相位规定不得超过 ±180°。

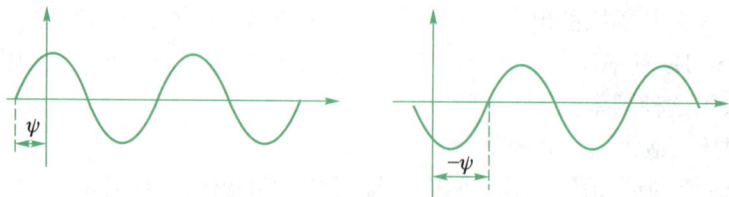

图 4-1-3　初相位不同的正弦交流电

> 提示：在一个正弦交流电路中，电压 u 和电流 i 的频率是相同的，初相位不一定相同。

（2）相位差。两个同频率正弦量的相位之差或初相位之差称为**相位差**。当两个同频率正弦量的计时起点改变时，它们的相位和初相位不同，所以它们的变化步调是不一致的，即不是同时到达正的幅值或零值，这一般称为相位超前或滞后。

> 注意：不同频率的正弦量之间不存在相位差的概念。相位差不得超过 ±180°。

【想一想】何谓正弦量的三要素？它们各反映了什么？

【练一练】$u=5\sin(\omega t+15°)$ V 与 $i=5\sin(2\omega t+15°)$ A 的相位差是多少？

三、交流电路中电阻、电感、电容的特性

1. 纯电阻电路

以电阻为负载组成的电路称为纯电阻电路，如图 4-1-4 所示。

1）纯电阻电路中电流与电压的关系

图 4-1-5 所示是纯电阻电路中电流与电压的正弦波形。在纯电阻的交流电路中，电流和电压频率相同、相位相同，两者的大小关系由欧姆定律确定，即

$$i=\frac{u}{R} \tag{4-1-6}$$

假设

$$u=\sqrt{2}\,U\sin\omega t \tag{4-1-7}$$

则

$$i=\frac{u}{R}=\frac{\sqrt{2}\,U\sin\omega t}{R}=\sqrt{2}\,I\sin\omega t \tag{4-1-8}$$

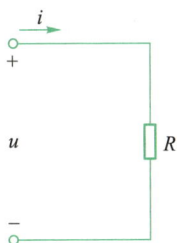

图 4-1-4　纯电阻电路

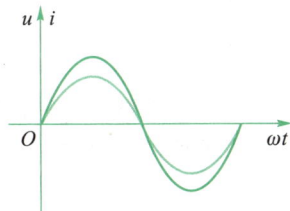

图 4-1-5　纯电阻电路中电流与
电压的正弦波形

由此可知，在纯电阻电路中，电压幅值（或有效值）与电流幅值（或有效值）的比值，就是电阻 R。

2）纯电阻电路的功率

（1）瞬时功率。在任意瞬间，电压瞬时值与电流瞬时值的乘积，称为瞬时功率，用小写字母 p 代表。即

$$u=\sqrt{2}\,U\sin\omega t \tag{4-1-9}$$

$$i=\sqrt{2}\,I\sin\omega t \qquad\qquad (4\text{-}1\text{-}10)$$

$$p=ui=UI2\sin^2\omega t=UI(1-\cos2\omega t) \qquad\qquad (4\text{-}1\text{-}11)$$

如图 4-1-5 所示，由于在纯电阻的交流电路中 u 与 i 同相，它们同时为正、同时为负，因此瞬时功率总是正值，即 $p>0$，且 p 随时间变化。瞬时功率为正，表示外电路从电源取用能量，即电阻从电源取用电能而转换为热能。所以电阻是一个耗能元件。

（2）有效功率。通常所说的功率是指一个周期内电路所消耗（吸收）瞬时功率的平均值，称为平均功率或有功功率，简称功率，用大写字母 P 表示，单位是瓦（W），即

$$P=UI=I^2R=\frac{U^2}{R} \qquad\qquad (4\text{-}1\text{-}12)$$

【想一想】求 220 V、100 W 和 220 V、40 W 两种规格灯泡的电阻。

2. 纯电感电路

如图 4-1-6 所示，纯电感电路是以电感为负载组成的电路。

1）纯电感电路中电流与电压的关系

图 4-1-7 所示是纯电感电路中电流与电压的波形图。

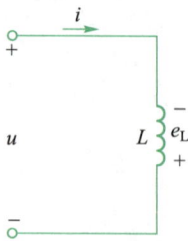

图 4-1-6   纯电感电路

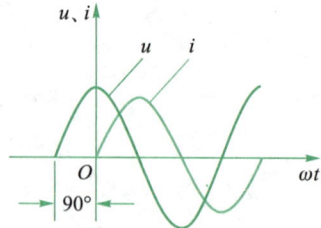

图 4-1-7   纯电感电路中电流与
电压的波形图

（1）纯电感电路中电流与电压的频率相同。

（2）纯电感电路中电压、电流与电感的关系为

$$U=I\omega L \qquad\qquad (4\text{-}1\text{-}13)$$

（3）纯电感电路中电压相位超前电流相位 90°。

（4）电压和电流的有效值（最大值）满足欧姆定律：$I=\dfrac{U}{\omega L}$，定义感抗 X_L（单位为 Ω）的公式为 $X_L=\omega L$，则有 $I=\dfrac{U}{X_L}$。在纯电感电路中，电压幅值（或有效值）与电流幅值（或有效值）的比值为 ωL，它的单位为 Ω，其中 ω 为角频率，L 为电感量。当电压一定时，L 越大，则电流越小，对交流电流起阻碍作用。感抗 X_L 与电感 L、频率 ω 成正比。因此，电感线圈对高频电流的阻碍作用很大，而对直流则可视作短路。所以电感 L 具有通直流、阻交流的作用。

2）纯电感电路的功率

如图 4-1-8 所示，纯电感电路的瞬时功率 $p=ui$，在纯电感电路中，没有能量消耗，只有电源与电感之间的能量互换，纯电感 L 是储能元件。

3. 纯电容电路

（1）容抗。在电容电路中，电容对电流变化起阻碍作用，所以称为容抗，用 X_c 表示。容抗 X_c 与电容 C、电流的频率成反比。所以电容对高频电流所呈现的容抗很小，可视作短路；而对直流所呈现的容抗很大，可视作开路，电容有隔断直流的作用。

（2）纯电容电路中电流与电压的关系。如果在电容的两端加一正弦电压 $u=U_m\sin(\omega t)$，那么电流 i 也是一个同频率的正弦量。在纯电容电路中，电流相位比电压相位超前 90°。

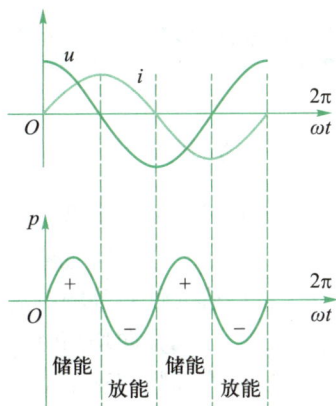

图 4-1-8　纯电感电路有功功率波形图

技能训练

交流电路中电阻、电感、电容特性的研究

1. 电阻实验

（1）将 $R=30\ \Omega$ 电阻、40 W/220 V 白炽灯泡、开关 S、220 V 直流电源串联，闭合开关 S，电路接通，灯泡发光。不断接通或关断开关 S，观察灯泡亮度变化，并记录直流电流值和电压值。

（2）将 $R=30\ \Omega$ 电阻、40 W/220 V 白炽灯泡、开关 S、220 V 交流电源串联，闭合开关 S，电路接通，灯泡发光。不断接通或关断开关 S，观察灯泡亮度变化，并记录交流电流值和电压值。

2. 电感实验

（1）将 $L=300\ \text{mH}/300\ \text{V}$ 电感、40 W/220 V 白炽灯泡、开关 S、220 V 直流电源串联，闭合开关 S，电路接通，灯泡发光。不断接通或关断开关 S，观察灯泡亮度变化，并记录直流电流值和电压值。

（2）将 $L=300\ \text{mH}/300\ \text{V}$ 电感、40 W/220 V 白炽灯泡、开关 S、220 V 交流电源串联，闭合开关 S，电路接通，灯泡发光。不断接通或关断开关 S，观察灯泡亮度变化，并记录交流电流值和电压值。

3. 电容实验

（1）将 $C=1\ \mu\text{F}/500\ \text{V}$ 电容、40 W/220 V 白炽灯泡、开关 S、220 V 直流电源串联，闭合开关 S，电路接通，灯泡发光。不断接通或关断开关 S，观察灯泡亮度变化，并记录直流电流值和电压值。

（2）将 $C=1\ \mu\text{F}/500\ \text{V}$ 电容、40 W/220 V 白炽灯泡、开关 S、220 V 交流电源串联，闭合开关 S，电路接通，灯泡发光。不断接通或关断开关 S，观察灯泡亮度变化，并记录交流电流值和电压值。

课后思考

一、判断题

1. 正弦量的三要素是指其最大值、角频率和相位。 （　　）
2. 大小和方向均随时间按正弦规律变化的电压或电流称为正弦交流电。（　　）
3. 电容元件对高频电流所呈现的容抗很小，可视作开路。 （　　）
4. 大小和方向均随时间变化的电压或电流称为交流电。 （　　）
5. 两个同频率正弦量的相位之差或初相位之差称为相位差。 （　　）
6. 电能是一次能源。 （　　）
7. 电感 L 具有通直流阻交流的作用。 （　　）

二、选择题

1. 以下选项中不属于正弦交流电的三要素的是（　　）。
   A. 最大值　　　B. 角频率　　　C. 初相位　　　D. 周期
2. （　　）可用来确切反映交流电的做功能力。
   A. 最大值　　　B. 角频率　　　C. 初相位　　　D. 有效值
3. 已知正弦交流电压 $u=380\sqrt{2}\sin(314t-60°)$ V，则它的有效值是（　　）。
   A. 314 V　　　B. 220 V　　　C. 380 V　　　D. 400 V

任务评价

完成任务评价表，见表 4-1-1。

表 4-1-1　任务评价表

评价项目	评价内容	要求	配分	评分		
				自评	小组	教师
正弦交流电	交流电的定义	掌握交流电的定义	10分			
	直流电与交流电的区别	正确区别直流电与交流电	10分			
正弦交流电的三要素	正弦交流电三要素的认识	正弦交流电三要素的识别、理解与应用	20分			

续表

评价项目	评价内容	要求	配分	评分		
				自评	小组	教师
交流电路中电阻、电感、电容的特性	交流电路中电阻的特性	正确理解交流电路中电阻的特性	10分			
	交流电路中电感的特性	正确理解交流电路中电感的特性	10分			
	交流电路中电容的特性	正确理解交流电路中电容的特性	10分			
安全规范操作	仪器的操作	在使用万用表过程中,正确选择挡位与量程进行测量,并且使用完毕整理工位	10分			
完成工作任务的表现	学习态度端正,积极完成工作任务,认真学习相关知识,遵守安全操作规程和劳动纪律,有良好的职业道德和职业素养		10分			
完成本次工作任务的体会(学到了哪些知识、掌握了哪些技能、有哪些收获):			10分			
总分			100分			
综合评价得分						

任务二 三相交流电路及负载的星形或三角形连接探究

必学必会

1. 三相交流电源的特点。
2. 三相交流电源的连接方式与特点。
3. 三相交流电路负载的类型及连接方式。

任务描述及分析

三相发电机比相同大小的单相发电机能输出更多的功率,因此在输电线路中广泛使用三相交流电。那么三相交流电具有什么特点,如何连接使用呢? 下面通过本任务的学习,掌握三相交流电路的基本知识。

相关知识

一、三相交流电源的特点

三相交流电电动势波形图如图 4-2-1 所示。3 个频率相同、最大值相同、相位互差 120° 角的交流电形成三相交流电源。三相交流电到达正最大值的顺序称为相序。三相交流电的相序为 U → V → W。

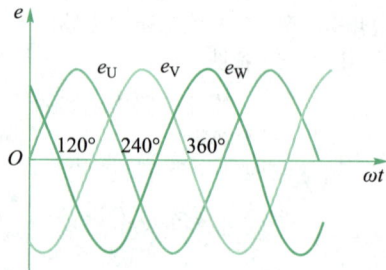

图 4-2-1　三相正弦交流电电动势波形图

二、三相交流电源的连接方式

1. 三相交流电源的星形连接

三相交流电源的星形连接如图 4-2-2 所示。三相交流电源的星形连接是将各相电源的一端都接在一点上(称为中性点),而它们的另一端作为引出线,分别为三相交流电源的 3 条端线(相线、火线)。对于星形连接,可以将中性点引出作为中性线,形成三相四线制,也可不引出,形成三相三线制。在低压系统中,中性点通常接地,所以也称为地线。

端线与中性线间的电压称为相电压,用 $\dot{U}_U$、$\dot{U}_V$、$\dot{U}_W$、U_P 表示。端线与端线间的电压称为线电压,用 $\dot{U}_{UV}$、$\dot{U}_{VW}$、$\dot{U}_{WU}$、U_L 表示。在三相四线制中,线电压有效值为 380 V,相电压有效值为 220 V。线电压是相电压的 $\sqrt{3}$ 倍。

2. 三相交流电源的三角形连接

三相交流电源的三角形连接如图 4-2-3 所示。三相交流电源的三角形连接是将各相电源或负载依次首尾相连,并将每个相连的点引出,作为三相交流电源的 3 条相线。

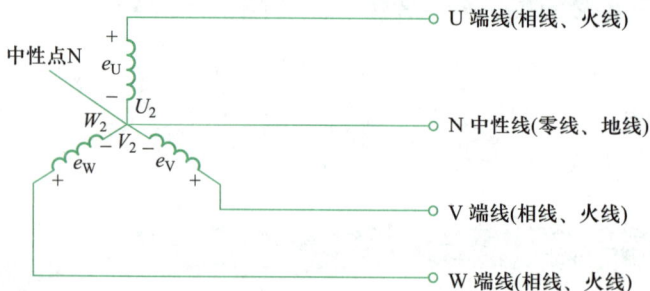

图 4-2-2　三相交流电源的星形连接

图 4-2-3　三相交流电源的三角形连接

三、三相交流电路负载的类型及连接方式

1. 负载的类型

三相交流电路负载的类型分为单相负载和三相负载。

（1）单相负载。只需要一相电源供电的用电设备称为单相负载，如照明设备和日常家用电器都属于单相负载。

（2）三相负载。需要三相电源同时供电的用电设备称为三相负载，如三相电动机。其中，阻抗相等，性质也相同的三相负载称为对称三相负载；不满足对称条件的称为不对称三相负载。三相负载也有星形和三角形两种接法，至于采用哪种方式，要根据负载的额定电压和电源电压确定。

2. 三相负载的星形连接

图4-2-4所示为日常生活中常见的照明负载与三相电动机的星形连接电路。三相四线制电源中额定电压为220 V的单相负载（以照明设备为例）采用星形连接方式，额定电压为220 V的三相负载（以三相电动机为例）采用星形连接方式。三相负载的星形连接应遵循如下原则。

（1）电源提供的相电压 = 负载的额定电压。

（2）单相负载尽量均衡地分配到三相电源上。

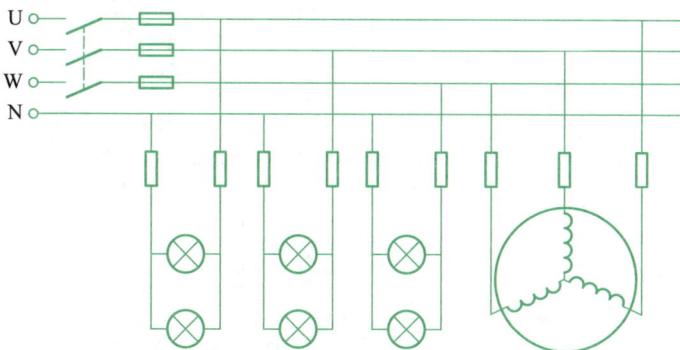

图4-2-4　日常生活中常见的照明负载与三相电动机的星形连接电路

图4-2-5所示为负载星形连接的三相电路原理图。流过每相负载的电流称为相电流，用$I_{相}$表示；流过端线的电流称为线电流，用$I_{线}$表示。当负载采用星形连接时，线电流等于相电流。

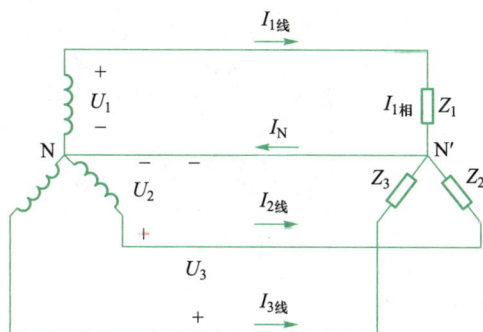

图4-2-5　负载星形连接的三相电路原理图

当负载星形连接带中性线时,电压与电流存在以下关系。

(1) 负载端的线电压 = 电源线电压。

(2) 负载的相电压 = 电源相电压。

(3) $I_\mathrm{P}=\dfrac{U_\mathrm{P}}{Z}$。

(4) 线电流 = 相电流。

(5) 中性线电流 $I_\mathrm{W}=I_{1\mathrm{P}}+I_{2\mathrm{P}}+I_{3\mathrm{P}}$。

当负载星形连接带中性线时,可将各相分别看作单相电路计算。当负载对称时,中性线无电流。

【例4-2-1】图 4-2-6 所示是星形连接的三相电路,电源电压对称。假设电源线电压 $u_{12}=380\sqrt{2}\,\sin(314t+30°)$ V。负载为电灯组,若 $R_1=R_2=R_3=5$ Ω,求线流及中性线电流 I_N;若 $R_1=5$ Ω,$R_2=10$ Ω,$R_3=10$ Ω,求线电流及中性线电流 I_N。

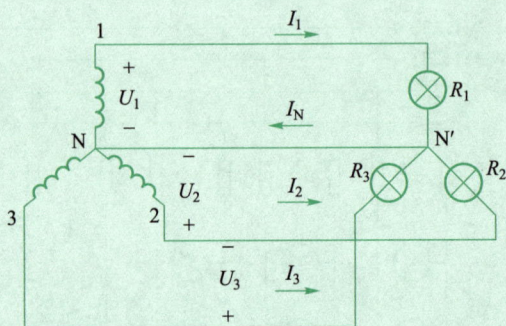

图 4-2-6　例 4-2-1 电路图

解:

线电压是相电压的 $\sqrt{3}$ 倍　　$U_\mathrm{P}=\dfrac{U_\mathrm{L}}{\sqrt{3}}=\dfrac{380\text{ V}}{\sqrt{3}}=220$ V

三相负载对称　　　　　　　　$I_\mathrm{L}=I_\mathrm{P}=\dfrac{220\text{ V}}{5\text{ Ω}}=44$ A

中性线电流为　　　　　　　　$\dot{I}_\mathrm{N}=\dot{I}_1+\dot{I}_2+\dot{I}_3=0$

三相负载不对称　　　　　　　$I_{1\mathrm{L}}=I_{1\mathrm{P}}=\dfrac{220\text{ V}}{5\text{ Ω}}=44$ A

$$I_{2\mathrm{L}}=I_{3\mathrm{L}}=I_{2\mathrm{P}}=\dfrac{220\text{ V}}{10\text{ Ω}}=22\text{ A}$$

中性线电流为　　　　　　　　$\dot{I}_\mathrm{N}=\dot{I}_1+\dot{I}_2+\dot{I}_3=22$ A

在上例中,试分析下列情况。

(1) 1 相短路:当中性线未断开时,求各相负载电压;当中性线断开时,求各相负载电压。

（2）1 相断路：当中性线未断开时,求各相负载电压；当中性线断开时,求各相负载电压。

具体分析内容如下。

（1）1 相短路。

① 中性线未断开：图 4-2-7 所示为 1 相短路中性线未断开电路示意图。此时, 1 相短路电流很大,将 1 相熔断丝熔断,而 2 相和 3 相未受影响,其相电压仍为 220 V, 正常工作。

② 中性线断开：图 4-2-8 所示为 1 相短路中性线断开电路示意图。此时,负载中性点 N′ 即为 1 相,因此负载各相电压为 $U'_A=0$、$U'_B=380\ V$、$U'_C=380\ V$。在此情况下, 2 相和 3 相的电灯组承受电压超过额定电压（220 V）,这是不允许的。

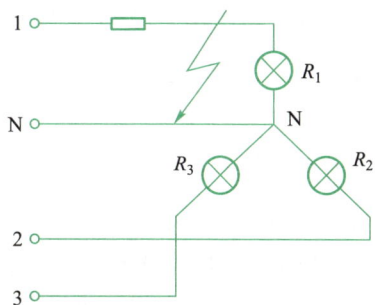

图 4-2-7　1 相短路中性线未断开电路示意图　　　图 4-2-8　1 相短路中性线断开电路示意图

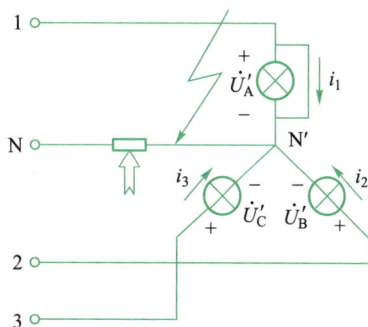

（2）1 相断路。

① 中性线未断开：图 4-2-9 所示为 1 相断路中性线未断开电路示意图。此时, 2、3 相电灯仍承受 220 V 电压,正常工作。

② 中性线断开：图 4-2-10 所示为 1 相断路中性线断开电路示意图。此时,电路变成单相电路,由图可得

$$I=\frac{U_{23}}{R_2+R_3}=\frac{380}{10+10}=19\ A$$

$$U'_2=IR_2=19\times10=190\ V$$

$$U'_3=IR_3-19\times10=190\ V$$

通过以上分析可以得出结论：① 不对称负载星形连接又未接中性线时,负载相电压不再对称,且负载电阻越大,负载承受的电压越高；② 中性线的作用是保证星形连接三相不对称负载的相电压对称；③ 照明负载三相不对称,必须采用三相四线制供电方式,且中性线（指干线）内不允许接熔断器或刀闸开关。

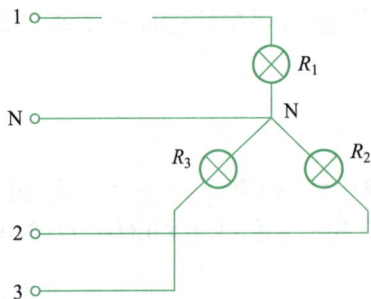

图 4-2-9　1 相断路中心线未断开电路示意图

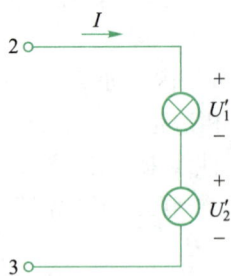

图 4-2-10　1 相断路中性线断开电路示意图

3. 三相负载的三角形连接

图 4-2-11 所示为三相负载的三角形连接电路示意图。流过每相负载的电流为相电流,用 $\dot{I}_{AB}$、$\dot{I}_{BC}$、$\dot{I}_{CA}$ 表示。流过端线的电流为线电流,用 $\dot{I}_A$、$\dot{I}_B$、$\dot{I}_C$ 表示。电路中负载相电压与电源线电压相等,即 $U_P=U_L$。相电流存在如下关系:$\dot{I}_{AB}=\dfrac{\dot{U}_{AB}}{Z_{AB}}$、$\dot{I}_{BC}=\dfrac{\dot{U}_{BC}}{Z_{BC}}$、

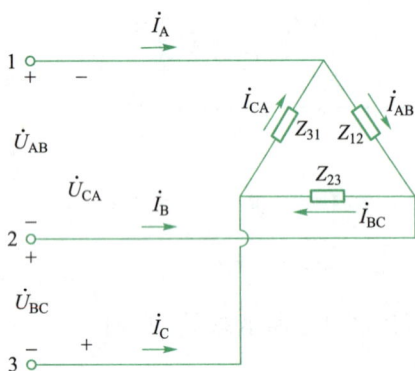

图 4-2-11　三相负载的三角形连接电路示意图

$\dot{I}_{CA}=\dfrac{\dot{U}_{CA}}{Z_{CA}}$。对称负载三角形连接时线电流 $I_L=\sqrt{3}\,I_P$ (相电流),且滞后相应的相电流 30°。

三相电动机绕组可以连接成星形,也可以连接成三角形,而照明负载一般都连接成星形(带中性线)。当三相负载连接时,应使加于每相负载上的电压等于其额定电压,而与电源的连接方式无关。若负载的额定电压等于电源线电压,则应采用三角形连接;若负载的额定电压等于 $\dfrac{1}{\sqrt{3}}$ 电源线电压,则应采用星形连接。

无论负载是星形连接还是三角形连接,每相有功功率都应为

$$P_P = U_P I_P \cos\varphi_P \tag{4-2-1}$$

> ⚙ **知识拓展**

某大楼电灯发生故障,第二层和第三层的所有电灯都突然暗下来,而第一层的电灯亮度不变,试问这是什么原因? 这栋楼的电灯是如何连接的? 同时发现,第三层的电灯比第二层的电灯还暗些,这又是什么原因?

具体分析如下:

图 4-2-12 所示为大楼电灯系统供电线路图。当 P 处断开时,第二、三层的电灯串联接 380 V 电压,所以亮度变暗,但第一层的电灯仍承受 220 V 电压,亮度不变。因为第三层的电灯多于第二层的电灯,即 $R_3<R_2$,所以第三层的电灯比第二层的电灯暗。

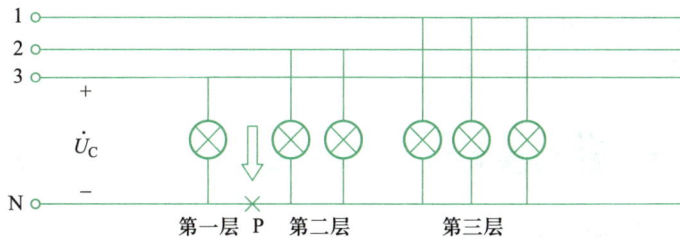

图 4-2-12　大楼电灯系统供电线路图

技能训练

三相交流电路负载采用不同连接方式参数测量

用电流表、电压表、功率表测量不同连接方式下电路中的线电流、线电压、相电流、相电压及功率。

课后思考

一、判断题

1. 在三相四线制中,当负载对称时,可改为三相三线制而对负载无影响。(　　)
2. 只需一相电源供电的用电设备称为单相负载。(　　)
3. 在三相四线制中,线电压有效值为 380 V,相电压有效值为 220 V。(　　)

二、选择题

1. 火线与火线之间的电压是(　　)。
   A. 线电压　　　B. 相电压　　　C. 有效电压
2. 由发电机绕组首端引出的输电线称为(　　)。
   A. 火线　　　B. 零线　　　C. 地线　　　D. 中性线
3. 当三相负载的额定电压等于电源线电压时,应采用(　　)。
   A. 三角形连接　　　　　B. 星形连接
4. 火线与零线之间的电压是(　　)。
   A. 线电压　　　B. 相电压　　　C. 有效电压
5. 在实际生产和生活中,工厂的一般动力电源电压标准为(　　)。
   A. 314 V　　　B. 220 V　　　C. 380 V　　　D. 400 V
6. 在三相四线制中,中性线的作用是(　　)。
   A. 保证三相负载对称　　　　B. 保证三相功率对称
   C. 保证三相电压对称　　　　D. 保证三相电流对称

7. 生活照明电源电压的标准一般为（　　　）。

A. 314 V　　　　　B. 220 V　　　　　C. 380 V　　　　　D. 400 V

任务评价

完成任务评价表，见表4-2-1。

表 4-2-1　任务评价表

评价项目	评价内容	要求	配分	评分		
				自评	小组	教师
三相交流电源	三相交流电源认识	了解三相交流电的特点	10分			
三相交流电源的连接方式	三相交流电源的星形连接	掌握三相交流电源星形连接的连接方式及其特点	10分			
	三相交流电源的三角形连接	掌握三相交流电源三角形连接的连接方式及其特点	10分			
三相交流电路负载的类型及连接方式	负载的类型	识别单相负载和三相负载	10分			
	三相负载的星形连接	三相负载星形连接方法正确，电压、电流、功率计算正确	20分			
	三相负载的三角形连接	三相负载三角形连接方法正确，电压、电流、功率计算正确	10分			
安全规范操作	仪器的操作	电流表、电压表、功率表连接正确，使用完毕整理实训台架	10分			
完成工作任务的表现	学习态度端正，积极完成工作任务，认真学习相关知识，遵守安全操作规程和劳动纪律，有良好的职业道德和职业素养		10分			
完成本次工作任务的体会(学到了哪些知识、掌握了哪些技能、有哪些收获)：			10分			
总分			100分			
综合评价得分						

任务三　安全用电常识学习

必学必会

1. 识别触电的形式及危害。
2. 识别并正确选用各种防触电技术。
3. 触电救护的方法。

任务描述及分析

在生产活动中,不仅要提高劳动生产效率,减轻繁重的体力劳动,而且要尽一切可能保护劳动者的人身安全。电能是当今生产和生活中不可替代的能源。当电能失去控制时,就会引发各类电气事故,其中对人体造成伤害的事故,即触电,是各类电气事故最为常见的事故。触电有哪些形式? 如何防止发生触电事故? 如果发生触电事故,我们能做什么呢? 下面通过本任务的学习,掌握安全用电及触电救护的基本知识。

相关知识

一、电流对人体的危害

由于不慎触及带电体,产生触电事故,会使人体受到各种不同的伤害。根据伤害性质可分为电击和电伤两种。电击是指电流通过人体,使内部器官组织受到损伤,如果受害者不能迅速摆脱带电体,最后可能会造成死亡。电伤是指在电弧作用下或熔丝熔断时,对人体外部造成的伤害,一般是烧伤、金属溅伤等。

电击所引起的伤害程度与人体的电阻大小有关。人体的电阻越大,通过的电流越小,伤害程度也就越轻;通过人体的电流越大,通过时间越长,伤害越严重。

一般情况下,当皮肤角质外层完好,并且很干燥时,人体的电阻为 10~100 kΩ。当皮肤角质外层破坏时,人体的电阻通常为 800~1 000 Ω。

通过人体的电流在 0.05 A 以上时,就有生命危险。一般条件下,当接触 36 V 以下的电压时,通过人体的电流不会超过 0.05 A,所以规定 36 V 以下的电压为安全电压。如果在潮湿的环境,安全电压还要规定得低一些,通常是 24 V 和 12 V。

【测一测】用万用表的电阻挡测量自身的电阻。

二、触电的形式

触电的形式可分为单相触电、两相触电和跨步电压触电。

1. 单相触电

单相触电是指在人体与大地之间互不绝缘的情况下,人体的某一部位触及三相电源线中的任一根导线,电流从带电导线经过人体流入大地而造成的触电伤害。单相触电又可分为中性线接地和中性线不接地两种情况。图 4-3-1 所示为中性线接地的单相触电;图 4-3-2 所示为中性线不接地的单相触电。

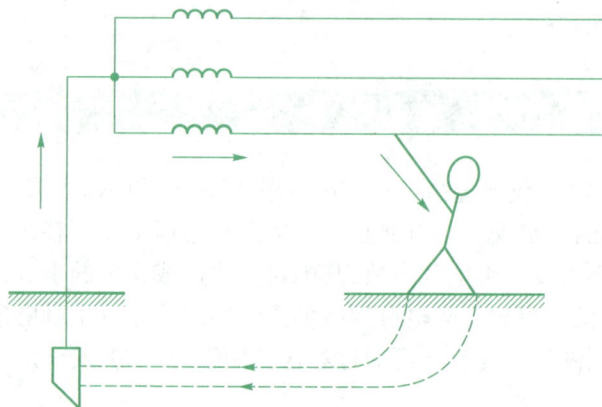

图 4-3-1 中性线接地的单相触电

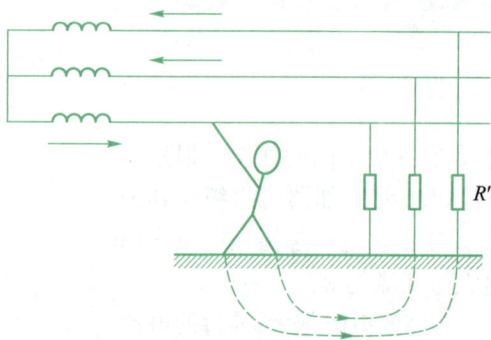

图 4-3-2 中性线不接地的单相触电

中性线不接地的单相触电要考虑到导线与地面间的绝缘可能不良,甚至有一相接地,在这种情况下,人体中就有电流通过。

电流通过人体的心脏、肺部和中枢神经系统时危险性比较大,特别是电流通过心脏时危险最大。所以,从手到脚的电流途径最为危险。

在交流电的情况下,导线与地面间存在的电容也可构成电流的通路。

2. 两相触电

两相触电也称为相间触电,是指在人体与大地绝缘的情况下,同时接触到两根不同的相线,或者人体同时接触电气设备的两个不同相的带电部位时,电流由一根相线经过人体到另一根相线,形成闭合回路,如图 4-3-3 所示。这种情况最为危险,因为人体处于线电压 380 V 之下,但这种情况一般较少。

3. 跨步电压触电

如图 4-3-4 所示,当输电线路火线断线落地时,落地点的电位即为导线电位,电流将从落地点流入大地。离落地点越远,电位越低。根据实际测量,在离导线落地点 20 m 以外的地方，由于入地电流非常小，地面的电位近似等于零。如果有人走到导线落地点附近，由于人两脚的电位不同，因此在两脚之间出现电位差，这个电位差称为跨步电压。距离电流入地点越近，人体承受的跨步电压越大；距离电流入地点越远，人体承受的跨步电压越小。在 20 m 以外，跨步电压很小，可以看作零。

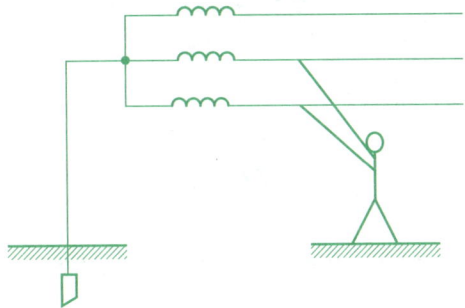

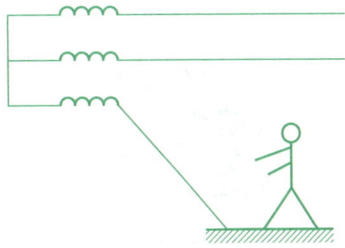

图 4-3-3　两相触电　　　　　　　图 4-3-4　跨步电压触电

当发现跨步电压威胁时，应赶快把双脚并在一起，或者赶快用一条腿跳着离开危险区；否则，触电时间一长，可能会导致触电死亡。

【想一想】触电有几种形式？哪种触电形式最为危险？

三、防触电技术

在低压配电系统中，电源(变压器)中性点有接地和不接地两种形式。接地的目的是保证电力系统安全运行，这种接地称为工作接地，如三相四线制电源中性点的接地。

1. 保护接地

保护接地就是在低压配电系统电源中性点不接地的情况下，将电气设备的金属外壳(正常情况下是不带电的)接地。图 4-3-5(a)所示是电动机的保护接地，可分两种情况来分析。

(1) 当电动机某一相绕组的绝缘损坏，使外壳带电，并且外壳未接地的情况下，人体触及外壳时，相当于单相触电，这时接地电流的大小取决于人体电阻和绝缘电阻。当系统的绝缘性能下降时，就有触电的危险。

(2) 当电动机某一相绕组的绝缘损坏，使外壳带电，并且外壳接地的情况下，人体触及外壳时，由于人体的电阻与接地电阻并联，而通常人体电阻远大于接地电阻，因此通过人体的电流很小，不会有危险。这就是保护接地保证人身安全的作用方式。

2. 保护接零

保护接零就是在中性点接地情况下，将电气设备的金属外壳接到中性线(零线)上。图 4-3-5(b)所示是电动机的保护接零。当电动机某一相绕组的绝缘损坏而与外壳相接时，就形成单相短路，迅速将这一相中的熔丝熔断，外壳便不再带电。即使在熔丝熔断前，人体触及外壳，但由于人体电阻远大于线路电阻，因此通过人体的电流也是极为微小的。在采用保护接零时，应注意不要将保护接地和保护接零混用，

微课
防触电技术

而且中性点工作接地必须可靠。在电源中性点做了工作接地的系统中,为确保保护接零的可靠,还需要相隔一定距离将中性线或接地线重新接地,称为重复接地。

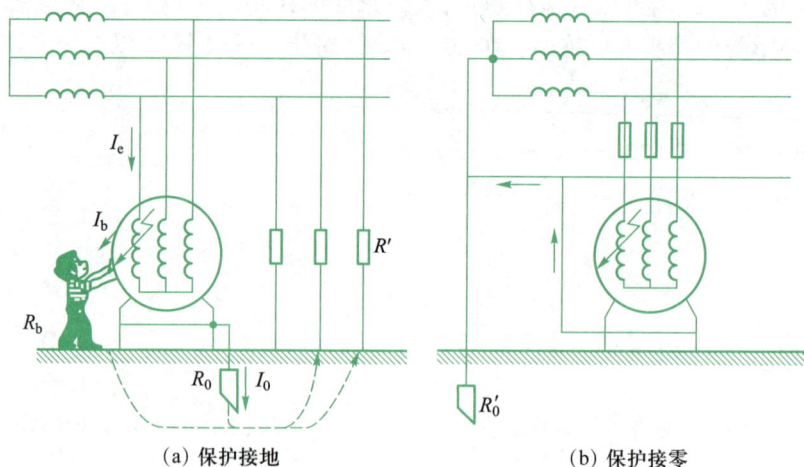

(a) 保护接地　　　　　　　(b) 保护接零

图 4-3-5　电动机的接地与接零

　　为了确保设备外壳对地电压为零,专设保护中性线 PE(图 4-3-6),工作中性线在建筑物入口处要接地,入户后再另设保护中性线,这样就称为三相五线制。所有的接零设备都要通过三孔插座接到保护中性线上。在正常工作时,工作中性线中有电流,保护中性线中不应有电流。

　　图 4-3-6 中①是正确的连接。当绝缘损坏,外壳带电时,短路电流经过保护中性线,将熔断器熔断,切断电源,消除触电事故。用户在使用日常电器(如电冰箱、洗衣机、台式电扇等)时,忽视外壳的接零保护,插上单相电源就用,这是十分不安全的。图 4-3-6 中②是不正确的连接,因为如果在“×”处断开,绝缘损坏后外壳带电,将会发生触电事故。图 4-3-6 中③这种连接十分不安全,一旦绝缘损坏,外壳就带电。

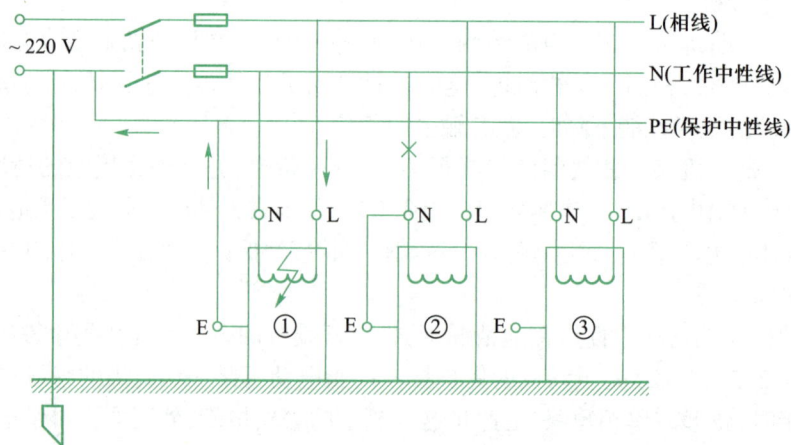

图 4-3-6　三相五线制

【测一测】检查电冰箱、洗衣机、台式电扇等身边的电器是否采用了外壳的接零保护。

3. 漏电保护

漏电保护为近年来推广采用的一种新的防止触电的保护装置。在电气设备中发生漏电或接地故障而人体尚未触及时,漏电保护装置已切断电源;或者在人体已触及带电体时,漏电保护器能在非常短的时间内切断电源,减轻对人体的危害。

4. 直接电击的防护措施

绝缘防护、屏保防护、间隔防护和安全电压防护是最为常见的安全措施。

(1) 绝缘防护。绝缘防护是指为防止人体触及带电体,用绝缘物把带电体封闭起来。瓷、玻璃、云母、橡胶、木材、胶木、塑料、布、纸和矿物油等都是常用的绝缘材料。应当注意的是,很多绝缘材料受潮后会丧失绝缘性能或在强电场作用下会遭到破坏而丧失绝缘性能。

(2) 屏保防护。屏保防护即使用遮拦、护罩、护盖箱闸等把带电体同外界隔绝开来。电器开关的可动部分一般不能使用绝缘防护,而需要屏保防护。高压设备不论是否有绝缘防护,均应采取屏保防护。

(3) 间隔防护。间隔防护就是保证必要的安全距离。安全距离除用来防止触及或过分接近带电体之外,还能起到防止火灾、防止混线、方便操作的作用。在低压工作中,检修距离不应小于 0.1 m。

(4) 安全电压防护。安全电压防护是用于小型电气设备或小容量电气线路的安全措施。根据欧姆定律,电压越大,电流也就越大。因此,可以把可能加在人身上的电压限制在某一范围内,使得在这种电压下,通过人体的电流不超过允许范围,这一电压就称为安全电压。安全电压的工频有效值不超过 50 V,直流电压不超过 120 V。我国规定工频有效值的等级为 42 V、36 V、24 V、12 V 和 6 V。

5. 间接电击的防护措施

除了上述防护措施,还可以通过以下措施防止触电。安装自动断电保护装置,使带电线路或设备在发生故障或触电事故时,能够自动断开电源,起到保护作用;等电位环境,将所有容易同时接近的裸导体互相连接起来,使其间电位相同,防止产生接触电压,等电位范围不应小于可能触及带电体的范围;采用有双重绝缘或加强绝缘的电气设备,或者采用另有共同绝缘的组合电气设备,以防止工作绝缘损坏后在易接近部分出现危险的对地电压。

四、汽车安全用电常识

汽车安全用电主要与维护蓄电池有关,着手维护蓄电池或在蓄电池旁边作业之前,必须掌握安全预防措施。连接蓄电池电缆时要注意极性,不能接反;拆蓄电池电缆时要先拆负极(搭铁)电缆;接蓄电池电缆时要后接负极电缆;严禁在蓄电池附近进行电焊或气焊作业(在蓄电池充、放电过程中,会析出易爆的氢气);严禁在蓄电池附近吸烟;蓄电池充电场所要有良好的通风,充电器接通后就不要再拆、接充电器的连接导线;在维护蓄电池时,不要戴首饰或手表,这些东西都是良导电体,若不小心将蓄电池正极桩与搭铁连上,电流流过它们,会造成严重灼伤;千万不可在蓄电池上方传递工具,若碰巧跌落在两极桩上,造成蓄电池短路,可能会引起爆炸。

微课

触电的救护

五、触电的救护

当发生触电事故时,规范及时的救护能够尽可能地降低伤害。触电急救措施一般分为 3 个步骤:① 切断事故电源,使触电者脱离电源;② 检查生命体征并拨打急救电话;③ 做人工急救,等待医疗救助和诊断。

1. 切断事故电源,使触电者脱离电源

当发现有人触电时,应先想办法断开电源。断开电源的方法有 5 种:① 可以看一下附近有没有电源开关或电源插座,断开开关或拔出电源插座;② 一时找不到电源开关或电源插座,应使用干燥的木棒或绝缘棒挑开电线;③ 用绝缘工具如电工钳等剪断电线;④ 搜衣,如果触电者的衣服鞋子干燥,可以使用绝缘物如衣服、手套等将自己的手严密包裹,单手拉触电者干燥的衣服脱离电源;⑤ 可以站在干燥的绝缘板上或穿上绝缘鞋,单手拖搜触电者脱离电源。应注意的是,保持自身与周围带电部分必要的安全距离。如果电源在车上,可戴上绝缘橡皮手套、穿绝缘鞋,拉开车上跌开式熔断器或高压保险开关。

上述办法仅适用于 220 V/380 V 低压触电急救。对于高压触电应及时通知供电部门,采取相应的措施,以免发生新的事故。

2. 检查生命体征并拨打急救电话

脱离电源后,立即就地对触电者的生命体征、心跳和呼吸进行检查并拨打急救电话。若触电者神志尚清醒,则应使之就地躺平,严密观察,暂时不要让其站立或走动;若触电者伤势严重,心跳和呼吸均已停止,则在通畅气道后,立即同时进行口对口人工呼吸和胸外按压心脏的人工循环。

3. 做人工急救,等待医疗救助和诊断

1)人工呼吸

当触电者没有呼吸时,需要进行人工呼吸,具体方法如下。

(1) 首先解开触电者的衣服、裤带,松开上身,使其胸部能自由扩张。

(2) 使触电者仰卧,不垫枕头,使头先侧向一边,清除其口腔内的血块及其他异物。若其舌根下陷,则应将舌头拉出,使气道通畅。然后将其头部扳正,使之尽量后仰,鼻孔朝天,使气道畅通。

(3) 救护人位于触电者一侧,用一只手捏紧其鼻孔,不使漏气;用另一只手将其下颌拉向前下方,使其嘴巴张开。可在其嘴上盖一层纱布,准备对其吹气。

(4) 向触电者大口吹气,如图 4-3-7(a)所示。在吹气时,要使触电者胸部膨胀。

(5) 救护人吹气完毕后换气时,应立即离开触电者的嘴巴(或鼻孔),并放松紧捏的鼻(或嘴),让其自由排气,如图 4-3-7(b)所示。按照上述操作要求反复进行,每分钟约 12 次。对于幼小儿童,鼻子不捏紧,可任其自由漏气,而且吹气不能过猛,以免肺泡胀破。

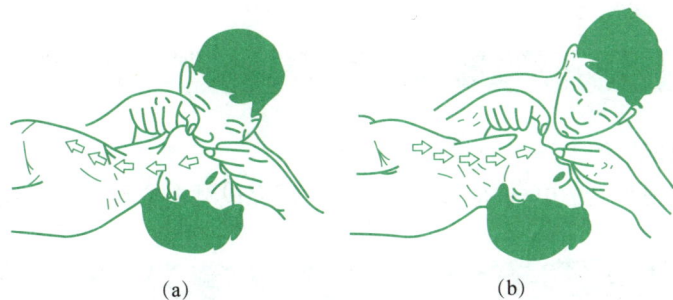

(a) (b)

图 4-3-7 口对口人工呼吸

2) 胸外按压

当触电者没有心跳时,需要对其进行胸外按压,具体方法如下。

(1) 与人工呼吸法的要求一样,首先使气道畅通,在平整牢固的地面平躺下。

(2) 救护人位于触电者一侧,最好是跨跪在触电者腰部上方,两手相叠,手掌根放在胸骨的下 1/3 部位。

(3) 救护人找到触电者的正确压点后,自上而下垂直均衡地用力向下按压,压出心脏里面的血液,如图 4-3-8(a)所示。

(4) 按压后,手掌根迅速放松,但手掌不要离开胸部,使触电者胸部自动复原,心脏扩张,使血液又回到心脏,如图 4-3-8(b)所示。按照上述操作要求反复地进行,每分钟约 60 次。

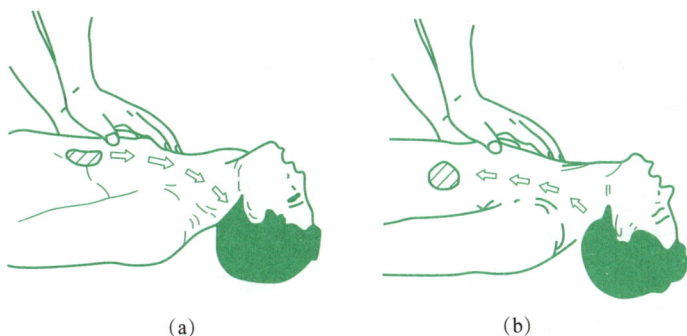

(a) (b)

图 4-3-8 胸外按压

在施行心肺复苏法(含人工呼吸和胸外按压)时,救护人应密切观察触电者的反应。只要发现触电者有苏醒迹象,如眼皮闪动或嘴唇微动,就应中止操作几秒钟,以让触电者自行呼吸和心跳。

如果现场仅有一人救护时,可交替进行人工呼吸和胸外按压。先胸外按压心脏 4~8 次,然后口对口人工呼吸吹气 2~3 次,再按压心脏 4~8 次,再口对口吹气 2~3 次,如此交替反复进行。

技能训练

触电急救模拟练习

如果你发现有人触电,你应该如何做呢?试完成触电急救模拟练习。

课后思考

一、判断题

1. 心肺复苏时胸外按压与人工呼吸的比例为 30∶2。　　　　　　　　(　　)
2. 触电的形式通常有单相触电、两相触电和跨步电压触电 3 种。　　(　　)
3. 漏电保护为近年来推广采用的一种新的防止触电的保护装置。　　(　　)
4. 保护接地就是在中性点接地情况下,将电气设备的金属外壳接到中性线上。
　　　　　　　　　　　　　　　　　　　　　　　　　　　　　　(　　)
5. 当发现跨步电压危险时,应把双脚并在一起,或者用一条腿跳着离开危险区。
　　　　　　　　　　　　　　　　　　　　　　　　　　　　　　(　　)

二、选择题

1. 电流触及人体,给人体外部造成伤害的触电称为(　　　)。
   A. 烧伤　　　　　　B. 电伤　　　　　　　C. 电击
2. 保护接零线应用在(　　　)低压供电系统中。
   A. 三相三线制
   B. 三相四线制
   C. 三相三线制或三相四线制
3. 在心肺复苏时,胸外按压的频率为每分钟(　　　)。
   A. 60~80 次　　B. 70~90 次　　　C. 80~100 次　　　D. 100~120 次
4. 最为危险的触电形式是(　　　)。
   A. 单相触电　　B. 两相触电　　　C. 跨步电压触电
5. 触电急救应第一时间(　　　)。
   A. 切断电源　　　　　　　　　　B. 拨打 120 急救电话
   C. 进行心肺复苏　　　　　　　　D. 进行人工呼吸

任务评价

完成任务评价表,见表 4-3-1。

表 4-3-1　任务评价表

评价项目	评价内容	要求	配分	评分		
				自评	小组	教师
触电的形式	触电形式的认识	了解触电的不同形式	10 分			
防触电技术	保护接地	掌握保护接地的原理、作用和特点	10 分			
	保护接零	掌握保护接零的原理、作用和特点	10 分			
	其他防触电技术	掌握并正确使用各种防触电技术	10 分			
汽车安全用电常识	汽车安全用电常识认识	掌握汽车安全用电常识	10 分			
触电的救护	切断事故电源	切断事故电源的方法正确	10 分			
	人工呼吸	人工呼吸操作正确	10 分			
	胸外按压	胸外按压操作正确	10 分			
完成工作任务的表现	学习态度端正,积极完成工作任务,认真学习相关知识,遵守安全操作规程和劳动纪律,有良好的职业道德和职业素养		10 分			
完成本次工作任务的体会(学到了哪些知识、掌握了哪些技能、有哪些收获):			10 分			
总分			100 分			
综合评价得分						

项目五 ▶▶▶
新能源汽车电磁学基础

▶ **项目目标**

1. 知识目标
(1) 掌握电磁场的基本原理。
(2) 掌握变压器的结构和工作原理。
(3) 掌握继电器的类型和表示方法。

2. 能力目标
(1) 学会变压器的电压、电流变换计算方法。
(2) 掌握变压器的应用。
(3) 掌握继电器的应用。

3. 素养目标
(1) 提升分析能力、动手能力及利用所学知识解决实际问题的能力。
(2) 激发对汽车相关专业课程的学习热情。

任务一 电磁学基础认识

必学必会

(1) 磁场的概念和性质。
(2) 通电导体的磁场。
(3) 电磁感应现象。
(4) 磁场对通电导体的作用。

任务描述及分析

历史上,电与磁是分别发现和研究的。因为当时人们认为电现象和磁现象是两个孤立的现象。直到 19 世纪初,自然哲学的观点认为自然界中任何两个物体间必然存在着某种联系。电现象和磁现象之间存在着许多相似性。例如,自然界中只有正负两种电荷,同种电荷相互排斥,异种电荷相互吸引。类似地,自然界中只有南极北极两个磁极,同种磁极相互排斥,异种磁极相互吸引。那么电现象和磁现象之间是否具有某种联系? 下面通过本任务学习电磁场的基本原理。

相关知识

微课
认识磁场

一、认识磁铁与磁场

1. 磁体与磁极

物体具有吸引铁、钴、镍等物质的性质称为磁性。具有磁性的物体称为磁体。磁体分为天然磁体和人造磁体。现在常见的各种磁体几乎都是人造的,如条形磁铁、马蹄形磁铁和针形磁铁等。

磁体两端磁性最强的区域称为磁极。实验证明,任何磁体都具有两个磁极,而且无论怎样把磁体分割,它总是保持两个磁极。一端为北极,用 N 表示;一端为南极,用 S 表示。

与电荷间的相互作用力相似,磁极间也具有相互作用力,即同极相排斥,异极相吸引。磁极间的相互作用力称为磁力,如图 5-1-1 所示。

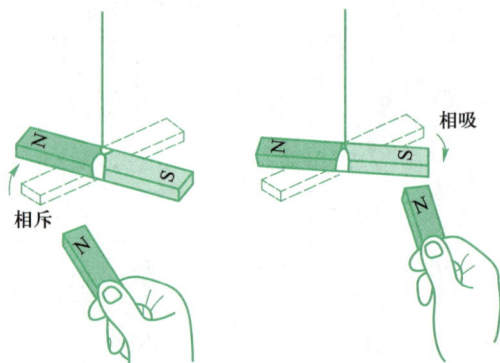

图 5-1-1 磁极间的相互作用

指南针就是利用这种性质制作的,因为地球本身就是个大磁体,地磁的北极在地球南极附近,地磁的南极在地球北极附近。

2. 磁场与磁感线

磁体周围存在磁力作用的空间,称为磁场。互不接触的磁体之间的相互作用力是通过磁场这一特殊介质传递的。磁场和电场一样,都是一种特殊介质,它们之所以特殊,是因为它们不是由分子和原子所组成的。

一般情况下,磁场各处的强弱和方向都是不同的。为了形象地表示磁场在空间各点的强弱和方向,人们在铁屑在磁体周围磁场的作用下有规则地排列的启示下(图 5-1-2)想象出磁感线。

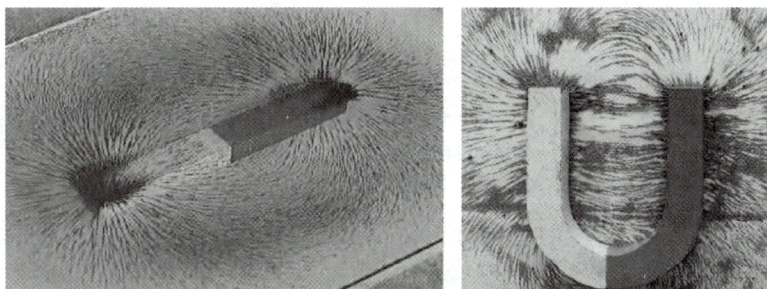

图 5-1-2 磁体周围铁屑的分布

磁感线,又称为磁力线,具有以下几个特征。

(1)磁感线是互不交叉的闭合曲线。在磁体外部由 N 极指向 S 极,在磁体内部由 S 极指向 N 极,如图 5-1-3 所示。

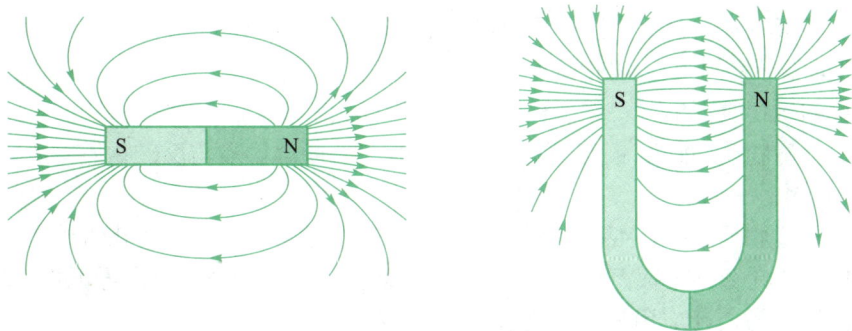

图 5-1-3 磁感线示意图

(2)磁感线的疏密程度反映了磁场的强弱。磁感线越密,表示磁场越强;磁感线越疏,表示磁场越弱。

(3)磁感线上任意点的切线方向,就是该点的磁场方向。在该点放上小磁针,小磁针静止时 N 极所指的方向为该点的磁场方向,如图 5-1-4 所示。

3. 磁场的基本物理量

（1）磁感应强度。磁感应强度是描述空间某点磁场强弱和方向的物理量,它是一个矢量,用 B 表示。垂直穿过单位面积的磁感线数就反映此处的磁感应强度的大小,所以磁感应强度又称为磁通密度。磁感应强度的方向可根据产生磁场的电流方向,用右手螺旋定则来确定。磁力线上某点的切线方向就是该点磁感应强度的方向。磁感应强度的单位为特斯拉(T)。

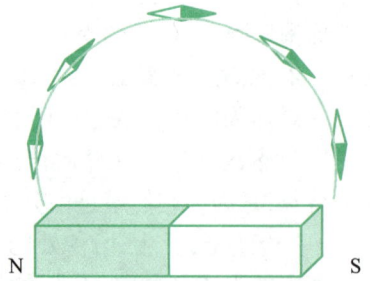

图 5-1-4   磁场方向

如果磁场中各点的磁感应强度的大小和方向相同,这种磁场就称为均匀磁场。在均匀磁场中,磁感线是间距相等的平行直线。

（2）磁通。磁通是描述磁场在某范围内分布情况的物理量,用 Φ 表示。垂直穿过某一截面面积 S 的磁感线的总数就是通过该截面的磁通。磁通的单位是韦伯(Wb),简称为韦。磁通 Φ 与磁感应强度 B 的关系为

$$\Phi = BS \tag{5-1-1}$$

（3）磁导率。磁导率又称为导磁系数,是衡量物质导磁能力的物理量,用 μ 表示。它用来表示磁场中介质导磁性能的强弱,其单位是亨利/米(H/m)。就导磁能力来说,自然界中的物质大体可分为磁性材料和非磁性材料两大类。非磁性材料(如铜、铝、空气等)的导磁能力很差,其磁导率接近于真空的磁导率 μ_0($\mu_0 = 4\pi \times 10^{-7}$ H/m),且为一常数。磁性材料(如铁、钴、镍及其合金)的导磁能力很强,其磁导率可以是真空磁导率 μ_0 的数百、数千乃至数万倍,而且不是一个常数。各种材料的磁导率通常用真空磁导率 μ_0 的倍数表示,称为相对磁导率 μ_r,即

$$\mu_r = \mu/\mu_0 \tag{5-1-2}$$

式中,μ_r 为相对磁导率;μ 为任意物质的磁导率;μ_0 为真空的磁导率。

根据磁导率的大小,可把物质分为以下 3 类。

① 顺磁物质:如空气、铝、铬、铂等,它们的 μ_r 稍大于 1。

② 反磁物质:如氢、铜等,它们的 μ_r 稍小于 1,顺磁物质与反磁物质一般被称为非磁性材料。

③ 铁磁物质:如铁、钴、镍、硅钢、坡莫合金、铁氧体等,它们的相对磁导率 μ_r 远大于 1,可达几百甚至数万以上,且不是一个常数。铁磁物质具有高导磁性、磁饱和性与磁滞性,被广泛应用于电工技术及计算机技术等方面。

（4）磁场强度。同一通电线圈内的磁场强弱(用磁感应强度 B 来表征),不仅与所流经电流的大小有关,而且与线圈内磁场介质的导磁性能有关。由于不同介质的磁导率不同,而且磁性材料的磁导率不是常数,这就使磁场的分析与计算变得复杂困难。为了简化磁场的分析,便于磁场的计算,引入一个不考虑介质影响的物理量磁场强度 H,它也是一个矢量,通过它可以表达磁场与产生该磁场的电流之间的关系。H 的大小由 B 与 μ 的比值决定,即磁场强度

$$H = B/\mu \tag{5-1-3}$$

二、通电导体产生磁场

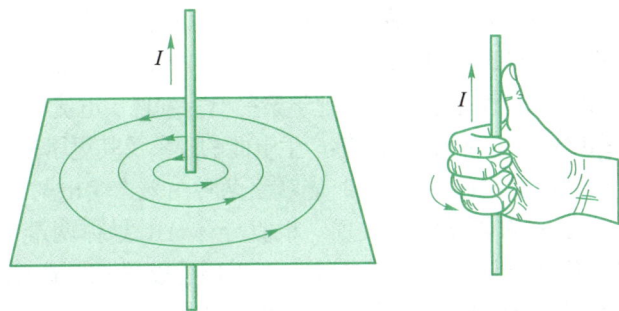

磁铁并不是磁场的唯一来源。1820 年，丹麦物理学家奥斯特从实验中发现，放在直导线旁边的磁针，当直导线通入电流时，磁针会受到力的作用而偏转，如图 5-1-5 所示。这表明通电直导线的周围存在着磁场，电与磁是有密切联系的。

图 5-1-5　通电直导线
使小磁针偏转

微课
通电导体
产生磁场

1. 通电直导线的磁场

通电直导线周围磁场的磁感线是一些以导线上各点为圆心的同心圆，这些同心圆都在与导线垂直的平面上，如图 5-1-6(a) 所示。

实验表明，改变电流的方向，各点的磁场方向随之改变。

磁感线的方向与电流方向之间的关系可用安培定则（又称为右手螺旋定则）来判断。如图 5-1-6(b) 所示，用右手握住通电直导线，让拇指指向电流方向，则四指环绕的方向就是磁感线的方向。

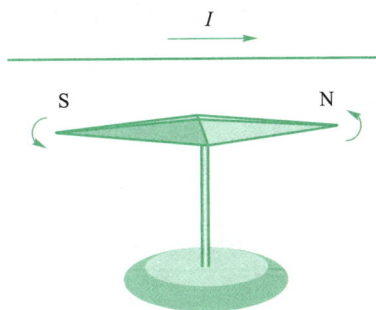

(a) 磁场分布　　　　　　(b) 磁感线方向判断

图 5-1-6　通电直导线的磁场

2. 通电螺线管的磁场

把直导线绕成螺线管线圈，并通入电流，结果通电螺线管表现出来的磁性类似条形磁铁，一端相当于 N 极，另一端相当于 S 极，如果改变电流方向，它的 N 极、S 极随之改变。通电螺线管的磁感线如图 5-1-7(a) 所示，在线圈外部，磁感线从 N 极发出指向 S 极，线圈内部的磁感线由 S 极指向 N 极，并和外部的磁感线形成闭合曲线。

通电螺线管磁感线的方向与电流方向之间的关系也可以用安培定则来判定，如图 5-1-7(b) 所示，右手握住线圈，用弯曲的四指指向电流方向，则拇指所指的方向就是 N 极方向。

(a)磁场分布　　　　　　　　　　　(b)磁感线方向判断

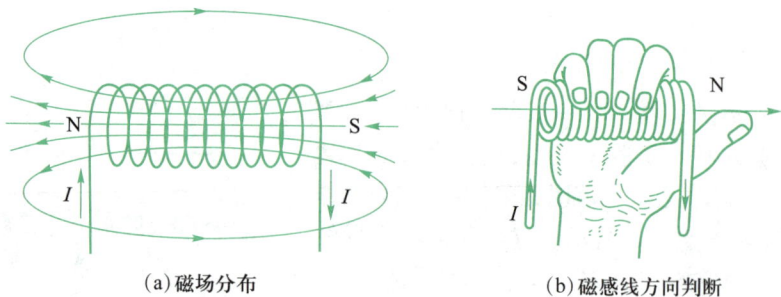

图 5-1-7　通电螺线管的磁场

【想一想】如何增强电流的磁场？

实验证明,通电螺线管磁场的强弱与电流、匝数成正比。电生磁是导线中自由电子的定向移动造成的,所以通电导线磁性强弱与下列因素有关。

(1)电流大小。通电导线中的电流越大,磁性越强。

(2)匝数多少。当通电导线中的电流一定时,匝数越多,磁性越强。

三、电磁感应现象

奥斯特发现电流的磁效应后,许多科学家都在思索:既然电能产生磁,那么磁能否产生电呢? 既然电流有磁效应,那么磁场是否也会有电效应呢?

电能生磁,磁也可以产生电。丹麦物理学家奥斯特发现了电流的磁效应之后,英国物理学家法拉第于 1831 年发现了磁场能够产生电能的现象及其规律——电磁感应定律。

为了理解电磁感应及电磁感应定律,先观察两种由磁产生电的现象。

在图 5-1-8 所示的均匀磁场中放置一根直导体 AB,导体两端分别与灵敏电流计的接线柱连接形成闭合回路。当使导体垂直于磁感线做切割磁感线运动时,可以观察到灵敏电流计指针有偏转,这说明导体回路中有电流存在。另外,当使导体平行于磁感线方向运动时,灵敏电流计指针不偏转,这说明导体回路中不产生电流。

在图 5-1-9 所示的实验中,空心线圈两端分别与灵敏电流计的接线柱连接形成闭合回路。当用一块条形磁铁快速插入线圈时,可观察到灵敏电流计指针向一个方向偏转;如果条形磁铁在线圈内静止不动时,灵敏电流计指针不偏转;当再将条形磁铁由线圈中迅速拔出时,又会观察到灵敏电流计指针向另一方向偏转。

上述两种现象说明,当导体做切割磁感线运动或穿过线圈的磁通发生变化时,在导体或线圈中都会产生感应电动势。若导体或线圈构成闭合回路,则导体或线圈中将有电流流过。

上述两种磁生电现象虽然表现形式不同,但它们的本质是相同的。如果把图 5-1-8 中的直导体看成是一个单匝线圈,那么导体中的电流也是由于穿过线圈的磁通变化而引起的。这种由于磁通变化而在导体或线圈中产生感应电动势的现象称为电磁感应。由电磁感应产生的电动势称为感应电动势,由感应电动势产生的电流称为感应电流。

微课
电磁感应现象

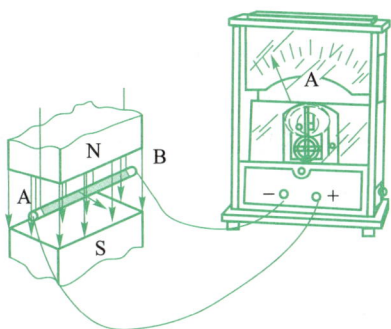

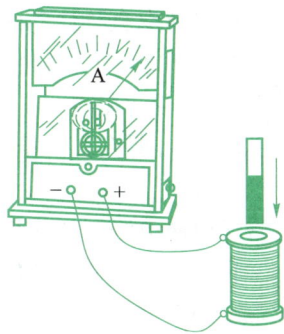

图 5-1-8　直导体的电磁感应现象　　　　　图 5-1-9　线圈的电磁感应现象

由以上分析可以得出,产生电磁感应的条件是通过线圈回路的磁通必须发生变化。

1. 直导体的感应电动势

当直导体、磁场方向和导体运动方向三者互相垂直时,导体中的感应电动势 e 与导体的运动速度 v、导体在磁场中有效长度 l 和磁感应强度 B 成正比,即

$$e = Blv \qquad (5-1-4)$$

2. 线圈的感应电动势

假设线圈有 N 匝,磁通的变化率(单位时间内磁通变化的数量)为 $\mathrm{d}\Phi/\mathrm{d}t$,则感应电动势的大小

$$|e| = \left| N \frac{\mathrm{d}\Phi}{\mathrm{d}t} \right| \qquad (5-1-5)$$

即线圈中感应电动势的大小与线圈中磁通变化率成正比,且与线圈的圈数成正比。

【想一想】怎么判断电路中感应电动势(或感应电流)的方向?

电路中感应电动势(或感应电流)的方向与导体切割磁感线的运动方向,以及磁场的方向有关。具体方向可由右手定则来确定,即平伸右手,拇指与四指垂直,让磁感线垂直穿过掌心,使拇指指向导体运动方向,四指所指方向就是感应电动势(或感应电流)的方向,如图 5-1-10 所示。

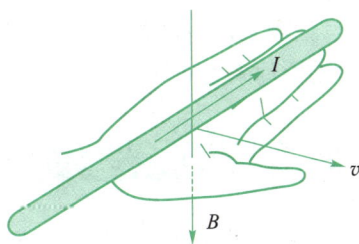

图 5-1-10　右手定则

微课
磁场对通电导体的作用

四、磁场对通电导体的作用

通电导体在磁场中可以受到力的作用,因为磁场同性相斥、异性相吸,而通电导体会产生磁场,致使通电导体产生的磁场与磁场本身产生相斥或相吸。

通电导体在磁场中的受力方向取决于电流方向和磁场的方向,电流方向和磁场方向如果有一个发生变化,力的方向随之发生变化,但是当两个方向同时变为反向时,力的方向是不变的。

1. 磁场对通电直导体的作用

通电直导体受到的均匀的磁场作用力的方向，可用左手定则来判断。即伸出左手，让大拇指与四指在同一平面内，大拇指与四指垂直，让磁感线垂直穿过手心，四指指向电流方向，那么大拇指所指的方向就是磁场对通电直导体的作用力方向，如图 5-1-11 所示。

2. 磁场对通电线圈的作用

通电导体在磁场中受到力的作用，因此磁场对通电线圈也有作用力。如果把一个通电线圈放在磁场里，线圈会运动吗？怎样运动？

在磁感应强度为 B 的均匀磁场中，放一矩形通电线圈 ABCD（图 5-1-12），AD 段和 BC 段与磁感线平行不受力；AB 段和 CD 段与磁感线垂直。根据左手定则可知，AB 段电流方向由 A 向 B，受力方向向上；CD 段电流方向由 C 向 D，受力方向向下。AB 段、CD 段的电流方向、受力方向没有发生改变，通电线圈 ABCD 在磁场力的作用下将绕轴线按顺时针方向旋转，当转动到与磁场方向垂直的位置时，受力平衡。

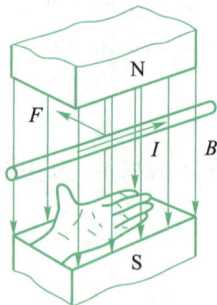

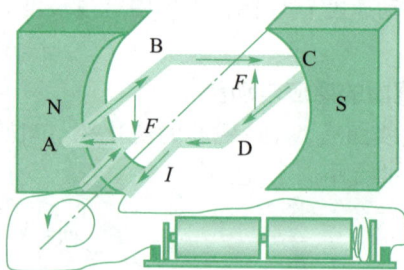

图 5-1-11　左手定则　　　　图 5-1-12　磁场对通电线圈的作用

研究磁场对通电线圈的作用更有实际意义，因为在汽车电气设备中的直流电动机，如刮水器电动机、空调鼓风机和起动电动机等都是根据通电线圈在磁场中会受力的原理来工作的。

知识拓展

电磁起重机是利用电磁原理搬运钢铁物品的机器。电磁起重机的主要部件是电磁铁。接通电流，电磁铁便把钢铁物品牢牢吸住，吊运到指定的地方。切断电流，磁性消失，钢铁物品就会被放下来。电磁起重机能产生强大的磁场力，几十吨重的铁片、铁丝、铁钉、废铁和其他各种铁料，不装箱、不打包也不用捆扎，就能很方便地收集和搬运，不但操作省力，而且工作简化了。在电磁起重机工作时，只要电磁铁线圈里电流不停，被吸起的重物就不会落下，看不见的磁力比坚固的链条更可靠。

各种发电机是电磁感应原理的实际应用领域，大到三峡电站 70 万千瓦发电机组，小到汽车用发电机，都是电磁感应原理最典型、最基本的应用。

技能训练

探究"电动机为什么会转动"

利用直导体 1 根、蹄形磁铁 1 块、滑动变阻器 1 个、开关 1 个和干电池、导线若干,按图 5-1-13 所示搭建实验电路,并按以下步骤进行操作,观察实验现象并填空。

(1) 将直导体 AB 置于蹄形磁铁的两极之间,未闭合开关前,导体＿＿＿＿＿＿,闭合开关后,导体＿＿＿＿,说明磁场对＿＿＿＿导体有力的作用。

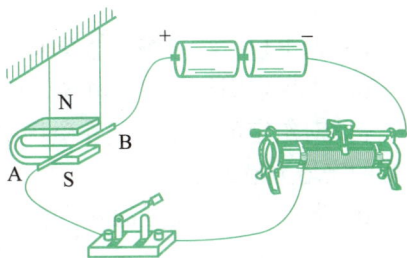

图 5-1-13　实验电路

(2) 断开开关,将蹄形磁铁的 N、S 两极对调,再闭合开关,会发现导体 AB 的运动方向与对调前的运动方向＿＿＿＿,说明通电导体在磁场中的受力方向与＿＿＿＿＿＿有关。

(3) 断开开关,将电源的正、负极对调,再闭合开关,会发现导体 AB 的运动方向与对调前的运动方向＿＿＿＿,说明通电导体在磁场中的受力方向与＿＿＿＿＿有关。

(4) 如果同时改变磁场方向和电流方向,＿＿＿＿(选填"能"或"不能")确定受力方向与磁场方向或电流方向是否有关。

(5) 根据以上实验结果,试分析直流电动机为什么会转动?

课后思考

一、判断题

1. 磁感线是互不交叉的闭合曲线。在磁体外部由 N 极指向 S 极,在磁体内部由 S 极指向 N 极。　　　　　　　　　　　　　　　　　　　(　　)

2. 磁感线的疏密程度反映了磁场的强弱。磁感线越密,表示磁场越强,磁感线越疏,表示磁场越弱。　　　　　　　　　　　　　　　　　　　(　　)

3. 磁感线上任一点的垂线方向,就是该点的磁场方向。　　　　　(　　)

4. 磁路通常是指磁感线通过的闭合路径。　　　　　　　　　　　(　　)

5. 改变通电导体的电流方向,导体周围的磁场方向随之改变。　　(　　)

6. 通电导体的磁感线方向与电流方向之间的关系可用左手定则来判断。(　　)

7. 电流和磁场密不可分,磁场总是伴随着电流而存在,而电流永远被磁场所包围。　　　　　　　　　　　　　　　　　　　　　　　　　　(　　)

8. 自感电动势的大小与线圈中电流的变化率成正比,与线圈中电流的大小无关。　　　　　　　　　　　　　　　　　　　　　　　　　　(　　)

9. 右手定则能判定直导体做切割磁感线运动时所产生的感应电流方向。（　　）

10. 穿过线圈的磁通量发生急剧变化不可能产生感应电动势。（　　）

11. 线圈中只要有磁场存在,就必定会产生电磁感应现象。（　　）

12. 在电磁感应中,感应电流和感应电动势是同时存在的;没有感应电流,也就没有感应电动势。（　　）

13. 通电导体在磁场中会受到磁场力的作用。（　　）

14. 左手定则能判定通电导体在磁场中受力的方向。（　　）

15. 对给定的通电导线在磁场中某处按不同方向放置时,以导线垂直于磁场时所受的安培力最大。（　　）

16. 若通电导线所受的安培力为零,则该处的磁感应强度为零。（　　）

二、选择题

1. 交流发电机的外壳通常使用铝合金材料,其原因是(　　)。

　　A. 铝合金材料轻,硬度大

　　B. 铝合金材料具有良好的导磁性,有利于发电

　　C. 铝合金材料导磁性能差,防止发电机漏磁

　　D. 以上说法都不对

2. 铁磁物质具有(　　)。

　　A. 高导磁性　　　B. 磁饱和性　　　C. 磁滞性

3. 磁场强度和磁场中某点的磁感应强度(　　)。

　　A. 成正比　　　B. 成反比　　　C. 相等　　　D. 无关

4. 铁磁性物质的磁导率(　　)。

　　A. 大于1　　　B. 等于1　　　C. 小于1　　　D. 远大于1

5. 通电直导体周围磁场的强弱与(　　)有关。

　　A. 导体长度　　　B. 导体位置　　　C. 导体截面　　　D. 电流大小

6. 如图5-1-14所示,闭合开关,滑片P向右移动,则螺线管(　　)。

　　A. 左端为S极,磁性减弱

　　B. 左端为S极,磁性增强

　　C. 左端为N极,磁性减弱

　　D. 左端为N极,磁性增强

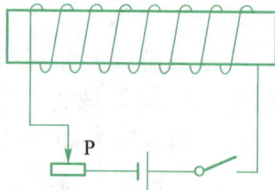

图5-1-14　题6图

7. 在下列现象中,属于电磁感应的是(　　)。

　　A. 小磁针在通电导线附近发生偏转

　　B. 通电线圈在磁场中转动

　　C. 因闭合线圈在磁场中转动而产生电流

　　D. 接通电路时,与线圈串联的灯泡逐渐亮起来

8. 下列哪些会影响线圈中感应电动势的大小? (　　)

　　A. 线圈中的磁通变化率　　　B. 线圈的匝数

　　C. 线圈的大小　　　D. 线圈的材料

9. 通电导体在磁场中受到的磁场力的大小和下列哪些因素有关? (　　　)

    A. 导体横截面积　　　　　　　B. 导体长度

    C. 磁场强弱　　　　　　　　　D. 电流大小

10. 下列有关磁感应强度及安培力的说法正确的有(　　　)。

    A. 若某处的磁感应强度为零,则通电导线放在该处所受安培力一定为零

    B. 通电导线放在磁场中某处,不受安培力的作用时,则该处的磁感应强度一定为零

    C. 同一条通电导线放在磁场中某处所受的安培力是一定的

    D. 磁场中某点的磁感应强度与在该点是否放置通电导线无关

三、思考题

1. 如何判断通电导体的磁场方向?

2. 电流产生磁场的强弱和什么因素有关?

3. 如图 5-1-15 所示,画出通过点 A 的一条磁感线,并标出小磁针的 N 极。

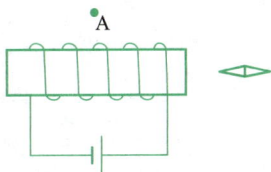

4. 什么是电磁感应现象?

5. 感应电动势的大小和什么因素有关?

6. 怎么判断电路中感应电动势(或感应电流)的方向?

图 5-1-15　题 3 图

7. 通电导体在磁场中受到的作用力的大小和什么因素有关?

8. 怎么判断通电导体在磁场中的受力方向?

🏠 任务评价

完成任务评价表,见表 5-1-1。

表 5-1-1　任务评价表

评价项目	评价内容	要求	配分	评分		
				自评	小组	教师
认识磁铁与磁场	磁场的概念和性质	掌握磁体、磁极、磁力、磁场、磁感线的概念;掌握磁力的相互作用、磁感线的特征	5分			
	磁场的基本物理量	了解磁感应强度、磁通、磁导率和磁场强度分别是表征磁场什么特性的物理量	5分			
通电导体产生磁场	通电直导线的磁场	能利用安培定则判断通电直导线的磁场方向;了解增强通电直导线的磁场的方法	10分			
	通电螺线管的磁场	能利用安培定则判断通电螺线管的磁场方向;了解增强通电螺线管的磁场的方法	10分			

续表

评价项目	评价内容	要求	配分	评分		
				自评	小组	教师
电磁感应现象	电磁感应现象的原理	了解感应电动势、感应电流产生的原理	10分			
	直导体的感应电动势	了解影响直导体感应电动势大小的因素；能判断直导体感应电动势(或感应电流)的方向	10分			
	线圈的感应电动势	了解影响线圈感应电动势大小的因素；能判断线圈感应电动势(或感应电流)的方向	10分			
磁场对通电导体的作用	磁场对通电直导体的作用	能利用左手定则判断通电直导体在磁场中受到的磁场力的方向；了解影响通电直导体在磁场中受力大小的因素	10分			
	磁场对通电线圈的作用	能判断通电线圈在磁场中的运动方向；了解影响通电线圈在磁场中的运动速度的因素	10分			
完成工作任务的表现	学习态度端正，积极完成工作任务，认真学习相关知识，遵守安全操作规程和劳动纪律，有良好的职业道德和职业素养		10分			
完成本次工作任务的体会(学到了哪些知识、掌握了哪些技能、有哪些收获)：			10分			
总分			100分			
综合评价得分						

任务二　变压器认识与检测

必学必会

1. 变压器的结构和工作原理。
2. 变压器的变电压、变电流的计算。
3. 变压器的应用。

任务描述及分析

在我国，民用供电额定电压统一为 220 V，那么如何使额定电压不是 220 V 的电气设备正常工作呢？例如，给额定电压为 36 V 的灯泡如何供电？下面介绍两种供电方案，如图 5-2-1 所示。

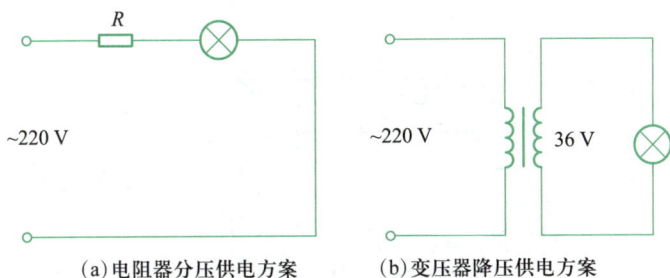

(a)电阻器分压供电方案　　(b)变压器降压供电方案

图 5-2-1　两种供电方案

第一种方案为电阻器分压供电，通过串联电阻来调节灯泡获得 36 V 的电压；第二种方案为变压器降压供电，通过变压器将电压降为 36 V 直接供给灯泡。变压器是电路中常见的元器件，在电力系统和电子线路中应用非常广泛。下面通过本任务的学习具体认识变压器。

相关知识

一、变压器的结构

变压器是一种静止的电气设备，它通过电磁感应的作用，将一种电压等级的交流电能变换成同频率的另一种电压等级的交流电能。

1. 变压器的作用

变压器具有变电压、变电流和变阻抗的作用。

（1）变压器的变电压作用。如在人们平时使用的手机、笔记本电脑等电源适配器中，用小功率电源变压器改变市电电压，再通过整流和滤波，得到实际所需要的直流电压。

（2）变压器的变电流作用。常见的例子是钳形电流表，其通过电流互感器的作用，不用断开交流电路就能测出电路中的电流值。

（3）变压器的变阻抗作用。此作用主要用于放大电路传递信号或进行阻抗的匹配，如在功放、收音机中用作放大器和扬声器的耦合与阻抗匹配。

2. 变压器的种类

变压器的种类很多，按用途分类，分为电力变压器、仪用变压器、整流变压器；按相数分类，分为单相变压器和三相变压器；按线圈数分类，分为双线圈变压器、三线圈变压器和自耦变压器；按铁心结构分类，分为心式变压器和壳式变压器；按冷却方式分类，分为以油冷却的油浸式变压器和以空气冷却的干式变压器。

3. 变压器的基本结构

变压器虽然大小悬殊，用途各异，但其基本结构和工作原理却是相同的。

微课
变压器的结构

变压器主要由铁心和绕组两个基本部分组成,如图 5-2-2 所示。图中闭合的矩形块就是铁心,绕在铁心上的线圈就是绕组,绕组和绕组之间及绕组和铁心之间都是绝缘的。

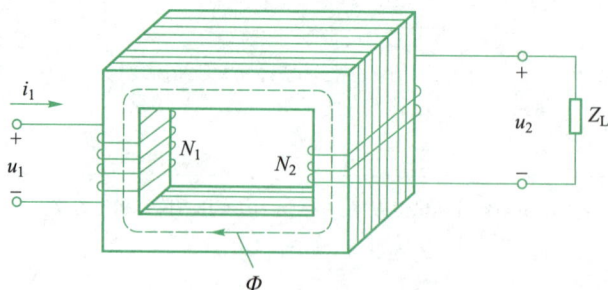

图 5-2-2 变压器的结构示意图

铁心是变压器的磁路部分,为了减小铁心中的涡流和磁滞损耗,提高磁路的导磁性,铁心采用 0.35~0.5 mm 厚的硅钢片涂绝缘漆后交错叠成。常见的铁心形式有心式和壳式两种,如图 5-2-3 所示。心式变压器的铁心被绕组所包围,它的用铁量比较少,多用于大容量的变压器,如电力变压器;壳式变压器的绕组被铁心所包围,它的用铁量比较多,但不需要专门的变压器外壳,常用于小容量的变压器,如各种电子设备和仪器中的变压器。

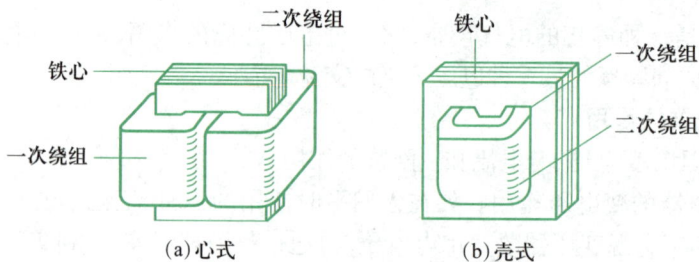

图 5-2-3 变压器铁心形式

绕组也称为线圈,是变压器的电路部分,通常采用绝缘的铜线或铝线绕制而成。其中一个绕组与电源相连,称为一次绕组或原边绕组,这一侧称为一次侧;另一个绕组与负载相连,称为二次绕组或副边绕组,这一侧称为二次侧。

变压器的图形符号也包括绕组和铁心部分,左右两边带有波浪线的部分分别表示原边绕组和副边绕组,中间一竖线表示铁心,如图 5-2-4 所示。

二、变压器的工作原理

变压器主要由铁心和绕在铁心上的绕组构成。当变压器一次绕组通过交流电时,一次绕组就产生了交变的磁通,交变的磁通通过铁心的导磁作用,在铁心里形成一个闭合的磁路,交变的磁通穿

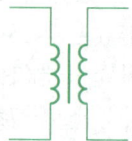

图 5-2-4 变压器的图形符号

微课
变压器原理

过二次绕组,就在二次绕组中感应出了交流电动势,如图 5-2-5 所示。从这个过程中可以看出,变压器主要是利用电磁感应原理来工作的,也就是利用"电生磁,磁生电"的原理。

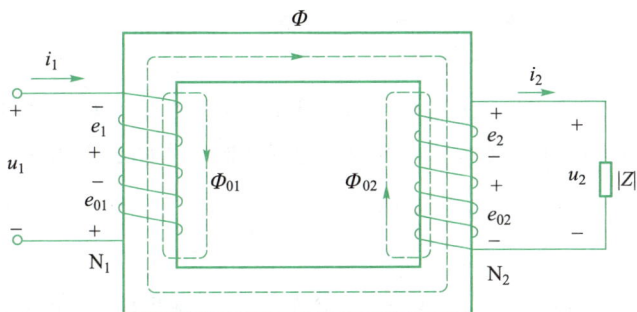

图 5-2-5　变压器的原理图

【想一想】 变压器能变换直流电压吗?

当变压器一次绕组通过直流电时,因为直流电大小和方向都不改变,所以一次绕组产生的磁通也是恒定不变的。这个磁通通过铁心的导磁作用穿过二次绕组时,因为磁通没有发生变化,所以二次绕组自然就不产生感应电动势。

下面,在理想情况下(暂不计其他能量损耗),讨论变压器的电压变换、电流变换及阻抗变换。

1. 电压变换

根据对交流磁路的分析,有

$$\frac{U_1}{U_2} \approx \frac{N_1}{N_2} = k \tag{5-2-1}$$

式中,k 为一次、二次绕组的电压之比,称为变压器的变比,也即一次、二次绕组的匝数比。当电源电压 U_1 一定时,只要改变匝数比 k,就可得出不同的输出电压 U_2。

变比在变压器的铭牌上注明,它表示一次、二次绕组的额定电压之比。例如,6 000/400 V($k=15$)。这表示一次绕组的额定电压(一次绕组上应施加的电压)$U_{1N}=6\ 000$ V,二次绕组的额定电压 $U_{2N}=400$ V。

2. 电流变换

当电源电压和频率不变时,铁心中主磁通的最大值在变压器空载或有负载时是基本恒定的。因此,有负载时产生主磁通的一次、二次绕组的合成磁通势和空载时产生主磁通的一次绕组的磁通势基本相等。此时,变压器一次、二次绕组的电流之比近似等于它们的匝数比的倒数,即

$$\frac{I_1}{I_2} \approx \frac{N_2}{N_1} = \frac{1}{k} \tag{5-2-2}$$

可见,变压器中的电流虽然由负载的大小确定,但是一次、二次绕组中电流的比值是基本不变的。

变压器的额定电流是指按规定工作方式(长时连续工作或短时工作或间歇工作)运行时一次、二次绕组允许通过的最大电流,它们是根据绝缘材料允许的温度确定的。

二次绕组的额定电压与额定电流的乘积称为变压器的额定容量,它是视在功率 S(单位是 VA),与输出功率 P(单位是 W)不同。

3. 阻抗变换

在图 5-2-6(a)中,负载接在变压器二次侧,图中虚线框部分可以用一个阻抗来等效代替,两者从电源取用的电压、电流和功率相同。由图 5-2-6(b)可知

$$|Z_1| = \frac{U_1}{I_1} = \frac{kU_2}{\dfrac{I_2}{k}} = k^2 \frac{U_2}{I_2} = k^2 |Z_L| \tag{5-2-3}$$

式(5-2-3)说明两点:① 当变压器二次侧接入负载阻抗 $|Z_L|$ 时,相当于一次侧电路中具有等效阻抗 $|Z_1| = (N_1/N_2)^2 |Z_L|$;② 当二次侧的负载阻抗 $|Z_L|$ 一定时,通过选取不同匝数比的变压器,在一次侧电路中可得到不同的等效阻抗值。

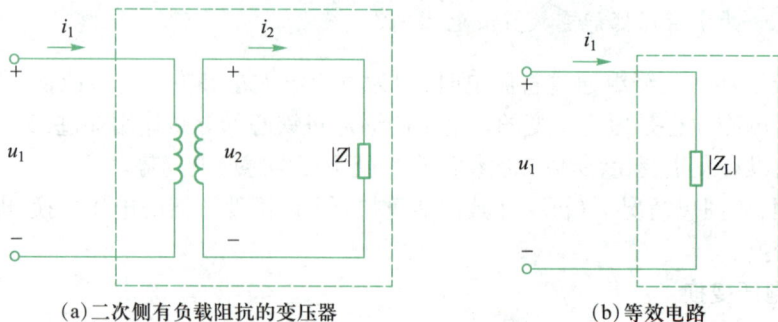

(a)二次侧有负载阻抗的变压器　　　　(b)等效电路

图 5-2-6　变压器的阻抗变换

在电子线路中,有时需要利用变压器进行阻抗变换,把接在二次侧的负载阻抗变换为适当数值的一次侧等效阻抗,从而使负载与电源相匹配,以获得较高的功率输出。

[例 5-2-1]　一只 8 Ω 的扬声器,经一次绕组有 600 匝、二次绕组有 80 匝的输出变压器接入晶体管功率放大电路时,其等效负载 R' 阻值为多少?

解: $R' = k^2 R_L = (600/80)^2 \times 8 \text{ Ω} = 450 \text{ Ω}$

三、变压器的应用

发电厂发出的电能要先经过变压器升压后再进行远距离输电,到达目的地后再用变压器把电压降低以便用户使用。电力传输系统中用到的这些变压器称为电力变压器。在实际应用中,根据变压器能变换电压、变换电流和变换阻抗的特点,制造出了不同种类的电压、电流、阻抗变换设备,以满足生产、测量的使用。

1. 电力变压器

电力变压器也是主要由铁心和绕组两大部分构成的,另外加上一些外部辅助和

微课
变压器的应用

保护设备,如图 5-2-7 所示。

电力变压器主要有两个作用:一是发电机出口电压一般不太高,因此无法将电能输送到远处,利用电力变压器的作用,将发电机出口电压升高到110~500 kV,就可减少线路损耗,达到远距离输送电能的目的;二是将传输到用户区域的高压电变换为低压电,因为日常使用的交流电的电压为 220 V,三相电动机的线电压则为 380 V,这需要变压器将电网的高压交流电降低到 380 V/220 V。所以,电力变压器是电力系统中的关键设备。

图 5-2-7　电力变压器

2. 自耦变压器

自耦变压器与普通变压器在结构上有所不同,从它的原理图(图 5-2-8)中可以看到,自耦变压器的初级与次级共用一个绕组,次级绕组的一个触点常做成自由滑动的触点,从而可以平滑地调节次级电压。

实验室中常用的调压器就是一种可以改变二次绕组匝数的自耦变压器,其实物图如图 5-2-9 所示。

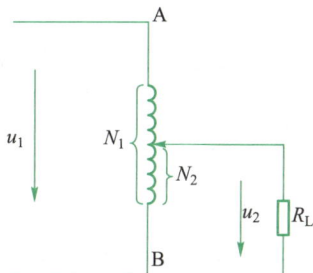

图 5-2-8　自耦变压器的原理图　　　　图 5-2-9　自耦变压器的实物图

自耦变压器的优点是结构简单、调节方便;缺点是它的一次绕组和二次绕组间有直接的电气连接,因此它不允许用作隔离变压器和安全变压器。

3. 仪用互感器

专供测量仪表使用的变压器称为仪用互感器,简称互感器。采用互感器的目的是使测量仪表与高压电路绝缘,以保证工作安全,扩大测量仪表的量程。

根据用途的不同,互感器可分为电压互感器和电流互感器两种。

(1) 电压互感器。电压互感器是一台小容量的降压变压器,其功能是将高电压变为低电压进行测量,其外形、接线如图 5-2-10 所示。

在电压互感器的内部有两组绕组,绕组匝数多的称为高压绕组,匝数少的称为低压绕组。在使用时,将高压绕组并联在待测电路两端,低压绕组与电压表并联。根据变压器电压变换的原理,电压表的指示数值乘上变压比就是被测电压的数值,即

$$被测电压 = 电压表读数 \times N_1/N_2 \qquad (5\text{-}2\text{-}4)$$

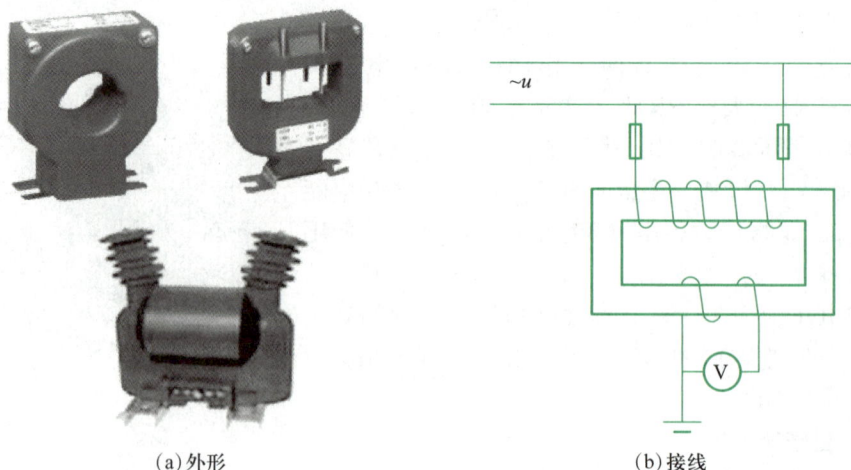

（a）外形　　　　　　　　　　　（b）接线

图 5-2-10　电压互感器

　　在使用电压互感器时应注意以下两点。

　　① 电压互感器低压绕组的一端和外壳都需要接地,以防高低压线圈绝缘损坏时,危及操作人员安全。

　　② 电压互感器的低压绕组不能短路,如果短路低压绕组会出现极大的电流,从而烧坏设备。

　　（2）电流互感器。电流互感器是一台小容量的升压变压器,其功能是将大电流变为小电流进行测量,其外形、接线如图 5-2-11 所示。

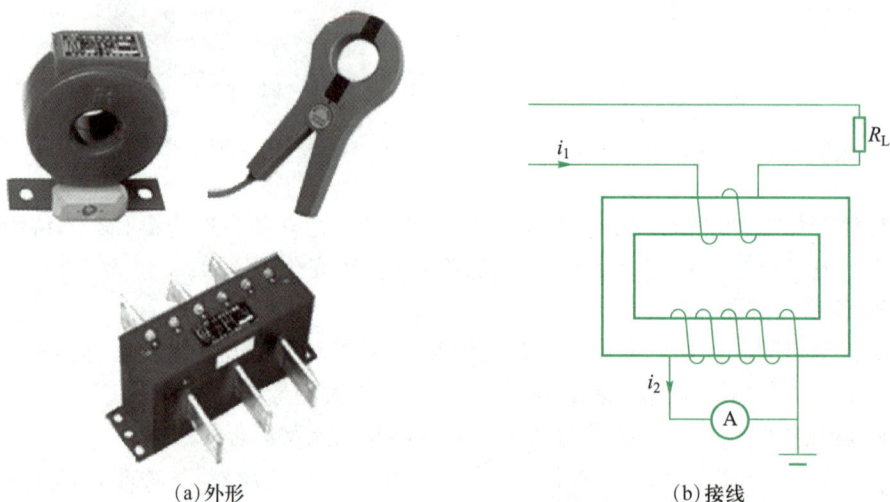

（a）外形　　　　　　　　　　　（b）接线

图 5-2-11　电流互感器

　　电流互感器的一次绕组线径较粗,匝数少,与待测电路负载串联;二次绕组线径细且匝数多,与电流表及电度表、功率表、继电器的电流线圈串联。

　　在使用电流互感器时,根据变压器电流变换的原理,被测的负载的电流就等于

电流表的读数与变流比倒数的乘积,即

$$被测电流 = 电流表读数 \times \frac{N_2}{N_1} \tag{5-2-5}$$

在使用电流互感器时应注意以下两点。

① 电流互感器二次绕组的一端和外壳都必须接地。

② 电流互感器在工作时二次绕组绝不能开路。因为电流互感器相当于一个升压变压器,如果开路将会产生比较高的电压,造成触电事故。

知识拓展

测流钳是电流互感器的一种变形。它的铁心如同一个钳子,被用弹簧压紧。在测量时,将钳口压开放入被测导线。这时被测导线就是一次绕组,二次绕组绕在铁心上并与电流表接通。利用测流钳可以随时随地测量线路中的电流,不必像普通电流互感器那样必须固定在一处或在测量时要断开电路再将一次绕组串接进去。测流钳的原理图如图 5-2-12 所示。

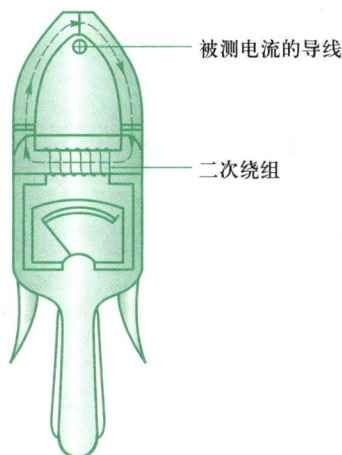

被测电流的导线

二次绕组

图 5-2-12 测流钳的原理图

技能训练

小型变压器的检测

(1) 认识变压器的铭牌,识别变压器一次、二次绕组接线端子。根据变压器的铭牌记录该变压器的型号、容量,一次绕组和二次绕组的额定电压、电流,并填入表 5-2-1 中。

表 5-2-1 变压器的铭牌数据

型号	容量	一次绕组的额定电压	一次绕组的额定电流	二次绕组的额定电压	二次绕组的额定电流	备注

(2) 外观检查。检查变压器有无断线、脱焊,绝缘有无损伤,通电后有无烧焦味等。

(3) 绕组检查。用万用表测量电阻,以判断绕组有无短路、断线,以及绝缘有无损坏；用绝缘电阻表测量绕组之间或绕组和铁心之间的绝缘电阻。

　　① 直流电阻的测量：使用万用表测量变压器一次、二次绕组的直流电阻值，将测量数据填入表 5-2-2 中。

　　② 绝缘电阻的测量：使用 500 V 绝缘电阻表，测量变压器一次绕组对二次绕组及各组对铁心的绝缘电阻，将测量数据填入表 5-2-2 中。

表 5-2-2　直流电阻和绝缘电阻的测量

测量项目	绝缘电阻 /MΩ			直流电阻 /Ω	
测量对象	一次绕组对二次绕组	一次绕组对铁心	二次绕组对铁心	一次绕组	二次绕组
测量读数值					

课后思考

一、判断题

1. 变压器既可以变换交流电，也可以变换直流电。　　　　　　（　　）
2. 变压器主要由绕组和铁心组成。　　　　　　　　　　　　（　　）
3. 变压器是一种能变换电压、变换电流、变换阻抗以及变换功率的电气设备。
　　　　　　　　　　　　　　　　　　　　　　　　　　　　（　　）
4. 测流钳利用了电压互感器的相关原理。　　　　　　　　　（　　）
5. 继电器是利用电磁感应原理做成的电气设备。　　　　　　（　　）
6. 同用途的变压器，其结构与原理基本上是一样的。　　　　（　　）

二、选择题

1. 变压器一、二次绕组中不能改变的物理量是（　　　）。
　　A. 电流　　　　　　　　　　　　B. 电压
　　C. 阻抗　　　　　　　　　　　　D. 频率
2. 下列电气设备中能实现用低量程的电流表测量大电流的是（　　　）。
　　A. 自耦变压器　　　　　　　　　B. 电力变压器
　　C. 电压互感器　　　　　　　　　D. 电流互感器
3. 变压器一、二次绕组能量的传递主要是依靠（　　　）。
　　A. 变化的漏磁通　　　　B. 变化的主磁通　　　　C. 铁心
4. 理想变压器的一次侧电压 $U_1 = 300$ V，其变压比 $k = 15$；当二次侧电流 $I_2 = 60$ A 时，二次侧电压 U_2、一次侧电流 I_1 分别为（　　　）。
　　A. 20 V、4 A　　　　　　　　　　B. 20 V、15 A
　　C. 50 V、4 A　　　　　　　　　　D. 50 V、10 A

5. 单相变压器上标明 220 V/36 V、300 VA，下列哪个规格的白炽灯能接在此变压器的二次绕组电路中使用？（　　　）

    A. 36 V、500 W
    B. 36 V、60 W

    C. 12 V、60 W
    D. 220 V、25 W

6. 变压器的基本工作原理是（　　　）。

    A. 电磁感应
    B. 电流的磁效应

    C. 能量平衡
    D. 电流的热效应

7. 变压器一次侧、二次侧电流和一次侧、二次侧线圈匝数（　　　）。

    A. 成正比
    B. 成反比

    C. 无关
    D. 可能成正比，也可能成反比

8. 变压器一次侧加 220 V 电压，测得二次侧开路电压为 22 V，二次侧接负载 $R_2 = 11$ Ω，二次侧电流 I_2 与一次侧电流 I_1 比值为（　　　）。

    A. 0.1
    B. 1

    C. 10
    D. 100

9. 变压器的铁心形成变压器的（　　　）。

    A. 磁路
    B. 电路

    C. 通路
    D. 电抗

10. 变压器的变比 $k > 1$ 时，变压器为（　　　）。

    A. 升压变压器
    B. 降压变压器

    C. 升压降压变压器
    D. 电流互感器

11. 决定电流互感器一次侧电流大小的因素是（　　　）。

    A. 二次侧电流
    B. 二次侧所接负载

    C. 变流比
    D. 被测电路

三、思考题

1. 单相变压器的一次侧电压 $U_1 = 3\,000$ V，变压比 $k = 10$，求二次侧电压 U_2。如果二次侧所接负载 $R_L = 60$ Ω，那么一次侧的等效电阻 R 是多少？

2. 某收音机输出变压器的原线圈匝数 $N_1 = 600$ 匝、$N_2 = 30$ 匝，接有阻抗为 160 Ω 扬声器（已匹配），现要改接 40 Ω 扬声器，问二次线圈匝数为多少才能匹配？

3. 有一单相变压器，$U_1 = 220$ V、$I_2 = 2$ A、变比 $k = 10$，求 U_2 和 I_1。

4. 为保证安全，机床上照明电灯用的电压是 36 V，这个电压是把 220 V 的电压降压后得到的，如果变压器的一次线圈是 1 140 匝，二次线圈是多少匝？用这台变压器给 40 W 的电灯供电，如果不考虑变压器本身的损耗，一次、二次绕组的电流各是多少？

任务评价

完成任务评价表,如表 5-2-3 所示。

表 5-2-3　任务评价表

评价项目	评价内容	要求	配分	评分		
				自评	小组	教师
变压器的结构	变压器的作用和分类	了解变压器的作用;了解变压器的分类	10 分			
	变压器的结构组成和符号表示	了解变压器的结构组成和各部分的作用;了解变压器的图形符号	15 分			
变压器的工作原理	变压器变电压的原理	了解变压器变电压的工作原理	10 分			
	变压器变电压、变电流、变阻抗相关计算方式	能完成变压器变电压、变电流、变阻抗的计算	15 分			
变压器的应用	电力变压器、自耦变压器、互感器	了解电力变压器、自耦变压器、互感器的作用、特点和使用	15 分			
变压器的检测	检测变压器	认识变压器的铭牌;通过万用表和绝缘电阻表检测变压器的好坏	15 分			
完成工作任务的表现	学习态度端正,积极完成工作任务,认真学习相关知识,遵守安全操作规程和劳动纪律,有良好的职业道德和职业素养		10 分			
完成本次工作任务的体会(学到了哪些知识、掌握了哪些技能、有哪些收获):			10 分			
总分			100 分			
综合评价得分						

任务三 车用继电器认识与检测

必学必会

1. 继电器的类型、结构和符号。
2. 继电器的主要电气参数。
3. 继电器的应用。

任务描述及分析

　　汽车上许多电气部件需要开关进行控制,如转向闪光灯、刮水器、门锁电动机等。它们都涉及继电器的应用。什么是继电器? 它又是如何工作的? 下面通过本任务了解继电器及其电气参数。

相关知识

一、继电器的概念

　　继电器是利用电磁感应原理制作的器件,它是用较小的电流来控制较大电流的一种自动开关,在电路中起着自动操作、自动调节、安全保护等作用。在工业控制中,使用的中间继电器、热继电器等体积较大,线圈通过的电流或承受的电压较大,触点允许通过的电流较大。在汽车电气系统中,所使用的继电器体积较小,触点控制的电流也较小,属于小型继电器。下面主要介绍小型继电器。

微课
常用电磁器件

二、继电器的类型、符号和主要电气参数

1. 继电器的类型

　　继电器的类型很多,常用的有电磁式继电器和干簧管式继电器两种。电磁式继电器成本较低,便于控制电路采用。干簧管式继电器反应灵敏,多用于信号采集。汽车电气系统大多采用电磁式继电器作为控制执行部件,采用干簧管式继电器作为传感器。

　　(1) 电磁式继电器。电磁式继电器由电磁机构与触点系统两部分组成,包括铁心、衔铁、线圈、回位弹簧和触点等,如图5-3-1所示。

　　当继电器线圈通过电流时,产生电磁感应,衔铁就会在电磁吸力的作用下压缩弹簧而吸向铁心,从而带动衔铁的一组或几组常开触点接通,常闭触点断开。当线圈断电后,电磁吸力也随之消失,衔铁在弹簧的弹力作用下复位,从而使动作的触点恢复常态。

(2) 干簧管式继电器。干簧管式继电器与电磁式继电器的主要区别在于干簧管式继电器的触点是一个或几个干簧管。图 5-3-2 所示为干簧管式继电器的结构。当继电器线圈通过电流时,在线圈中心工作气隙中形成磁通回路,从而使干簧管的笛簧开关的一对触点吸合。

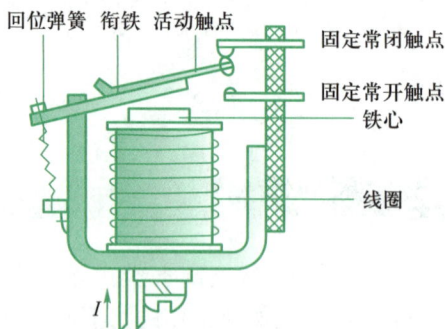

图 5-3-1   电磁式继电器的结构

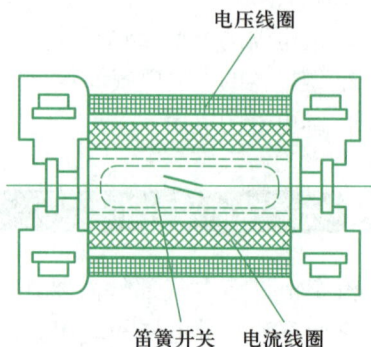

图 5-3-2   干簧管式继电器的结构

2. 继电器的符号

在电路中,表示继电器时只要画出它的线圈和与控制电路有关的接点组就可以了。继电器的符号如图 5-3-3 所示,线圈用一个长方框符号表示,同时在长方框内或框旁标注继电器的字母符号"K",继电器的触点符号分为常开触点和常闭触点。

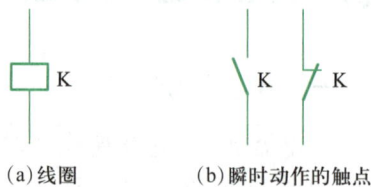

(a) 线圈   (b) 瞬时动作的触点

图 5-3-3   继电器的符号

3. 继电器的主要电气参数

(1) 线圈电源和功率:指继电器线圈使用的是直流电还是交流电,以及线圈消耗的额定电功率。例如,JZC-21F 型继电器,它的线圈电源为直流,线圈消耗的额定功率为 0.36 W。

(2) 线圈电压:指继电器正常工作时线圈需要的电压值。一种型号的继电器的构造大体是相同的,为了使一种型号的继电器能适应不同的电路,它有多种额定工作电压或额定工作电流以供选用,并用规格号加以区别。

例如,型号为 JZC-21F/006-1Z 的继电器,其中 006 为规格号,表示额定工作电压为 6 V。又如,JZC-21F/048-1Z 的继电器,其中 048 为规格号,表示额定工作电压为 48 V。汽车继电器的电压均与汽车电源电压相一致,分为 12 V 和 24 V 两种。

(3) 线圈电阻:指线圈的电阻值。有时,手册中只给出继电器额定工作电压和线圈电阻,这时可根据欧姆定律求出额定工作电流。例如,JZC-21F/006-1Z 继电器的电阻为 100 Ω,则额定工作电流 $I = U/R = 6\ V/100\ Ω = 60\ mA$。同样,根据线圈电阻和额定工作电流也可以求出线圈的额定工作电压。

（4）寿命（触点负荷）：指触点的负载能力，有时也称为触点容量。继电器的触点在切换时能承受一定的电压和电流。例如，JRX-13F 型继电器的寿命为 1 A×28 V（DC），它表示这种继电器的触点在工作时的电压和电流值不超过该值时，可正常工作 $1×10^6$ 次，否则会影响触点寿命甚至损坏触点。一般同一种型号的继电器的寿命值都是相同的。

三、汽车继电器的典型应用

继电器是一种用小电流控制大电流的器件。在汽车上经常利用开关控制继电器的吸合与断开，再利用继电器的触点控制电气部件的通断。在汽车上常用的继电器有喇叭继电器、闪光（转向）继电器、刮水继电器等。下面介绍继电器在汽车喇叭电路中的应用（图 5-3-4）。

在汽车喇叭电路中，蓄电池电压加至继电器线圈的一端，另一端接喇叭按钮。喇叭按钮是常开式开关，其一端搭铁。因此，只要按下喇叭按钮便接通电路。电路接通，继电器线圈通电，线圈建立磁场，磁场将触点吸合，蓄电池电压便加至喇叭（喇叭的另一端是搭铁），喇叭通电发出声响。控制电路只需要 0.25 A 电流流过，而喇叭

图 5-3-4　继电器在汽车喇叭电路中的应用

发声需要 20~30 A 以上的电流流过。通过这种方式，喇叭继电器变成了促使喇叭发声的大电流的控制器。而控制电路只需通过很小的电流，可以使用很细的导线。

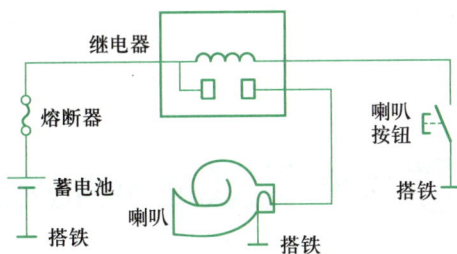

知识拓展

在选用继电器时，一般应注意以下几点。

（1）继电器的额定工作电压应小于或等于控制电路（继电器线圈所在电路）的工作电压。

当继电器是用晶体管或集成电路来驱动时，还应计算继电器额定工作电流是否在晶体管或集成电路的输出电流范围之内，必要时应添加一个中间继电器。

（2）触点负荷的选择。加在触点上的电压和电流值不应超过该继电器的触点负荷。

（3）接点的数量和种类。同一种型号的继电器一般有多种触点的形式可供选用，使用时应充分利用各组触点。

（4）继电器的体积应合乎电路的要求。

（5）查阅有关手册，找出合乎规格要求的继电器。在电气参数和体积都满足的情况下，应选用性能价格比高的产品。

技能训练

继电器的检测

（1）电阻检测。可用万用表电阻挡判断继电器的好坏。以 JD2914 车用继电器（图 5-3-5）为例，用万用表 $R \times 100\ \Omega$ 挡检查接线引脚 85 与 86 之间、引脚 30 与 87a 之间电阻，应为正常阻值，而接线引脚 30 与 87 之间电阻应为无穷大。如果检测结果与上述情况不符合，说明该继电器有故障。

（2）通电检测。如果上述检查无问题，可在接线引脚 85 与 86 之间加 12 V 供电，用万用表检查引脚 30 与引脚 87 之间应导通，而接线引脚 30 与 87a 之间应不通。如果检测结果与上述情况不符合，或者通电后继电器发热，均说明其已损坏。

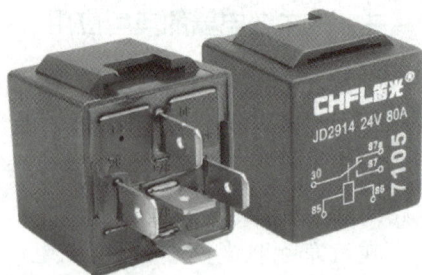

图 5-3-5　JD2914 车用继电器

课后思考

一、判断题

1. 继电器是利用电磁感应原理制作的器件。　　　　　（　　　）
2. 继电器是一种用小电流控制大电流的自动开关。　　（　　　）
3. 电磁式继电器由电磁机构与触点系统两部分组成。　（　　　）
4. 继电器的文字符号表示是 KM。　　　　　　　　　（　　　）
5. 汽车继电器的电压分 12 V、36 V 两种。　　　　　（　　　）
6. 干簧管式继电器反应灵敏，在汽车控制电路中大多用来作为控制执行部件。
　　　　　　　　　　　　　　　　　　　　　　　　（　　　）

二、思考题

1. 继电器有什么作用？
2. 电磁式继电器和干簧管式继电器有什么区别？
3. 继电器的主要电气参数有哪些？
4. 继电器在汽车上有哪些应用？

任务评价

完成任务评价表，见表 5-3-1。

表 5-3-1　任务评价表

评价项目	评价内容	要求	配分	评分		
				自评	小组	教师
继电器的类型和符号	电磁式继电器	了解继电器的概念；了解电磁式继电器的结构	10 分			
	干簧管式继电器	了解干簧管式继电器的结构，干簧管式继电器和电磁式继电器的区别	10 分			
	继电器的符号	掌握继电器线圈和触点的图形符号和字母符号	10 分			
继电器的主要电气参数	认识继电器的主要电气参数	能识读继电器的主要电气参数	10 分			
	选用继电器	掌握选用继电器的注意事项	10 分			
继电器的应用	继电器在汽车上的应用	能分析继电器在汽车上的应用	15 分			
继电器的检测	检测继电器正常与否	通过万用表检测和上电检测，判断继电器的正常与否	15 分			
完成工作任务的表现	学习态度端正，积极完成工作任务，认真学习相关知识，遵守安全操作规程和劳动纪律，有良好的职业道德和职业素养		10 分			
完成本次工作任务的体会(学到了哪些知识、掌握了哪些技能、有哪些收获)：			10 分			
总分			100 分			
综合评价得分						

项目六 ▶▶▶

....

新能源汽车常用
半导体器件

▶ 项目目标

1. 知识目标

(1) 理解半导体的导电特性及 PN 结的单向导电性。

(2) 掌握二极管的结构、符号、特性和主要参数。

(3) 了解稳压二极管、发光二极管、光电二极管等各种二极管的外形、特征、功能和应用。

(4) 桥式整流电路的电路组成、工作原理和参数计算。

(5) 了解晶体管的结构和符号。

(6) 掌握晶体管的工作原理及其应用、检测方法。

(7) 掌握场效应管的工作原理与特性。

(8) 掌握绝缘栅双极型晶体管(IGBT)的结构、工作原理及基本特性。

2. 能力目标

(1) 对半导体器件有较深的认识,能正确使用各种半导体器件。

(2) 能够用万用表检测二极管的极性和正常与否,能识别引脚,并合理使用。

(3) 能用万用表判别晶体管的类型、引脚及晶体管的好坏。

(4) 能够看懂新能源汽车电路中半导体器件应用问题。

3. 素养目标

(1) 树立良好的行为习惯,做事认真,服从管理,团结协作,遵守规则,有高尚的职业情操。

(2) 肩负履行时代赋予使命的责任。

(3) 激发学习报国的理想情怀。

(4) 培养创新精神、钻研精神和奉献精神。

任务一　半导体器件认识

必学必会

1. PN 结及其单向导电性。
2. 半导体二极管电路分析。

任务描述及分析

虽然半导体的发现和应用时间很短,但已经给科学、文化和生活带来了深远的影响。为了对半导体器件有较深的认识,能正确使用各种半导体器件,迅速掌握不断出现的各种新型半导体器件,有必要掌握半导体的一些基本知识,掌握半导体内部结构的电压和电流关系。随着半导体器件的大规模集成应用,新能源汽车电子技术获得了飞速发展。因此,掌握半导体器件的工作原理、特性参数和正确的使用方法,对学习新能源汽车电子技术尤为重要,也为后续分析讨论新能源汽车电子线路奠定了基础。下面通过本任务的学习,掌握半导体的基本知识。

相关知识

一、半导体的基本知识

导电能力介乎导体和绝缘体之间的物质,如硅、锗、硫化镉等物质称为半导体。在半导体器件中,用得最多的材料是硅(Si)和锗(Ge),它们都是四价元素。

1. 半导体的特性

一般来说,半导体的导电能力并不强,但半导体所特有的性质使得它们在不同条件下导电能力有很大差别,见表 6-1-1。

微课
PN 结的形成
与特点

表 6-1-1　半导体的特性

导电特性	导电能力	应用
热敏特性	大多数半导体对温度比较敏感,且随温度的升高,导电能力增强,电阻减小	利用半导体的热敏特性可以制成各种半导体器件,如热敏电阻器
光敏特性	许多半导体在受光线照射后,导电能力增强,电阻减小	利用光敏特性可以制成各种半导体器件,如光敏电阻、光电二极管等
掺杂特性	在纯净半导体中掺入微量的某种杂质元素,导电能力会增强很多,电阻急剧减小	二极管、晶体管都是利用掺杂特性制成的

2. 本征半导体

将锗、硅等半导体材料提纯后形成的完全纯净、具有晶体结构的纯净的半导体称为本征半导体。半导体与导体和绝缘体截然不同的导电特性是由它的内部结构与导电机制所决定的,下面介绍本征半导体的内部结构。

锗和硅都是四价元素,在其最外层原子轨道上有 4 个电子,称为价电子。图 6-1-1(a)所示为简化原子模型。由于原子呈中性,在图 6-1-1(a)中原子核用带圆圈的"+4"表示。在本征半导体的晶体结构中,每个原子与相邻的 4 个原子结合,每个原子的一个价电子与另一个原子的一个价电子组成一个电子对,这对价电子是每两个相邻原子共有的,它们把相邻的原子结合在一起,构成共价键结构,如图 6-1-1(b)所示。图 6-1-1(b)中为半导体的二维晶体结构,实际上半导体的晶体结构是三维的。

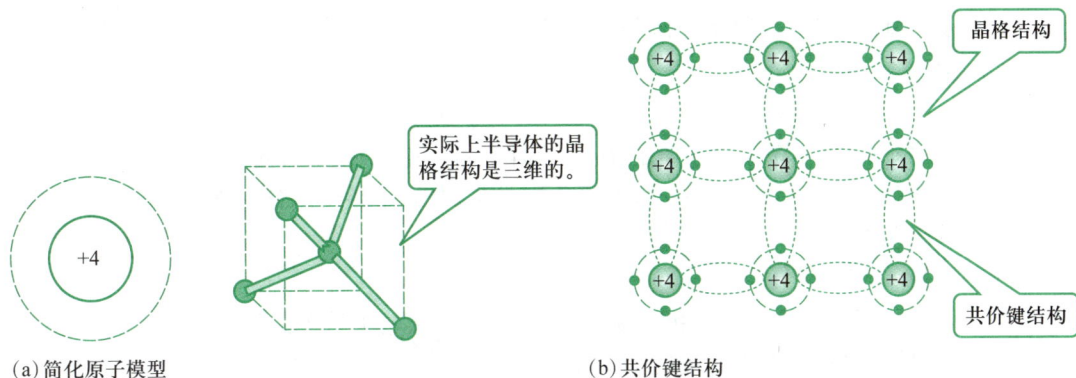

(a)简化原子模型　　　　　　　　　　(b)共价键结构

图 6-1-1　硅和锗的简化原子模型及共价键结构

当外界条件改变时,由于半导体共价键中的价电子不像绝缘体中那样被束缚得很紧,价电子从外界获得一定的能量,少数价电子受到激发会摆脱共价键的束缚,成为自由电子,同时在共价键相应的位置上留下一个空位,这个空位称为空穴,如图 6-1-2 所示。半导体中同时存在着电子导电和空穴导电,这是它导电方式的基本特点,也是它与金属在导电上的本质差别。

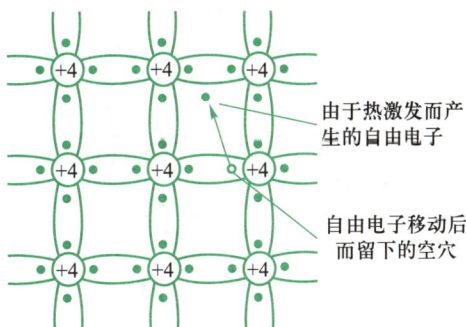

图 6-1-2　本征激发产生电子 – 空穴对示意图

因此,本征半导体中的电流是由自由电子流和空穴流共同构成的,形成的电流的粒子称为载流子。本征半导体中的载流子是自由电子和空穴,也可以说半导体有自由电子和空穴两种粒子参与导电。

【想一想】半导体和金属导体在导电机制上有什么本质区别?

由于共价键出现了空穴,在外加电场或其他能量的作用下,半导体中将出现两部分电流:一部分是自由电子做定向运动形成的电子电流;另一部分是仍被束缚的价电子,填补到邻近的空位上,而在原来的位置上留下新的空位,以后其他邻近的价电子又递补到这个新的空位上,形成了一部分电流。如图 6-1-3 所示,为了区别于自由电子的运动,把这种价电子的递补空穴的运动称为空穴运动。空穴运动的方向和电子移动的方向相反,所带电荷与自由电子的数量相等,符号相反。空穴可以视为一种带正电荷的载流子,空穴运动相当于正电荷运动,它形成的电流的方向与电子电流的方向相同。

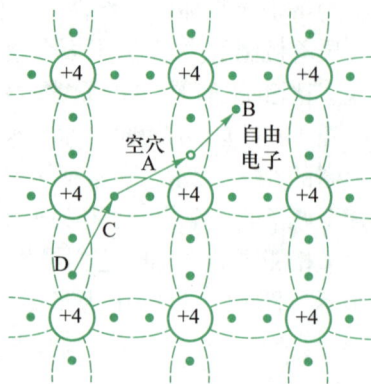

图 6-1-3 半导体中的载流子

因此,在半导体中存在着带负电的自由电子和带正电的空穴两种载流子,而金属导体中只有自由电子一种载流子,这是半导体和金属导体在导电机制上的本质区别。

3. 杂质半导体

为了提高半导体的导电能力,可在本征半导体中掺入微量杂质元素,掺杂后的半导体称为杂质半导体。按掺入的杂质不同,杂质半导体可分为 N 型半导体和 P 型半导体两大类。

1) N 型半导体

杂质半导体中掺入五价杂质元素(如磷),自由电子是多数载流子,空穴是少数载流子,导电以自由电子为主的半导体称为 N 型半导体,如图 6-1-4 所示。

提供自由电子的五价杂质原子由于自由电子脱离而带正电荷成为正离子,因此五价杂质原子也被称为施主原子,如图 6-1-5 所示。

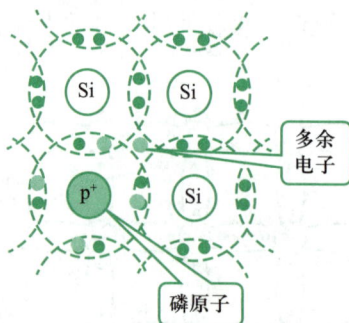

图 6-1-4 N 型半导体

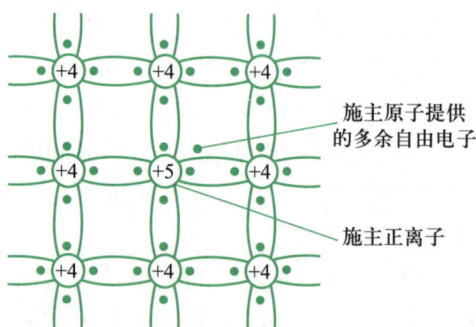

图 6-1-5 N 型半导体的结构

2) P 型半导体

在半导体中掺入三价杂质元素(如硼),有大量空穴载流子,这种杂质半导体中空穴是多数载流子,自由电子是少数载流子,导电以空穴为主的半导体称为 P 型半导体,如图 6-1-6 所示。

空穴很容易俘获电子,使杂质原子成为负离子。因此三价杂质原子也称为受主原子,如图 6-1-6 所示。

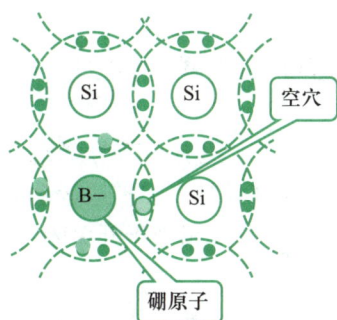

图 6-1-6 P 型半导体

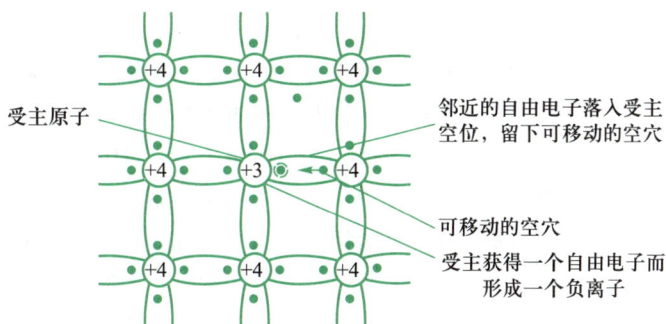

图 6-1-7 P 型半导体的结构

二、PN 结及其单向导电性

虽然 P 型或 N 型半导体的导电能力大大增强,但是并不能直接用来制造半导体器件。通常是在一块 N 型(P 型)半导体的局部再掺入浓度较大的三价(五价)杂质,使其变为 P 型(N 型)半导体,这样就在 P 型半导体和 N 型半导体的交界形成 PN 结。PN 结才是构成二极管、晶体管等各种半导体器件的基础。

1. PN 结的形成

在一块本征半导体两侧通过扩散不同的杂质,分别形成 N 型半导体和 P 型半导体。此时,将在 N 型半导体和 P 型半导体的结合面上发生如下物理过程:因浓度差导致多子的扩散运动,由杂质离子形成空间电荷区,空间电荷区形成内电场,内电场促使少子漂移,内电场阻止多子扩散,形成 PN 结。

在 P 型半导体和 N 型半导体结合后,由于 N 型区内自由电子很多空穴很少,而 P 型区内空穴很多而自由电子很少,在它们的交界处就出现了自由电子和空穴的浓度差。这样,自由电子和空穴都要从浓度高的地方向浓度低的地方扩散,如图 6-1-8 所示。

扩散的结果就是 P 区一边失去空穴,留下了带负电的杂质离子,N 区一边失去自由电子,留下了带正电的杂质离子。这些不能移动的带电离子集中在 P 区和 N 区交界面附近,形成了一个很薄的空间电荷区,就是所谓的 PN 结,如图 6-1-9 所示。

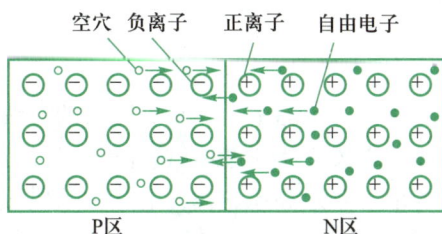

图 6-1-8 自由电子和空穴的扩散

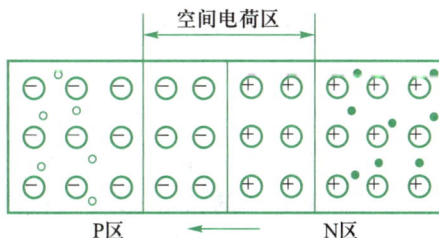

图 6-1-9 达到动态平衡的 PN 结

2. PN 结的单向导电性

PN 结其实就是空间电荷层,具有内电场。当不外加电压时,内电场和 PN 结两边载流子浓度差的扩散作用相等而处于电平衡状态。但当外加电压时,平衡被打破,将有不同大小的电流通过 PN 结。

由于 PN 结特殊的内部结构,使得当 PN 结在外加电压时具有单向导电性,这也是 PN 结构成的半导体器件的主要工作原理。

(1) 正向偏置(正偏)。如图 6-1-10(a) 所示,外加的正向电压有一部分降落在 PN 结区,方向与 PN 结内电场方向相反,削弱了内电场。内电场对多子扩散运动的阻碍减弱,扩散电流加大。PN 结正向导通,其正向导通电阻很小,相当于开关闭合,此时的状态称为 PN 结正向偏置。

(2) 反向偏置(反偏)。相反,如果给 PN 结外加反向电压,如图 6-1-10(b) 所示。这时,外电场方向与 PN 结内电场的方向一致,加强了内电场。内电场对多子扩散运动的阻碍增强,扩散电流大大减小。少数载流子在电场作用下移动,形成极少量的反向电流,反映出其反向电阻很大,相当于开关断开,PN 结反向截止。此时的状态称为 PN 结反向偏置。

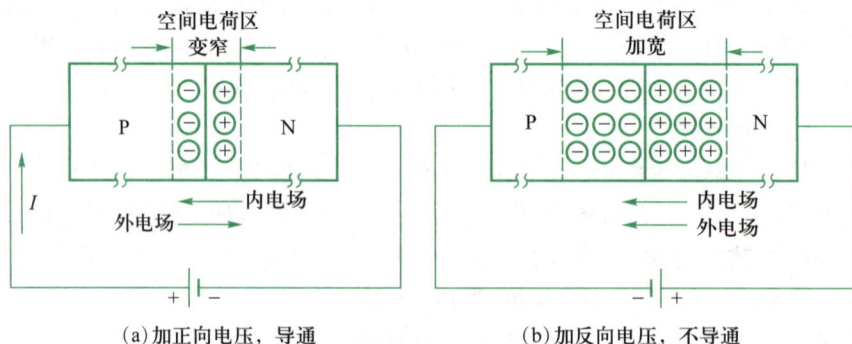

图 6-1-10　PN 结的单向导电性

根据上述分析可知,PN 结正向偏置时导通,反向偏置时截止,因此 PN 结具有单向导电特性。

知识拓展

形成 PN 结的常见方法如下。

1. 生长法

生长法又可分为单晶生长法和外延生长法两种。单晶生长法是最原始的方法。它的工艺过程大体为:在生长单晶时,先在半导体中掺入施主杂质,这样先生长出来的部分晶体是 N 型的,然后掺入受主杂质,它的浓度要远高于先掺入的施主杂质,这样后生长出来的部分晶体就是 P 型的。最早的面结型二极管是使用这种方法制成的。这种 PN 结的制造方法缺点很多,如工艺复杂、结面不平整、控制困难等,所以这种方法早已淘汰。外延生长法是大家比较熟悉并被普遍采用的另一种方法。它是利用气相淀积方法在 P 型的衬底上生长一层 N 型层,在制造双极型集成电路以及某些大功率晶体管中都采用这种方法。

2. 合金法

这是早期普遍采用的 PN 结制造工艺。它是通过将一种导电类型杂质的合金熔化后掺入另一种导电类型的半导体中去,经过再结晶而形成 PN 结,所以称为合金法。这种方法的优点是工艺简单、成熟、引线焊接方便,是生产晶体管的基本工艺之一。但是,合金法也存在一些缺点,如结面不平整、结深和结面的大小不易控制、合金法制成的半导体器件频率较低等。

3. 扩散法

使用扩散法制造 PN 结是利用杂质在高温下向半导体内部扩散,使 P 型杂质进入 N 型半导体或 N 型杂质进入 P 型半导体来形成 PN 结的。扩散法形成 PN 结有很多优点,如能精确控制 PN 结的结深和结面积、结面平整、杂质浓度等。所以,扩散法是目前最常用的一种制造 PN 结的方法。

4. 离子注入法

离子注入法是一种新工艺。这种方法是先把杂质原子变成电离的杂质离子,然后杂质的离子流在极强的电场下高速地射向硅片,并进入硅片内部。电场强度越强,杂质离子射入硅片就越深。离子流密度越大,轰击硅片的时间越长,则进入硅片的杂质就越多。所以,适当控制电场强度、离子流密度和轰击时间,就可精确地得到所要求的结深和杂质浓度的 PN 结。另外,离子注入法还可以任意改变半导体内的杂质分布。

技能训练

(1) 请认真总结 PN 结的形成过程,将 PN 结的形成过程通过画几幅漫画或编辑一段动画视频来形象生动地表达出来。

(2) 请同学们利用小铁丝、乒乓球、牙签等常见的材料制作一个 P 型半导体和 N 型半导体模型。

课后思考

一、填空题

1. 在杂质半导体中,多数载流子的浓度主要取决于_____,而少数载流子的浓度与_____有很大关系。

2. N 型半导体的多子是_____,少子是_____。

二、选择题

1. 当 PN 结外加反向电压时,空间电荷区将( )。

    A. 变窄   B. 基本不变   C. 变宽

2. 稳压管工作在( )区实现稳定电压的功能。

    A. 正向导通   B. 反向击穿   C. 反向截止

3. 在杂质半导体中,多数载流子的浓度主要取决于( ),而少数载流子的浓度与( )关系十分密切。

    A. 温度   B. 掺杂工艺   C. 杂质浓度

三、判断题

1. 因为 N 型半导体的多数载流子是自由电子,所以它带负电。   ( )

2. 本征半导体是指没有掺杂的纯净半导体。   ( )

任务评价

完成任务评价表,见表 6-1-2。

表 6-1-2 任务评价表

评价项目	评价内容	要求	配分	评分		
				自评	小组	教师
半导体的基本知识	半导体的特性和类型	了解半导体的特性和类型	10 分			
	PN 结的形成	能描述 PN 结的形成过程	20 分			
	PN 结正向导通	能描述 PN 结正向导通的机制	30 分			
	PN 结反向截止	能描述 PN 结反向截止的机制	30 分			
完成本次工作任务的体会(学到了哪些知识、掌握了哪些技能、有哪些收获):			10 分			
总分			100 分			
综合评价得分						

任务二 二极管识别与检测

必学必会

1. 二极管的结构、符号、特性及应用。
2. 掌握用指针式万用表检测二极管的方法。

任务描述及分析

二极管是由一个 PN 结构成的,具有单向导电性。当检测二极管时,可以用观察法或测试法来判别二极管的极性和正常与否。二极管的伏安特性是指二极管两端电压与通过二极管的电流之间的关系。利用逐点测量法,通过改变输入电压,分别测出二极管两端电压和通过二极管的电流,即可在坐标纸上描绘出它的伏安特性曲线。下面通过本任务的学习,掌握二极管的基本知识。

相关知识

一、二极管的结构及其特性

1. 二极管的结构、符号及种类

在 PN 结的 P 型半导体和 N 型半导体加上相应的电极引线,并用管壳封装,就成为半导体二极管。常见二极管的外形如图 6-2-1 所示。二极管可以根据不同方式分类,见表 6-2-1。

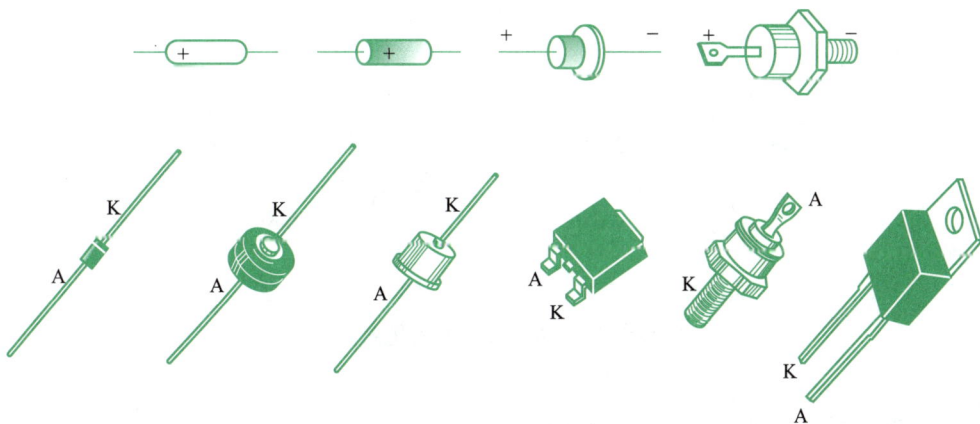

图 6-2-1 常见二极管的外形

表6-2-1　半导体二极管的分类

	种类	说明
按材料不同分类	硅二极管	硅材料二极管,常用二极管
	锗二极管	锗材料二极管
按用途不同分类	普通二极管	常用二极管
	整流二极管	主要用于整流
	稳压二极管	常用于直流电源
	开关二极管	专门用于开关的二极管,常用于数字电路
	发光二极管	能发出可见光,常用于指示信号
	光电二极管	对光有敏感作用的二极管
	变容二极管	常用于高频电路
按外壳封装的不同材料分类	玻璃封装二极管	检波二极管一般采用这种封装材料
	塑料封装二极管	大量二极管都采用这种封装材料
	金属封装二极管	大功率整流二极管一般采用这种封装材料

二极管的结构和电路符号如图6-2-2所示。图6-2-2(a)中P区对应的称为阳极(或正极),N区对应的称为阴极(或负极)。二极管的电路符号[图6-2-2(b)]中的三角形实际上是一个箭头,箭头背向相连的电极为正极,记为"+",箭头指向相连的电极为负极,记为"−"。二极管的文字符号通常用字母D(或VD)表示。

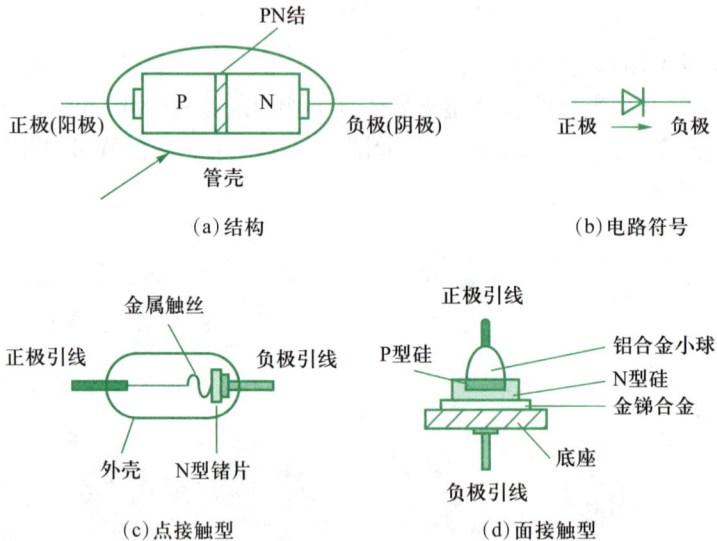

(a)结构　　　　　　　　　　　(b)电路符号

(c)点接触型　　　　　　　　　(d)面接触型

图6-2-2　二极管的结构和电路符号

【猜一猜】图6-2-3所示二极管分别是什么类型的?

(a)　　　　　　　　　　　　　　(b)

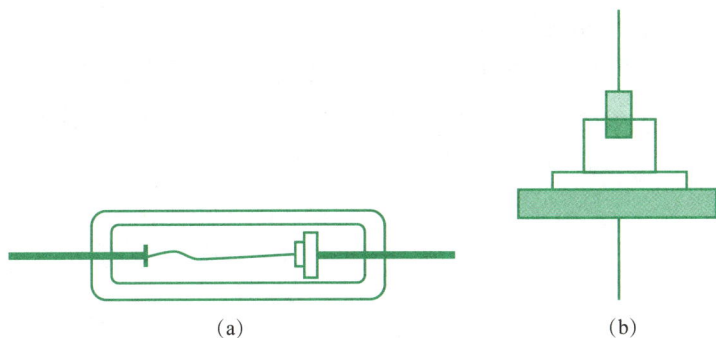

图 6-2-3　二极管的类型

2. 二极管的特性

二极管实际上就是一个 PN 结,它的特性就是 PN 结的特性,即具有单向导电性。常利用伏安特性曲线来形象地描述二极管的单向导电性。以电压为横坐标、电流为纵坐标,用作图法把电压、电流的对应值用平滑的曲线连接起来,就构成二极管的伏安特性曲线,如图 6-2-4 所示。图中虚线为锗管的伏安特性曲线,实线为硅管的伏安特性曲线。

(1) 正向特性。当二极管两端外加正向电压时,产生正向电流。当正向电压较小时,外电场还不足以克服内电场对载流子扩散运动的阻力,正向电流极小,几乎为零,这一部分称为死区,相应的 $A(A')$ 点的电压称为死区电压或门槛电压(也称为阈值电压),硅管约为 0.5 V,锗管约为 0.1 V,如图 6-2-4 中 $OA(OA')$ 段所示。

图 6-2-4　二极管的伏安特性曲线

当外加正向电压大于死区电压时,正向电流就会急剧增大,二极管电阻很小而处于导通状态。硅管的正向导通压降为 0.6~0.7 V,锗管为 0.2~0.3 V,如图 6-2-4 中 $AB(A'B')$ 段所示。

当二极管正向导通时,要特别注意它的正向电流不能超过最大值,否则将烧坏 PN 结。

(2) 反向特性。当二极管两端外加反向电压时,在开始很大范围内,二极管相当于阻值非常大的电阻,反向电流在一定电压范围内保持常数,且不随反向电压变化而变化。此时的电流称为反向饱和电流 $I_R(I'_R)$,如图 6-2-4 中 $OC(OC')$ 段所示。

当二极管反向电压加到一定数值时,反向电流急剧增大,这种现象称为反向击穿。此时对应的电压称为反向击穿电压,用 $U_{BR}(U'_{BR})$ 表示,如图 6-2-4 中 $CD(C'D')$ 段所示。

普通二极管被击穿后,由于反向电流很大,一般会造成"击穿",不能恢复原来的性能,也就失去了单向导电性。

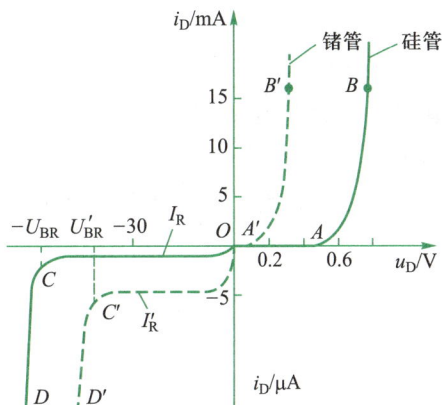

3. 温度对二极管特性的影响

由于二极管的核心是一个 PN 结,它的导电性能与温度有关,温度升高时二极管正向特性曲线向左移动,正向压降减小,反向特性曲线向下移动,反向电流增大,如图 6-2-5 所示。

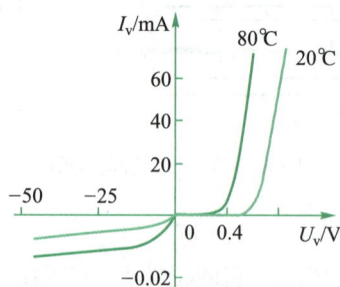

图 6-2-5　温度对二极管特性的影响

4. 理想二极管

理想二极管的伏安特性曲线与符号如图 6-2-6 所示。在正向偏置时,死区电压和导通压降均为 0 V;在反向偏置时,反向电阻为无穷大,电流为零。这是一种理想模型,在实际电路中,当电源电压远比二极管的压降大,并且反向不击穿时,用理想模型来进行近似分析可以简化计算。

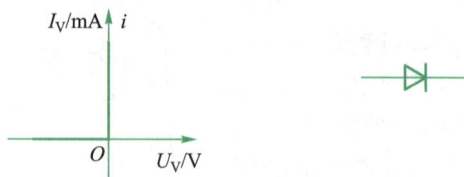

(a)理想二极管的伏安特性曲线　　　　(b)理想二极管符号

图 6-2-6　理想二极管的伏安特性曲线与符号

【做一做】分别画出硅管和锗管的伏安特性曲线,如图 6-2-7 所示。

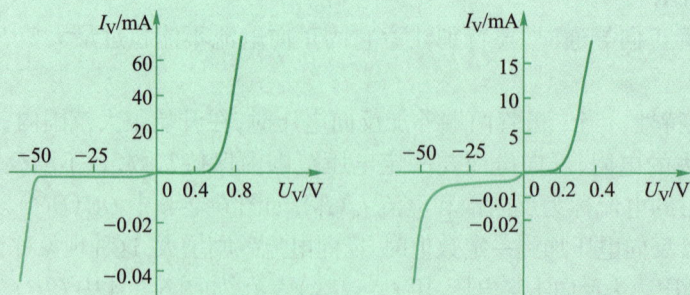

(a)硅管的伏安特性曲线　　　　(b)锗管的伏安特性曲线

图 6-2-7　硅、锗管的伏安特性曲线

二、二极管的主要参数

除了用伏安特性曲线表示二极管的特性,二极管还有一些常用参数,见表 6-2-2。二极管的常用参数关系曲线如图 6-2-8 所示。

表 6-2-2 二极管的常用参数

参数名称	符号	说明
最大整流电流	I_{FM}	允许通过二极管的电流的最大值。当电流超过允许值时,PN 结将会过热而使二极管损坏
反向工作峰值电压	U_{RM}	允许外加在二极管两端的反向电压最大值(一般情况下,$U_{RM}=1/2U_{BR}$)。当正常工作时,二极管两端所外加电压应小于 U_{RM},否则二极管将会因反向击穿而损坏
反向峰值电流	I_{RM}	在室温下,二极管外加最高反向电压时的反向电流。其值越大,说明二极管的单向导电性越差。二极管对温度很敏感,使用时应注意环境温度不宜过高
最高工作频率	f_M	二极管在正常工作时的上限频率。由于 PN 结存在着结电容,当电流(或电压)的变化频率超过此值时,PN 结的单向导电性将会变差。一般小电流二极管的 f_M 可高达几百兆赫

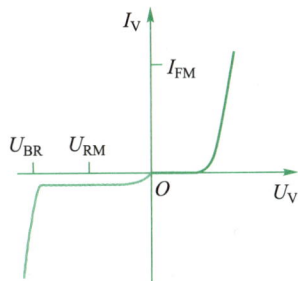

图 6-2-8 二极管的常用参数关系曲线

【想一想】影响工作频率的因素是什么?

三、二极管电路的应用

1. 半波整流电路的组成及原理分析

(1)半波整流电路的组成。半波整流电路是由电源变压器 T、一只整流二极管 VD 及负载电阻 R_L 组成的,如图 6-2-9 所示。

(2)半波整流电路的原理分析。在 u_2 的正半周,变压器二次侧 a 端为正、b 端为负,二极管 VD 承受正向电压而导通,其电流流向为:a → VD → R_L → b,如图 6-2-10(a)所示。这时负载 R_L 上得到一个半波电压,如图 6-2-9(b)所示。在 u_2 的负半周,电源变压器 T 二次侧的 a 端为负、b 端为正,此时二极管 VD 承受反向电压而截止,所以 R_L 没有电流和电压,即半波整流电路输出为 0 V。

(a)半波整流电路　　　　　　(b)半波整流电路输出波形

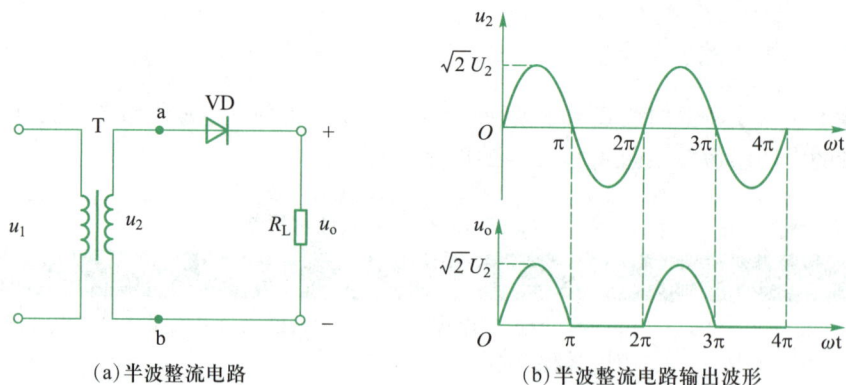

图 6-2-9　半波整流电路及其输出波形

(3) 半波整流电路的参数计算。

输出平均电压为

$$U_o = 0.45U_2 \tag{6-2-1}$$

负载的平均电流为

$$I_o = \frac{U_o}{R_L} = 0.45 \frac{U_2}{R_L} \tag{6-2-2}$$

2. 桥式整流电路

(1) 组成。桥式整流电路是由电源变压器 T、4 只整流二极管（VD_1、VD_2、VD_3、VD_4）及负载电阻 R_L 组成的,如图 6-2-10 所示。4 只整流二极管接成电桥形式。

微课
桥式整流电路

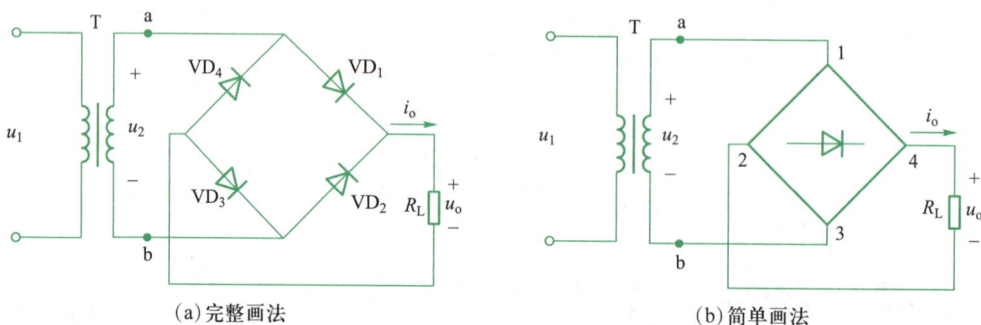

(a)完整画法　　　　　　　　(b)简单画法

图 6-2-10　桥式整流电路的组成

(2) 工作原理。在 u_2 的正半周,变压器二次侧 a 端为正、b 端为负,二极管 VD_1 和 VD_3 承受正向电压而导通,而 VD_2 和 VD_4 承受反向电压而截止,其电流流向为: a → VD_1 → R_L → VD_3 → b,如图 6-2-11(a)中深绿色带箭头线所示。这时,负载 R_L 上得到一个半波电压,如图 6-2-11(b)中深绿色线所示。

在 u_2 的负半周,电源变压器 T 二次侧的 a 端为负、b 端为正,此时 VD_2 和 VD_4 承受正向电压而导通,而 VD_1 和 VD_3 承受反向电压而截止,其电流流向为: b → VD_2 → R_L → VD_4 → a,如图 6-2-11(a)中浅绿色带箭头线所示。同样,在负载 R_L 上得到一个半波电压,如图 6-2-11(b)中浅绿色线所示。

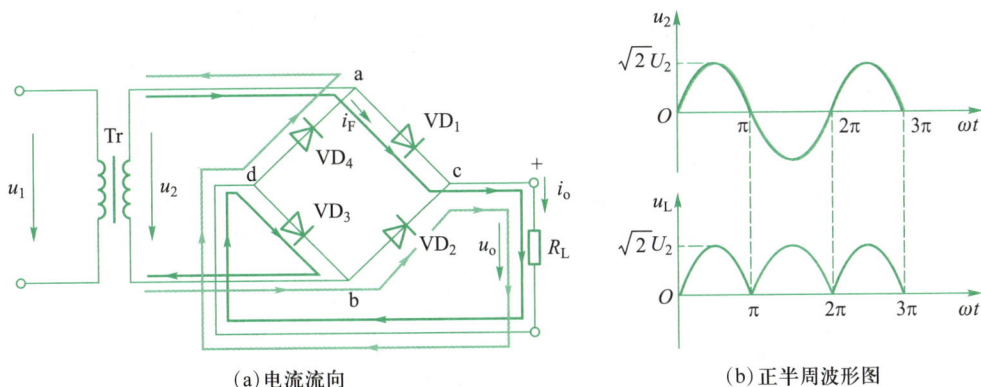

(a) 电流流向　　　　　　　　　　(b) 正半周波形图

图 6-2-11　桥式整流电路的工作原理

从图 6-2-11 中可以看出,在正半周和负半周,流经负载电阻 R_L 的电流方向是相同的。因此,交流电的正半周和负半周电流经过桥式整流电路后输出直流信号的极性相同,输出电压的极性不变,说明桥式整流电路确实能够成功地将交流电转换成直流电。

(3) 主要参数计算。输出平均电压为

$$U_o = 0.9U_2 \qquad\qquad (6\text{-}2\text{-}3)$$

负载的平均电流为

$$I_o = \frac{U_o}{R_L} = 0.9\frac{U_2}{R_L} \qquad\qquad (6\text{-}2\text{-}4)$$

3. 稳压电路

稳压二极管是应用在反向击穿区的特殊硅二极管。它是利用二极管反向击穿时通过二极管的电流在很大范围内变化,而二极管两端的电压却几乎不变的特点实现的。稳压二极管的伏安特性曲线与硅二极管的伏安特性曲线完全一样,稳压二极管的符号、伏安特性曲线和典型应用电路如图 6-2-12 所示。

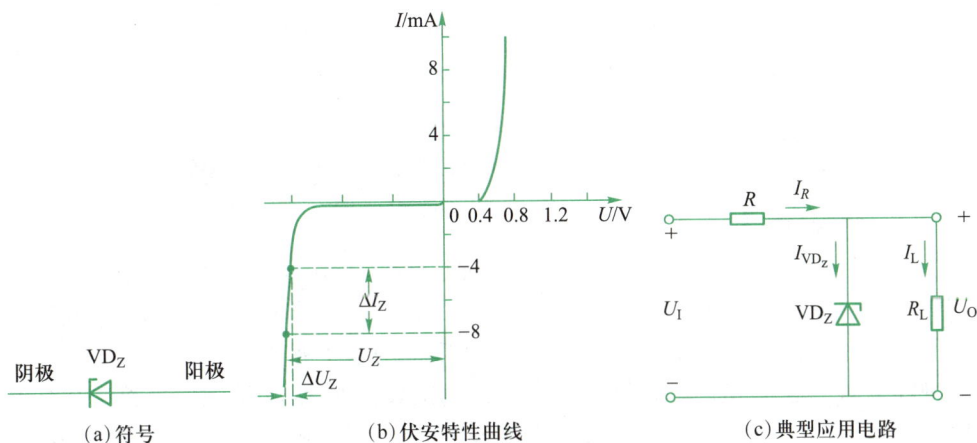

(a) 符号　　　　(b) 伏安特性曲线　　　　(c) 典型应用电路

图 6-2-12　稳压二极管的符号、伏安特性曲线和典型应用电路

从稳压二极管的伏安特性曲线上可以确定稳压二极管的参数。

(1) 稳定电压 U_Z。在规定的稳压管反向工作电流 I_Z 下,所对应的反向工作电压。

(2) 动态电阻 r_Z。其概念与一般二极管的动态电阻相同,但稳压二极管的动态电阻是从它的反向特性上求取的。r_Z 越小,反映稳压管的击穿特性越陡。

$$r_Z = U_Z/I_Z \qquad\qquad (6\text{-}2\text{-}5)$$

(3) 最大耗散功率 P_{ZM}。稳压管的最大功率损耗取决于 PN 结的面积和散热等条件。在反向工作时,PN 结的功率损耗为 $P_Z = U_Z I_Z$,由 P_{ZM} 和 U_Z 可以决定 I_{Zmax}。

(4) 最大稳定工作电流 I_{Zmax} 和最小稳定工作电流 I_{Zmin}。稳压管的最大稳定工作电流取决于最大耗散功率,即 $P_{Zmax} = U_Z I_{Zmax}$。而 I_{Zmin} 对应于 U_{Zmin}。若 $I_Z < I_{Zmin}$,则不能起稳压作用。

(5) 稳定电压温度系数。稳定电压温度系数是表示稳压二极管的温度稳定性参数,它表示温度每升高 1℃时稳定电压值的相对变化量。该系数越小,则管子温度稳定性越好。

四、二极管的检测及判断

1. 二极管的型号

不同的二极管可以从它的形状和外观进行区分,某些二极管的材料和极性可以从它的型号上直接进行辨别。

二极管的型号示例如图 6-2-13 所示。

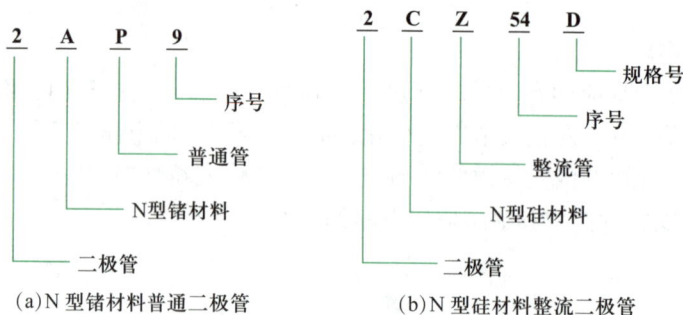

二极管的认识
与测量

图 6-2-13 二极管的型号示例

【做一做】试述下列二极管型号的含义:2CZ12、2CW15B、2AK9。

2. 二极管的检测

性能良好的二极管,其正向电阻小,反向电阻大。利用这一特性,使用万用表测量二极管的正向电阻和反向电阻就可以判断二极管极性和正常与否。在测试过程中,要注意弄清所用万用表的两个表笔所对应电池的电压极性。

(1) 正向特性测试。二极管的正向特性测试如图 6-2-14 所示。用数字式万用表二极管测量挡测量二极管,将万用表的红表笔(表内正极)接触二极管的正极,黑表笔(表内负极)接触二极管的负极。判断二极管正向特性如下。

① 若数字式万用表显示屏的读数为 0.1~0.8,说明二极管正向是导通的,同时数字式万用表显示屏的读数就是二极管正向压降,说明二极管正向特性是正常的。

② 若数字式万用表显示屏的读数为 0,则说明管芯短路损坏,不能使用。

③ 若数字式万用表显示屏的读数为无穷大,则说明管芯断路,不能使用。

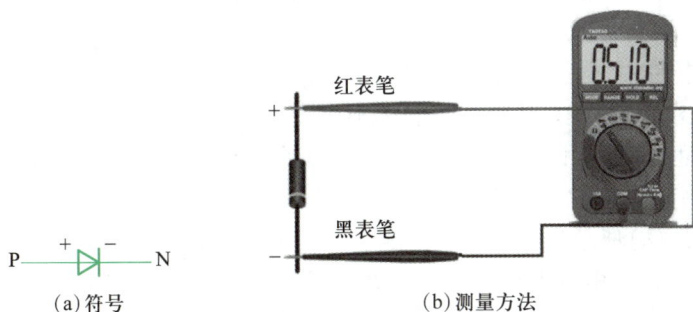

图 6-2-14　二极管的正向特性测试

(2) 反向特性测试。二极管的反向特性测试如图 6-2-15 所示。用数字式万用表二极管测量挡测量二极管,将万用表的红表笔(表内正极)接触二极管的负极,黑表笔(表内负极)接触二极管的正极。判断二极管的反向特性如下。

① 若数字式万用表显示屏的读数为无穷大,则说明二极管反向是截止的,表明二极管反向特性是正常的。

② 若数字式万用表显示屏的读数为 0,则说明管芯短路损坏,不能使用。

(3) 二极管测量结果判断。判断二极管的正常与否需要进行正向和反向测量才能判定,必须满足当进行正向测量时,二极管正向是导通的;当进行反向测量时,二极管反向是截止的,这种情况下才能判定二极管是正常的。

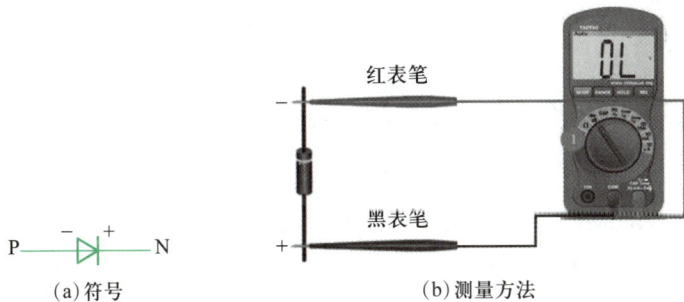

图 6-2-15　二极管的反向特性测试

知识拓展

1. 钳位电路

利用二极管正向导通时压降很小的特性可组成钳位电路,如图 6-2-16 所示。

图中若点 A 电位 $V_A=0$，因为二极管 VD 正向导通，其压降很小，故 F 点的电位 V_F 也被限制在 0 V 左右，即 $V_F \approx 0$ V。

2. 限幅电路

当输入信号电压在一定范围变化时，输出电压随输入电压相应变化；而当输入电压超出该范围时，输出电压保持不变，这就是限幅电路。

在电子电路中，为了降低信号的幅值以满足电路工作的需要，或者为了保护某些器件不因受大信号电压作用而损坏，常用限幅电路对各种信号进行处理，使信号在预置的范围内，有选择地传输一部分。

图6-2-17（a）所示为由二极管组成的单向限幅电路。图中 u_I 为正弦交流电压，其峰值为 5 V；直流电源电压 $U=+3$ V；R 为限流电阻；u_O 为输出端电压。交流输入电压和直流电压同时作用于二极管上，当 u_I 的幅值大于 3 V 时，二极管导通；当 u_I 的幅值小于 3 V 时，二极管截止。输入、输出端电压波形如图6-2-17（b）所示。

3. 开关电路

利用二极管的单向导电性，当二极管正向导通时其端电压很小，可近似看作 0，即相当于开关闭合；当二极管反向截止时，流过的电流很小，可近似看作开路，即相当于开关断开，如图6-2-18 所示。因此，二极管具有开关特性，在数字电路中得到广泛应用。

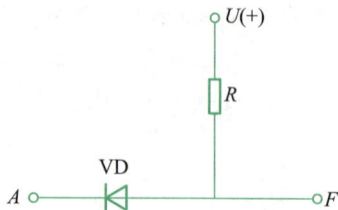

图 6-2-16　钳位电路

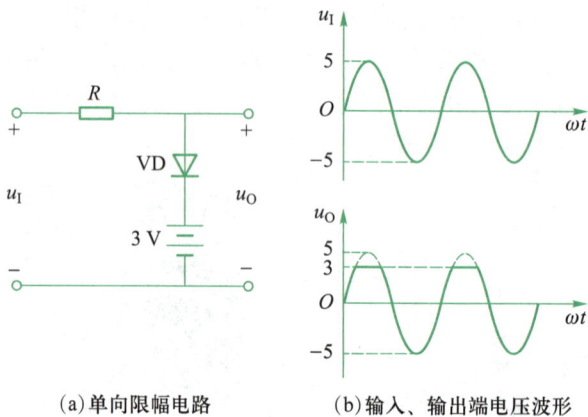

（a）单向限幅电路　　（b）输入、输出端电压波形

图6-2-17　单向限幅电路与输入、输出端电压波形

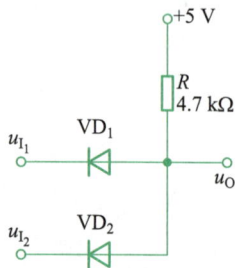

图6-2-18　开关电路

⚙ 技能训练

一、二极管的识别与检测

1. 实训目的

（1）能识别常见二极管的型号和极性。

（2）掌握用万用表判断二极管的极性和正常与否的方法。

2. 实训器材

数字式万用表 1 台、二极管若干。

3. 实训原理

（1）根据外观判断二极管的极性。

（2）用数字式万用表进行检测。

4. 实训内容与步骤

（1）认识二极管的型号。查阅资料，认识二极管型号的含义，填入表 6-2-3 中。

表 6-2-3　二极管型号的含义

型号	第 1 部分	第 2 部分	第 3 部分	第 4 部分
2AP9				
2CZ12				
1N4001				

（2）二极管的极性识别与正常与否的判断。用指针式万用表识别表 6-2-4 中所给二极管的极性和判断正常与否，将被测二极管的外形画出，标出极性，并填入测得的正、反向电阻值。

表 6-2-4　二极管的识别与检测

被测二极管型号	外形与极性	正向测量读数	反向测量读数	类型判断	正常与否
2AP9					
2CZ12					
1N4001					

二、整流滤波及并联稳压电路

1. 实训目的

（1）熟悉半波、全波、桥式整流电路原理。

（2）观察并了解电容滤波的作用。

（3）了解并联稳压电路。

2. 实训内容与步骤

（1）设计半波整流、桥式整流电路的实训电路。接好实训电路，测量电压值并填入表 6-2-5 中。

表 6-2-5　半波整流与桥式整流电路的电压

电压类型	交流输入电压	半波整流输出电压	桥式整流输出电压
电压值	$U_2 =$	$U_L =$	$U_L =$

（2）在桥式整流电路中并联电容滤波。

① 分别用不同电容（10 μF、470 μF）接入桥式整流电路，R_L 先不接，并将电压表测量到的 U_L 记入表 6-2-6 中。

② 接上 R_L，阻值为 151 Ω，重复上述实训并将 U_L 记入表 6-2-6 中。

③ 换上阻值为 1 kΩ 的 R_L，重复上述实训，将 U_L 记入表 6-2-6 中。

表 6-2-6　滤波参数变化时的输出电压

电容值	$R_L = 151$ Ω	$R_L = 1$ kΩ
10μF	$U_L=$	$U_L=$
470μF	$U_L=$	$U_L=$

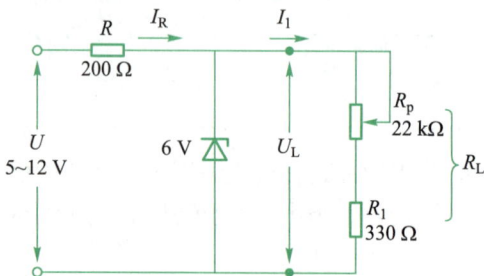

图 6-2-19　并联稳压电路

（3）并联稳压电路。设计一并联稳压电路，如图 6-2-19 所示。在负载不变，电源电压变化的情况下测量电路的稳压性能。用可调的直流电压的变化模拟交流电压的变化，电路接入前将可调电源调到 5 V，然后调到 8 V、9 V、10 V、11 V、12 V，按表 6-2-7 中的内容测量并记录，并计算稳压系数。

表 6-2-7　并联稳压电路测量结果

U	U_L	U_R
5 V		
8 V		
9 V		
10 V		
11 V		
12 V		

【想一想】

1. 桥式整流电路中任何一只二极管接反，会产生什么后果？为什么？

2. 桥式整流电路中任何一只二极管开路，整流电路是否还有输出？为什么？

3. 滤波电容的大小与滤波效果之间有什么关系？

课后思考

选择题

1. 假设图 6-2-20 中二极管均为理想二极管，灯 L_1、L_2、L_3 也具有完全相同的特性，则灯（　　）最亮。

A. L_1

B. L_2

C. L_3

D. 一样亮

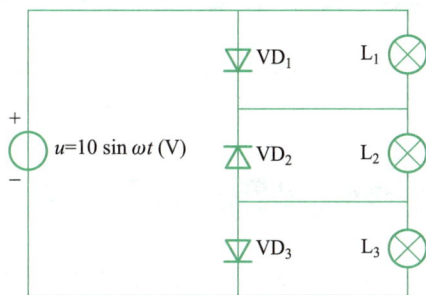

图 6-2-20　题 1 图

2. 在桥式整流电路中，若有一只整流管接反，则（　　）。

A. 输出电压约为 $2U_D$

B. 变为半波直流

C. 整流管将因电流过大而烧坏

任务评价

完成任务评价表，见表 6-2-8。

表 6-2-8　任务评价表

评价项目	评价内容	要求	配分	评分		
				自评	小组	教师
半导体二极管	二极管的分类	可以讲述 5 种不同二极管的类型和用途	10 分			
	整流电路	演示整流电路正、负半周电流走向	20 分			
	电路设计	设计一个桥式整流电路并选择合适的电子元器件	30 分			
	电路排故	整流电路故障排除	30 分			
完成本次工作任务的体会(学到了哪些知识、掌握了哪些技能、有哪些收获):			10 分			
总分			100 分			
综合评价得分						

微课

晶体管的认识
与测量

任务三 晶体管识别与检测

必学必会

1. 晶体管的结构、工作原理和特性。
2. 用数字式万用表判别晶体管的类型、引脚及晶体管正常与否。

任务描述及分析

晶体管也是最重要的半导体器件之一，是放大电路的核心元件，它的放大作用和开关作用促进电子技术的高速发展。晶体管的特性通过特性曲线和工作参数来分析研究，为了更好地理解和熟悉晶体管的外部特性，需要对晶体管的内部结构和载流子的运动规律有一定的认识。下面通过本任务的学习，掌握晶体管的基本知识。

相关知识

一、晶体管的结构及分类

晶体管（三极管）的常见外形如图 6-3-1 所示，其共同特征就是具有 3 个电极，这就是三极管名称的来历。

小型管　　　　　中功率管　　　　　大功率管

图 6-3-1　晶体管的常见外形

晶体管由 2 个 PN 结、3 个杂质半导体区域组成，根据区域排列次序可分为 NPN 型晶体管和 PNP 型晶体管两大类，其内部结构和电路符号如图 6-3-2 所示。

基本结构：一块半导体基片上，形成 2 个 PN 结、3 个导电区，分别引出 3 个电极。中间的导电区称为基区，引出的电极为基极 B。两边分别是发射区和集电区，引出的电极为发射极 E 和集电极 C。两个 PN 结分别称为发射结和集电结。

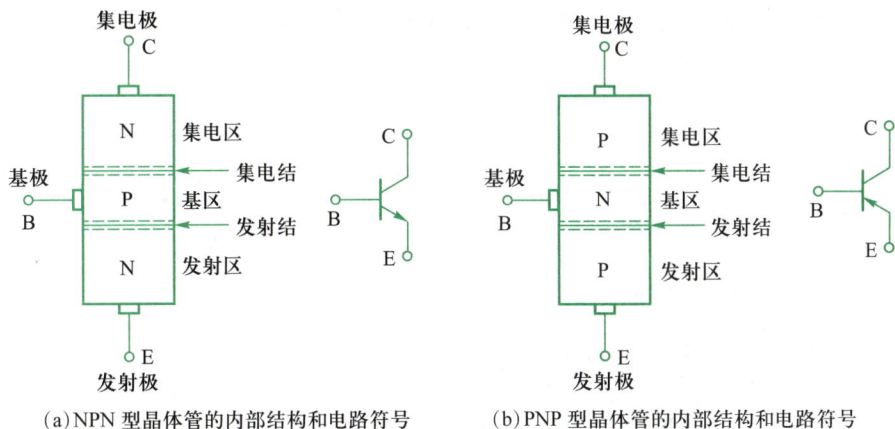

(a) NPN 型晶体管的内部结构和电路符号　　(b) PNP 型晶体管的内部结构和电路符号

图 6-3-2　两种类型的晶体管的内部结构和电路符号

如果两边是 N 区、中间是 P 区，称为 NPN 型晶体管；如果两边是 P 区、中间是 N 区，称为 PNP 型晶体管。晶体管的内部结构特点有以下 4 点。

(1) 基区做得很薄，为 $1\sim10\ \mu m$。

(2) 发射区掺杂浓度（多数载流子浓度）比基区和集电区的掺杂浓度高得多。

(3) 集电结的面积比发射结的面积大。

(4) 当用作放大器件时发射极和集电极是不能互换的。

【想一想】晶体管的发射极和集电极是否可以调换使用？

二、晶体管的放大作用

1. 实现放大作用的条件

(1) 内部条件：发射区掺杂浓度高；基区薄且掺杂浓度低；集电结面积大。

(2) 外部条件：发射结加正向电压，集电结加反向电压。

3 个电极的电位关系如图 6-3-3 所示。

发射极箭头方向即 PN 结正偏方向，也指示电流的流向。

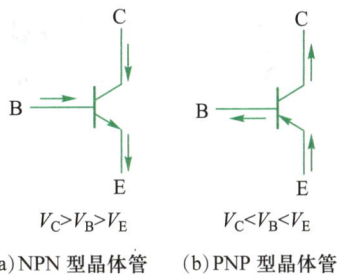

$V_C > V_B > V_E$　　　$V_C < V_B < V_E$

(a) NPN 型晶体管　　(b) PNP 型晶体管

图 6-3-3　3 个电极的电位关系

2. 晶体管内部载流子的传输过程（以 NPN 型晶体管为例）

NPN 型晶体管内部载流子的运动规律及外部电流分配如图 6-3-4 所示。

(1) 在 U_{BB} 提供的正偏电压作用下，发射区向基区注入多子即电子，形成发射极电流 I_E（基区空穴运动因浓度低而忽略）。

(2) 自由电子到达基区后，多数向 BC 结方向扩散形成 I_{CN}，即

$$I_{CN} \approx I_C \qquad (6-3-1)$$

少数与空穴复合形成 I_{BN}，即

$$I_{BN} \approx I_B \qquad (6-3-2)$$

基区空穴来源：基极电源提供（I_B）；集电区少子漂移（I_{CBO}）。

3 个电极的电流关系为

$$I_E = I_C + I_B \tag{6-3-3}$$

直流电流放大系数为

$$\bar{\beta} = \frac{I_C}{I_B} \tag{6-3-4}$$

三、晶体管的特性曲线

晶体管的特性曲线是指各电极间电压和电流之间的关系曲线，也称为伏安特性曲线，它能直观、全面地反映晶体管的性能，是分析放大电路的依据。由于晶体管在不同连接方式时具有不同的端电压和电流，它们的特性曲线各不相同。共集与共射的特性曲线相似，下面以 NPN 型晶体管为例，讨论常用的共射极接法时的特性曲线。

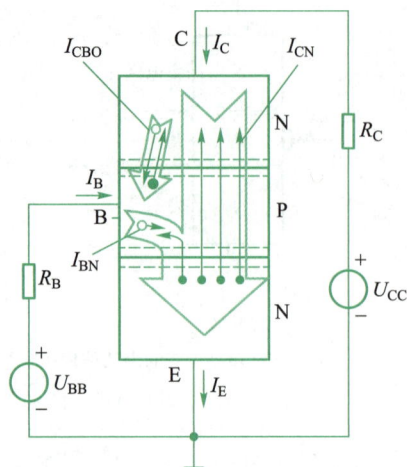

图 6-3-4　NPN 型晶体管内部载流子的运动规律及外部电流分配

1. 晶体管的输入特性曲线

晶体管的输入特性是指当集 – 射极电压 u_{CE} 为常数时，基极电流 i_B 与基 – 射极电压 u_{BE} 之间的关系曲线，即 $i_B = f(u_{BE})\big|_{u_{CE}=常数}$。

图 6-3-5 所示为晶体管的输入特性曲线。该曲线与二极管的正向特性相似，当晶体管正常放大时，工作在陡直的部分，电压 u_{BE} 数值不大，变化也较小。小功率管 i_B 一般为几十到几百微安，相应地，u_{BE} 变化不大，一般硅管的 $|u_{BE}| \approx 0.7\text{ V}$，锗管的 $|u_{BE}| \approx 0.2\text{ V}$。

2. 晶体管的输出特性曲线

晶体管输出特性曲线是指当 i_B 一定时，输出回路中 i_C 与 u_{CE} 之间的关系曲线，即 $i_C = f(u_{CE})\big|_{i_B=常数}$。

当 i_B 取值不同时，就有一条不同的输出特性曲线，如图 6-3-6 所示。

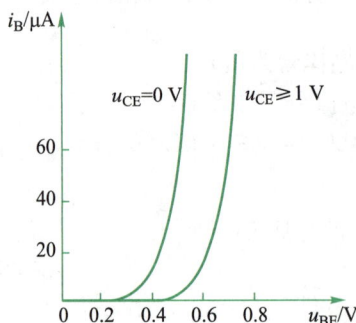

图 6-3-5　晶体管的输入特性曲线

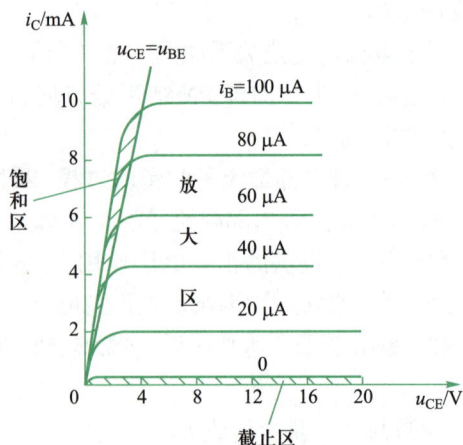

图 6-3-6　晶体管的输出特性曲线

根据输出特性曲线的特点可以将其划分为以下 3 个区,分别代表晶体管的 3 种工作状态。

(1) 截止区。通常把 $i_B = 0$ 的输出特性曲线以下的区域称为截止区。E、B、C 之间近似看成开路。

(2) 放大区。输出特性曲线中的平坦部分(近似水平的直线)称为放大区。此时,$i_C \approx \beta i_B$。

(3) 饱和区。输出特性曲线中 $u_{CE} \leq u_{BE}$ 的区域,即曲线的上升段组成的区域称为饱和区。三极管各极之间近似看成短路。饱和时的 u_{CE} 称为饱和压降,用 $U_{CE(sat)}$ 表示。

【想一想】

1. 晶体管工作在饱和区时,其电流放大系数是否与其工作在放大区时相同?

2. 晶体管在饱和状态、放大状态、截止状态中各有什么特点?

四、晶体管的主要参数

晶体管的参数可用来表示其特性和使用范围,是评价晶体管好坏及正确选择使用的依据。晶体管的参数很多,下面介绍几个主要参数。

1. 电流放大倍数 β

当晶体管处于放大区时,电流放大关系为 $i_C = \beta i_B + I_{CEO}$,对于直流信号,定义直流放大倍数为

$$\overline{\beta} = \frac{I_{CE}}{I_B} \tag{6-3-5}$$

在忽略 I_{CEO} 的情况下,定义交流放大倍数为

$$\beta = \frac{\Delta i_{CE}}{\Delta i_B} \tag{6-3-6}$$

2. 极间反向电流

(1) 集电极 – 基极反向饱和电流 I_{CBO}:其值很小,I_{CBO} 越小越好。

(2) 集电极 – 发射极间的反向饱和电流 I_{CEO}:I_{CEO} 和 I_{CBO} 有如下关系:

$$I_{CBO} = (1 + \overline{\beta}) I_{CBO} \tag{6-3-7}$$

当基极开路时,集电极和发射极间的反向饱和电流 I_{CEO} 在输出特性曲线上的位置如图 6-3-7 所示,即输出特性曲线 $I_B = 0$ 所对应的 Y 坐标的数值。

3. 极限参数

极限参数分别为 I_{CM}、P_{CM}、$U_{(BR)CEO}$,如图 6-3-8 所示。

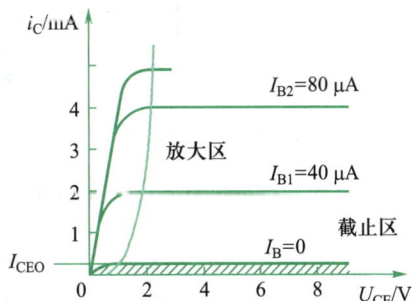

图 6-3-7　I_{CEO} 在输出特性曲线上的位置

(1) I_{CM} 为集电极最大允许电流,超过该值时,β 值明显降低。

(2) P_{CM} 为集电极最大允许功率损耗,其计算式为

$$P_{CM} = i_C \times u_{CE}$$

(3) $U_{(BR)CEO}$ 为基极开路时 C、E 极间的反向击穿电压;$U_{(BR)CBO}$ 为发射极开路时 C、B 极间的反向击穿电压;$U_{(BR)EBO}$ 为集电极开路时 E、B 极间的反向击穿电压。三者的关系为

$$U_{(BR)CBO} > U_{(BR)CEO} > U_{(BR)EBO}$$

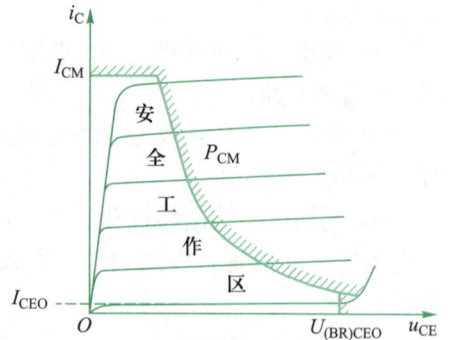

图 6-3-8　极限参数

五、晶体管的检测及判断

要准确地了解晶体管的类型、极性和性能参数,可用专门的设备进行测试。但一般要粗略地辨别晶体管的类型和引脚时,可直接从管壳上标注的型号来简单判断,也可利用数字式万用表进行测量判断。

1. 通过晶体管的型号来判别

国产的晶体管的型号一般由 5 部分组成,如图 6-3-9 所示。

2. 通过数字式万用表检测晶体管的引脚和类型

在测量晶体管时,可以看成是两个背靠背的 PN 结结构。对于 NPN 型晶体管,基极是两个结的公共阳极;而对于 PNP 型晶体管,基极是两个结的公共阴极。因此,判断公共极是阴极还是阳极,即可知道晶体管是 NPN 型还是 PNP 型,如图 6-3-10 所示。

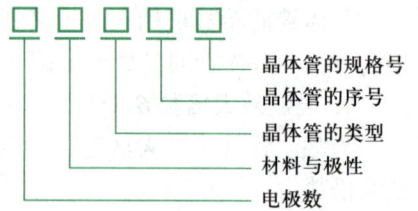

图 6-3-9　晶体管的型号组成

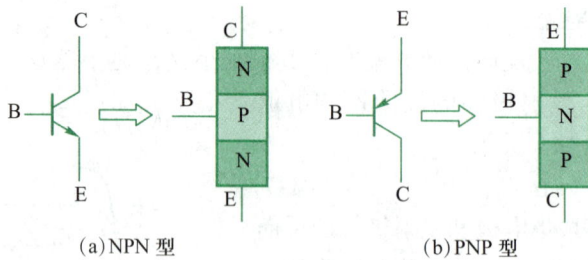

(a) NPN 型　　　　　(b) PNP 型

图 6-3-10　晶体管的引脚及管型测试

晶体管的测量步骤如下。

(1) 在不知道晶体管 B、E、C 对应的是哪个引脚的情况下,通过数字式万用表二极管挡多次测量晶体管任意两个引脚,找到一个与其余两个引脚都相互导通的

引脚。如果找到该引脚,就可以判断该引脚是晶体管 B 极;在测量 B 极和其余两个引脚导通情况时,若数字式万用表红表笔连接的是 B 极,黑表笔连接的是其他两个引脚中的一个,则可以判断出该晶体管是 NPN 型晶体管;反之,就是 PNP 型晶体管。

（2）当确定晶体管 B 极以及类型后,就分别测量正向晶体管 B 极和两个引脚,得到两个读数(读数就是二极管的正向电压降),两个读数会有微小的差别,测量时读数偏大的那一个引脚就是晶体管 E 极,读数偏小的那一个引脚就是晶体管 C 极。

（3）如果能够正常测量出晶体管 B、E、C 极,就说明该晶体管是正常的。在测量过程中,若发现有短路现象或某两个引脚有双向导通的现象或者通过以上方法没办法确定晶体管 B、E、C 极的情况,则可以判断晶体管异常。

⚙ 技能训练

晶体管的识别与检测

1. 实训目的
（1）识别晶体管的型号和极性。
（2）掌握用数字式万用表检测晶体管,判断晶体管正常与否的方法。

2. 实训器材
数字式万用表 1 台,晶体管若干。

3. 实训原理
（1）晶体管外形特征。
（2）数字式万用表的简易测试方法。
① 判断基极和晶体管类型。
② 判断集电极和发射极。
③ 材料判断。
④ 质量判断。
⑤ 测量 β 值。

4. 实训内容与步骤
（1）认识晶体管的型号。查阅资料,认识晶体管的型号和主要参数,填入表 6-3-1 中。

表 6-3-1　晶体管的型号和主要参数

型号	主要参数
9012	
9013	
TIP41	
TIP42	

（2）晶体管的检测。画出晶体管的外形，用万用表判别所给晶体管的类型和各电极，并判别其正常与否，结果记录在表 6-3-2 中。

表 6-3-2 晶体管的识别与检测

序号	晶体管的型号	晶体管 B 极	晶体管的类型	晶体管 BE 读数	晶体管 BC 读数	晶体管引脚 1 名称	晶体管引脚 2 名称	晶体管引脚 3 名称	正常与否的判别
1	9012								
2	9013								
3	TIP41								
4	TIP42								

知识拓展

1. 光电晶体管的定义

光电晶体管是一种半导体器件，能够感应光照并根据其接收的光照水平来改变在发射极和集电极之间流动的电流。顾名思义，光电晶体管可以感应光并改变晶体管端子之间的电流。NPN 型光电晶体管是其中的一种。光电晶体管的内部结构如图 6-3-11 所示。

在此，在撞击基座的光电晶体管中，光会取代实际施加到基座上的电压，因此光电晶体管会根据光信号放大差异。光电晶体管中可能有也可能没有基极端子。若存在，则基础区域允许其偏置光电晶体管的光冲击。这种类型的晶体管通过曝光来控制，就像控制 BJT（双极结型晶体管）的光电二极管一样。光电晶体管可以是任何一种类型，如 BJT 或 FET。这些类型的晶体管通常用塑料材料覆盖，并且其中一部分保持开路或对光透明。

2. 光电晶体管的符号

光电晶体管的符号如图 6-3-12 所示。

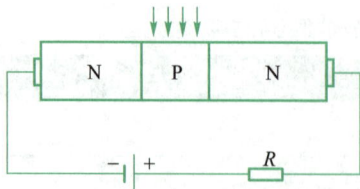

图 6-3-11 光电晶体管的内部结构

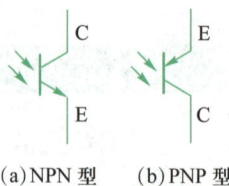

(a) NPN 型　　(b) PNP 型

图 6-3-12 光电晶体管的符号

课后思考

一、填空题

1. 晶体管的输出特性曲线可以分为 3 个工作区, 即_____、_____、_____。

2. 晶体管具有放大作用的外部条件是_____。

3. 晶体管放大电路的组态有_____、_____和_____。

4. 图 6-3-13 所示晶体管的各极名称为: A 是_____, B 是_____, C 是_____。

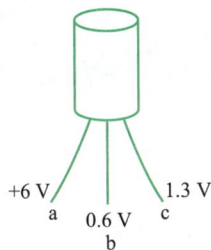

图 6-3-13　晶体管的引脚电压

二、选择题

1. 工作在放大区的某晶体管, 如果当 I_B 从 22 μA 增大到 32 μA 时, I_C 从 2 mA 变为 3 mA, 那么它的 β 值约为(　　　)。

　　A. 83　　　　　　　　B. 91　　　　　　　　C. 100

2. 当晶体管作为线性放大器使用时, 主要工作在(　　　)。

　　A. 截止区　　　　　B. 放大区　　　　　C. 饱和区

三、简答题

为了方便调整静态工作点, 在晶体管放大电路中常使用可调电阻, 如图 6-3-14 (a) 和 (b) 所示, 当 R_W 不小心被调至零时, 试问这两个电路在使用中是否会导致晶体管损坏? 若会, 则应如何改进?

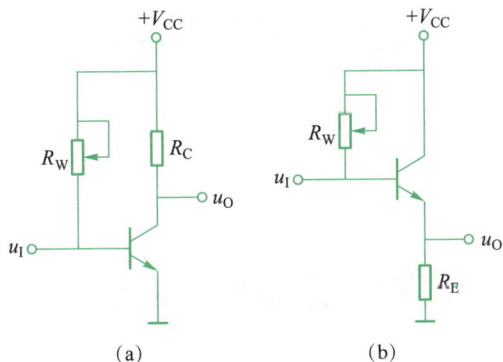

图 6-3-14　晶体管电路

任务评价

完成任务评价表,见表 6-3-3。

表 6-3-3　任务评价表

评价项目	评价内容	要求	配分	评分		
				自评	小组	教师
半导体晶体管	晶体管工作区	根据实际电路,通过电压测量方式判断晶体管的工作状态	10 分			
	晶体管电流放大倍数的测量	通过设计电路,测量晶体管电流放大倍数	20 分			
	电路设计	设计共射放大电路、共集放大电路和共基放大电路	30 分			
	晶体管测量	进行晶体管测量,判断晶体管 B、E、C 极,判断三极管正常与否	30 分			
完成本次工作任务的体会(学到了哪些知识、掌握了哪些技能、有哪些收获):			10 分			
总分			100 分			
综合评价得分						

任务四　场效应管识别与检测

必学必会

1. 场效应管的分类和基本结构。
2. 场效应管的工作原理与特性。
3. 场效应管的参数。

任务描述及分析

现在越来越多的电子电路特别是在音响领域都在普遍使用场效应晶体管,简称为场效应管(Field Effect Transistor,FET)。和双极型晶体管不同,场效应管是一种电压控制电流型半导体器件,它利用改变外加电压产生的电场效应来控制其电流大小。场效应管不仅兼有双极型晶体管体积小、质量轻、耗电少、寿命长等特点,还有输入阻抗高、噪声低、工艺简单、动态范围大、易于集成、安全工作区域宽等优点,能构成技术性能很好的电路,在大规模及超大规模集成电路中得到了广泛的应用。下面通过本任务的学习,掌握场效应管的基本知识。

相关知识

一、场效应管的分类和基本结构

场效应管的外形与晶体管相似,根据结构的不同,场效应管分为结型场效应管和绝缘栅型场效应管两大类。按导电沟道半导体材料的不同,结型场效应管和绝缘栅型场效应管又各分为 N 沟道和 P 沟道两种。按导电方式来划分,场效应管又可分成耗尽型与增强型,目前在绝缘栅型场效应管中,MOS 场效应管(MOSFET,金属 – 氧化物 – 半导体场效应管)应用最为广泛,简称为 MOS 管。因此,按照上述分类,MOS 管又可细分为 N 沟道增强型、P 沟道增强型、N 沟道耗尽型、P 沟道耗尽型四大类。

1. 结型场效应管的基本结构和符号

结型场效应管是利用半导体内电场效应工作的,其基本结构如图 6-4-1 所示。在一块 N 型半导体两边各扩散一个高浓度的 P 型区(用 P^+ 表示)形成两个 PN 结,把两个 P 区并联在一起,引出一个电极,称为栅极 G,在 N 型半导体的两端各引出一个电极,分别称为源极 S 和漏极 D,它们与晶体管的 3 个电极相对应,即栅极 G—基极 B、源极 S—发射极 E、漏极 D—集电极 C。夹在两个 PN 结中间的 N 型区域为导电沟道,这种结构称为 N 沟道结型场效应管。

按照类似方法,在一块 P 型半导体的两边各扩散一个高浓度的 N 区,就可以制成 P 沟道结型场效应管。两种场效应管的代表符号如图 6-4-2 所示,箭头方向表示栅结正偏时,栅极电流的指向。对于图 6-4-2,表示栅极电流的方向是由 P 指向 N,从而判断 D、S 之间是 N 沟道,从符号上就可以看出这是一个 N 沟道结型场效应管。

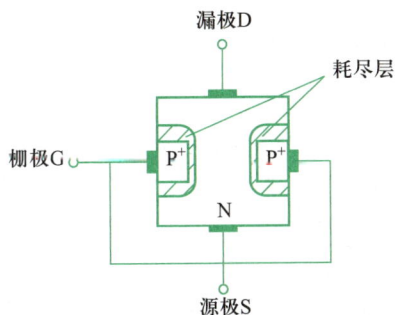

图 6-4-1　N 沟道结型场效应管的基本结构

(a) N 沟道结型场效应管　　(b) P 沟道结型场效应管

图 6-4-2　结型场效应管的符号

2. MOS 管的基本结构和符号

N 沟道增强型 MOS 管的基本结构如图 6-4-3 所示。它以一块低掺杂浓度的 P 型硅半导体薄片作为衬底,用扩散的办法形成两个高掺杂浓度的 N 型区(用 N^+ 表示),并引出两个电极分别作为漏极 D 和源极 S。在 P 型硅表面上生长一层很薄的 SiO_2 绝缘层,再覆盖一层金属薄层,并引出一个电极作为场效应管的栅极 G。在衬底上也引出一个衬底引线 B,衬底引线 B 一般在制造时就与源极 S 相连。由于栅极 G 与源极 S、漏极 D 及 P 型硅衬底之间均无电接触,故称为绝缘栅极,这也是把这种场效应管称为绝缘栅型场效应管的原因。

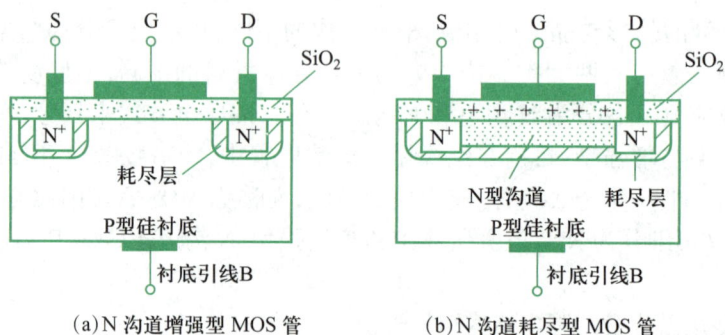

(a)N 沟道增强型 MOS 管　　　(b)N 沟道耗尽型 MOS 管

图 6-4-3　MOS 管的基本结构

N 沟道耗尽型 MOS 管的基本结构如图 6-4-3(b)所示。其结构与增强型 MOS 管基本相同,但在制造时,预先在 SiO_2 绝缘层中掺有大量正离子,在正离子产生的正向电场作用下,P 型硅衬底中的电子被吸引到衬底与 SiO_2 绝缘层的交界面上来,形成 N 型薄层,将两个 N^+ 区连通,构成漏极与源极之间的 N 型导电沟道。同样地,P 沟道增强型 MOS 管和 P 沟道耗尽型 MOS 管也与 N 沟道 MOS 管具有相似的结构,此处不再赘述。增强型和耗尽型 MOS 管的电路符号分别如图 6-4-4 和图 6-4-5 所示。

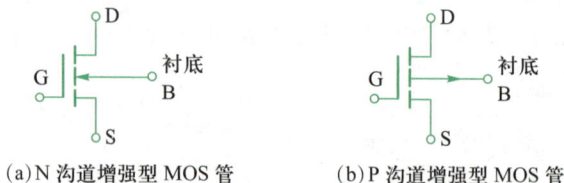

(a)N 沟道增强型 MOS 管　　　(b)P 沟道增强型 MOS 管

图 6-4-4　增强型 MOS 管的电路符号

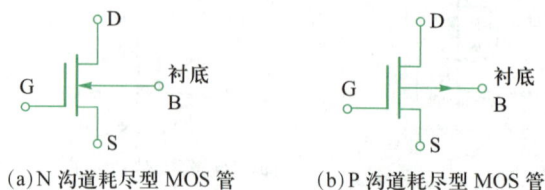

(a)N 沟道耗尽型 MOS 管　　　(b)P 沟道耗尽型 MOS 管

图 6-4-5　耗尽型 MOS 管的电路符号

二、场效应管的工作原理与特性

场效应管是一种电压控制电流型器件,通过改变栅源之间的电压就可以控制其漏极电流的大小,和双极型晶体管不同,场效应管工作时只有一种载流子参与导电。下面以 N 型 MOS 管为例,介绍场效应管的工作原理。

1. N 沟道增强型 MOS 管的工作原理

(1) 栅源电压 U_{GS} 的控制作用。

当 $U_{GS}=0V$ 时,漏源之间相当于两个背靠背的二极管,在 D、S 之间加上电压,不会在 D、S 间形成电流。

当栅极加有电压时,若 $0<U_{GS}<U_{GS(th)}$ 时,通过栅极和 P 型衬底间的电容作用,将靠近栅极下方的 P 型半导体中的空穴向下方排斥,出现了一薄层负离子的耗尽层。耗尽层中的少子将向表层运动,但数量有限,不足以形成沟道,将漏极和源极连通,所以不可能形成漏极电流 I_D,如图 6-4-6(a) 所示。

进一步增加 U_{GS},当 $U_{GS}>U_{GS(th)}$ 时(称为开启电压),此时的栅极电压已经比较强,在靠近栅极下方的 P 型半导体表层中聚集较多的自由电子,可以形成沟道,将漏极和源极连通,如果此时加有漏源电压,就可以形成漏极电流 I_D。在栅极下方形成的导电沟道中的自由电子,因为与 P 型半导体的载流子空穴极性相反,所以称为反型层。

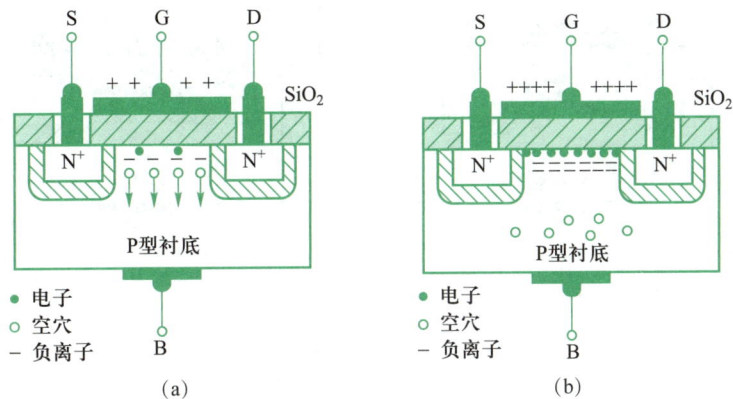

图 6-4-6 N 沟道增强型 MOS 管的工作原理

随着 U_{GS} 的继续增加,I_D 将不断增加。在 $U_{GS}=0$ V 时,$I_D=0$,只有当 $U_{GS}>U_{GS(th)}$ 后才会出现漏极电流,这种 MOS 管称为增强型 MOS 管,如图 6-4-6(b) 所示。

U_{GS} 对漏极电流的控制关系可用 $I_D=f(U_{GS})|_{U_{DS}=}$ const 这一曲线描述,称为转移特性曲线,如图 6-4-7 所示。

转移特性曲线的斜率 g_m 的大小反映了栅源之间的电压对漏极电流的控制作用。g_m 的量纲是 mA/V,

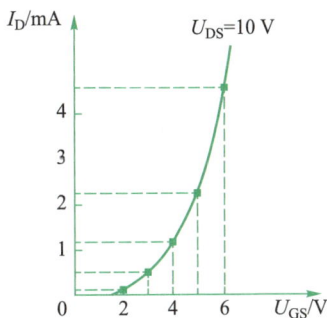

图 6-4-7 转移特性曲线

所以 g_m 也称为跨导。跨导的定义式为

$$g_m = \Delta I_D / \Delta U_{GS} |_{U_{DS=const}} \qquad (6\text{-}4\text{-}1)$$

(2) 漏源电压 U_{DS} 对漏极电流 I_D 的控制作用。

当 $U_{GS} > U_{GS(th)}$，且固定为某一值时，U_{DS} 的变化对沟道的影响如图 6-4-8 所示。根据图 6-4-8 可有

$$U_{DS} = U_{DG} + U_{GS} = -U_{GD} + U_{GS} \qquad (6\text{-}4\text{-}2)$$

$$U_{GD} = U_{GS} - U_{DS} \qquad (6\text{-}4\text{-}3)$$

当 U_{DS} 为 0 或较小时，相当于 $U_{GS} > U_{GS(th)}$，沟道分布如图 6-4-8(a) 所示。此时，U_{DS} 基本均匀降落在沟道中，沟道呈斜线分布。

当 U_{DS} 增加到使 $U_{GS} = U_{GS(th)}$ 时，沟道分布如图 6-4-8(b) 所示。这相当于 U_{DS} 增加使漏极处沟道缩减到刚刚开启的情况，称为预夹断。

当 U_{DS} 增加到 $U_{GS} = U_{GS(th)}$ 时，沟道分布如图 6-4-8(c) 所示。此时预夹断区域加长，伸向 S 极。U_{DS} 增加部分基本降落在随之加长的夹断沟道上，I_D 基本趋于不变。

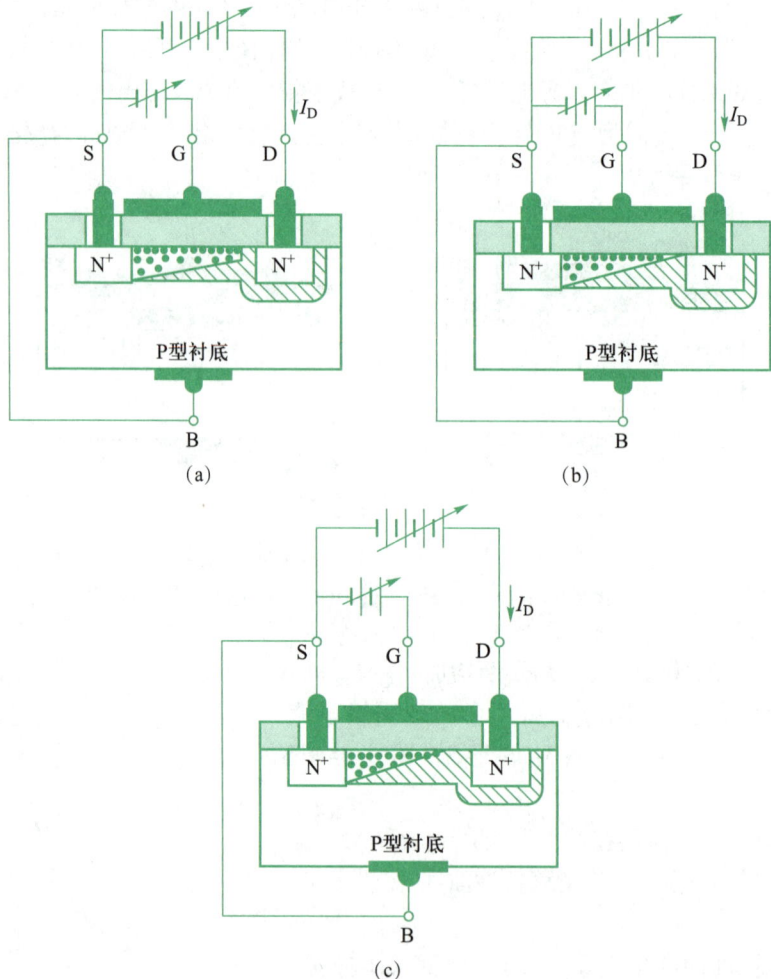

图 6-4-8 漏源电压 U_{DS} 对沟道的影响

当 $U_{GS} > U_{GS(th)}$，且固定为某一值时，U_{DS} 对 I_D 的影响，即 $I_D = f(U_{DS})|U_{GS} = \mathrm{const}$ 这一曲线如图 6-4-9 所示。这一曲线称为漏极输出特性曲线。

2. N 沟道耗尽型 MOS 管的工作原理

由 N 沟道耗尽型 MOS 管的基本结构可知，当 $U_{GS} = 0$ 时，这些正离子已经在感应出反型层，在漏源之间形成了沟道。于是，只要有漏源电压，就有漏极电流存在。

当 $U_{GS} > 0$ 时，将使 I_D 进一步增加；当 $U_{GS} < 0$ 时，随着 U_{GS} 的减小，漏极电流逐渐减小，直至 $I_D = 0$。对应 $I_D = 0$ 的 U_{GS} 称为夹断电压，用符号 $U_{GS(off)}$ 表示，有时也用 U_P 表示。N 沟道耗尽型 MOS 管的输出特性曲线和转移特性曲线如图 6-4-10 所示。

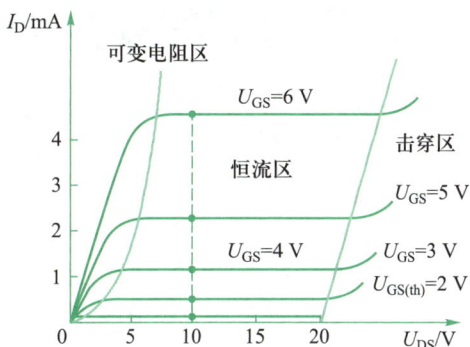

图 6-4-9 漏极输出特性曲线

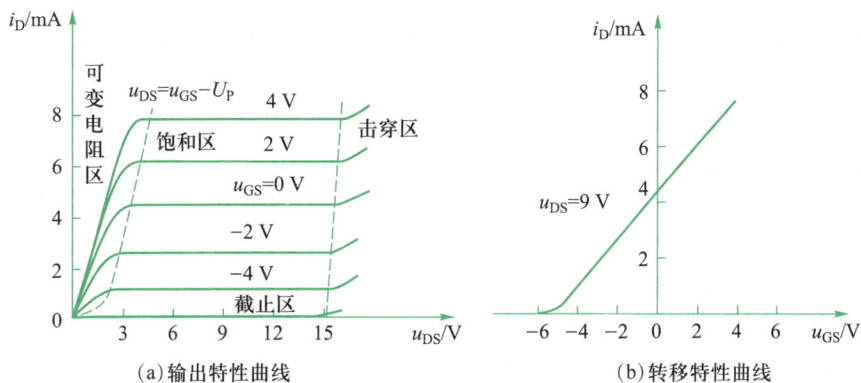

图 6-4-10 N 沟道耗尽型 MOS 管的输出特性曲线和转移特性曲线

三、场效应管的参数

（1）开启电压 $U_{GS(th)}$（或 U_T）：是增强型 MOS 管的参数，栅源之间的电压小于开启电压的绝对值，场效应管不能导通。

（2）夹断电压 $U_{GS(off)}$（或 U_P）：是耗尽型 FET 的参数，当 $U_{GS} = U_{GS(off)}$ 时，漏极电流为零。

（3）饱和漏极电流 I_{DSS}：是耗尽型场效应管的参数，当 $U_{GS} = 0$ 时所对应的漏极电流。

（4）输入电阻 R_{GS}：场效应管的栅源输入电阻的典型值。对于结型场效应管，反偏时 R_{GS} 约大于 107 Ω；对于绝缘栅型场效应管，R_{GS} 为 109~1 015 Ω。

（5）低频跨导 g_m：反映了栅极电压对漏极电流的控制作用，这一点与电子管的控制作用相似。g_m 可以在转移特性曲线上求取，单位是 mS（毫西门子）。

（6）最大漏极功耗 P_{DM}：可由 $P_{DM} = U_{DS}I_D$ 决定，与双极型晶体管的 P_{CM} 相当。

知识拓展

1. 场效应管与晶体管的性能比较

（1）场效应管是电压控制电流型器件；晶体管是电流控制电流型器件。

（2）场效应管只利用多数载流子导电，称为单极型器件；晶体管既有多数载流子也有少数载流子参与导电，称为双极型器件。由于少子浓度受温度、辐射等因素影响较大，因此场效应管比晶体管的温度稳定性好、抗辐射能力强。

（3）场效应管基本无栅极电流；而晶体管工作时基极总要吸取一定的电流，因此场效应管的输入电阻比晶体管的输入电阻要高得多。

（4）有些场效应管的源极和漏极可以互换使用，栅源电压也可正可负，灵活性比晶体管好。

（5）场效应管的噪声系数很小，在低噪声放大电路的输入级及要求信噪比较高的电路中要选用场效应管。

（6）场效应管和晶体管均可组成各种放大电路与开关电路，但场效应管能在很小电流和很低电压的条件下工作，而且制造工艺简单、耗电少、热稳定性好，因此场效应管在大规模和超大规模集成电路中得到了广泛应用。

2. 场效应管在新能源汽车中的应用

新能源汽车中电机驱动系统的主要作用在于能量的转换，即从电池直流电转换到电机交流电或从电机交流电转换到电池直流电，其中从直流电转换到交流电称为逆变且主要用到的功率器件就是 IGBT。IGBT 作为功率转换器件，其实更常用于高压功率的转换。电动汽车在转换过程中，电池电压一般在 200 V 以上，过流能力在 300 A 以上，功率器件的击穿电压为 600~1 200 V，开关频率在 20 kHz 以内，因此可通过 IGBT 模块来实现高压、大电流的操作。

课后思考

判断题

1. 场效应管的导电机制和双极型晶体管相似，均为多数载流子和少数载流子参与导电路。　　　　　　　　　　　　　　　　　　　　　　　　　　（　　）

2. 场效应管属于电压型控制器件，其 G、S 间阻抗要远大于晶体管 B、E 间的阻抗。　　　　　　　　　　　　　　　　　　　　　　　　　　　　（　　）

3. 场效应管工作区域有放大区、饱和区、截止区。　　　　　　　　（　　）

4. 场效应管 3 个电极 G、D、S 分别和双极型晶体管 C、E、B 相对应。　（　　）

🏠 任务评价

完成任务评价表,见表 6-4-1。

表 6-4-1 任务评价表

评价项目	评价内容	要求	配分	评分		
				自评	小组	教师
场效应管的结构与特性	认识场效应管	能够介绍场效应管的工作原理	10 分			
	场效应管的 3 个电极	识别场效应管的 3 个电极	20 分			
	电路设计	利用场效应管设计应用电路	30 分			
	电路排故	场效应管电路的故障排除	30 分			
完成本次工作任务的体会(学到了哪些知识、掌握了哪些技能、有哪些收获):			10 分			
总分			100 分			
综合评价得分						

任务五 IGBT 识别与检测

🚗 必学必会

1. IGBT 的结构与工作原理。
2. IGBT 的基本特性。
3. IGBT 的主要参数、擎住效应和安全工作区。

任务描述及分析

绝缘栅双极型晶体管(IGBT)是由双极结型晶体管(BJT)和绝缘栅型场效应管(MOS)组成的复合全控型 – 电压驱动式 – 功率半导体器件,其具有自关断的特征。简单来讲,是一个非通即断的开关,IGBT 没有放大电压的功能,导通时可以看作导线,断开时可以看作开关。IGBT 融合了 BJT 和 MOSFET 两种器件的优点,如驱动功率小和饱和压降低等。下面通过本任务的学习,掌握 IGBT 的基本知识。

相关知识

一、IGBT 概述

绝缘栅双极型晶体管（Insulated-Gate Bipolar Transistor, IGBT）是一种复合型电力电子器件。它结合了 MOSFET 和电力晶体管 GTR 的特点，既具有输入阻抗高、速度快、热稳定性好和驱动电路简单等优点，又具有输入通态电压低、耐压高和承受电流大等优点，因而具有良好的特性。

二、IGBT 的结构与工作原理

IGBT 是三端器件，具有栅极 G、集电极 C 和发射极 E。图 6-5-1（a）给出了一种由 N 沟道场效应晶体管与双极型晶体管组合而成的 IGBT 的基本结构。与场效应晶体管对照可以看出，IGBT 比场效应晶体管多一层 P^+ 注入区，因而形成了一个大面积的 PN 结 J_1。这样使得 IGBT 导通时由 P^+ 注入区向 N 基区发射载流子，从而对漂移区的电导率进行调制，使得 IGBT 具有很强的过流能力。

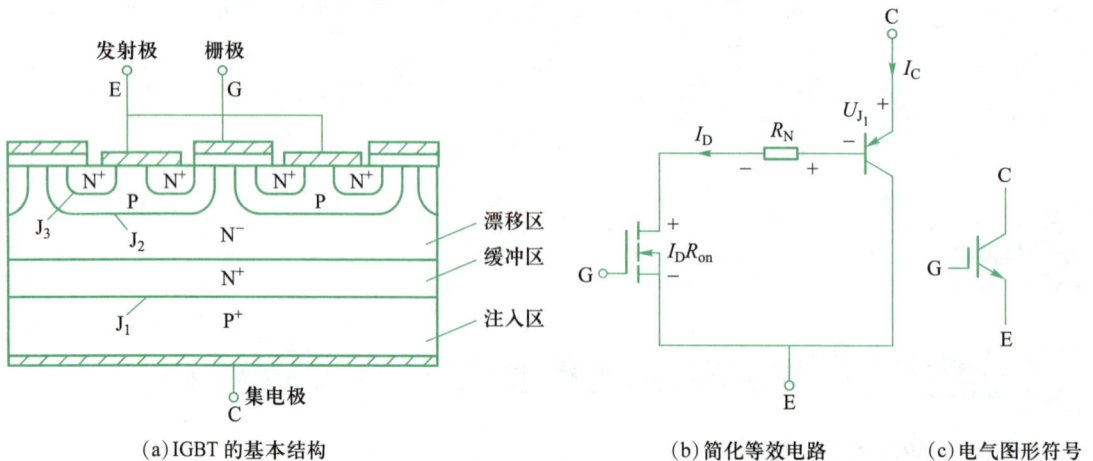

(a) IGBT 的基本结构   (b) 简化等效电路   (c) 电气图形符号

图 6-5-1 IGBT 的结构、简化等效电路和电气图形符号

从图 6-5-1 中可以看出，若在 IGBT 的栅极和发射极之间加上驱动正电压，则场效应管导通，这样 PNP 晶体管的集电极与基极之间为低阻状态使得晶体管导通；若 IGBT 的栅极和发射极之间电压为 0V，则场效应管截止，切断 PNP 晶体管基极电流的供给，使得晶体管截止。

在实际应用中，N 沟道 IGBT 应用较多，因此下面均以其为例进行介绍。

三、IGBT 的基本特性

1. IGBT 的静态特性

IGBT 的静态特性主要包括转移特性和输出伏安特性。图 6-5-2（a）所示为

IGBT 的转移特性。它描述的是集电极电流 i_C 与栅射电压 u_{GE} 之间的关系,与场效应晶体管的转移特性类似。开启电压 $U_{GE(th)}$ 是 IGBT 能实现电导调制而导通的最低栅射电压。$U_{GE(th)}$ 随温度升高而略有下降,温度每升高 1℃,其值下降 5 mV 左右。在 +25℃时,$U_{GE(th)}$ 的值一般为 2~6 V。

图 6-5-2(b)所示为 IGBT 的输出特性,也称为伏安特性。它描述的是以栅射电压为参考变量时,集电极电流 i_C 与集射电压 u_{CE} 之间的关系。IGBT 的输出特性也分为 3 个区域:正向阻断区、有源区和饱和区,这分别与晶体管的截止区、放大区和饱和区相对应。此外,当 $u_{CE}<0$ 时,IGBT 为反向阻断工作状态。在电力电子电路中,IGBT 工作在开关状态,因而是在正向阻断区和饱和区之间来回转换的。

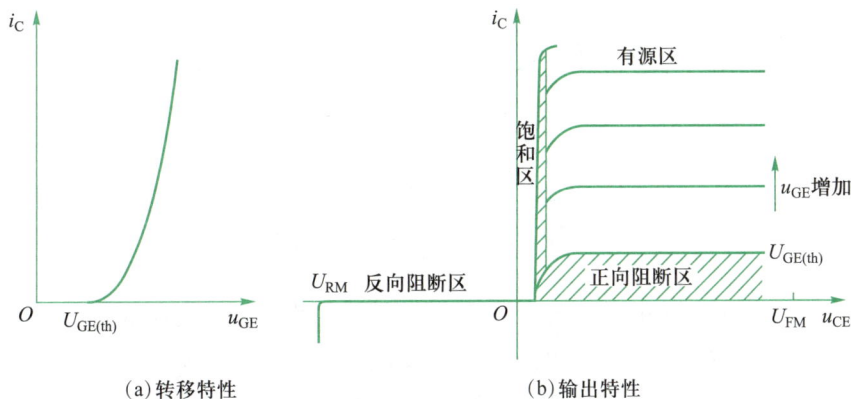

(a)转移特性　　　　　　　　　　(b)输出特性

图 6-5-2　IGBT 的转移特性和输出特性

2. IGBT 的动态特性

IGBT 的开关过程如图 6-5-3 所示。IGBT 的开通过程与场效应晶体管的开通过程很相似,这是因为 IGBT 在开通过程中大部分时间是作为场效应晶体管来运行的。如图 6-5-3 所示,从驱动电压 u_{CE} 的前沿上升至其幅值的 10% 的时刻起,到集电极电流 i_C 上升至其幅值的 10% 的时刻止,这段时间为开通延迟时间 $t_{d(on)}$。而 i_C 从 $10\%I_{CM}$ 上升至 $90\%I_{CM}$ 所需时间为电流上升时间 t_r。同样,开通时间 t_{on} 为开通延迟时间与电流上升时间之和。当 IGBT 开通时,集射电压 u_{CE} 的下降过程分为 t_{fv1} 和 t_{fv2} 两段。前者为 IGBT 中场效应晶体管单独工作的电压下降过程;后者为场效应晶体管和 PNP 晶体管同时工作的电压下降过程。由于 u_{CE} 下降时 IGBT 中场效应晶体管的栅漏电容增加,而且 IGBT 中的 PNP 晶体管由放大状态转入饱和状态也需要一个过程,因此 t_{fv2} 段电压下降过程变缓。只有在 t_{fv2} 段结束时,IGBT 才完全进入饱和状态。

当 IGBT 关断时,从驱动电压 u_{GE} 的脉冲后沿下降到其幅值的 90% 的时刻起,到集电极电流下降至 $90\%I_{CM}$ 止,这段时间为关断延迟时间 $t_{d(off)}$;集电极电流从 $90\%I_{CM}$ 下降至 $10\%I_{CM}$ 的这段时间为电流下降时间。二者之和为关断时间 t_{off}。电流下降时间可以分为 t_{fi1} 和 t_{fi2} 两段。

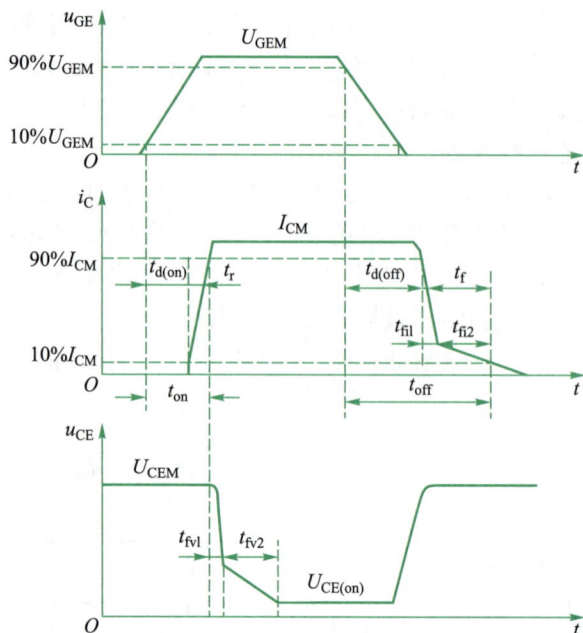

图 6-5-3　IGBT 的开关过程

IGBT 中双极型 PNP 晶体管的存在,虽然带来了电导调制效应的好处,但也引入了载流子储存现象,因而 IGBT 的开关速度要低于场效应晶体管。

此外,IGBT 的击穿电压、通态压降和关断时间也是需要折中的参数。高压器件的 N 基区应有足够宽度和较高电阻率,这会引起通态压降的增大和关断时间的延长。

知识拓展

1. IGBT 的主要参数

IGBT 的主要参数如下。

(1) 最大集射极间电压 U_{CES}:由内部 PNP 晶体管的击穿电压确定。

(2) 最大集电极电流 I_{CM}:包括额定直流电流 I_C 和 1 ms 脉宽最大电流 I_{CP}。

(3) 最大集电极功耗 P_{CM}:正常工作温度下允许的最大功耗。

2. IGBT 的擎住效应

当 IGBT 集电极电流 I_C 大到一定程度时,可使寄生晶闸管导通,从而使得其栅极对器件失去控制作用,这就是擎住效应。

产生擎住效应的原因:由于 IGBT 复合器件内有一个寄生晶闸管存在。

解决措施:集电极电流不超过 I_{CM},或者增大栅极电阻,减缓 IGBT 的关断速度。

3. IGBT 的安全工作区

IGBT 开通时对应的安全工作区,称为正向偏置安全工作区,即 FBSOA,如图 6-5-4(a)所示。

根据最大集电极电流 ICM、最大允许集电极电压 U_{CEO} 和最大集电极功耗三条极限线所限定的区域可以确定 IGBT 在导通工作状态的参数极限范围,即正向偏置安全工作区。从图 6-5-4(a) 中可以看出,导通时间增加安全工作区减小,直流工作时安全工作区最小。

IGBT 关断时对应的安全工作区,称为反向偏置安全工作区,即 RBSOA,如图 6-5-4(b) 所示。

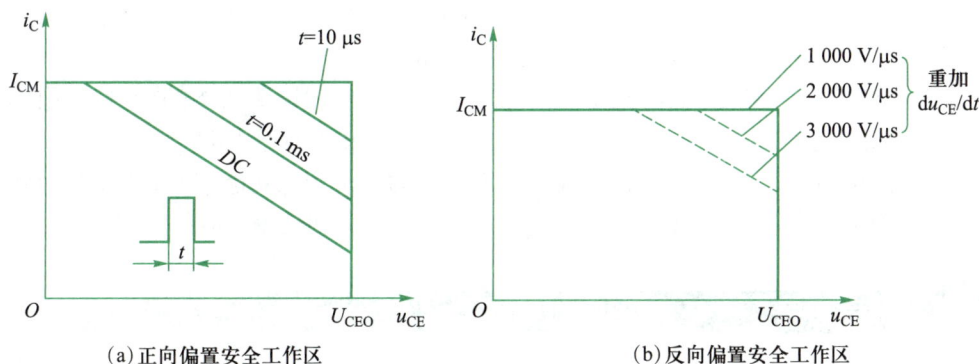

(a) 正向偏置安全工作区　　　　　(b) 反向偏置安全工作区

图 6-5-4　IGBT 的安全工作区

根据最大集电极电流 I_{CM}、最大允许集电极电压 U_{CEO} 和最大允许电压上升率 du_{CE}/dt 3 条极限线所限定的区域,可以确定 IGBT 在阻断工作状态下的参数极限范围,即反向偏置安全工作区。由图 6-5-4 可知,du_{CE}/dt 越大,安全工作区越小。可以通过适当选择栅射电压 u_{GE} 和栅极驱动电阻来控制 du_{CE}/dt,扩大安全工作区。

技能训练

IGBT 的认识与测量

1. IGBT 的等效电路

IGBT 的等效电路如图 6-5-5 所示。IGBT 有 3 个引脚,分别是 G(栅极)、C(集电极)和 E(发射极)。其工作原理是输入电压控制输出电流。可以用这个基本偏差来测试 IGBT 正常与否。

2. 用数字式万用表测量 IGBT

(1) 根据 IGBT 型号在数据手册(Datasheet)查找引脚功能,见表 6-5-1。

(2) 将 IGBT 的 3 个引脚短接或连接在一起放电,注意不要接触引脚。

(3) 如果 C 和 E 脚有二极管,将数字式万用表设置为二极管测试功能,万用表显示_____,说明 IGBT 内部二极管是_____。

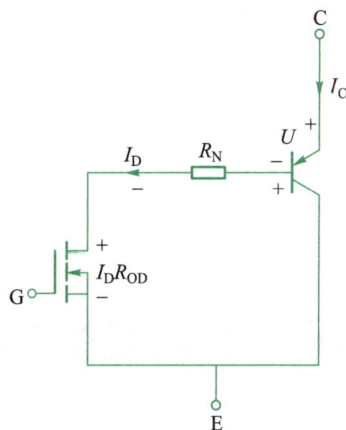

图 6-5-5　IGBT 的等效电路

表 6-5-1　IGBT 的引脚

引脚序号	引脚名称	备注
1		
2		
3		

（4）如果 C 和 E 引脚没有二极管，将数字式万用表设置为电阻测试功能，测量 C 和 E 引脚的电阻，测量值是_____，说明这个 IGBT_____。

（5）检测 G 和 C 引脚，将数字式万用表设置为电阻测试功能，测量 C 和 E 引脚的电阻，测量值是_____，说明这个 IGBT_____。

（6）检测 G 和 C 引脚，将数字式万用表设置为电阻测试功能，测量 C 和 E 引脚的电阻，测量值是_____，说明这个 IGBT_____。

课后思考

一、填空题

1. IGBT 的电极分别是_____、_____、_____。
2. IGBT 的全称是_____。

二、选择题

1. IGBT 的输出特性曲线可分成（　　）个区域。
   A. 1　　　　　　　B. 2　　　　　　　C. 3　　　　　　　D. 4
2. 下列选项有关 IGBT 的特点说法不正确的是（　　）。
   A. IGBT 的研制成功为斩波器、逆变器、变频器的高效化提供了有利条件
   B. IGBT 目前没有抗短路能力
   C. IGBT 是电压型驱动器件
   D. IGBT 的设计中需要提供过电压保护
3. 绝缘栅双极型晶体管（IGBT）的导通由（　　）之间的电压控制。
   A. 栅极端和发射极端
   B. 栅极端和集电极端
   C. 集电极端和发射极端
   D. 以上均不对

任务评价

完成任务评价表，见表 6-5-2。

表 6-5-2　任务评价表

评价项目	评价内容	要求	配分	评分		
				自评	小组	教师
认识 IGBT	IGBT 的结构	能够介绍 IGBT 的结构	10 分			
	IGBT 的 3 个电极	能识别 IGBT 的 3 个电极	20 分			
	电路设计	能利用 IGBT 设计放大电路	30 分			
	电路排故	IGBT 放大电路故障排除	30 分			
完成本次工作任务的体会(学到了哪些知识、掌握了哪些技能、有哪些收获):			10 分			
总分			100 分			
综合评价得分						

项目七 ▶▶▶
·······································
新能源汽车模拟电路基础

▶ 项目目标

1. 知识目标

(1) 掌握基本放大电路的组成。

(2) 熟悉晶体管电流放大原理及晶体管放大电路原理。

(3) 掌握晶体管放大电路和晶体管开关电路在汽车电路中的应用。

(4) 掌握集成运算放大器的基本运算电路及其应用。

2. 能力目标

(1) 会分析晶体管放大电路及开关电路的工作原理。

(2) 会用万用表检测晶体管放大电路中各元器件正常与否。

(3) 会分析晶体管放大电路及晶体管开关电路在汽车电路中的应用。

(4) 会分析集成运算放大器的基本运算电路。

3. 素养目标

(1) 提升分析能力、动手能力以及利用所学知识解决实际问题的能力。

(2) 养成良好的学习习惯。

(3) 激发对汽车相关专业课程的学习热情。

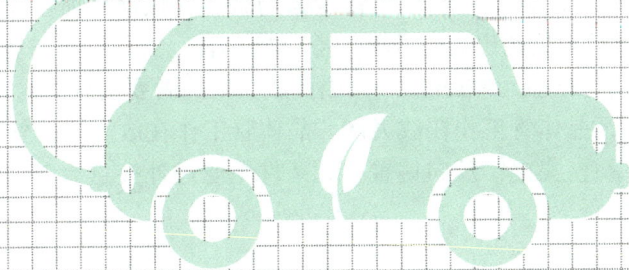

任务一 晶体管放大电路原理及应用

必学必会

1. 了解放大电路的概念及掌握晶体管放大电路的基本组成。
2. 掌握晶体管放大电路的组成原则。
3. 理解晶体管电流放大原理。
4. 会分析晶体管放大电路原理。
5. 掌握晶体管放大电路在汽车电路中的应用。

任务描述及分析

在工业生产和日常生活中,需要将微弱变化的电信号放大几百倍、几千倍甚至几十万倍后去带动执行机构,对生产设备进行测量、控制或调节,完成这一任务的电路称为放大电路,简称为放大器。下面通过本任务学习放大电路的组成以及如何实现信号放大。

相关知识

晶体管全称为半导体晶体管,也称为双极型晶体管、晶体三极管,是一种控制电流的半导体器件。晶体管是半导体基本元器件之一,具有电流放大作用,是电子电路的核心器件,其作用是把微弱信号放大成幅度值较大的电信号,也用作无触点开关。

一、晶体管放大电路的组成

1. 晶体管基本放大电路的概念

所谓放大,是指将一个微弱的电信号通过某种装置,得到一个波形与该微弱信号相同、但幅值却大很多的信号输出。这个装置就是晶体管放大电路。放大作用的实质是电路对电流、电压或能量的控制作用。图 7-1-1 所示为扩音器放大电路的组成。从图 7-1-1 中可以看出,话筒传送来的微弱音频信号加在放大电路的输入端,通过放大电路放大后输出大信号驱动扬声器工作。

放大电路的核心元件是晶体管,因此放大电路若要实现对输入小信号的放大作用,必须先保证晶体管工作在放大区。晶体管工作在放大区的外部偏置条件是:其发射结正向偏置、集电结反向偏置。此条件是通过外接直流电源,并配以合适的偏置电路来实现的。

微课
晶体管放大
电路的组成

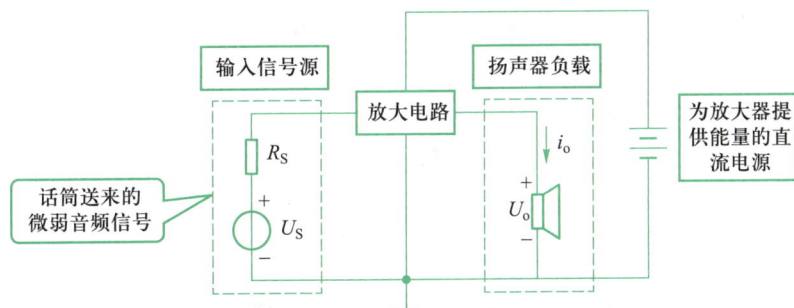

图 7-1-1　扩音器放大电路的组成

放大电路的放大作用实质是把直流电源 U_{CC} 的能量转移给输出信号，输入信号的作用则是控制这种转移，使放大电路输出信号的变化重复或反映输入信号的变化，如图 7-1-2 所示。

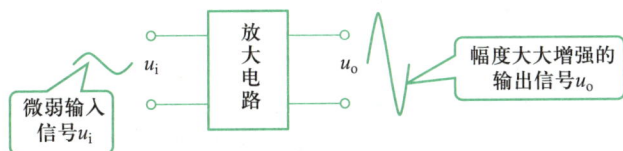

图 7-1-2　放大电路的作用

2. 放大电路的组成原则

放大电路的作用是实现对微弱信号的幅度放大，单凭晶体管的电流放大作用显然无法完成。所以必须在放大电路中设置直流电源，使其保证晶体管工作在线性放大区。因此，放大电路的组成原则如下。

（1）核心元件晶体管必须发射结正偏，集电结反偏。

（2）输入回路的设置应使输入信号耦合到晶体管输入电路，以保证晶体管的以小控大作用。

（3）输出回路的设置应保证晶体管放大后的电流信号能够转换成负载所需要的电压形式。

（4）不允许被传输微弱信号放大后出现失真。

3. 共射放大电路的组成

共发射极（简称共射）放大电路是电子技术中应用最为广泛的放大电路形式，其电路组成如图 7-1-3 所示。晶体管是放大电路的核心元件，在电路中起到电流放大作用；直流供电电源 U_{CC}（集电极电源）向放大电路提供能量，并保证晶体管工作在放大区；基极电源 U_{BB} 与偏置电阻 R_B 给电路提供合适的基极偏置电流；集电极电阻 R_C 将集电极电流的变化转为集电极电压的变化；耦合电容 C_1、C_2 隔直流、耦合交流。

在实际应用中，为了节省电源，基极偏置电流可以从集电极电源 U_{CC} 获得，只要改用大阻值的基极电阻 R_B 就可以了。共射放大电路通常采用单电源供电,各部分的作用如图 7-1-4 所示。

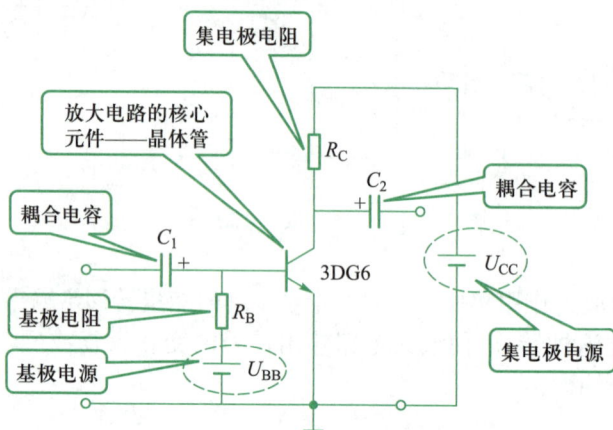

集电极电阻

放大电路的核心元件——晶体管

R_C

C_2

耦合电容

耦合电容

C_1

3DG6

U_{CC}

基极电阻

R_B

集电极电源

基极电源

U_{BB}

图 7-1-3　双电源共射放大电路的组成

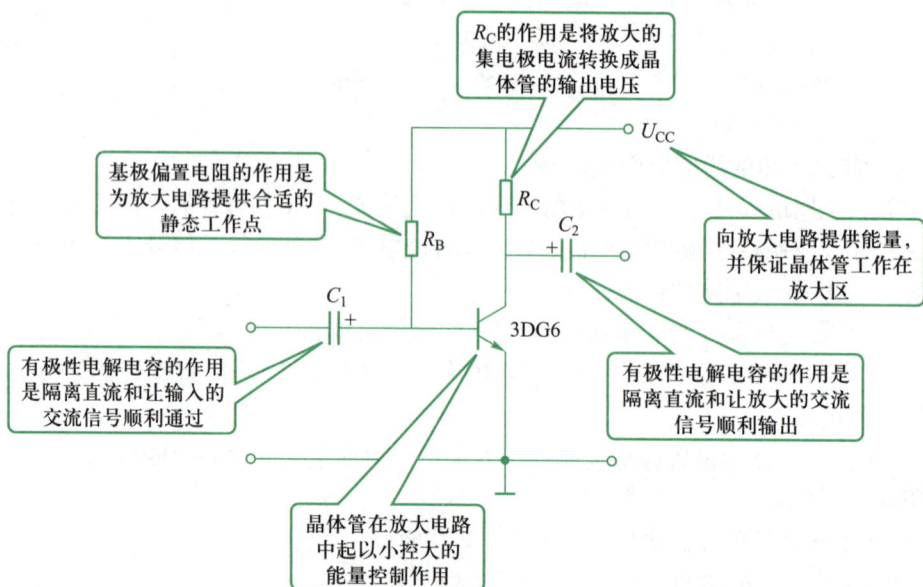

R_C 的作用是将放大的集电极电流转换成晶体管的输出电压

U_{CC}

基极偏置电阻的作用是为放大电路提供合适的静态工作点

R_B

R_C

C_2

向放大电路提供能量,并保证晶体管工作在放大区

C_1

3DG6

有极性电解电容的作用是隔离直流和让输入的交流信号顺利通过

有极性电解电容的作用是隔离直流和让放大的交流信号顺利输出

晶体管在放大电路中起以小控大的能量控制作用

图 7-1-4　晶体管单级放大电路

在图 7-1-4 中,基极偏置电流由直流供电电源 U_{CC} 提供,偏置电阻 R_B 的大小和位置发生了改变。原来偏置电阻 R_B 接在晶体管的基极和发射极之间,现在从晶体管的基极直接接到集电极电源上,为放大电路提供合适的静态工作点。

二、晶体管电流放大原理

掌握了晶体管放大电路的基本组成,那么晶体管如何实现放大作用? 晶体管实

微课

晶体管放大
电路原理

际上是电流放大器件，它有 3 个电极，分别为集电极 C、基极 B、发射极 E，分成 NPN 和 PNP 两种。下面以 NPN 型晶体管共射放大电路为例，说明晶体管电流放大原理，如图 7-1-5 所示。

图 7-1-5 所示的是 NPN 型晶体管，为了使晶体管具有放大作用，在制造时考虑了工艺要求，即发射区掺杂浓度很高；基区做得很薄，掺杂浓度比发射区和集电区低得多；集电区面积最大，便于收集自由电子。

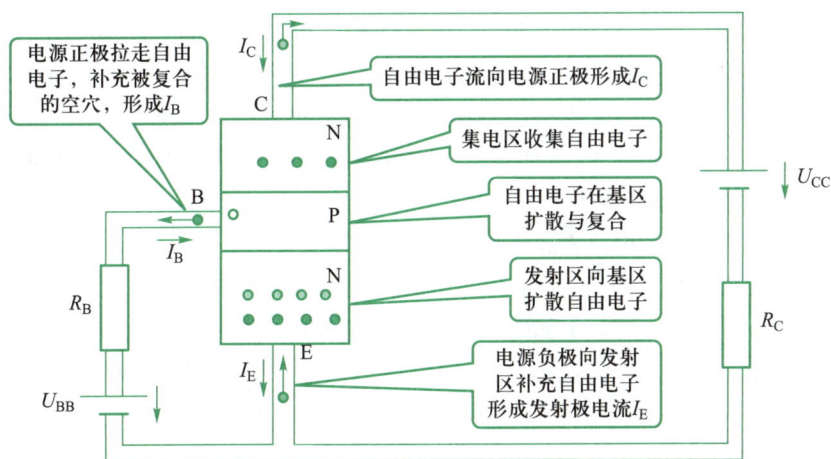

图 7-1-5　晶体管电流放大原理

1. 发射区向基区发射自由电子

电源 U_{BB} 经过电阻 R_B 加在发射结上，发射结正偏，发射区向基区扩散自由电子，也就是发射区的自由电子不断地越过发射结进入基区，形成发射极电流 I_E。

同时，基区多数载流子也向发射区扩散，但由于多数载流子浓度远低于发射区载流子浓度，可以不考虑这个电流，因此可以认为发射结主要是电子流。

2. 基区中自由电子的扩散与复合

自由电子进入基区后，先在靠近发射结的附近密集，渐渐形成电子浓度差，在浓度差的作用下，促使电子流在基区中向集电结扩散，被集电结电场拉入集电区形成集电极电流 I_C。

此外，也有很小一部分电子（因为基区很薄）与基区的空穴复合，扩散的电子流与复合电子流之比决定了晶体管的放大能力。

3. 集电区收集自由电子

由于集电结外加反向电压很大，这个反向电压产生的电场力将阻止集电区自由电子向基区扩散，同时将扩散到集电结附近的自由电子拉入集电区，从而形成集电极主电流 I_C。

另外，集电区的少数载流子（空穴）也会产生漂移运动，流向基区形成反向饱和电流，其数值很小，但对温度异常敏感。

晶体管放大的前提条件是晶体管发射结加正向电压、集电结加反向电压。放大过程是发射区向基区扩散自由电子,自由电子在基区边界扩散与复合,空穴由外电源补充,维持电流;自由电子被集电极收集。改变基极电子流就可以改变集电极电流:$I_C = \beta I_B$。

三、晶体管放大电路的工作原理

由一只晶体管组成的放大电路是放大器中最基本的单元电路,称为单级放大电路。放大电路的输入信号和输出信号,分别构成了输入回路和输出回路。图 7-1-6 所示为单级共射放大电路的原理。它由晶体管 VT、直流电源 U_{CC}、基极电阻 R_B、集电极电阻 R_C、耦合电容 C_1 和 C_2 等元器件组成。被放大的信号 u_i 从晶体管的基极输入,放大后的信号 u_o 从晶体管的集电极送出。发射极是输入回路和输出回路的公共端,放大电路内部各电流、电压都是交直流共存的。由于这种电路的偏置电流是固定的,因此称为固定偏置放大电路。

NPN 型晶体管 VT 担负着放大作用,它具有能量转换和电流控制的能力,当微弱的输入信号 u_i 使晶体管基极电流 i_B 产生微小变化时,就会使集电极电流 i_C 产生较大的变化。i_C 通过 R_C 将放大的电流转换为放大的晶体管电压 u_{CE} 输出,u_{CE} 经 C_2 滤掉了直流成分后,输出电压 u_o。总之,晶体管的放大作用在于用比较小的输入信号去控制比较大的输出信号,而输出信号的能量来源于集电极电源 U_{CC}。

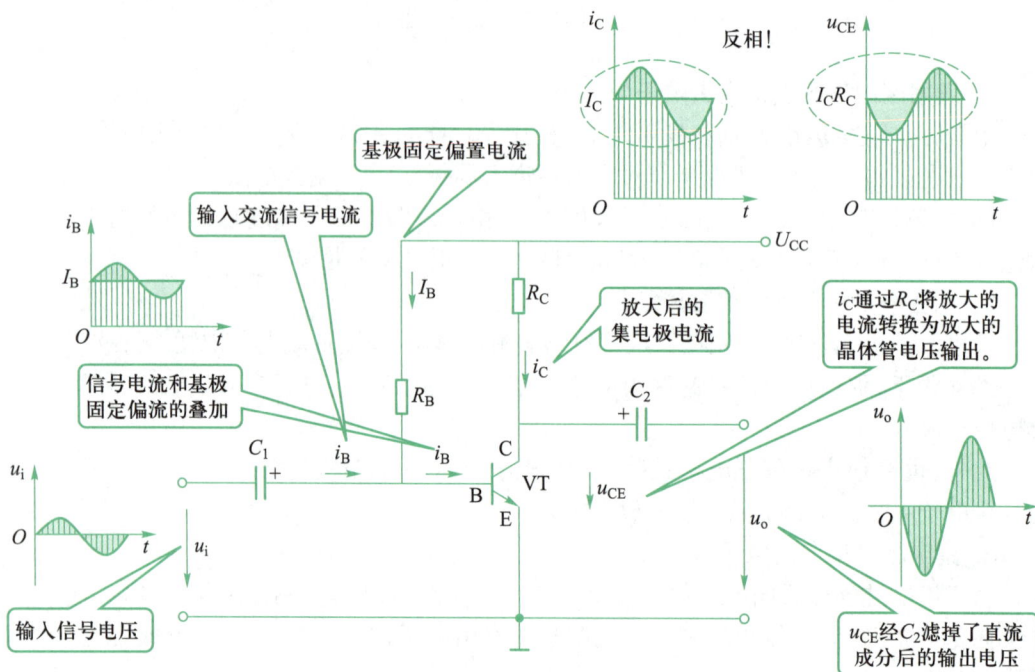

图 7-1-6　单级共射放大电路的原理

知识拓展

一、晶体管 3 种基本放大电路

放大电路在放大信号时,总有两个电极作为信号的输入端,同时应有两个电极作为输出端。根据半导体晶体管的 3 个电极与输入、输出端子的连接方式,可归纳为 3 种:共发射极放大电路、共基极放大电路以及共集电极放大电路。图 7-1-7 所示为 3 种基本放大电路的接法。

无论放大电路的组态如何,其目的都是让输入的微弱信号通过放大电路后,输出时其信号幅度显著增强。必须清楚的是,幅度得到增强的输出信号,其能量不是来自晶体管,而是由放大电路中的直流电源提供的。晶体管只是实现了对能量的控制,使之转换成信号能量,并传递给负载。

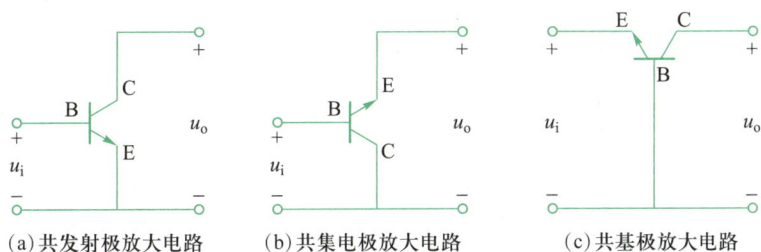

(a)共发射极放大电路　　(b)共集电极放大电路　　(c)共基极放大电路

图 7-1-7　3 种基本放大电路的接法

这 3 种基本放大电路的共同特点是,它们各有两个回路,其中一个是输入回路,另一个是输出回路,并且这两个回路有一个公共端,而公共端是对交流信号而言的。它们的区别在于:共发射极放大电路晶体管的发射极是公共端,信号从基极与发射极之间输入,从集电极和发射极之间输出;共集电极放大电路则以集电极作为输入、输出的公共端,因为它的输出信号是从发射极引出的,所以又把共集电极放大电路称为射极输出器。共基极放大电路则以基极作为输入、输出端的公共端。

二、晶体管 3 种放大电路的特性

(1) 共发射极放大电路:电压增益较大,输入信号 u_i 与输出信号 u_o 反相,输入电阻适中、输出电阻较大,频带较窄,常作为低频放大单元,具有电流放大作用,适用于电压放大与功率放大电路。

(2) 共集电极放大电路:电压增益约等于 1,输入信号 u_i 与输出信号 u_o 同相,具有电压跟随特性。在 3 种组态中其输入电阻较大,输出电阻最小,具有电流放大和功率放大作用,常用于电压放大电路的输出级。

(3) 共基极放大电路:电压增益较大,输入信号 u_i 与输出信号 u_o 同相,输入电阻小,输出电阻较大,在三种组态中频率特性最好,常用于宽带放大,无电流放大作用,适用于高频电路。

技能训练

搭铁探测器的安装与调试

1. 实训设备与器材

晶体管(9013)2 只、发光二极管(红光)1 只、10 μF 电容 1 个、50 μF 电容 1 个、100 μF 电容 1 个、130 kΩ 电阻 2 个、2.2 kΩ 电阻 1 个、20 Ω 电阻 1 个、8 Ω 扬声器 1 个、传感器 1 个、开关 1 个、模拟电子技术实训装置 1 套、导线若干、万用表 1 个。

2. 电路工作原理及分析

晶体管放大电路是电工电子设备中应用较为普遍的基本放大电路,其作用是将微弱的电信号转变为更强的电信号。在一般情况下,传感器所检测到的电信号往往比较弱,汽车在行驶过程中,由于颠簸、振动等原因电气线路与车体摩擦而损坏绝缘层发生搭铁(短路)故障。图 7-1-8 是汽车电气线路搭铁探测器电路。

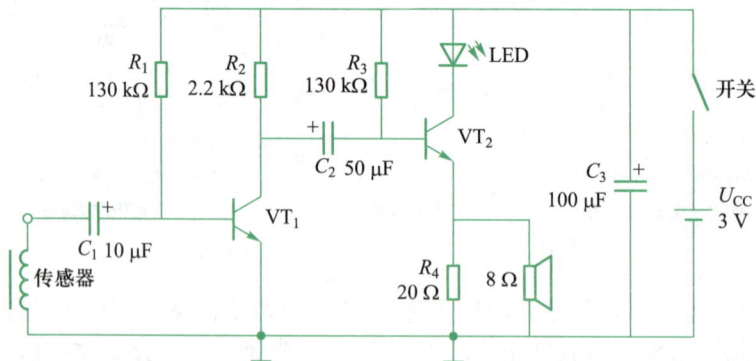

图 7-1-8 汽车电气线路搭铁探测器电路

工作原理:当导线搭铁后,在搭铁点就会产生短路电流,短路点就会向周围发出高次谐波信号。

这个信号就被由线圈和铁心构成的传感器接收到,在传感器中产生交变的电信号。这个信号很微弱,经过三极管 VT_1 放大后,在 VT_1 的集电极就会得到放大的交变信号,再送入 VT_2 的基极进行放大,使接在 VT_2 的集电极的发光二极管闪烁发光,接在 VT_2 发射极的扬声器发出声响。

传感器越接近故障点,接收到的信号越强,经过放大后,发光二极管越亮,扬声器发出的声响越强。根据发光二极管的亮度变化和扬声器声音变化,就能很快找到故障点。

3. 搭铁探测器的安装与调试

(1) 用万用表检测所有电子元器件。

(2) 完成电路连接并完成搭铁探测器的调试。

(3) 观察输入、输出状态变化,根据观察结果记录。

课后思考

一、填空题

1. 基本放大电路的 3 种组态分别是_____放大电路、_____放大电路和_____放大电路。

2. 晶体管放大电路应遵循的基本原则是：_____结正偏；_____结反偏。

3. 在单级共射放大电路中，若输入电压为正弦波形，则输出与输入电压的相位_____。

二、判断题

1. 放大电路中的输入信号和输出信号的波形总是反相关系。（　　）

2. 分压式偏置共射放大电路是一种能够稳定静态工作点的放大器。（　　）

3. 放大电路必须加上合适的直流电源才能正常工作。（　　）

4. 在晶体管放大电路中，发射结正向偏置，集电结反向偏置，则晶体管处于饱和状态。（　　）

5. 放大电路的放大作用实质是把能量进行了放大的过程。（　　）

6. 共射放大电路的电压放大倍数约等于1。（　　）

7. 晶体管放大电路的输出信号能量是由直流电源提供的。（　　）

8. 放大电路的电压放大倍数，只由晶体管的放大系数来决定。（　　）

三、选择题

1. 基本放大电路中的主要放大对象是（　　）。

　A. 直流信号

　B. 交流信号

　C. 交直流信号均有

2. 射极输出器的输出电阻小，说明该电路的（　　）。

　A. 带负载能力强

　B. 带负载能力差

　C. 减轻前级或信号源负荷

任务评价

完成任务评价表，见表 7-1-1。

表 7-1-1　任务评价表

评价项目	评价内容	要求	配分	评分		
				自评	小组	教师
晶体管放大电路	了解晶体管放大电路	能分析晶体管放大电路原理	20分			
电路组装	按要求完成电路的组装或连接	能够独立完成基本放大电路的组装或连接	20分			
电路测量	正确使用万用表	万用表操作方法正确,测量结果正确	10分			
	电路参数及信号测量	使用相关仪器进行测量,测量方法正确,读数正确	20分			
安全规范操作	仪器的操作	仪器使用完毕整理工位	10分			
完成工作任务的表现	学习态度端正,积极完成工作任务,认真学习相关知识,遵守安全操作规程和劳动纪律,有良好的职业道德和职业素养		10分			
完成本次工作任务的体会(学到了哪些知识、掌握了哪些技能、有哪些收获):			10分			
总分			100分			
综合评价得分						

任务二　晶体管开关电路原理及应用

必学必会

1. 掌握晶体管开关电路中晶体管的工作状态。
2. 会分析晶体管开关电路的工作原理及应用。
3. 掌握晶体管开关电路在汽车电路中的应用。

任务描述及分析

晶体管的开关特性在汽车电路上的应用非常广泛,如用在晶体管电压调节器、无触点电子闪光器等电路中的开关晶体管。当晶体管饱和时,相当于开关闭合;当晶体管截止时,相当于开关断开。严格说来,晶体管与一般的机械触点式开关在动作上并不完全相同,相当于无触点开关。下面通过本任务学习晶体管开关电路的工作原理及应用。

相关知识

一、晶体管开关电路

晶体管除了可以放大交流信号,还可以用作开关。严格说来,晶体管与一般的机械触点式开关在动作上并不完全相同,但是它具有一些机械触点式开关所没有的特点。晶体管在用作无触点电子开关时,是饱和区与截止区交替工作的,在饱和区时相当于开关接通,在截止区时相当于开关断开。饱和的条件为:发射结、集电结均正偏;截止的条件为:发射结零偏或反偏、集电结反偏。当晶体管在基极电流控制下,在截止与饱和两种状态交替变换,就像一个开关的断开与闭合。

NPN 型和 PNP 型晶体管的功能基本相同,唯一的区别是它们的电流方向正好相反。NPN 型晶体管基极的电流方向为从基极流向发射极,而 PNP 型晶体管正好相反,电流从发射极流向基极;NPN 型晶体管主回路电流方向为从集电极流向发射极,而 PNP 型晶体管主回路电流方向为从发射极流向集电极。

如图 7-2-1 所示,当基极 B 输入一个高电位控制信号时,晶体管 VT 饱和导通,相当于闭合的开关;当基极 B 高电位控制信号撤离后,晶体管 VT 进入截止状态,相当于 C、E 间断开。

PNP 型晶体管开关电路在基极 B 加的控制信号要低于发射极电位。如图 7-2-2 所示,当基极 B 输入一个低电位控制信号时,晶体管 VT 饱和导通,相当于闭合的开关;

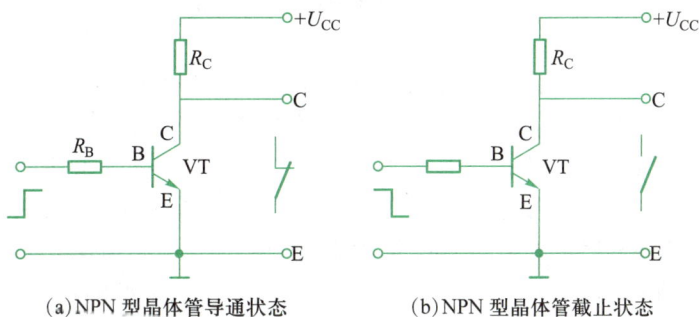

(a)NPN 型晶体管导通状态　　　　(b)NPN 型晶体管截止状态

图 7-2-1　NPN 型晶体管的开关状态

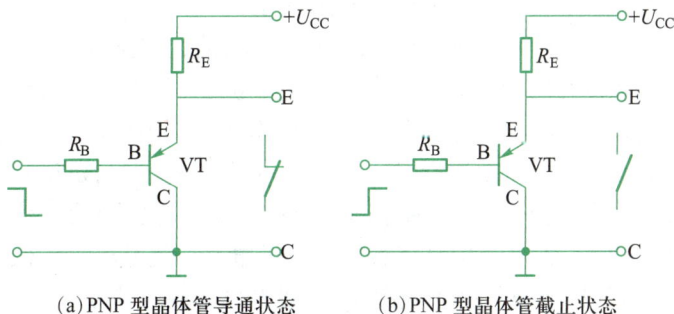

(a)PNP 型晶体管导通状态　　　　(b)PNP 型晶体管截止状态

图 7-2-2　PNP 型晶体管的开关状态

当基极 B 低电位控制信号撤离后,晶体管 VT 进入截止状态,相当于 C、E 间断开。

二、晶体管开关电路的改进

为了能使晶体管开关可靠截止,尤其当输入电压接近 0.7 V 时更是如此(对硅晶体管而言,其基 – 射极正向偏置电压约为 0.7 V,因此要使晶体管截止,u_i 应低于 0.7 V,以使晶体管的基极电流为零),但有时候,有些输入端置 0 后未必真正达到 0 V 电压。若想要克服这种临界状况,就应采取修正步骤,以保证晶体管能截止。图 7-2-3 所示为针对这种情况设计的晶体管开关改进电路。图中的电路加上下拉电阻 R_2,用于在临界输入电压时确保开关截止。R_2 的阻值应大一些,至少应比 R_1 大一个数量级,这样在计算 R_1 阻值时,可以忽略 R_2 的存在。

(a) NPN 型晶体管开关改进电路　　　　(b) PNP 型晶体管开关改进电路

图 7-2-3　晶体管开关改进电路

以晶体管控制灯泡为例,通过处理器(如单片机、DSP、ARM、FPGA 等)的 I/O 口控制晶体管开关电路的基极,控制晶体管的工作状态,以达到控制小灯泡的亮灭,NPN 型和 PNP 型晶体管的接法有些不同,NPN 型晶体管控制灯泡的负极;PNP 型晶体管控制灯泡的正极。由图 7-2-3 可知,晶体管在未导通时,R_1 和 R_2 形成一个串联分压电路,加在基极上的电压为两个电阻分压值,所以基极电压必低于 u_i 值,因此即使 u_i 接近于临界值(u_i=0.7 V),基极电压仍受连接于负电源的辅助—截止电阻拉低电位,使其电位低于 0.6 V。由于 R_1、R_2 及 u_i 值的刻意设计,只要 u_i 在高值的范围内,基极仍将有足够的电压可使晶体管导通,不受到辅助—截止电阻的影响。同时,如果输入 u_i 是浮空的,R_2 可以把电平下拉至低电平,防止误操作。

图 7-2-3(a)所示是 NPN 型晶体管开关改进电路。当基极输入高电位(正脉冲)控制信号时,晶体管将导通并进入饱和状态,集电极回路电流较大,集电极与发射极间的电压接近于零,此时晶体管相当于一个接通的开关,指示灯被点亮;当基极由高电位变低电位时,晶体管截止,相当于一个断开的开关,切断了集电极回路,指示灯熄灭。

图 7-2-3(b)所示是 PNP 型晶体管开关改进电路。当基极输入低电位(负脉冲)控制信号时,晶体管将导通并进入饱和状态,集电极回路电流较大,集 – 射极间的电压接近于零,此时晶体管相当于一个接通的开关,指示灯被点亮;当基极由低电位变

微课

晶体管开关
电路的应用

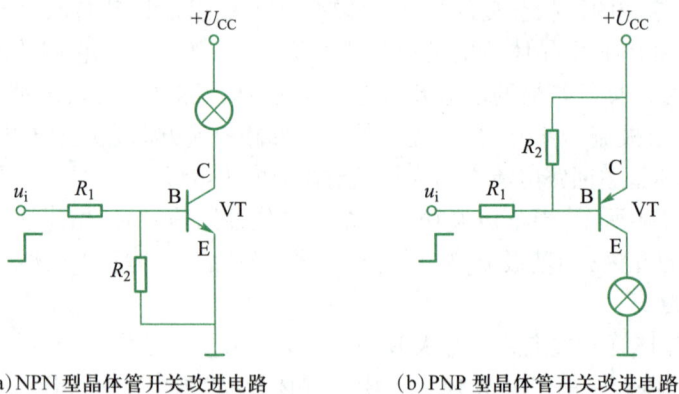

高电位时,晶体管截止,相当于一个断开的开关,切断了集电极回路,指示灯熄灭。

从这个例子中可以看出,不管是 NPN 型晶体管还是 PNP 型晶体管,只要基极输入相应的控制信号,就可使晶体管饱和导通或截止,起到开关通断的作用。

三、晶体管开关电路在汽车电子电路中的应用

在汽车电子电路中,晶体管主要用作电子开关。在晶体管开关电路中,主要是利用晶体管的导通和截止实现对电器设备的控制。晶体管相当于一个由基极信号所控制的无触点开关,它时而"断开",时而"接通"。ECU(Electronic Control Unit,电子控制单元)通过控制晶体管的基极来控制晶体管截止或饱和导通,实现对某个执行元件的控制。在现实应用中,现在 ECU 内采用高度集成的控制芯片,早已没有单个晶体管,但是上述控制原理还是用晶体管表达出来的,目的是让我们理解它内部的控制。汽车上的电控部件的执行元件,主要是电磁线圈,如发电机转子线圈、发动机喷油器、怠速控制阀、废气再循环阀、继电器、自动变速器电磁阀、ABS 系统电磁阀等,主要的控制方式是利用 NPN 型晶体管实现对电磁线圈的搭铁控制。个别车型利用 PNP 型晶体管实现对电磁线圈的正极控制,如别克君越发动机油泵继电器。

知识拓展

图 7-2-4 所示是汽车发动机 ECU 控制喷油器开关动作的电路。由晶体管控制喷油器线圈的搭铁回路,晶体管的集电极 C 连接喷油器,发射极 E 搭铁。当发动机 ECU 给晶体管基极提供高电压时,晶体管导通,这时 C 极和 E 极之间相当于开关接通,

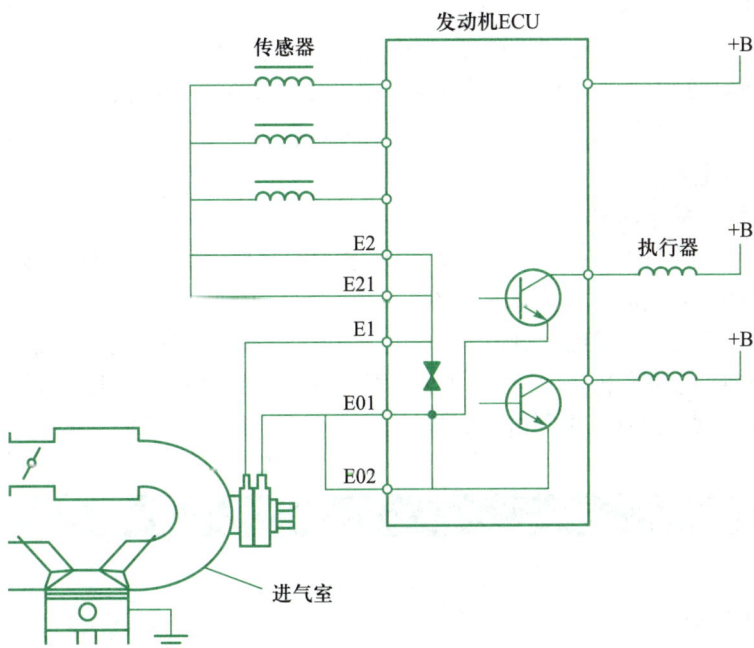

图 7-2-4　汽车发动机 ECU 控制喷油器开关动作的电路

喷油器线圈通电,喷油器电磁阀打开,开始喷油;当发动机 ECU 给晶体管基极提供低电压时,晶体管截止,这时 C 极与 E 极之间相当于开关断开,喷油器电磁阀关闭,停止喷油。

技能训练

光控灯电路的组装与调试

光控灯应用范围很广,如自动路灯、走廊灯等。图 7-2-5 所示为一个简单实用的光控灯电路图。其利用光敏电阻 R_p 感光效应(光越强,阻值越小)控制 VT_1、VT_2 的导通与截止,实现灯(LED)的自动亮灭。

1. 实训电路图

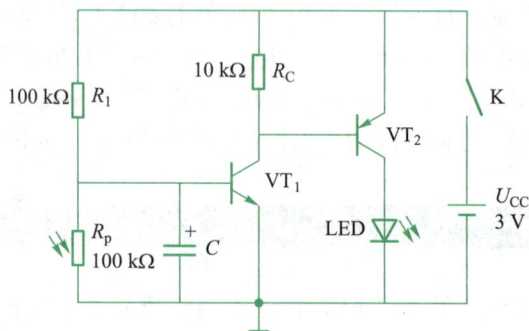

图 7-2-5　光控灯电路图

2. 电路工作原理

如图 7-2-5 所示,当有光照射到光敏电阻时,其阻值减小(减小到几十千欧),VT_1 基极电压被拉低而截止,VT_2 基极电压升高而截止,LED 灭;反之,光敏电阻没有光照时,其阻值增大(增大到几兆欧),VT_1 基极电压升高并导通,VT_2 基极电压降低并饱和导通,LED 得电发光。

3. 电路安装与调试

(1)尽量按电路图中元件的位置,按从左到右、自上而下的顺序插接,这样可以减少误连和错连,同时方便调试和检查。

(2)本电路中用到特殊元件如光敏电阻 R_p,使用前可先用万用表测试其在受光时的电阻和背光时的电阻,因为光敏电阻对光异常敏感,所以在调试电路时,要避免日光灯或阳光直接照射,否则电路会失控。

课后思考

一、填空题

1. 晶体管被用作开关元件时,要求其工作在_____状态和_____状态。

2. 判断图 7-2-6 所示晶体管的工作状态。

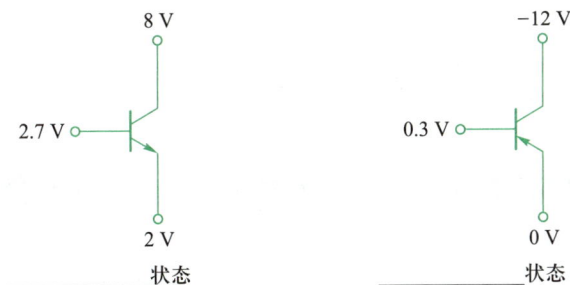

图 7-2-6　晶体管的工作状态

二、思考题

1. NPN 型晶体管和 PNP 型晶体管作为开关电路有什么不同？
2. 晶体管用作开关时和传统的机械触点式开关对比，有什么优势？

任务评价

完成任务评价表，见表 7-2-1。

表 7-2-1　任务评价表

评价项目	评价内容	要求	配分	评分		
				自评	小组	教师
晶体管开关电路	对晶体管开关电路的理解	能正确分析晶体管开关电路	20分			
电路组装	按要求完成电路的组装或连接	能够独立完成晶体管开关电路的组装或连接	20分			
电路调试	正确使用万用表	万用表操作方法正确，测量结果正确	10分			
	电路功能正确	实训电路连接正确并能实现相关功能	20分			
安全规范操作	仪器的安全操作	仪器使用完毕整理工位	10分			
完成工作任务的表现	学习态度端正，积极完成工作任务，认真学习相关知识，遵守安全操作规程和劳动纪律，有良好的职业道德和职业素养		10分			
完成本次工作任务的体会(学到了哪些知识、掌握了哪些技能、有哪些收获):			10分			
总分			100分			
综合评价得分						

任务三　集成运算放大器原理及应用

必学必会

1. 了解集成运算放大器的内部电路组成及其主要参数。
2. 掌握集成运算放大器的电路符号及其电压传输特性。
3. 掌握理想运算放大器的条件及两个重要结论,即"虚短"和"虚断"。
4. 掌握集成运算放大器的比例、加法、减法和积分等基本运算电路及其应用。
5. 掌握集成基本运算放大器在汽车电路中的应用。

任务描述及分析

　　随着电子技术的发展和半导体工艺的不断完善,20世纪60年代出现了集成运算放大器。集成运算放大器将晶体管、二极管、电阻、导线等集成在一块半导体芯片上。作为一个单元部件,集成运算放大器具有体积小、质量轻、功耗低、可靠性高、价格便宜等优点,在信号测量、信号处理、波形变换、自动控制等领域中得到广泛运用。例如,在数控机床、仪器仪表等工业设备中;在通信设备和计算机中;在音响、电视、洗衣机、电冰箱、空调等家用电器中,都采用了集成电路。集成电路技术的发展将直接促进整机的小型化、高性能化、多功能化和高可靠性。下面通过本任务学习集成运算放大器的原理及其应用。

相关知识

一、集成运算放大器的组成

　　集成运算放大器(简称集成运放)是一种具有高电压放大倍数的直接耦合放大器,主要由输入级、中间级、输出级三部分组成,如图7-3-1所示。输入级是差分放大电路,有同相和反相两个输入端。前者的电压变化和输出端的电压变化方向一致,后者则相反。中间级提供高电压放大倍数,经输出级传到负载。其中调零端外接电位器,用来调节使输入端对地电压为零(或某一预定值)时,输出端对地电压也为零(或另一个预定值)。补偿端外接电容器或阻容电路,以防止工作时产生自激振荡(有些集成运算放大器不需要调零或补偿)。供电电源通常接成对地为正或对地为负的形式,而以地作为输入、输出和电源的公共端。

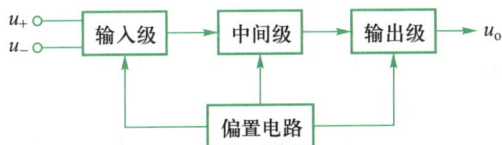

图 7-3-1 集成运算放大器组成框图

(1) 输入级：通常由差分放大电路构成，其目的是减小放大电路的零点漂移、提高输入阻抗及共模抑制比。

(2) 中间级：通常由共射放大电路构成，其目的是获得较高的电压放大倍数。

(3) 输出级：通常由互补对称电路构成，其目的是减小输出电阻，提高电路的带负载能力。

(4) 偏置电路：为使工作点稳定，一般采用恒流源偏置电路，为各级电路提供合适的静态工作点。

二、集成运算放大器的主要参数

1. 集成运算放大器的符号

如图 7-3-2 所示，集成运算放大器有两个输入端，一个输出端。反相输入端，用符号"−"表示，由此输入的信号，输出信号与输入信号反相；同相输入端，用符号"+"表示，由此输入的信号，输出信号与输入信号同相。

2. 集成运算放大器的引脚

μA741 集成运算放大器的 8 个引脚排列如图 7-3-3 所示。

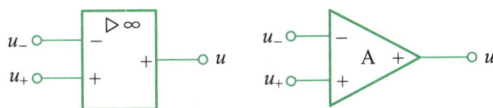

(a) 国家标准符号　　　　(b) 常用符号

图 7-3-2 集成运算放大器的符号

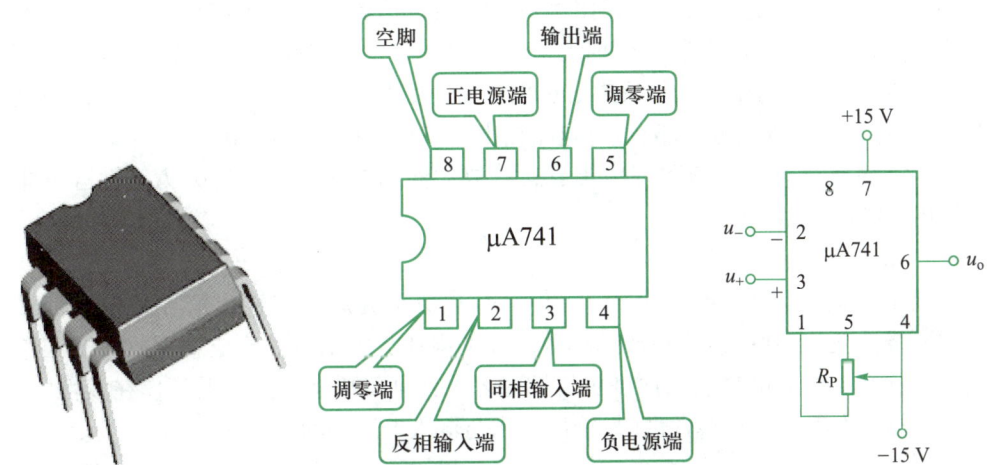

(a) μA741 集成运算放大器实物图　　(b) μA741 集成运算放大器引脚图　　(c) μA741 集成运算放大器电路

图 7-3-3 μA741 集成运算放大器的引脚

3. 集成运算放大器的主要参数

(1) 开环差模电压放大倍数 A_{uo}：在集成运算放大器无外加反馈时的直流差模放大倍数称为开环差模电压放大倍数。

(2) 共模抑制比 K_{CMR}：共模抑制比等于差模放大倍数与共模放大倍数之比的绝对值。

(3) 差模输入电阻 R_{id}：集成运算放大器在输入差模信号时的输入电阻。

(4) 输出电阻 R_o：集成运算放大器开环状态下的输出电阻。

(5) 输入失调电压 U_{IO}：理想集成运算放大器，当输入为零时，输出也为零。但实际集成运算放大器的差分输入级不易做到完全对称，在输入为零时，输出电压可能不为零。为使其输出为零，人为地在输入端加一补偿电压，称此补偿电压为输入失调电压，用 U_{IO} 表示。

(6) 输入失调电流 I_{IO}：集成运算放大器在常温下，当输出电压为零时，两个输入端的静态电流之差称为输入失调电流，用 I_{IO} 表示。

三、理想运算放大器的条件

在分析由实际运算放大器组成的电路时，为了简化分析，往往采用理想运算放大器来代替。所谓理想运算放大器，即把实际运算放大器的参数理想化。

(1) 开环差模电压放大倍数 $A_{uo} = \infty$。

(2) 差模输入电阻 $R_{id} = \infty$。

(3) 输出电阻 $R_o = 0$。

(4) 共模抑制比 $K_{CMR} = \infty$。

四、集成运算放大器的工作特性

输出电压和输入电压之比为运算放大器的电压传输特性。理想运算放大器开环输入的线性范围（输出、输入成比例）很小，所以运算放大器工作在线性工作状态的必要条件是：运算放大器必须加上深度负反馈。常见电路为电压并联负反馈（反相比例放大器）和电压串联负反馈（同相比例放大器）。开环工作和正反馈工作都是非线性应用，如各种比较电路，这时电路输出状态只有正、负两种状态。

实际集成运算放大器和理想集成运算放大器的电压传输特性分为线性区和非线性区，如图 7-3-4 所示。

1. 线性区

当集成运算放大器输入信号很微小时，集成运算放大器输出信号随输入信号变化而线性变化，其比值为集成运算放大器的电压放大倍数。集成运算放大器工作在线性状态。一般电路引入深度负反馈时才可保证集成运算放大器工作在线性区。集成运算放大器工作在线性区时，输出电压与输入电压之间的关系为

$$U_0 = A_{uo}(U_- - U_+) \qquad (7-3-1)$$

集成运算放大器工作在线性区时有以下两个重要特征。

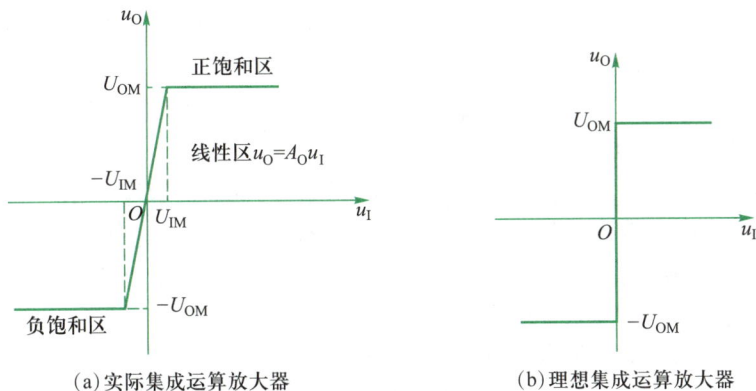

图 7-3-4 集成运算放大器的电压传输特性

(1)"虚短":理想集成运算放大器两个输入端的净输入电压等于零,同相输入端与反相输入端的电位相等,$U_-=U_+$,但不是短路,即 $U_i=U_--U_+=0$,通常称为"虚短"。

(2)"虚断":集成运算放大器工作在线性区时,由于输入阻抗很高,两个输入端电流均为零,即 $i_-=i_+=0$,通常称为"虚断"。

在计算电路时,只要是线性应用,均可以应用以上两个特征。

2. 非线性区

集成运算放大器开环状态时工作在非线性区,输出电压为最大饱和值,$+U_{OM}$ 或 $-U_{OM}$ 不随输入电压变化。

五、集成运算放大器的线性应用

集成运算放大器与外部电阻、电容、半导体器件等构成闭环电路后,能对各种模拟信号进行比例、加法、减法、微分、积分、对数、反对数、乘法和除法等运算。

1. 比例运算放大器

(1)反相比例运算放大电路。反相比例运算放大电路如图 7-3-5 所示。信号电压通过电阻 R_1 加至运算放大器的反相输入端,输出电压 u_0 通过反馈电阻 R_F 反馈到运算放大器的反相输入端,构成电压并联负反馈放大电路。

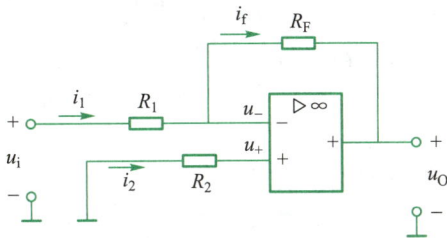

图 7-3-5 反相比例运算放大电路

利用"虚短"和"虚断"的特征进行分析,根据"虚短"可以推出 $u_-=u_+=0$,由"虚断"可推出 $i_2=0$,因此 $u_+=$ 地,则 $I_1=I_F$,推算出 u_0 与 u_i 的关系为

$$u_0=-\frac{R_F}{R_1}u_i \qquad (7-3-2)$$

闭环电压放大倍数为

$$A_f=\frac{u_0}{u_i}=-\frac{R_F}{R_1} \qquad (7-3-3)$$

若取 $R_1=R_F$,电路成为反相器,$u_0=-u_i$,电压放大位数 $A_{uf}=-1$。

在反相比例运算电路中,R_2 是平衡电阻,应满足 $R_2=R_1//R_F$。反相比例运算放大电路有如下特点。

① 运算放大器两个输入端的电压相等并等于零,故没有共模输入信号,这样对运算放大器的共模抑制比没有特殊要求。

② $u_+=u_-$,而 $u_-=0$,反相端 "–" 没有真正接地,故称为虚地点。

③ 电路在深度负反馈条件下,电路的输入电阻为 R_1,输出电阻近似为零。

(2) 同相比例运算放大电路。同相比例运算放大电路如图 7–3–6 所示。信号电压通过电阻 R_2 加到运算放大器的同相输入端,输出电压 u_0 通过电阻 R_1 和 R_F 反馈到运算放大器的反相输入端,构成电压串联负反馈放大电路。

根据"虚短"的特征有 $u_-=u_+=u_i$,由"虚断"的特征有 $i_2=0$,因此 $u_+=u_i$、$i_1=i_f$,可以推算出 u_0 与 u_i 的关系为

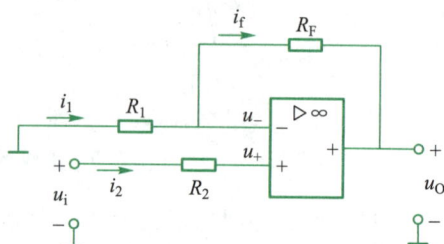

图 7–3–6 同相比例运算放大电路

$$u_0=\left(1+\frac{R_F}{R_1}\right)u_i \tag{7-3-4}$$

闭环电压放大倍数为

$$A_f=\left(1+\frac{R_F}{R_1}\right) \tag{7-3-5}$$

显然,同相比例运算放大电路的输出必然大于输入。为提高电路的对称性,与反相比例运算放大电路相同,$R_2=R_1//R_F$。同相比例运算放大电路的特点如下。

① 输入电阻很大,输出电阻很小。

② 由于 $u_-=u_+=u_i$,电路不存在"虚地",且运算放大器存在共模输入信号,因此要求运算放大器有较高的共模抑制比。

图 7–3–7 所示电路的输出电压与输入电压之间的关系为

$$u_0=u_i \tag{7-3-6}$$

因此也称为电压跟随器。它是同相比例放大器的特例,电压放大位数为 1,但输入电阻极大(比射极跟随器的输入电阻还大)。

2. 反相加法运算放大电路

反相加法运算放大电路与同相加法运算放大电路的差异在于输入信号分别从运算放大器的反相输入端和同相输入端输入。输出信号与输入信号的相位相反或相同,如图 7–3–8 所示,这是一个 3 路输入的反相加法运算放大电路。

反相加法运算放大电路存在"虚地"现象,因此 $u_-=u_+=$ 地,可以推导出

$$\frac{u_{i1}}{R_1}+\frac{u_{i2}}{R_2}+\frac{u_{i3}}{R_3}=-\frac{u_0}{R_F} \tag{7-3-7}$$

若 $R_1=R_2=R_3$,则

$$u_0=-\frac{R_F}{R_1}(u_{i1}+u_{i2}+u_{i3}) \tag{7-3-8}$$

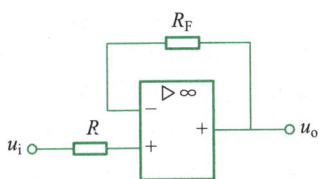

图 7-3-7 电压跟随器

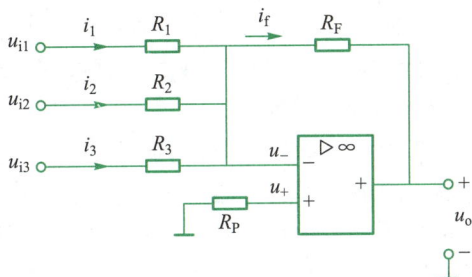

图 7-3-8 反相加法运算放大电路

电路放大倍数 $A_f = R_F/R_1$，输出信号是 3 路输入信号之和的 A_f 倍。"–"仅代表输出信号和输入信号的相位相反，或者差 180°。

若 $R_1 = R_F$，则

$$u_O = -(u_{i1} + u_{i2} + u_{i3}) \qquad (7\text{-}3\text{-}9)$$

实现反相求和运算。

3. 差分减法运算放大电路

若两个输入端都有信号输入，则为差分输入。差分放大电路又称为差分放大电路，当该电路的两个输入端的电压有差别时，输出电压才有变动，因此称为差分。差分运算在测量和控制系统中应用很多，其运算放大电路如图 7-3-9 所示。

$$u_O = \left(1 + \frac{R_F}{R_1}\right)\frac{R_3}{R_2 + R_3} u_{i2} - \frac{R_F}{R_1} u_{i1} \qquad (7\text{-}3\text{-}10)$$

若取 $\dfrac{R_3}{R_2} = \dfrac{R_F}{R_1}$，则

$$u_O = \frac{R_F}{R_1}(u_{i2} - u_{i1}) \qquad (7\text{-}3\text{-}11)$$

若 $R_1 = R_F$，则

$$u_O = u_{i2} - u_{i1} \qquad (7\text{-}3\text{-}12)$$

实现了输出对输入的减法运算，差分放大电路是差分减法运算放大电路的一种形式。

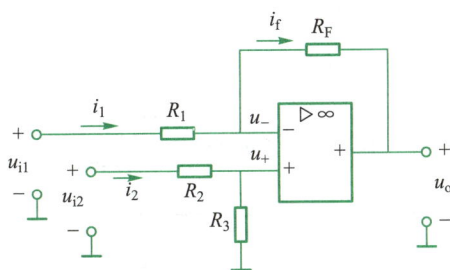

图 7-3-9 差分减法运算放大电路

六、集成运算放大器的非线性应用

集成运算放大器应用在非线性电路时，处于开环或正反馈状态下。非线性区的运算放大器，输出电阻仍可以认为是零值。此时，运算放大器的输出量与输入量之间为非线性关系，输出端信号电压或为正饱和值，或为负饱和值。集成运算放大器工作于非线性区的显著特点就是运行在开环或正反馈状态下，因为运算放大器的开环电压放大倍数 A_u 极高，所以只要输入一个很小的电压信号，即可使运算放大器进入非线性区。运算放大器工作在非线性区时，输入信号和输出信号不成线性关系。

集成运算放大器可以构成电压比较器，就是对两个输入信号进行比较的一种

集成运算放大器。它的两个输入信号一个作为基准电路,另一个是被比较的输入电路。当两个电压不相等时,集成运算放大器就输出高电平或低电平。

1. 过零电压比较器

图 7-3-10 所示是一种最为简单的过零电压比较器,其同相输入端接地即参考电压为零。图中运算放大器处于开环状态(没有反馈),由于集成运算放大器开环电压放大倍数很高,即使输入端有一个非常小的差值信号,也会使输出达到饱和值,因此集成运算放大器工作在非线性区。集成运算放大器工作在非线性区时,输出电压 u_o 只有高电平、低电平两种可能。由于门限电压等于零,因此为过零电压比较器。输入电压只要到达门限电压值,输出电压即可发生跳变。

当输入信号 $u_i > 0$ 时,$u_o = -U_{OM}$。

当输入信号 $u_i < 0$ 时,$u_o = +U_{OM}$。

需要指出的是,在电压比较器中,使输出电压 u_o 从高电平跃变为低电平(或者从低电平跃变为高电平)时的输入电压 u_i,称为"阈值电压"或"门限电压",用 U_{TH} 表示。

过零比较器的阈值电压为

$$U_{TH} = 0 \tag{7-2-13}$$

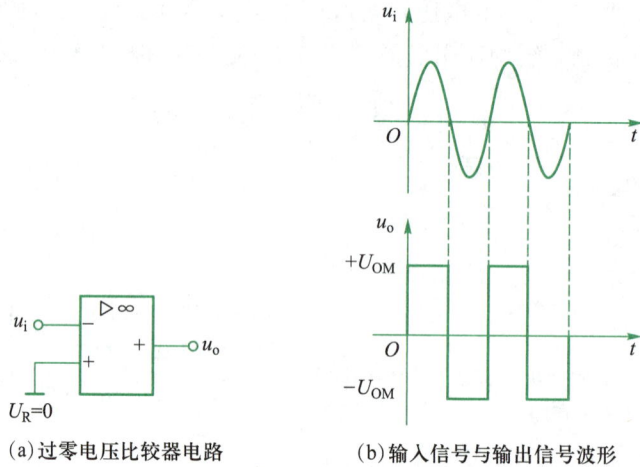

(a)过零电压比较器电路　　(b)输入信号与输出信号波形

图 7-3-10　过零电压比较器

2. 一般单限电压比较器

单限电压比较器只有一个门限电平,当输入电压达到此门限值时,输出状态立即发生跳变。电压比较器广泛应用于模数转换接口、电平检测及波形变换等领域中。

若电压比较器的参考电压不为零,而是某一数值 U_R,则构成图 7-3-11 所示的一般单限电压比较器。若将参考电压接在同相输入端,输入信号接在反相输入端。

当输入信号 $u_i > U_R$ 时,$u_o = -U_{OM}$;

当输入信号 $u_i < U_R$ 时,$u_o = +U_{OM}$。

这种电压比较器的特点是输入信号每次经过参考电压 U_R 时输出要跳变,也称为一般单限电压比较器。当 $u_+ = u_-$ 时，输出发生状态的转换为 $U_{TH} = U_R$。

单限电压比较器具有电路简单、灵敏度高等优点，存在的主要问题是抗干扰能力差。

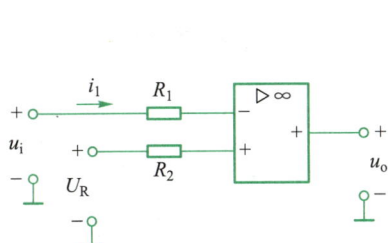

(a) 单限电压比较器电路　　(b) 单限电压比较器的电压传输特性

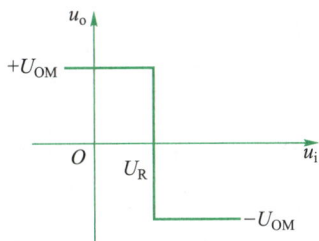

图 7-3-11　一般单限电压比较器

知识拓展

一、微分运算电路

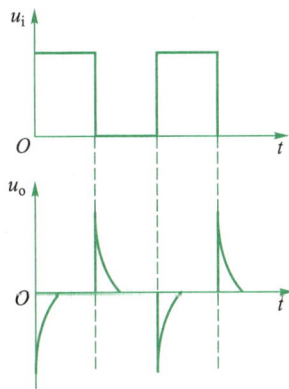

微分运算电路是脉冲数字电路中常用的一种波形变换电路，它可以将矩形脉冲变换成正负极性的尖顶脉冲，如图 7-3-12 所示。微分运算电路的特点是输出信号能突出地反映输入信号的跳变部分，而对恒定部分则无反映。利用这个特点可以把信号中的跳变部分选择出来成为尖顶脉冲的形式加以利用。

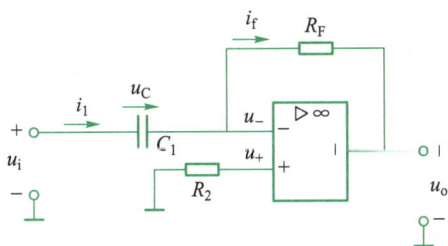

(a) 微分运算电路　　　　(b) 输入与输出的波形

图 7-3-12　微分运算电路

微分运算电路可用于波形变换，将矩形波变换成尖顶脉冲，微分运算电路的输出信号 u_o 与输入信号 u_i 相位相反，两者之间的关系为

$$u_o = -R_F C_1 \frac{\mathrm{d}u_i}{\mathrm{d}t} \tag{7-3-14}$$

电路实现了输出电压正比于输入电压对时间的微分。式(7-3-14)中的比例常数 R_FC_1 为电路的时间常数。

二、积分运算电路

输出信号与输入信号的积分成正比的电路,称为积分运算电路,如图 7-3-13 所示。积分运算电路可将矩形脉冲波转换为锯齿波或三角波,还可将锯齿波转换为抛物波。其电路原理是基于电容的充放电原理,构成积分运算电路的条件是电路的时间常数必须要大于或等于 10 倍于输入波形的时间宽度。

积分运算电路的输出信号 u_o 与输入信号 u_i 相位相反,两者之间的关系为

图 7-3-13　积分运算电路

$$u_o=-\frac{1}{R_1C_1}\int u_i\mathrm{d}t \tag{7-3-15}$$

电路实现了输出电压正比于输入电压对时间的积分。式(7-3-15)中的比例常数 R_1C_1 为电路的时间常数。

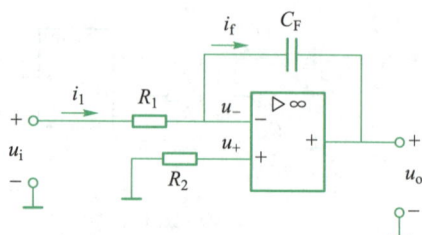

技能训练

汽车发动机冷却液温度过高报警器的设计

1. 电路设计要求

利用所学的知识,设计并完成一个发动机冷却液温度过高报警器电路。要求:当发动机冷却液温度高于一定数值时,保护电路发出声光报警,提示驾驶人停车检查。

材料:LM339 芯片(电压比较器)、电阻若干(大小自定)、晶体管(9013)1 只、发光二极管(导通压降为 2 V、工作电流为 10 mA)1 只、蜂鸣器 1 个、导线若干。

2. 电路设计原理

汽车发动机冷却液温度过高报警器电路如图 7-3-14 所示。

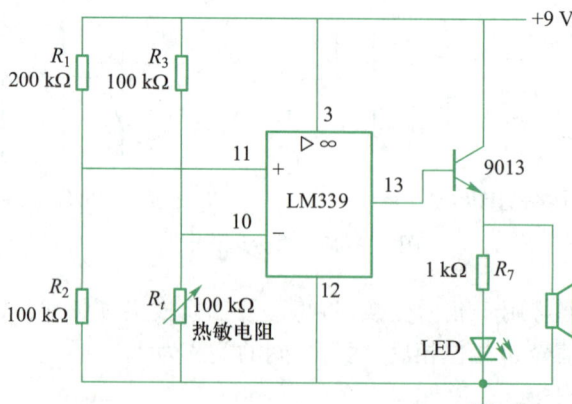

图 7-3-14　汽车发动机冷却液温度过高报警器电路

3. 原理说明

（1）LM339 功能简介。

LM339 芯片内部装有 4 个独立的电压比较器，LM339 引脚图如图 7-3-15 所示。

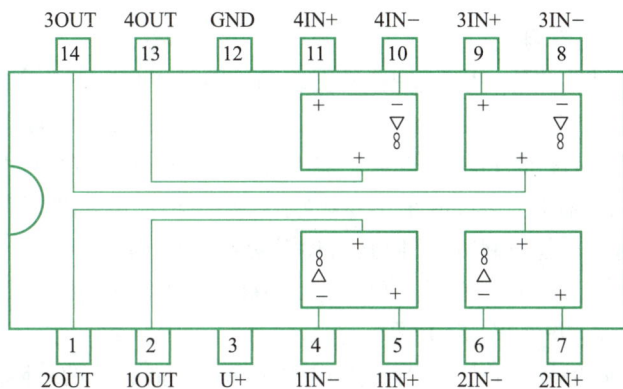

图 7-3-15 LM339 引脚图

LM339 的特点和一些参数如下。

① LM339 电源 U_{CC} 电压范围宽，单电源电压为 2~36 V，双电源电压为 ±1~±18 V。

② 共模范围非常大，为 0 V 到电源电压减 1.5 V。

③ 它对比较信号源的内阻限制很宽。

④ 电压失调小，一般是 2 mV。

⑤ 输出端电位可灵活方便地选用。

⑥ 差分输入电压范围很大，甚至能等于 U_{CC}。

（2）工作原理。

LM339 的两个输入端一个称为同相输入端，用"+"表示；另一个称为反相输入端，用"−"表示。当用于比较两个电压时，任一个输入端加一个固定电压作为参考电压（也称为门限电平，它可选择 LM339 输入共模范围的任何一点），另一端加一个待比较的信号电压。当"+"端电压高于"−"端时，输出管截止，相当于输出端开路。当"−"端电压高于"+"端时，输出管饱和，相当于输出端接低电位。两个输入端电压差别大于 10 mV 就能确保输出能从一种状态可靠地转换到另一种状态，因此，把 LM339 用在弱信号检测等场合是比较理想的。LM339 的输出端相当于一只不接集电极电阻的晶体管，在使用时输出端到正电源一般需要接一个电阻（称为上拉电阻，阻值 3~15 kΩ）。选择不同阻值的上拉电阻会影响输出端高电位的值。因为当输出晶体管截止时，它的集电极电压基本上取决于上拉电阻与负载的值。另外，各比较器的输出端允许连接在一起使用。

（3）报警电路原理。

图 7-3-14 所示是汽车发动机冷却液温度过高报警器电路。它用单电源供电，LM339 的同相输入端加一个固定的参考电压，它的值取决于 R_1 和 R_2。$U_R = R_2/(R_1+R_2) \times U_{CC}$。反相端的电压就等于热敏电阻 R_t 的电压降。当发动机冷却液温

度为设定值以下时，"−"端电压大于"+"端电压，U_0输出为零电位；当发动机冷却液温度为设定值以上时，"−"端电压小于"+"端电压，比较器反转，U_0输出为高电位，晶体管导通，使报警器电路动作。调节R_1、R_2的值可以改变门限电压，即设定报警温度值的大小。

4. 电路的安装与调试

电子电路在试验阶段（用面包板）的安装调试中要注意以下几个方面。

（1）集成电路的安装。为防止集成电路芯片受损，在插入和拔出芯片时要非常小心。在插入时，应使器件的方向一致，缺口朝左，使所有引脚均对准插座板上的小孔，均匀用力按下；在拔出时，应采用专用拔钳，夹住集成电路两端，垂直向上拔起，或者用2个小起子一起撬起，以免使其引脚因受力不匀而弯曲或断裂。

（2）导线的选择。一般应选用直径为0.5~0.8 mm的单股导线，长度适中，两端绝缘皮剥去5~10 mm，并剪成45°角。

（3）正确合理布线。在电子电路中，由于布线错误而引起的故障占有很大比例。为避免或减少故障，要求布线合理和准确。

（4）注意事项如下。

① 元器件和连线要排列整齐，一般按电路顺序直线排列，输入线与输出线要远离。在高频电路中，导线不要平行，以防止寄生耦合引起电路自激。元器件插脚和连线要尽量短而直，以防止分布参数影响电路性能。

② 布线时要注意在元器件周围走线，不允许导线在集成电路上方跨过，以免妨碍排除故障或调换元器件。

③ 为使布线整洁和便于检查，电路中不同功能的导线应尽量采用不同的颜色，如电源线用红色、接地线用黑色等。

④ 布线的顺序是先布电源线和地线，再布固定使用的规划线（如固定接地线或接高电平、时钟脉冲的连线等），最后逐级连接控制线及各种逻辑线。必要时可以边接线边测试，逐级进行。走线应尽可能少遮盖其他插孔，以免影响其他导线的插入。

（5）电路调试和故障的检查与排除。

① 认真仔细复查：接好全部连线后，应对照电路图仔细复查一遍。检查晶体管或集成电路的引脚是否插对，是否有漏线和错线，然后用万用表的"蜂鸣"挡检查电源与地线之间的电阻值，排除电源与地线之间的开路或短路现象。

② 通电检查。

③ 直接观察：上述检查无误后给电路通电，然后用手触摸元器件，检查有无异常发热现象、有无异味等。

④ 测量参数：用万用表测量电路的电源U_{CC}和接地两个引脚之间的电压，测量晶体管的工作点是否符合要求等。

⑤ 采用替换法：不改变电路的接线，通过更换一些元器件来发现故障。

实践经验有助于故障的排除。只要充分掌握电子技术的基本理论和基本知识，勤学多练，就不难用逻辑思维判断和排除故障。

课后思考

一、填空题

1. 在运算放大电路中,集成运算放大器工作在_____区,电压比较器工作在_____区。

2. 集成运算放大器具有_____和_____两个输入端,相应的输入方式有_____输入、_____输入和_____输入3种。

3. 理想运算放大器工作在线性区时有两个重要特点:一是差模输入电压相等,称为_____;二是输入电流等于零,称为_____。

4. 理想集成运算放大器的开环差模电压放大倍数 A_{uo}=_____,差模输入电阻 R_{id}=_____,输出电阻 R_o=_____,共模抑制比 K_{CMR}=_____。

二、判断题

1. 电压比较器的输出电压只有两种数值。　　　　　　　　　（　　）
2. "虚短"就是两点并不真正短接,但具有相等的电位。　　（　　）
3. "虚地"是指该点与"地"点相接后,具有"地"点的电位。　（　　）
4. 集成运算放大器不但能处理交流信号,而且能处理直流信号。（　　）
5. 集成运算放大器在开环状态下,输入信号与输出信号之间存在线性关系。
　　　　　　　　　　　　　　　　　　　　　　　　　　（　　）
6. 各种比较器的输出状态只有两种。　　　　　　　　　　　（　　）

三、选择题

1. 在由运算放大器组成的电路中,工作在非线性状态的电路是（　　）。
   A. 反相放大器　　　　　　　B. 差分放大器　　　　　　C. 电压比较器
2. 理想集成运算放大器的两个重要结论是（　　）。
   A. "虚短"与"虚地"　　　B. "虚断"与"虚短"　　　C. "断路"与"短路"
3. 集成运算放大器一般分为两个工作区,它们分别是（　　）。
   A. 正反馈与负反馈　　　　B. 线性与非线性　　　　C. "虚断"和"虚短"
4. 集成运算放大器的线性应用存在（　　）现象,非线性应用存在（　　）现象。
   A. "虚地"　　　　　　　　B. "虚断"　　　　　　　C. "虚断"和"虚短"
5. 各种电压比较器的输出状态只有（　　）。
   A. 1种　　　　　　　　　　B. 2种　　　　　　　　　C. 3种
6. 在分析集成运算放大器的非线性应用电路时,不能使用的概念是（　　）。
   A. "虚地"　　　　　　　　B. "虚短"　　　　　　　C. "虚断"

任务评价

完成任务评价表,见表 7-3-1。

表 7-3-1　任务评价表

评价项目	评价内容	要求	配分	评分		
				自评	小组	教师
集成运算放大器	集成运算放大器电路原理	能正确分析集成运算放大电路	20 分			
电路组装	按照要求完成电路的组装或连接	能够独立完成电路的组装或连接	20 分			
电路调试	正确使用万用表	万用表操作方法正确,测量结果正确	10 分			
	电路功能正确	实训电路连接正确并能实现相关功能	20 分			
安全规范操作	仪器的安全操作	仪器使用完毕整理工位	10 分			
完成工作任务的表现	学习态度端正,积极完成工作任务,认真学习相关知识,遵守安全操作规程和劳动纪律,有良好的职业道德和职业素养		10 分			
完成本次工作任务的体会(学到了哪些知识、掌握了哪些技能、有哪些收获):			10 分			
总分			100 分			
综合评价得分						

项目八 ▶▶▶

....

新能源汽车数字电路基础

▶ **项目目标**

1. 知识目标

(1) 理解数制与码制的概念。

(2) 掌握常用的逻辑门电路及功能。

(3) 掌握常用的组合逻辑电路的概念与作用。

(4) 掌握汽车数字电路的时序控制。

(5) 理解 A/D 转换和 D/A 转换的工作原理。

2. 能力目标

(1) 掌握不同数制之间的转换方法。

(2) 结合汽车门锁电路案例，掌握常用的逻辑门电路。

(3) 结合汽车仪表的数字显示案例，解释组合逻辑电路。

(4) 结合汽车尾灯控制电路案例，熟悉时序逻辑电路。

(5) 能够解释 A/D 转换和 D/A 转换的工作原理和技术指标。

3. 素养目标

激发学生创新探索的科学精神。

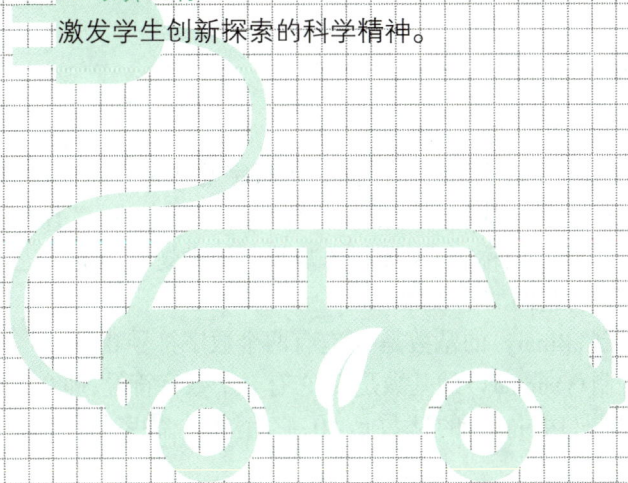

任务一　数制与码制认识

必学必会

1. 数制与码制的概念和分类。
2. 不同数制间的转换。

任务描述及分析

一直以来,汽车都在不断地向信息化与智能化的方向发展,而汽车的信息化与智能化离不开各种数字电路的应用。目前,汽车上已出现越来越多的数字化元器件,各系统所使用的电子控制模块都是以数字方式处理信号。此外,许多传感器还能产生数字输出信号。汽车数字信号传输需要通过哪些数制? 不同数制之间怎样转换和传输? 下面通过本任务的学习,掌握数制与码制的基本知识。

相关知识

一、数制的概念

数制是人们表示数值大小的各种方法的统称。

迄今为止,人类都是按照进位方式来实现计数的,这种数制称为进位计数制。人们熟悉的十进制就是一种典型的进位计数制。在数字系统中,广泛采用的有二进制、八进制、十进制和十六进制。

【想一想】新能源汽车中数字信号传输最常用的是哪种进制的数制?

二、数制的特点

1. 基数

在一种数制中,只能使用一组固定的数字符号来表示数目的大小,其使用数字符号的个数,就称为该数制的基数。其规则是"逢 × 进一",即到达 × 之后就往前增加一位数,这时我们称 × 为进制的基数。就常规使用的二进制、八进制、十进制和十六进制来说,它们的基数如下。

(1) 二进制(Binary)的基数是 2,它有两个数字符号 0 和 1。

(2) 八进制(Octonary)的基数是 8,它有 8 个数字符号,即 0、1、2、3、4、5、6、7。

(3) 十进制(Decimal)的基数是 10,它有 10 个数字符号,即 0、1、2、3、4、5、6、7、

8、9。

(4) 十六进制(Hexadecimal)的基数是 16,它有 16 个数字符号,即 0、1、2、3、4、5、6、7、8、9、A、B、C、D、E、F。

2. 位权

在进位计数制中,把基数的若干次幂称为"位权",幂的方次随该位数字所在的位置而变化,整数部分从最低位开始依次为 0、1、2、3、4、…;小数部分从最高位开始依次为 -1、-2、-3、…。

所有的数都可以展开为由基数的若干次幂由高位至低位相加而成的算式。

例如,十进制数 3278 可以展开为 $3 \times 10^3 + 2 \times 10^2 + 7 \times 10^1 + 8 \times 10^0$。其中每位乘的值 10^3、10^2、10^1、10^0 为该位的权,其中的 10 是十进制的基数。

三、数制间的转换

每种数制都有着它特殊的用途,二进制主要用于计算机编程方面,但是为了书写,阅读方便,各种数制之间经常需要进行转换。下面介绍二进制、八进制、十进制和十六进制之间的相互转换。

1. 非十进制数转换成十进制数

方法:把各个非十进制数按位权展开求和即可。

(1) 二进制数转换成十进制数,例如

$(1101)_2 = 1 \times 2^3 + 1 \times 2^2 + 0 \times 2^1 + 1 \times 2^0 = (13)_{10}$

(2) 八进制数转换成十进制数,例如

$(125)_8 = 1 \times 8^2 + 2 \times 8^1 + 5 \times 8^0 = (81)_{10}$

(3) 十六进制数转换成十进制数,例如

$(35D)_{16} = 3 \times 16^2 + 5 \times 16^1 + 13 \times 16^0 = (861)_{10}$

2. 十进制数转换成其他进制数

(1) 十进制数转换成二进制数。当把十进制数转换成二进制数时,应采用"除二取余",一直除到商为 0 结束,顺序规则可概括为"先余为低,后余为高,即最后的余数为高位,依次向上为低位"。

2	2	2	7	余数:1
2	1	1	3	1
	2	5	6	0
	2	2	8	0
	2	1	4	0
		2	7	1
		2	3	1
		2	1	1

例如,将十进制数 (227) 转换成二进制数,如图 8-1-1 所示,结果为 $(227)_{10} = (11100011)_2$。

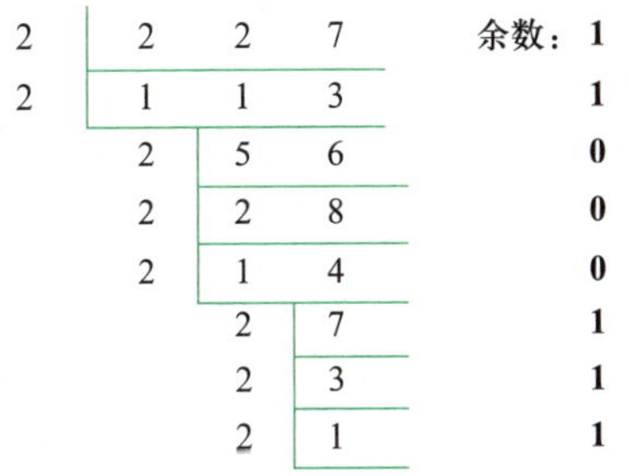

图 8-1-1 十进制数 (227) 转换成二进制数示意图

【想一想】如果是十进制的小数,应如何转换成二进制?

十进制小数转换成二进制小数采用"乘 2 取整,顺序排列"法。具体做法是:先用 2 乘十进制小数,可以得到积,将积的整数部分取出,再用 2 乘余下的小数部分,又得到一个积,最后将积的整数部分取出,如此进行,直到积中的小数部分为零,此时 0 或 1 为二进制的最后一位,或者达到所要求的精度为止。

然后把取出的整数部分按顺序排列起来,先取的整数作为二进制小数的高位有效位,后取的整数作为低位有效位。

例如,十进制的 0.625 = 二进制的 **0.101**。

0.625 × 2=1.25,这时取出整数部分 **1**(高位)。

0.25 × 2=0.5,这时取出整数部分 **0**。

0.5 × 2=1,这时取出整数部分 **1**。

同样地,十进制的小数转换成八进制和十六进制时,也都是乘以相应的基数,再按照高低位的顺序排列。

(2) 十进制数转换成八进制数、十六进制数。当十进制数转换成八进制数、十六进制数时,采用"除八取余"和"除十六取余"法进行转换,顺序规则可概括为"先余为低,后余为高,即最后的余数为高位,依次向上为低位"。

例如,将十进制数(92)转换成八进制数,如图 8-1-2 所示,结果为(92)$_{10}$=(134)$_8$。

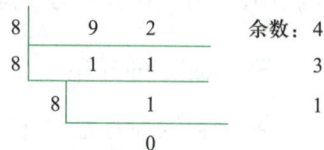

图 8-1-2 十进制数(92)转换成八进制数示意图

3. 二进制数转换成八进制数、十六进制数

(1) 二进制转换成八进制数的方法如下。

根据它们在数位上的对应关系,将二进制数分别转换成八进制数。每 3 位一组构成 1 位八进制数。从最右边开始,每 3 位二进制一组,当最后一组不够 3 位时,应在左侧添加 "**0**",凑足 3 位。

例如,将二进制数 **1110110101111** 转换成八进制数,如图 8-1-3 所示,结果为 (**1110110101111**)$_2$=(16657)$_8$。

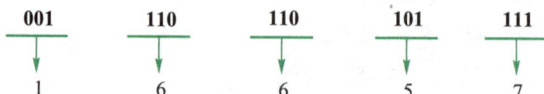

图 8-1-3 二进制数 **1110110101111** 转换成八进制数示意图

(2) 二进制转换成十六进制数的方法如下。

根据它们在数位上的对应关系,将二进制数分别转换成十六进制数,每 4 位一组构成一位十六进制数。从最右边开始,每 4 位二进制一组,当最后 1 位不够 4 位时,应在左侧添加 "0",凑足 4 位。

例如,将二进制数 **1110110101111** 转换成十六进制数,如图 8-1-4 所示,结果为 (**1110110101111**)$_2$=(1DAE)$_{16}$。

图 8-1-4 二进制数 **1110110101111** 转换成十六进制数示意图

4. 八进制数、十六进制数转换成二进制数

八进制数、十六进制数转换成二进制数就是把每一位的八进制(或十六进制数)用相应的 3 位二进制数(4 位二进制数)代替即可。

常用的二进制、八进制、十进制和十六进制之间的对照表,见表8-1-1。

表 8-1-1 常用的不同进制数之间的对照表

十进制数	二进制数	八进制数	十六进制数
00	**0000**	00	0
01	**0001**	01	1
02	**0010**	02	2
03	**0011**	02	3
04	**0100**	04	4
05	**0101**	05	6
06	**0110**	06	6
07	**0111**	07	7
08	**1000**	10	8
09	**1001**	11	9
10	**1010**	12	A
11	**1011**	13	B
12	**1100**	14	C
13	**1101**	15	D
14	**1110**	16	E
15	**1111**	17	F

【练一练】十进制数 1235 转换成二进制数是多少?

四、码制的介绍

虽然计算机是采用二进制数进行处理的,但人们输入的不只是二进制数,而是数字、字母甚至符号,这些数字、字母和符号也必须用二进制数来表示,各种不同的表示方法就称为编码。

1. 十进制数的二进制编码

用二进制数码按照不同规律编码来表示十进制数,可使其既具有二进制的形式,又具有十进制的特点,便于传递、处理。

一位十进制数有 0~9 十个不同数码,至少需要 4 位二进制数编码。当采用 4 位二进制数进行编码时,共有 16 种代码。从 16 种代码中取 10 种代码来表示十进制数的 10 个数码的编码方式很多。一般分为有权码和无权码。有权码是指 4 位二进制数中的每位都对应固定的权。无权码是指 4 位二进制数中的每位无固定的权,而要

微课
数制间的转换

遵循另外的规则。常用的十进制数的二进制编码有以下 4 种。

（1）8421 码。8421 码为有权码。它是十进制代码中最常见的代码，也称为二—十进制码，简称 BCD 码（Binary Code Decimal）。4 位二进制编码从高位至低位每位的权分别为 2^3、2^2、2^1、2^0，即为 8、4、2、1。

（2）5421 码。5421 码也是一种有权码，其权自高位至低位，每位分别为 5、4、2、1。所以，十进制数 X 用 5421 码 $a_3a_2a_1a_0$ 表示为 $X=a_3 \times 5+a_2 \times 4+a_1 \times 2+a_0 \times 1$。

（3）2421 码。2421 码为另一种有权码，也是 4 位代码，每位权从高位到低位为 2、4、2、1，若个 2421 码的二进制数编码为 $a_3a_2a_1a_0$ 时，它表示的十进制数值为 $X=a_3 \times 2+a_2 \times 4+a_1 \times 2+a_0 \times 1$。

（4）余三码。余三码是一种无权码。因为它是将 4 位 8421 码首位各多余的 3 组去掉而得到的，所以称为余三码，它可由 8421 码加 **0011** 得到。

以上 4 种十进制数的二进制编码格式见表 8-1-2。其中，8421 码的 **1010~1111** 没有意义；余三码编码中 0 和 9、1 和 8、2 和 7、3 和 6、4 和 5 的余三码互为反码。因此，用余三码做十进制数的算术运算是比较方便的。

表 8-1-2　常用的 4 种十进制数的二进制编码格式

十进制数	8421 码	5421 码	2421 码	余三码
0	0000	0000	0000	0011
1	0001	0001	0001	0100
2	0010	0010	0010	0101
3	0011	0011	0011	0110
4	0100	0100	0100	0111
5	0101	1000	0101	1000
6	0110	1001	0110	1001
7	0111	1010	0111	1010
8	1000	1011	1110	1011
9	1001	1100	1111	1100

2. 格雷码

格雷码（Gray Code）又称为循环码。从表 8-1-3 中可以看出，格雷码的构成方法，即每位的状态变化都按一定的顺序循环。如果从 **0000** 开始，最右边一位的状态按 **0110** 顺序循环变化，右边第二位的状态按 **0011100** 顺序循环变化，右边第三位按 **0000111111110000** 循环变化。可见，自右向左，每位的状态循环中连续的 **0**、**1** 数目加倍。由于 4 位格雷码只有 16 个，因此最左边一位的状态只有半个循环，即 **0000000011111111**，按照上述原则，就很容易得到更多位数的格雷码。

表8-1-3 4位格雷码与二进制代码的比较

编码顺序	二进制代码	格雷码
0	0000	0000
1	0001	0001
2	0010	0011
3	0011	0010
4	0100	0110
5	0101	0111
6	0110	0101
7	0111	0100
8	1000	1100
9	1001	1101
10	1010	1111
11	1011	1110
12	1100	1010
13	1101	1011
14	1110	1001
15	1111	1000

十进制代码中的余三码就是取 4 位格雷码中的 10 个代码组成的,它仍然具有格雷码的优点,即两个相邻代码之间仅有一位不同。

3. 美国信息交换标准代码(ASCII 码)

美国信息交换标准代码(American Standard Code for Information Interchange, ASCII 码)是由美国国家标准化协会(ANSII)制定的一种信息代码,广泛地用于计算机和通信领域中。ASCII 码已经由国际标准化组织(ISO)认定为国际通用的标准代码。

ASCII 码是一组 7 位二进制代码($b_7b_6b_5b_4b_3b_2b_1$),共 128 个,包括表示 0~9 的 10 个代码,表示大、小写英文字母的 52 个代码、32 个表示各种符号的代码以及 34 个控制码。表 8-1-4 所示是 ASCII 码的编码表。每个控制码在计算机操作中的含义列于表 8-1-5 中。

表 8-1-4　ASCII 码的编码表

$b_4b_3b_2b_1$	$b_7b_6b_5$							
	000	001	010	011	100	101	110	111
0000	NUL	DEL	SP	0	@	P	`	p
0001	SOH	DC	!	1	A	Q	a	q
0010	STX	DC	"	2	B	R	b	r
0011	ETX	DC	#	3	C	S	c	s
0100	EOT	DC	$	4	D	T	d	t
0101	ENQ	NAK	%	5	E	U	e	u
0110	ACK	SYN	&	6	F	V	f	v
0111	BEL	ETB	,	7	G	W	g	w
1000	BS	CAN	(	8	H	X	h	x
1001	HT	EM	)	9	I	Y	i	y
1010	LF	SUB	*	:	J	Z	j	z
1011	VT	ESC	+	;	K	[	k	
1100	FF	FS	,	<	L	\	l	|
1101	CR	GS	−	=	M	]	m	
1110	SO	RS	.	>	N		n	~
1111	SI	US	/	?	O	−	o	DEL

表 8-1-5　ASCII 码中控制码的含义

代码	含义	
NUL	Null	空白，无效
SOH	Start of heading	标题开始
STX	Start of text	正文开始
ETX	End of text	文本结束
EOT	End of transmission	传输结束
ENQ	Enquiry	询问

【练一练】字母字符"Z"对应的 ASCII 码是多少？

知识拓展

二进制的妙用

1. 毒药问题

　　假设有 8 个一模一样的瓶子，其中有 7 瓶是普通的水，有一瓶是毒药。任何喝下毒药的生物都会在 3 日之后死亡。现在，你只有 3 只小白鼠和 3 天的时间，如何检验出哪个瓶子里有毒药？

2. 解决思路

我们用二进制给每瓶水进行编号,编号分别为 **000**、**001**、**010**、**011**、**100**、**101**、**110**、**111**,分别对应 1~8 的瓶子,然后让第一只老鼠喝第一位为 1 的,第二只老鼠喝第二位为 1 的,第三只老鼠喝第三位为 1 的,假设第四瓶水有毒,即 **011** 有毒。

第一只老鼠喝了 **100**、**101**、**110**、**111**,结果:没死,记作 **0**。

第二只老鼠喝了 **010**、**011**、**110**、**111**,结果:死了,记作 **1**。

第三只老鼠喝了 **001**、**011**、**101**、**111**,结果:死了,记作 **1**。

根据死亡结果,刚好是第四瓶水 **011**,这只是一个巧合吗,恐怕不是的,我们可以用数学的思维来证明一下这个问题。

3. 证明

每只老鼠喝了水只会出现两种情况:死或不死。一只老鼠可以验证两瓶有没有毒药,即 2^1;两只老鼠可以验证 2^2 瓶有没有毒药;3 只老鼠可以验证 2^3 瓶有没有毒药。那么,怎么去检验瓶中是否有毒呢?

我们让每只老鼠喝某一位为 1 的所有药,如果那只老鼠死了就说明毒药的某一位编号为 **1**。例如,第一只老鼠喝了所有第一位为 1 的毒药死了,则说明毒药的第一位编号为 **1**,如果没死,就说明毒药的那一位编号为 **0**。

这里如果 3 只老鼠都没死,就说明毒药的 3 位编号都为 0,刚好是 3 只老鼠都没喝的第一瓶。

⚙ 技能训练

数制间的转换

结合汽车数字仪表盘(图 8-1-5),分析汽车中数字信号传输最常用的是哪种进制的数制,仪表盘上显示的数字是哪种进制,汽车仪表盘上有哪些相关参数显示,并将仪表盘上的十进制数字转换成其他进制数字,写在下方横线中。

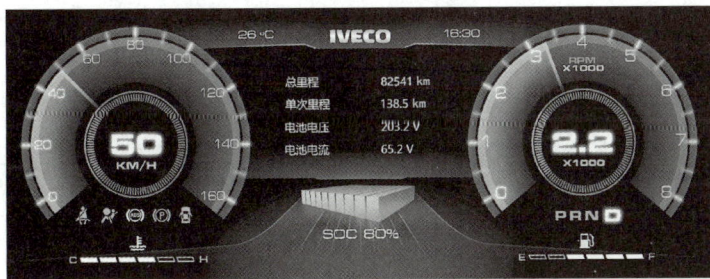

图 8-1-5　汽车数字仪表盘

_____

_____

_____

课后思考

一、判断题

1. 与十六进制数 4B 等值的十进制数是 75。　　　　　　　　　　　　　（　　）
2. 与二进制数 11010 等值的十进制数是 22。　　　　　　　　　　　　（　　）
3. 二进制数 0110 的循环码是 1001。　　　　　　　　　　　　　　　（　　）
4. 数字字符"9"对应的 ASCII 码为 0111001。　　　　　　　　　　　（　　）

二、选择题

1. 下列二进制数中不是奇数的是（　　）。
   A. 10101　　　　B. 11010　　　　C. 11101　　　　D. 10101
2. 将二进制、八进制和十六进制数转换成十进制数的共同规则是（　　）。
   A. 除 n 取余　　B. n 位转 1 位　　C. 按权展开　　D. 乘 n 取整
3. 十六进制数 5F 对应的十进制数为（　　）。
   A. 65　　　　　B. 66　　　　　C. 67　　　　　D. 68
4. 十进制整数转换成二进制数正确的说法是（　　）。
   A. 可能是带小数　　　　　　　B. 只能是整数
   C. 可能是纯小数　　　　　　　D. 可能是循环小数
5. 在 ASCII 的下列字符中,最大的字符是（　　）。
   A. "A"　　　　　B. "z"　　　　　C. "9"　　　　　D. "0"

三、思考题

1. 基数和位权在数制间转换中的应用。
2. 美国信息交换标准代码(ASCII 码)中控制码的含义。

任务评价

完成任务评价表,见表 8-1-6。

表 8-1-6　任务评价表

评价项目	评价内容	要求	配分	评分		
				自评	小组	教师
数制的概念和特点	数制的分类	能说出常用的数制,特别是数制在新能源汽车中的应用	10 分			

续表

评价项目	评价内容	要求	配分	评分		
				自评	小组	教师
数制的概念和特点	基数和位权的特点	能说出基数和位权的概念和特点,并说明基数和位权在数制间的转换中的应用	10分			
数制间的转换	非十进制数转换成十进制数	能够将非十进制数转换成十进制数	10分			
	十进制数转换成其他进制数	能够将十进制数转化为其他进制数	10分			
	二进制数转换成八进制数、十六进制数	能够将二进制数转换成八进制数、十六进制数	10分			
	八进制数、十六进制数转换成二进制数	能够将八进制数、十六进制数转换成二进制数	10分			
码制的概念和特点	码制的分类,每个分类的特点	分别描述十进制数的二进制编码、格雷码和 ASCII 码的特点	10分			
完成工作任务的表现	学习态度端正,积极完成工作任务,认真学习相关知识,遵守安全操作规程和劳动纪律,有良好的职业道德和职业素养		20分			
完成本次工作任务的体会(学到了哪些知识、掌握了哪些技能、有哪些收获):			10分			
总分			100分			
综合评价得分			.			

任务二　汽车门锁控制电路的逻辑门电路

必学必会

1. 理解数字信号与模拟信号的区别。
2. 掌握常用逻辑门电路的功能及表示方法。
3. 能够通过门电路的逻辑关系分析新能源汽车门锁的工作过程。

任务描述及分析

在新能源汽车电子电路中,传递于汽车各个传感器、电子控制单元和执行器之间的电信号主要有两类:一类是随着某个参数连续变化的信号,如热敏电阻式冷却液温度传感器,输出的信号随着冷却液温度的变化而连续变化,这类信号称为模拟信号;另一类信号的变化却随着某个参数的变化而呈离散状态,如光电式曲轴位置传感器,输出的信号是遮光盘不断通过光电耦合器而产生的"有"或"无"的规律变化的脉冲信号,这类信号称为数字信号,如图 8-2-1 所示。下面结合新能源汽车门锁的控制过程,通过本任务学习常用逻辑门电路及功能。

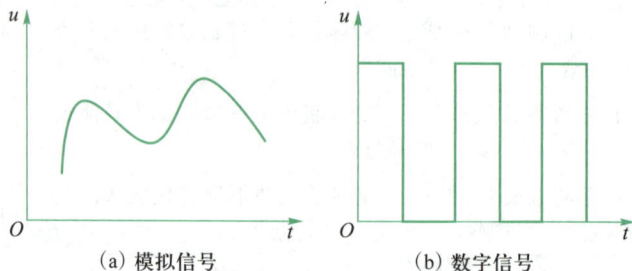

（a）模拟信号　　　　　　　　（b）数字信号

图 8-2-1　常用的电信号种类

🌿 相关知识

门电路是由晶体管开关元件构成的逻辑电路,因其工作状态就像门一样打开或关闭而得名。门电路是实现基本逻辑运算和复合逻辑运算的基本单元,应用十分广泛。

这里的逻辑比较好理解,是指事件发生的条件与结果之间应遵循的规律,也就是因果关系。例如,开关的通断、信号的有无、灯的亮暗等。我们可以用数字 1 和 0 来表示事件的逻辑状态。在数字电路中,电平的高低、电路的通断也可以用这两种逻辑状态来表达。门电路就是通过不同的逻辑规律来实现电路的逻辑控制。

一、逻辑代数概述

逻辑代数是 19 世纪由英国数学家乔治·布尔(George Boole,1815—1864)提出的。布尔在其原著《逻辑的数学分析》及《思维规律的研究》中首先阐述了逻辑代数的概念与基本性质。因此,逻辑代数也称为布尔代数,是分析和设计数字系统的经典数学工具。

逻辑是指事物的因果关系,或者说是条件与结果的关系,这些因果关系可用逻辑代数来描述。逻辑代数具有 3 种基本运算:与运算(逻辑乘)、或运算(逻辑加)和非运算(逻辑非)。利用逻辑代数可以把实际问题抽象为逻辑函数来描述,并且可以运用逻辑运算方法解决逻辑电路的分析和设计问题。

虽然逻辑代数和普通代数有相同的表示方法,用字母表示变量,但变量的取值只有"0"和"1"两种,不代表数量的大小只表示两种相互对立的逻辑状态。我们称为逻辑"0"和逻辑"1",这是它与普通代数的区别。

在逻辑代数中,输出变量和输入变量的关系称为逻辑函数,可表示为 $F=f(A,B,C)$。逻辑函数定量地反映了逻辑变量及其推理的因果关系。在实际应用中,逻辑函数的表示方法有 5 种:逻辑表达式、真值表、逻辑图、卡诺图、波形图,需要重点掌握的是前 3 种。

(1) 逻辑表达式。逻辑表达式是由逻辑变量和逻辑运算(如**与**、**或**、**非**等)构成的代数表达式。逻辑表达式通过逻辑变量、常量、逻辑运算来描述逻辑函数的因果关系,如果输出变量 F 的因果关系是输入变量 A、B、C 的"**与关系**",就有逻辑表达式 $F=ABC$。

(2) 真值表。真值表是穷举逻辑变量的所有取值的组合与其逻辑函数值一一对应表。它反映了输入逻辑变量的各种组合与函数值的对应关系。

(3) 逻辑图。逻辑图是逻辑门电路符号所构成的电路图。它直观地反映了电路输出与输入逻辑状态的关系图。

逻辑的基本运算有**与**(AND)、**或**(OR)、**非**(NOT)3 种。

(1) **与逻辑**(**与运算**):当决定事件(F)发生的全部条件(A、B、C、…,)同时满足时,事件(F)才能发生。这种因果关系称为**与逻辑**。逻辑表达式为 $F=ABC$ 或 $F=A \cdot B \cdot C$,式中小圆点表示 A、B、C 等的**与运算**,也表示逻辑乘。在不致引起混淆的前提下,乘号"·"可以被省略。

与逻辑的运算规则:**00=0,01=0,10=0,11=1**。

与逻辑关系可用"**全 1 出 1,见 0 出 0**"的口诀来记忆。

(2) **或逻辑**(**或运算**):决定事件(F)发生的各种条件(A、B、C、…)中,只要有一个或多个条件具备事件(F)就发生。逻辑表达式为 $F=A+B+C+\cdots$,式中"+"表示 A、B、C 等的**或运算**,也表示逻辑加。

或逻辑的运算规则:**0+0=0,0+1=1,1+0=1,1+1=1**。

或逻辑关系可用"**全 0 出 0,见 1 出 1**"的口诀来记忆。

(3) **非逻辑**(**非运算**,反相器):指逻辑的否定。当决定事件(F)发生的条件(A)满足时,事件不发生;条件不满足时,事件反而发生。逻辑表达式为 $F=\overline{A}$,式中字母 A 上方的短"–"表示非运算,也称为"**逻辑求反**"。由于**非门**的输出信号与输入信号相位相反,因此"**非门**"又称为"**反相器**"。

非门是只有一个输入端的逻辑门。**非逻辑**的运算规则:**$\overline{0}=1,\overline{1}=0$**。

二、常用逻辑门电路及其功能

前面讨论了**与**、**或**、**非**、**与非**、**或非**等各种基本逻辑运算。现在将讨论完成上述基本逻辑运算的各种类型的具体电路。门电路是一种具有一定的逻辑关系的开关电路。当它的输入信号满足某种条件时,才有信号输出;否则就没有信号输出。如果把输入信号看作条件,把输出信号看作结果,那么当条件具备时,结果就会发生。也就是说,在门电路的输入信号与输出信号之间存在着一定的因果关系,即逻辑关系。实现**与**、**或**、**非** 3 种逻辑关系的电路分别称为**与门**、**或门**和**非门**。

为了便于理解它们的含义,先来看图 8–2–2 给出的 3 个指示灯的控制电路。在

图 8-2-2（a）所示电路中，只有当两个开关同时闭合时，指示灯才会亮；在图 8-2-2（b）所示电路中，只要有任何一个开关闭合，指示灯就亮；而在图 8-2-2（c）所示电路中，开关断开时灯亮，开关闭合时灯反而不亮。

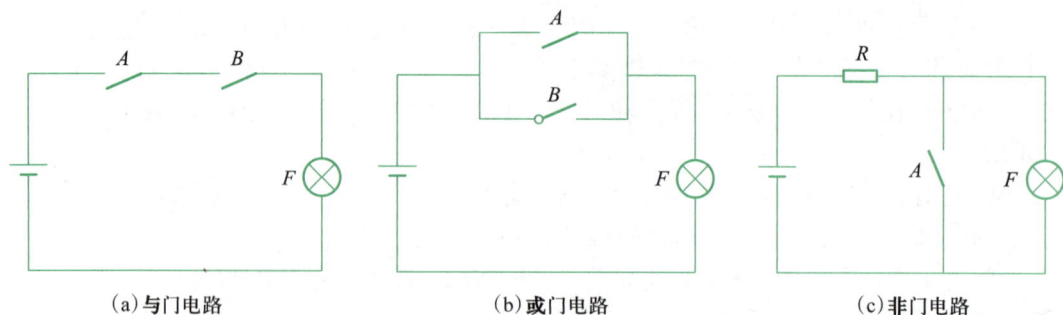

(a)与门电路　　　　　　　　(b)或门电路　　　　　　　　(c)非门电路

图 8-2-2　用于说明与、或、非定义的电路图

如果把开关闭合作为条件（或导致事物结果的原因），把灯亮作为结果，那么图 8-2-2 中的各电路代表了 3 种不同的因果关系。

图 8-2-2（a）的例子表明，只有决定事物结果的全部条件同时具备时，结果才发生。这种因果关系称为逻辑**与**，或称为逻辑相乘。

图 8-2-2（b）的例子表明，在决定事物结果的诸条件中只要有任何一个满足，结果就会发生。这种因果关系称为逻辑**或**，也称为逻辑相加。

图 8-2-2（c）的例子表明，只要条件具备了，结果便不会发生；而条件不具备时，结果一定发生。这种因果关系称为逻辑**非**，也称为逻辑求反。

1. 与门电路

先来学习**与门电路**，"与"的含义是当决定某一事件的全部条件都满足时，结果才会发生。这种因果关系称为**与逻辑**，即逻辑乘。**与门电路**如图 8-2-2（a）所示。

图中 A 和 B 是两个开关，F 是灯泡，因此在这里 A、B 的通断状态是逻辑关系的条件，而灯的亮和灭是逻辑关系的结果。在这个**与逻辑**电路中，只有当 A、B 两个开关同时闭合时，灯泡 F 才会亮起，只要有其中一个开关闭合的条件不满足，灯亮这一结果就不会发生。

图 8-2-3 是**与门电路**的符号。

逻辑函数表达式为　　　　　　　$F = A \cdot B$

与门电路的真值表见表 8-2-1。

图 8-2-3　与门电路的符号

表 8-2-1　与门电路的真值表

输入 A	输入 B	输出 F
1	0	0
1	1	1
0	0	0
0	1	0

总结为：有 **0** 出 **0**，全 **1** 出 **1**。

2. 或门电路

接着来看**或**门电路，"**或**"的含义是只要当决定某一事件的其中一个条件满足时，结果就会发生；只有当全部条件都不满足时，结果才不会发生。这种因果关系称为**或**逻辑，即逻辑加。**或**门电路，如图 8-2-2(b)所示。

在图 8-2-2(b)所示的**或**逻辑电路中，对于 A、B 两个开关，只要其中一个开关闭合，灯 F 就会亮起；当 A、B 两个开关均断开时，灯 F 就不会亮起。

图 8-2-4 是**或**门电路的符号。

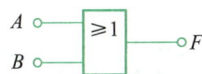

图 8-2-4　或门电路的符号

逻辑函数表达式为　　　　　　　　$F=A+B$

或门电路的真值表见表 8-2-2。

表 8-2-2　或门电路的真值表

输入 A	输入 B	输出 F
1	0	1
1	1	1
0	0	0
0	1	1

总结为：有 **1** 出 **1**，全 **0** 出 **0**。

3. 非门电路

当决定某一事件的条件不满足时，结果一定发生；而当条件满足时，结果不发生。这种因果关系称为"非"逻辑，即逻辑非。

这是"非"逻辑电路。当开关 A 断开时，灯 F 亮起；当开关 A 闭合时，灯 F 不会亮起。非门电路如图 8-2-2(c)所示。

"非"门电路的符号如图 8-2-5 所示。

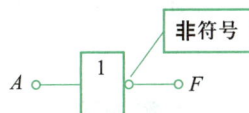

图 8-2-5　"非"门电路的符号

逻辑函数表达式为　　　　　　　　$F=\overline{A}$

非门电路的真值表见表 8-2-3。

表 8-2-3　非门电路的真值表

输入 A	输出 F
1	0
0	1

总结为：见 **1** 出 **0**，见 **0** 出 **1**。

以上讲述的**与**、**或**、**非** 3 种基本逻辑门电路，可以帮助我们实现简单的电路控制功能，也是后面学习复杂组合逻辑电路的基础。

【**想一想**】与门电路、或门电路和非门电路的主要区别是什么？

【**做一做**】尝试一下，分别把**与**门电路、**或**门电路和**非**门电路的电路符号画出来。

微课

基本逻辑门电路功能

知识拓展

除了以上介绍的**与**、**或**、**非** 3 种基本逻辑门电路之外，汽车数字电路中还经常使用由 3 种基本逻辑门电路相互组合构成的复合门电路，这里简单介绍两种，分别是**与非**门电路和**或非**门电路。

1. 与非门电路

与非门电路是数字电路的一种基本逻辑电路。与非门是**与**门和**非**门的叠加，有多个输入和一个输出。其电路符号如图 8-2-6 所示。

图 8-2-6　与非门电路的符号

若当输入均为高电平（**1**）时，则输出为低电平（**0**）；若输入中至少有一个为低电平（**0**）时，则输出为高电平（**1**）。

与非门是**与**门和**非**门的结合，先进行与运算，再进行非运算。与非运算输入要求有两个，如果输入都用 **0** 和 **1** 表示的话，那么与运算的结果就是这两个数的乘积。若是 **1** 和 **1**（两端都有信号），则输出为 **0**；若是 **1** 和 **0**，则输出为 **1**；若是 **0** 和 **0**，则输出为 **1**。与非门的结果就是对两个输入信号先进行与运算，再对此与运算结果进行非运算的结果。简单地说，**与非与非**，就是先与后非。

与非门的逻辑表达式为　　　　　　　　$F = \overline{A \cdot B}$

与非门电路的真值表见表 8-2-4。

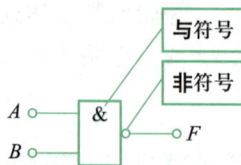

表 8-2-4　与非门电路的真值表

输入 A	输入 B	输出 F
0	0	1
0	1	1
1	0	1
1	1	0

2. 或非门电路

或非门是数字逻辑电路中的基本元件,实现逻辑**或非**功能。**或非门**有多个输入端,1 个输出端,多输入**或非门**可由二输入**或非门**和反相器构成。只有当两个输入 A 和 B 为低电平(逻辑 **0**)时,输出为高电平(逻辑 **1**)。此外,也可以理解为任意输入为高电平(逻辑 **1**)时,输出为低电平(逻辑 **0**)。

或非门电路是具有多端输入和单端输出的门电路。当任一输入端(或多端)为高电平(逻辑 "1")时,输出就是低电平(逻辑 "0")。只有当所有输入端都是低电平(逻辑 "0")时,输出才是高电平(逻辑 "1")。

或非门的逻辑表达式为　　　$F=\overline{A+B}$

其 2 输入的**或非门**电路的真值表见表 8-2-5。

表 8-2-5　或非门电路的真值表

输入 A	输入 B	输出 F
0	0	1
0	1	0
1	0	0
1	1	0

技能训练

汽车门锁控制电路的分析

现代轿车都装有门锁装置,一般有解锁、锁止两种状态。当锁止时,通过内外把手均无法打开车门。传统的汽车门锁控制电路工作原理如图 8-2-7 所示。

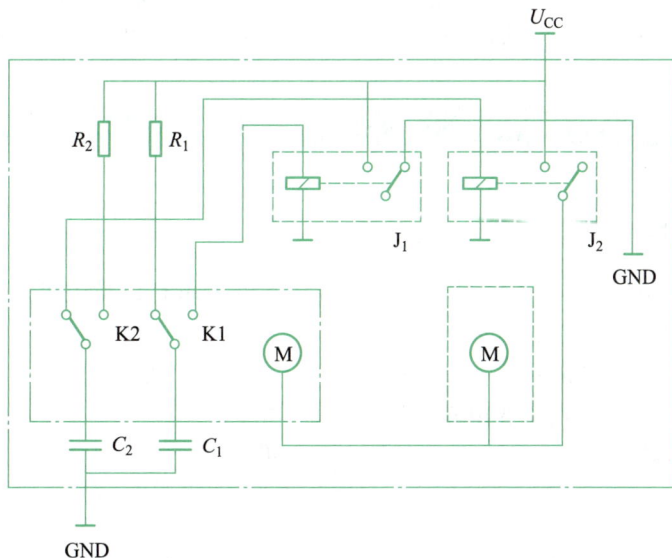

图 8-2-7　汽车门锁控制电路工作原理

请各位同学将汽车门锁机构进行拆卸,并尝试分析电路。

根据汽车门锁控制电路的控制要求,在正常情况下,当驾驶人拔出钥匙准备锁车时,钥匙位置检测开关状态为 1,接着进行车门状态检测,4 个车门均关好,则车门状态检测开关也为 1,此时可以发出解锁信号且输出为 0,而锁止信号则由车门锁或车内门锁控制开关的状态决定。当这两组开关中有一组为锁止状态时,则发出锁止信号,且输出为 1。

当钥匙遗忘在车内时,即钥匙位置检测开关状态为 0,则发出解锁信号且输出为 1,而锁止信号输出为 0,即车门不能锁止,即提醒驾驶人钥匙遗忘在车内。

当车门未关好时,即 4 个车门中只要有一个没关好,则车门状态检测开关为 0,发出解锁信号且输出为 1,而锁止信号输出为 0,使得车门无法锁止,提醒驾驶人车门未关好。

由以上分析可以得出图 8-2-8 所示的汽车门锁控制电路符号,确定输出变量,根据控制要求进行逻辑状态赋值。

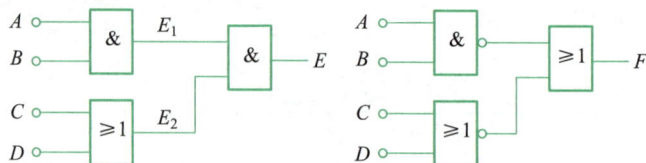

图 8-2-8　汽车门锁控制电路符号

输入变量为:钥匙位置检测开关 A 定义钥匙从点火开关内拔出时为 1,插入时为 0,车门状态检测开关 B 定义车门关时为 1,车门开时为 0;车门锁状态检测开关 C 定义锁止时为 1,解锁时为 0;车内门锁状态检测 D 定义锁止时为 1,解锁时为 0。

输出变量为:锁止状态检测端 E 输出为 1 时为已锁止状态,输出为 0 时为未锁止状态;解锁状态检测端 F 输出为 1 时车门为解锁状态,输出为 0 时为未锁止状态。

课后思考

一、判断题

1. 在数字电路中,输入信号和输出信号之间的关系是逻辑关系,所以数字电路也称为逻辑电路。　　　　　　　　　　　　　　　　　　　　　　　　　(　　)

2. 逻辑中的 1 和 0 用来表示"真"和"假"、"高"和"低"。　　　　　　　(　　)

3. 功能为有 1 出 1、全 0 出 0 的门电路称为**或**门。　　　　　　　　　(　　)

4. 数字电路中机器识别和常用的数制是十进制。　　　　　　　　　　　(　　)

二、选择题

1. 逻辑函数中的逻辑**与**和它对应的逻辑代数运算关系为(　　　　)。

　　A. 逻辑加　　　　B. 逻辑乘　　　　　C. 逻辑非　　　　　D. 逻辑是

2. 一个2输入门电路，当输入为1和0时，输出不是1的门是（　　　）。

　　A. 与非门　　　B. 或门　　　　　C. 或非门　　　　　D. 异或门

3. 在时间上和数值上均做连续变化的电信号称为（　　　）。

　　A. 模拟信号　　B. 数字信号　　　C. 逻辑信号　　　　D. 非逻辑信号

4. 在正逻辑的约定下，1表示（　　　）。

　　A. 平电平　　　B. 中电平　　　　C. 低电平　　　　　D. 高电平

🏠 任务评价

完成任务评价表，见表8-2-6。

表8-2-6　任务评价表

评价项目	评价内容	要求	配分	评分		
				自评	小组	教师
逻辑代数概述	逻辑表达式	了解逻辑表达式的概念和含义	5分			
	真值表	了解真值表的概念和含义	5分			
	逻辑图	了解逻辑图的概念和含义	5分			
常用逻辑门电路及其功能	与门电路	理解与门电路的符号、逻辑表达式和真值表	20分			
	或门电路	理解或门电路的符号、逻辑表达式和真值表	20分			
	非门电路	理解非门电路的符号、逻辑表达式和真值表	20分			
完成工作任务的表现	学习态度端正，积极完成工作任务，认真学习相关知识，遵守安全操作规程和劳动纪律，有良好的职业道德和职业素养		15分			
完成本次工作任务的体会(学到了哪些知识、掌握了哪些技能、有哪些收获)：			10分			
总分			100分			
综合评价得分						

任务三　汽车仪表的数字显示电路中的组合逻辑电路

必学必会

1. 了解组合逻辑电路的概念和特点。
2. 熟悉新能源汽车中常用组合电路显示译码器的工作原理。
3. 能够分析新能源汽车数字显示仪表的显示过程。

任务描述及分析

根据电路逻辑功能的特点不同,数字逻辑电路可分成两大类:一类是组合逻辑电路(简称组合电路);另一类是时序逻辑电路(简称时序电路)。所谓组合逻辑电路,是指任意时刻的输出仅仅取决于该时刻的输入,而与电路原来的状态无关。组合逻辑电路的应用非常广泛,汽车数字显示仪表就是一个典型的组合电路。时序逻辑电路的输出不仅和当时的输入逻辑状态有关,还和电路过去的状态有关。

组合逻辑电路的目的是确定已知电路的逻辑功能,其方法如下。

(1) 根据给定逻辑电路的逻辑图,写出输入和输出的逻辑表达式。

(2) 利用逻辑函数运算关系化简逻辑表达式。

(3) 根据化简后的逻辑表达式列出真值表,分析逻辑功能。

下面结合新能源汽车数字显示仪表的显示功能,通过本任务学习组合逻辑电路的基本知识。

相关知识

目前在数字系统中使用的组合逻辑电路,按照用途来划分,常用的有加法器、编码器、译码器。下面分别介绍这些组合逻辑电路:

一、加法器

加法器是产生数的和的装置。加数和被加数为输入,和数与进位数为输出的装置是半加器。若加数、被加数与低位的进位数为输入,而和数与进位数为输出则为全加器。加法器常用作计算机算术逻辑部件,执行逻辑操作、移位与指令调用。

在电子学中,加法器是一种数位电路,其可进行数字的加法计算。主要的加法器是以二进制做运算,负数可用 2 的补数来表示。

1. 半加器

半加器能实现两个一位二进制数相加,不考虑来自低位的进位。

半加器逻辑图如图 8-3-1 所示。图中的半加器有两个二进制的输入,其将输入的值相加,并输出结果到和(Sum)和进制(Carry)。半加器虽然能产生进位值,但半加器本身并不能处理进位值。

所谓半加,就是不考虑进位的加法,它的真值表见表 8-3-1。

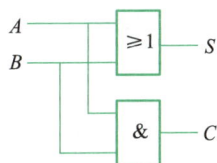

图 8-3-1　半加器逻辑图

表 8-3-1　半加器的真值表

被加数 A	加数 B	和数 S	进位数 C
0	0	0	0
0	1	1	0
1	0	1	0
1	1	0	1

逻辑表达式为

$$S=\bar{A}B+A\bar{B}\,;\ C=AB\,。$$

半加器有两个输入和两个输出,输入可以标识为 A、B,输出通常标识为求和(Sum)和进位(Carry)。输入经**异或**(XOR)运算后即为 S,经和(AND)运算后即为 C。

2. 全加器

全加器是实现两个一位二进制数相加,且考虑来自低位的进位。全加器有 3 个二进制的输入,其中一个是进位值的输入,所以全加器可以处理进位值。全加器可以用两个半加器组合而成。

使用门电路实现两个二进制数相加并求出和的组合电路,称为一位全加器。一位全加器可以处理低位进位,并输出本位加法进位。多个一位全加器进行级联可以得到多位全加器。

一位全加器的真值表见表 8-3-2,其中 A_i 为被加数,B_i 为加数,相邻低位的进位数为 C_{i-1},输出本位和为 S_i,向相邻高位进位数为 C_i。

表 8-3-2　一位全加器的真值表

输入			输出	
C_{i-1}	A_i	B_l	S_i	C_i
0	0	0	0	0
0	0	1	1	0
0	1	0	1	0
0	1	1	0	1
1	0	0	1	0
1	0	1	0	1
1	1	0	0	1
1	1	1	1	1

一位全加器的逻辑表达式为 $S_i=A_i+B_i+C_{i-1}$；$C_i=A_iB_i+C_{i-1}(A_i+B_i)$。

【想一想】半加器和全加器的主要区别是什么？

二、编码器

把二进制代码按一定规律编排，使每组代码具有一特定的含义，称为编码。

具有编码功能的逻辑电路称为编码器。

n 位二进制代码有 2^n 种组合，可以表示 2^n 个信息。

要表示 N 个信息所需的二进制代码应满足：

$$2^n \geqslant N$$

编码器产生电信号后由数控制置（CNC）、可编程逻辑控制器（PLC）、控制系统等来处理。编码器一般分为增量型与绝对型，它们之间最大的区别是：在增量型编码器的情况下，位置是从零位标记开始计算的脉冲数量确定的；而绝对型编码器的位置是由输出代码的读数确定的。

图 8-3-2 所示为 8 线 -3 线编码器。图中 $I_0 \sim I_7$ 为 8 个需要编码的输入信号；输出 Y_2、Y_1、Y_0 为 3 位二进制代码，其输出逻辑表达式如图 8-3-3 所示。

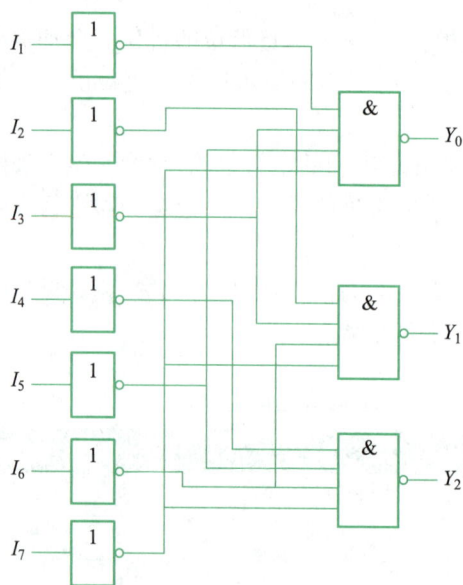

$$\begin{cases} Y_0 = \overline{\overline{I_1} \cdot \overline{I_3} \cdot \overline{I_5} \cdot \overline{I_7}} \\ Y_1 = \overline{\overline{I_2} \cdot \overline{I_3} \cdot \overline{I_6} \cdot \overline{I_7}} \\ Y_2 = \overline{\overline{I_4} \cdot \overline{I_5} \cdot \overline{I_6} \cdot \overline{I_7}} \end{cases}$$

图 8-3-2　8 线 -3 线编码器　　　　　图 8-3-3　8 线 -3 线编码器输出逻辑表达式

此时，8 线 -3 线编码器的真值表见表 8-3-3。

表 8-3-3　8 线 -3 线编码器的真值表

输入								输出		
I_0	I_1	I_2	I_3	I_4	I_5	I_6	I_7	Y_2	Y_1	Y_0
1	0	0	0	0	0	0	0	0	0	0
0	1	0	0	0	0	0	0	0	0	1
0	0	1	0	0	0	0	0	0	1	0
0	0	0	1	0	0	0	0	0	1	1
0	0	0	0	1	0	0	0	1	0	0
0	0	0	0	0	1	0	0	1	0	1
0	0	0	0	0	0	1	0	1	1	0
0	0	0	0	0	0	0	1	1	1	1

三、译码器

译码是编码的反过程,它是将代码的组合译成一个特定的输出信号。

在编码时,每种二进制代码都赋予了特定的含义,即都表示一个确定的信号或对象。把代码状态的特定含义"翻译"出来的过程称为译码,实现译码操作的电路称为译码器。或者说,译码器是可以将输入二进制代码的状态翻译成输出信号,以表示其原来含义的电路。

根据需要,输出信号可以是脉冲,也可以是高电平或低电平。

译码器的种类很多,但它们的工作原理和分析设计方法大同小异,其中二进制译码器、二—十进制译码器和显示译码器是 3 种最典型,且使用十分广泛的译码电路。

1. 二进制译码器

将输入的二进制代码译成相应输出信号的电路称为二进制译码器。它有 3 个输入端、8 个输出端,所以又称为 3 线 -8 线译码器,如图 8-3-4 所示。

3 线 -8 线译码器的真值表见表 8-3-4。

表 8-3-4　3 线 -8 线译码器的真值表

输入						输出							
ST_A	$\overline{ST_B}$	$\overline{ST_C}$	A_2	A_1	A_0	$\overline{Y_0}$	$\overline{Y_1}$	$\overline{Y_2}$	$\overline{Y_3}$	$\overline{Y_4}$	$\overline{Y_5}$	$\overline{Y_6}$	$\overline{Y_7}$
1	1	×	×	×	×	1	1	1	1	1	1	1	1
0	×	×	×	×	×	1	1	1	1	1	1	1	1
1	0	0	0	0	0	0	1	1	1	1	1	1	1
1	0	0	0	0	1	1	0	1	1	1	1	1	1

续表

输入						输出							
ST_A	$\overline{ST_B}$	$\overline{ST_C}$	A_2	A_1	A_0	$\overline{Y_0}$	$\overline{Y_1}$	$\overline{Y_2}$	$\overline{Y_3}$	$\overline{Y_4}$	$\overline{Y_5}$	$\overline{Y_6}$	$\overline{Y_7}$
1	0	0	1	0	1	1	1	0	1	1	1	1	1
1	0	0	1	1	1	1	1	1	0	1	1	1	1
1	0	1	0	0	1	1	1	1	1	0	1	1	1
1	0	1	0	1	1	1	1	1	1	1	0	1	1
1	0	1	1	0	1	1	1	1	1	1	1	0	1
1	0	1	1	1	1	1	1	1	1	1	1	1	0

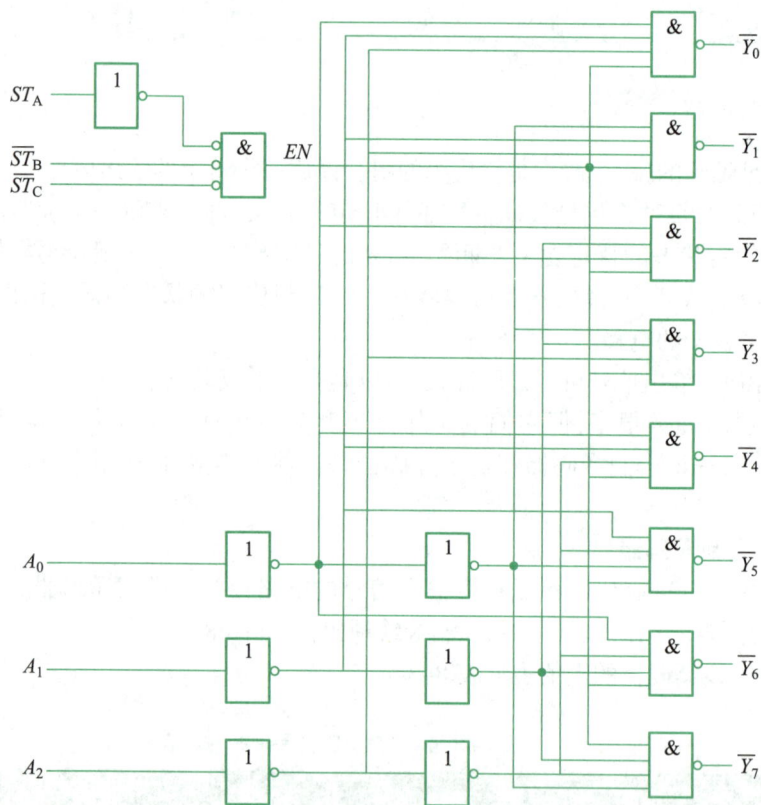

图 8-3-4　3 线 –8 线译码器

2. 二—十进制译码器

将 4 位 BCD 码的 10 组代码翻译成对应 0~9 的 10 个输出信号的电路,称为二—十进制译码器。它有 10 个输入端、4 个输出端,所以又称为 10 线—4 线译码器。

3. 显示译码器

在数字系统中,常常需要将测量数据和运算结果用十进制数码显示出来,这就需要显示译码器。它的功能是将输入的 BCD 码翻译成能用于显示器的十进制数的信号,并驱动显示器显示数字。

用来驱动各种显示器件,从而将用二进制代码表示的数字、文字、符号翻译成人们习惯的形式直观地显示出来的电路,称为显示译码器。显示译码器的工作原理如图 8-3-5 所示。

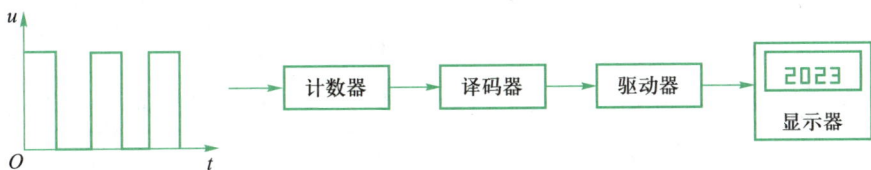

图 8-3-5　显示译码器的工作原理

微课
组合逻辑电路
分析

【想一想】二进制译码器、二—十进制译码器和显示译码器的主要区别是什么?

知识拓展

汽车仪表的数字显示

在汽车中,常常需要将温度、转速和压力等信息以仪表的形式直观地显示出来。如今,汽车显示仪表逐渐地由指针显示发展到了数字显示。例如,汽车多媒体设备的显示单元或汽车数字显示仪表盘等。

数字显示电路一般由译码器、驱动器和显示器等组成。译码器和驱动器集成在一起,用以驱动显示器,这就是译码器的一种具体应用,称为显示译码器。常用的显示译码器是驱动七段数码管的 BCD 七段字符译码器。

为了利用不同发光段组合显示出 0~9 这 10 个数字(图 8-3-6),用阵列存储七段显示数字:a、b、c、d、e、f、g,需要将数码经译码器译出,然后经驱动器点亮对应的段,即对应于一组数码,译码器应有确定的几个输出端进行信号输出。

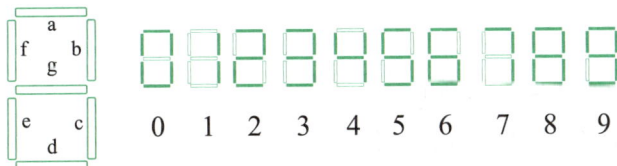

图 8-3-6　显示器显示 0~9 的数字

0~9 的 10 个数字,每个数字都分别由七段笔画来显示,当某一笔画输出为 **1** 时,表示这时有显示信号输出;当某一笔画输出为 **0** 时,表示这时没有显示信号输出。

这时就可以把二进制的代码转化成十进制的数字来显示。

具体输出信号见表 8-3-5。

表 8-3-5　数字显示输出信号

显示数字	a 设定值	b 设定值	c 设定值	d 设定值	e 设定值	f 设定值	g 设定值
0	1	1	1	1	1	1	1
1	0	1	1	0	0	0	0
2	1	1	0	1	1	0	1
3	1	1	1	1	0	0	1
4	0	1	1	0	0	1	1
5	1	0	1	1	0	1	1
6	1	0	1	1	1	1	1
7	1	1	1	0	0	0	0
8	1	1	1	1	1	1	1
9	1	1	1	1	0	1	1

技能训练

组合逻辑电路的设计

用四 2 输入与非门设计一个 4 人无弃权表决电路(多数赞成则提案通过)、要求采用四 2 输入与非门 74LS00 实现,使用的集成电路芯片种类尽可能的少。完成电路设计后进行接线,并验证功能正确性。

课后思考

一、判断题

1. 编码和译码是互逆的过程。　　　　　　　　　　　　　　　　　　　(　　)

2. 全加器不考虑来自低位的进位。　　　　　　　　　　　　　　　　　(　　)

3. 将 4 位 BCD 码的十组代码翻译成对应 0~9 的 10 个输出信号的电路,称为二进制译码器。　　　　　　　　　　　　　　　　　　　　　　　　　　　(　　)

4. 组合逻辑电路的输出只和当时的输入逻辑状态有关,而和电路过去的状态无关。　　　　　　　　　　　　　　　　　　　　　　　　　　　　　　(　　)

二、选择题

1. 下列选项中能实现并 – 串转换的是(　　　)。

　　A. 数值比较器　　　　B. 译码器　　　C. 数据选择器　　　D. 数据分配器

　　2. 若在编码器中有 50 个编码对象,则输出二进制代码位数至少需要(　　　)位?

　　A. 5　　　　　　　　B. 6　　　　　C. 10　　　　　　　D. 50

　　3. 下列选项中能实现 1 位二进制带进位加法运算的是(　　　)。

　　A. 半加器　　　　　　B. 全加器　　　C. 加法器　　　　　D. 运算器

　　4. 4 位输入的二进制译码器,其输出应有(　　　)位?

　　A. 16　　　　　　　　B. 8　　　　　C. 4　　　　　　　D. 1

　　5. 加法器是一种数位电路,其可进行数字的加法计算,加法器主要是以(　　　)进行运算。

　　A. 十六进制　　　　　B. 八进制　　　C. 十进制　　　　　D. 二进制

三、思考题

简述汽车显示仪表的数字显示的基本原理。

任务评价

完成任务评价表,见表 8-3-6。

表 8-3-6　任务评价表

评价项目	评价内容	要求	配分	评分		
				自评	小组	教师
加法器	全加器	了解全加器的概念和用途	10 分			
	半加器	了解半加器的概念和用途	10 分			
编码器	编码器	了解编码器的概念和用途	10 分			
译码器	二进制译码器	了解二进制译码器的概念	10 分			
	二—十进制译码器	了解二—十进制译码器的概念	10 分			
	显示译码器	熟悉显示译码器的原理和应用	30 分			
完成工作任务的表现	学习态度端正,积极完成工作任务,认真学习相关知识,遵守安全操作规程和劳动纪律,有良好的职业道德和职业素养		10 分			
完成本次工作任务的体会(学到了哪些知识、掌握了哪些技能、有哪些收获):			10 分			
总分			100 分			
综合评价得分						

任务四　汽车尾灯控制电路中的时序逻辑电路

必学必会

1. 了解触发器的概念与特点。
2. 了解同步时序逻辑电路的分析过程。
3. 熟悉典型的同步时序电路。
4. 学会分析汽车尾灯控制电路。

任务描述及分析

数字逻辑电路分为两大类：一类是组合逻辑电路，它的输出只和当时的输入逻辑状态有关，而和电路过去的状态无关；另一类是时序逻辑电路，它的输出不仅和当时的输入逻辑状态有关，而且还和电路过去的状态有关。本项目任务三介绍了组合逻辑电路，本任务将介绍时序逻辑电路的原理及应用。

时序逻辑电路简称时序电路，其特点是：电路每一时刻的输出状态除与该时刻的输入状态有关之外，还与电路过去时刻的状态有关。为了保存电路的原状态，在时序逻辑电路中必须有记忆功能的存储单元（触发器）。

时序逻辑电路是计算机及其他电子系统中常用的一种电路。它和组合逻辑电路是类型完全不同的两种电路。组合逻辑电路的输出仅取决于电路当时的输入，而与电路过去的输入无关；时序逻辑电路的输出不仅取决于电路当时的输入，还与电路过去的输入有关。由于时序逻辑电路有这一特点，因此在电路的内部必然有记忆元件，用来记忆与过去输入信号有关的信息或电路的过去输出状态。

下面结合汽车尾灯控制电路，通过本任务学习时序逻辑电路的基本知识。

【想一想】组合逻辑电路和时序逻辑电路有什么不同？

相关知识

时序逻辑电路分为两大类：同步时序电路和异步时序电路。在同步时序电路中有一个公共的时钟信号，电路中各记忆元件受它统一控制。只有在该时钟信号到来时，记忆元件的状态才能发生变化，从而使时序逻辑电路的输出发生变化，而且每来一个时钟信号，记忆元件的状态和电路输出状态才可能改变一次。如果时钟信号没有来到，输入信号的改变不能引起电路输出状态的变化。

在异步时序电路中，电路没有统一的时钟信号，各记忆元件也不受同一时钟控制,电路状态的改变由输入信号引起,且输入信号的一次变化可引起状态变化多次。

下面主要学习同步时序电路。

一、触发器

在各种复杂的数字电路中,不但需要对二值信号进行算术运算和逻辑运算,还经常需要将这些信号和运算结果保存起来。为此,需要使用具有记忆功能的基本逻辑单元。能够存储 1 位二值信号的基本单元电路统称为触发器。

为了实现记忆 1 位二值信号的功能,触发器必须具备以下两个基本特点:第一,具有两个能自行保持的稳定状态,用来表示逻辑状态的 **0** 和 **1**,或者二进制数的 **0** 和 **1**;第二,根据不同的输入信号可以置成 **0** 或 **0** 状态。

由于控制方式的不同,即信号的输入方式以及触发器状态随输入信号变化的规律不同,触发器的逻辑功能在细节上有所不同。因此根据触发器逻辑功能的不同分为 RS 触发器、JK 触发器、T 触发器、D 触发器等类型。

二、同步时序电路

1. 同步时序电路的分析

同步时序电路的分析是根据已有的电路图,通过列出状态表或画出状态图来分析电路的工作过程以及其输入与输出之间的关系。

同步时序电路的分析步骤如下。

(1) 根据给定的同步时序电路,列出电路中组合电路的输出函数,列出电路中各触发器的激励函数(描述触发器数据输入的逻辑函数,又称为控制函数)。

(2) 列出组合电路的状态真值表。真值表的输入是时序电路的输入和时序电路的现态,输出是时序电路的输出及各触发器的数据输入。

(3) 列出时序电路的次态。

(4) 列出状态表和画出状态图。

(5) 分析时序电路的外部性能。

下面通过对典型电路的分析,来进一步说明分析过程。

图 8-4-1 所示为同步时序电路。

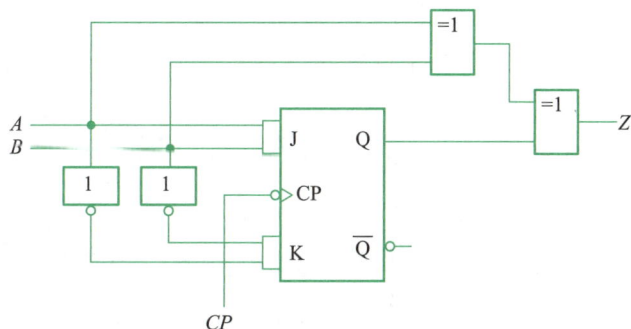

微课
基本触发器及
功能

图 8-4-1　同步时序电路

（1）列出电路的输出函数和触发器的激励函数。

（2）列出组合电路的状态真值表，见表8-4-1。

（3）列出时序电路的次态，见表8-4-2。

它以时序电路的输入和触发器的现态所有可能的组合为输入，对照状态真值表，查得对应的值，再由触发器的功能表，即可得触发器的次态。

（4）由状态真值表画出状态图。

（5）分析时序电路的外部性能。

由状态表或状态图可知，当A、B和Q^n中有奇数个 **1** 时，输出 $Z=1$，否则 $Z=0$；当A、B和Q^n中有两个及两个以上的 **1** 时，则 $Q^{n+1}=1$，否则 $Q^{n+1}=0$。所以此电路是一个串行二进制加法器，其中A、B为被加数和加数，Z为和数，JK触发器存放进位值。

表 8-4-1　状态真值表

现态	输入	触发器输入	输出
Q^n	A　B	JK	Z
0	0　0	01	0
0	0　1	00	1
0	1　0	00	1
0	1　1	10	0
1	0　0	01	1
1	0　1	00	0
1	1　0	00	0
1	1　1	10	1

表 8-4-2　次　态　表

现态	输入	次态
Q^n	A　B	Q^{n+1}
0	0　0	0
0	0　1	0
0	1　0	0
0	1　1	1
1	0　0	0
1	0　1	1
1	1　0	1
1	1　1	1

2. 典型的同步时序电路

(1) 移位寄存器。移位寄存器除了具有存储代码的功能,还具有移位功能。所谓移位功能,是指寄存器里存储的代码能在移位脉冲的作用下依次左移或右移。因此,移位寄存器不但可以用来寄存代码,还可以用来实现数据的串行 – 并行转换、数值的运算以及数据处理等。

图 8-4-2 所示电路是由边沿触发结构的触发器组成的 4 位移位寄存器。其中第一个触发器 FF_0 的输入端接收输入信号,其余触发器的输入端均与前边一个触发器的 Q 端相连。

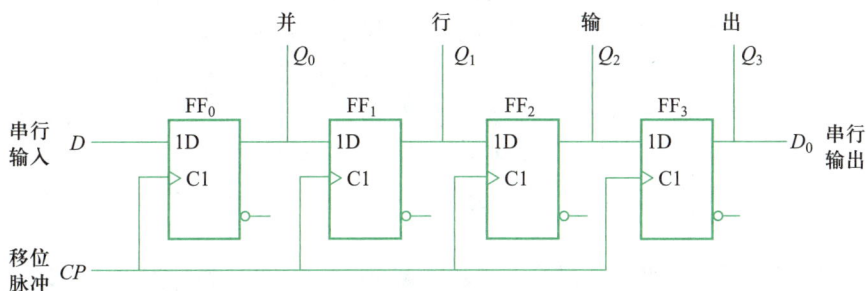

图 8-4-2　4 位移位寄存器

(2) 计时器。在数字系统中,使用得最多的时序电路是计数器。计数器不仅能用于对时钟脉冲计数,还可以用于分频、定时、产生节拍脉冲和脉冲序列以及进行数字运算等。

计数器的种类繁多,如果按计数器中的触发器是否同时翻转分类,可以分为同步计数器和异步计数器两种。在同步计数器中,当时钟脉冲输入时,触发器的翻转是同时发生的。在异步计数器中,触发器的翻转有先有后,不是同时发生的。

如果按计数过程中计数器中的数字增减分类,计数器又可以分为加法计数器、减法计数器和可逆计数器(或称为加 / 减计数器)。随着计数脉冲的不断输入,作递增计数的称为加法计数器,而作递减计数的称为减法计数器,可增可减的称为可逆计数器。

如果按计数器中数字的编码方式分类,还可以分成二进制计数器、二—十进制计数器、循环码计数器等。

此外,有时也用计数器的计数容量来区分各种不同的计数器,如十进制计数器、六十进制计数器等。

(3) 555 定时器。555 定时器是一种将模拟电路和数字电路集于一体的电子器件。用它可以构成单稳态触发器、多谐振荡器和施密特触发器等多种电路。555 定时器在工业控制、定时、检测、报警等方面具有广泛应用。

如图 8-4-3 所示,框线边沿标注的数字为引脚号。其中,1 脚为接地端;2 脚为低电平触发端,由此输入低电平触发脉冲;6 脚为高电平触发端,由此输入高电平触发脉冲;4 脚为复位端,输入负脉冲(或使其电压低于 0.7 V)可使 555 定时器直接复位；5 脚为电压控制端，在此端外加电压可以改变比较器的参考电压，不用时，经 0.01 μF 的电容接地，以防止引入干扰；7 脚为放电端，555 定时器在输出低电平时，放电三体管 TV 导通，外接电容元件通过 TV 放电；3 脚为输出端，输出高电压，低于电源电压 1~3 V，输出电流可达 200 mA，因此可直接驱动继电器、发光二极管、指示灯等；8 脚为电源端，可在 5~18 V 范围内使用。

利用 555 定时器可以组成相当多的应用电路，甚至多达数百种应用电路，在各类书刊中均有介绍。例如，家用电器控制装置、门铃、报警器、信号发生器、电路检测仪器、元器件测量仪、定时器、压频转换电路、电源应用电路、自动控制装置及其他应用电路都有着广泛的应用，这是因为 555 定时器巧妙地将模拟电路和数字电路结合在一起的缘故。

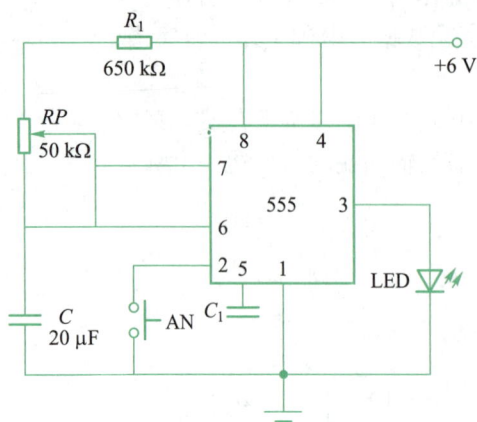

图 8-4-3　555 定时器电路

微课
时序逻辑电路

知识拓展

汽车尾灯控制电路

通过对三进制计数器和译码器的改用，以及设计显示驱动和开关控制电路来完成汽车尾灯控制电路设计，画出相应的电路图。该电路通过发光二极管模拟汽车尾灯来实现汽车在行驶时的 4 种情况：正常行驶、右转弯、左转弯、紧急刹车。

假设汽车尾部左右两侧各有 3 个指示灯（用发光管模拟），则有以下几种情况。

（1）当汽车正常行驶时，尾灯全部熄灭。

（2）当汽车右转弯时，右侧 3 个指示灯按右循顺序点亮。

（3）当汽车左转弯时，左侧 3 个指示灯按左循顺序点亮。

（4）当汽车紧急刹车时，所有指示灯同时闪烁。

汽车尾灯控制电路由开关控制电路、555 定时器构成的多谐振荡器、LED 显示、驱动电路、译码器和三进制计数器组成，如图 8-4-4 所示。采用 74LS112 芯片连接电路搭成三进制计数器，用 74LS138 芯片、6 个**与非门**和 6 个反相器组成译码电路，设计构成一个控制汽车 6 个尾灯（每侧各 3 个）的电路，用两个拨动式开关作为转弯信号源：一个用于指示右转弯，另一个用于指示左转弯。如果两个开关都被接通，说明此时为紧急刹车的情况，那么紧急闪烁器亮起。转弯时一侧的尾灯全部亮起，另一侧的尾灯则全部熄灭，且亮起的灯呈周期性闪烁，1 s 为一个周期。当紧急闪烁器作用时，6 个尾灯以大约 1 Hz 的频率闪烁。

多谐振荡器又称为无稳态触发器，它没有稳定的输出状态，只有两个暂稳态。在电路处于某一暂稳态后，经过一段时间可以自行出发反转到另一暂稳态。两个暂稳态自行相互转换而输出一系列矩形波。

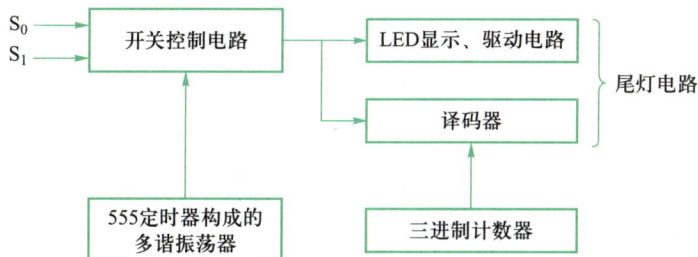

图 8-4-4 汽车尾灯控制电路

由 555 定时器构成的多谐振荡器的振荡频率稳定，不易受干扰。而且汽车尾灯控制电路的设计中对脉冲精度要求不高，只要能实现可调即可。因此，在该单元电路设计中选择采用 555 定时器构成的多谐振荡器作为脉冲产生电路。

74LS138 为 3 线 –8 线译码器，用一块 3 线 –8 线译码器 (74LS138) 可以组成任何一个三变量输入逻辑函数，任一个三变量输入逻辑函数都可以用一块 3 线 –8 线译码器 (74LS138) 来实现。因为任一个组合逻辑表达式都可以写成标准**与或**式的形式，即最小项之和的形式，而一块 3 线 –8 线译码器 (74LS138) 的输出正好是二变量最小项的全部体现。

计数器实现了对时间的累计以 8421BCD 码的形式输出，为了将计数器输出的 8421BCD 码显示出来，需要使用译码显示电路将计数器的输出数码转换为数码显示器件所需要的输出逻辑和一定的电流。因此，采用共阴极的七段数码显示管和 74LS48 作为译码器。

这样一来，就能实现对汽车车灯的控制。

技能训练

555 定时器的原理及其芯片的应用

1. 实训目的

了解 555 定时器的工作原理及掌握 555 芯片的应用。

2. 实训元器件

电阻、热敏电阻、555 芯片、发光二极管、蜂鸣器、电容等。

3. 电路原理

图 8-4-5 所示为 555 定时器的电路原理。

4. 电路原理说明

图 8-4-5 所示电路是利用 555 定时器、热敏电阻等元器件设计的温度报警器。当温度过高时，会以"声、光"两种方式同时报警，引起人们的注意。热敏电阻作为敏感元件，感受周围环境温度的变化，当温度超过某一门限值时，会产生声、光两种报警效果。电阻 R_1、R_2 的分压效果来确定温度门限值，因为第一级 555 定时器的触发端 2 脚的电压是受 R_1、R_2 和热敏电阻 R_T 共同控制的。

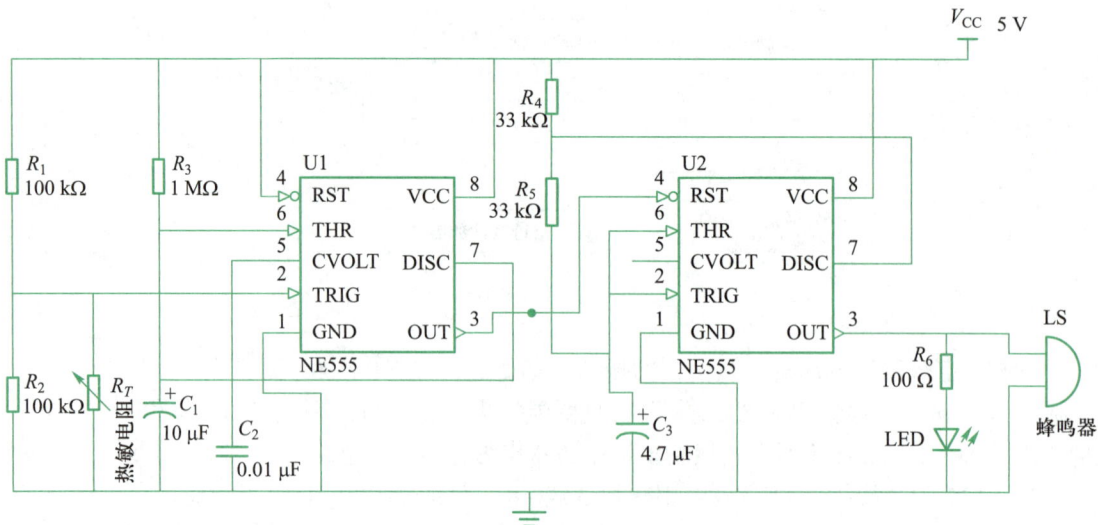

图 8-4-5　555 定时器的电路原理图

当温度升高时,由于热敏电阻 R_T 具有负温度系数,其电阻值随着温度的升高而降低。这样根据 R_1、R_2 以及 R_T 的连接关系可以看出,温度升高时会使得 2 脚的电压降低。当减低到满足触发条件时,第一级 555 定时器构成的单稳态触发器开始工作,由"稳态"进入"暂稳态"并持续一定的时间。持续时间长短由 555 定时器的参数决定,满足 $T=1.1R_3C_1$。由此可以看出,要想改变"暂稳态"持续的时间需要调整上述两个参数即可。第二级 555 定时器构成的多谐振荡器驱动后面的发光发声装置报警,这会使得蜂鸣器间歇鸣叫,而且 LED 也会同时闪亮,以此来表示温度已经超过设定门限值,开始报警了。

5. 实训步骤

(1) 明确实训目的,理解工作原理,明确各个元器件及其参数对电路的影响。

(2) 在面包板上接线、调试。

【想一想】

1. 如何调整蜂鸣器和发光二极管报警的时间?

2. 如何改变蜂鸣器和发光二极管闪烁的频率?

课后思考

一、判断题

1. 移位寄存器就是数码寄存器,它们没有区别。　　　　　　　　　(　　)

2. 寄存器具有存储数码和信号的功能。　　　　　　　　　　　　(　　)

3. 时序逻辑电路分为同步时序电路和异步时序电路。　　　　　　(　　)

4. 计数器可以用于进行数字运算。　　　　　　　　　　　　　（　　　）

二、选择题

1. 数字电路中机器识别和常用的数制是（　　　）。
   A. 二进制　　　　B. 八进制　　　　　C. 十进制　　　　　D. 十六进制
2. 下列电路不属于时序逻辑电路的是（　　　）。
   A. 数码寄存器　　B. 编码器　　　　　C. 触发器　　　　　D. 可逆计数器
3. 具有记忆功能的逻辑电路是（　　　）。
   A. 加法器　　　　B. 显示器　　　　　C. 译码器　　　　　D. 计数器
4. 根据时序逻辑电路的特点，下列叙述正确的是（　　　）。
   A. 电路任一时刻的输出只与当时输入信号有关；
   B. 电路任一时刻的输出只与电路原来状态有关；
   C. 电路任一时刻的输出与输入信号和电路原来状态均有关；
   D. 电路任一时刻的输出与输入信号和电路原来状态均无关

三、思考题

1. 组合逻辑电路和时序逻辑电路有什么不同？
2. 时序逻辑电路还有其他什么应用？

任务评价

完成任务评价表，见表 8-4-3。

表 8-4-3　任务评价表

评价项目	评价内容	要求	配分	评分		
				自评	小组	教师
触发器	触发器的概念和分类	了解触发器的概念和分类	20 分			
同步时序电路	同步时序电路分析	了解同步时序电路的分析过程	20 分			
	典型的同步时序电路	了解移位寄存器、计时器和 555 定时器的概念和应用	40 分			
完成工作任务的表现	学习态度端正，积极完成工作任务，认真学习相关知识，遵守安全操作规程和劳动纪律，有良好的职业道德和职业素养		10 分			
完成本次工作任务的体会（学到了哪些知识、掌握了哪些技能、有哪些收获）：			10 分			
总分			100 分			
综合评价得分						

任务五 A/D 与 D/A 转换的原理与应用

必学必会

1. 了解 A/D 转换和 D/A 转换的概念。
2. 熟悉 A/D 转换的基本原理和技术指标。
3. 熟悉 D/A 转换的基本原理和技术指标。

任务描述及分析

由于数字电子技术的迅速发展,尤其是计算机在信息处理、自动控制、自动检测以及许多其他领域中的广泛应用,用数字电路处理模拟信号的情况更加普遍了。

为了能够使用数字电路处理模拟信号,必须将模拟信号转换成相应的数字信号,才能送入数字系统(例如微型计算机)进行处理。同时,往往要求将处理后得到的数字信号再转换成相应的模拟信号,作为最后的输出。前一种从模拟信号到数字信号的转换称为模数转换,或简称 A/D(Analog to Digital)转换;后一种从数字信号到模拟信号的转换称为数模转换,或简称 D/A(Digital to Analog)转换。同时,实现 A/D转换的电路称为 A/D 转换器,简称为 ADC(Analog Digital Converter);实现 D/A 转换的电路称为 D/A 转换器,简称为 DAC(Digital Analog Converter)。下面通过本任务学习 A/D 与 D/A 转换的基本知识。

相关知识

一、A/D 转换的基本原理

A/D 转换是将模拟信号转换为数字信号,转换过程由采样、保持、量化和编码 4个步骤完成,如图 8-5-1 所示。

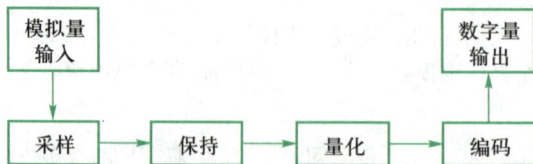

图 8-5-1 A/D 转换过程

1. 采样和保持

采样是将时间上连续变化的信号转换为时间上离散的信号,即将时间上连续变化的模拟量转换为一系列等间隔的脉冲(图 8-5-2),脉冲的幅度取决于输入模拟量。

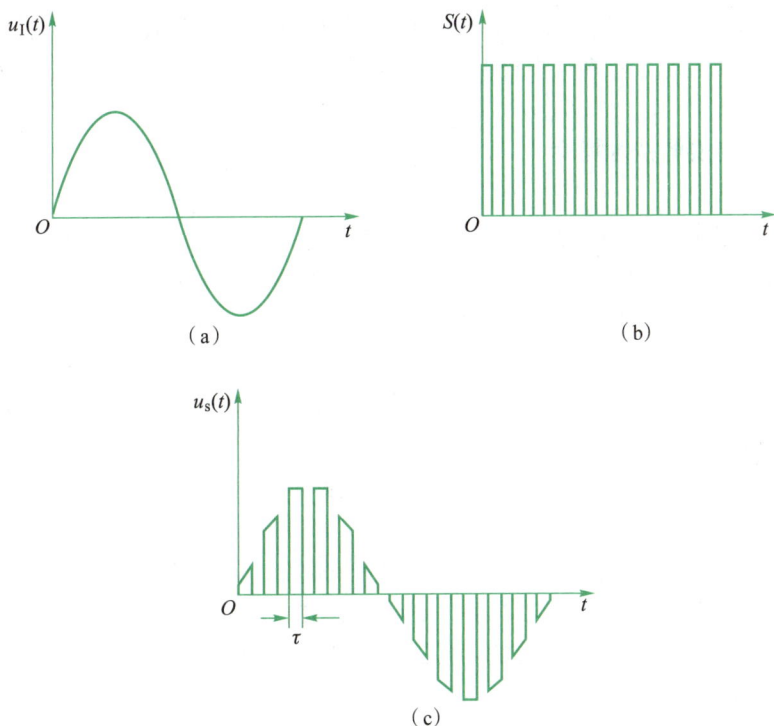

图 8-5-2　采样与保持示意图

模拟信号经采样后,得到一系列样值脉冲。采样脉冲宽度 τ 一般是很短暂的,在下一个采样脉冲到来之前,应暂时保持所取得的样值脉冲幅度,以便进行转换。因此,在采样电路之后需加保持电路。

2. 量化和编码

输入的模拟电压经过采样和保持后,得到的是阶梯波。而该阶梯波仍是一个可以连续取值的模拟量,但 n 位数字量只能表示 2^n 个数值。因此,用数字量表示连续变化的模拟量时就有一个类似于四舍五入的近似问题。

将采样后的样值电平归化到与之接近的离散电平上,这个过程称为量化,指定的离散电平称为量化电平 U_q,用二进制数码表示各个量化电平的过程称为编码。两个量化电平之间的差值称为量化单位 Δ。位数越多,量化等级越细,Δ 就越小。采样保持后未量化的 U_o 值与量化电平 U_q 值通常是不相等的,其差值称为量化误差 ε,即 $\varepsilon = U_o - U_q$。

3. A/D 转换器

A/D 转换器有直接转换法和间接转换法两大类。

(1)直接转换法是通过一套基准电压与取样保持电压进行比较,从而直接将模拟量转换成数字量。其特点是工作速度高,转换精度容易保证,调准也比较方便。

直接 A/D 转换器有并行比较型、逐次逼近型、计数型等。

（2）间接转换法是将采样后的模拟信号先转换成中间变量时间 t 或频率 f，再将 t 或 f 转换成数字量。其特点是工作速度较低，但转换精度可以做得较高，且抗干扰性强。间接 A/D 转换器有单次积分型、双积分型等。双积分型 A/D 转换器转换前要将电容充电。

4. A/D 转换的技术指标

1）分辨率

分辨率是指 A/D 转换器对输入模拟信号的分辨能力。从理论上讲，一个 n 位二进制数输出的 A/D 转换器应能区分输入模拟电压的 2^n 个不同量级，能区分输入模拟电压的最小差异为满量程输入的 $1/2^n$。

2）转换时间

转换时间是指 A/D 转换器从接到转换启动信号开始，到输出端获得稳定的数字信号所经过的时间。

A/D 转换器的转换速度主要取决于转换电路的类型，不同类型 A/D 转换器的转换速度相差很大。

（1）双积分型 A/D 转换器的转换速度最慢，需几百毫秒左右。

（2）逐次逼近式 A/D 转换器的转换速度较快，需几十微秒。

（3）并行比较型 A/D 转换器的转换速度最快，仅需几十纳秒。

3）转换误差

转换误差是指 A/D 转换器实际输出的数字量和理论上输出的数字量之间的差别。常用最低有效位的倍数表示。

二、D/A 转换的基本原理

D/A 转换是将输入的二进制数字量转换成模拟量，以电压或电流的形式输出。D/A 转换器实质上是一个译码器（解码器），其输出模拟电压 u_O 和输入数字量 D_n 之间成正比关系，U_{REF} 为参考电压。

D/A 转换器一般由数码缓冲寄存器、模拟电子开关、参考电压、解码网络和求和电路等组成，如图 8-5-3 所示。

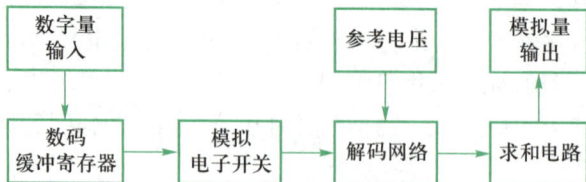

图 8-5-3　D/A 转换器的组成

数字量以串行或并行方式输入，并存储在数码缓冲寄存器中，数码缓冲寄存器输出的每位数码驱动对应数位上的模拟电子开关，将在解码网络中获得的相应数位

（微课
A/D 转换与
D/A 转换）

权值送入求和电路;求和电路将数位权值相加,便得到与数字量对应的模拟量。

常用的 D/A 转换器有权电阻型 D/A 转换器和倒 T 形电阻网络 D/A 转换器等。

D/A 转换的技术指标如下。

1. 分辨率

分辨率用于表征 D/A 转换器对输入微小量变化的敏感程度。

(1) D/A 转换器模拟输出电压可能被分离的等级数,可用输入数字量的位数 n 表示 D/A 转换器的分辨率。

(2) 可用 D/A 转换器的最小输出电压与最大输出电压之比来表示分辨率。

2. 转换精度

转换精度是指输出模拟电压的实际值与理想值之差,即最大静态转换误差。

3. 转换时间

从输入的数字量发生突变开始,到输出电压进入与稳定值相差 ± 0.5 LSB 范围内所需要的时间,称为建立时间 t_{set},如图 8-5-4 所示。目前单片集成 D/A 转换器(不包括运算放大器)的建立时间最短达到 0.1 μs 以内。

4. 温度系数

在输入不变的情况下,输出模拟电压随温度变化产生的变化量。一般用满刻度输出条件下温度每升高 1℃,输出电压变化的百分数作为温度系数。

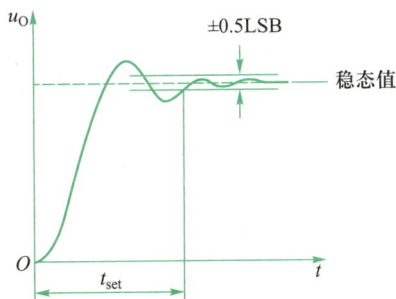

图 8-5-4 D/A 转换的转换时间

知识拓展

为了保证数据处理结果的准确性,A/D 转换器和 D/A 转换器必须有足够的转换精度。同时,为了适应快速过程的控制和检测的需要,A/D 转换器和 D/A 转换器还必须有足够快的转换速度。因此,转换精度和转换速度是衡量 A/D 转换器和 D/A 转换器性能优劣的主要标志。

目前使用的 D/A 转换器电路的结构形式虽然有多种,但是从基本原理上可以归为两类:一类是电流求和型;另一类是分压器型。在电流求和型 D/A 转换器电路中,需要产生一组支路电流,令它们数量之间的比例与二进制数中每位的权重成正比。当有数字量输入,将与其中那些取值为"1"位对应的支路电流相加,就得到了一个与输入数字量成正比的输出电流信号。如果令这个电流流过一个电阻,就可以将它转换为电压输出信号。下面将要讲到的权电阻型 D/A 转换器、权电流型 D/A 转换器以及倒 T 形电阻网络 D/A 转换器都属于这类。

在分压器型 D/A 转换器中,用输入数字量的每位去控制分压器中的一个或一组开关,使接至输出端的电压恰好与输入的数字量成正比。这里介绍的开关树形 D/A 转换器中,使用的是电阻分压器;而在权电容网络 D/A 转换器中,采用的是电容分压器。

A/D 转换器的类型也有多种,可以分为直接 A/D 转换器和间接 A/D 转换器两大类。在直接 A/D 转换器中,输入的模拟信号直接被转换成相应的数字信号,并联比较型 A/D 转换器和逐次逼近型 A/D 转换器都属于这类。在间接 A/D 转换器中,输入的模拟信号首先被转换成某种中间变量(例如,时间、频率等),再将这个中间变量转换为输出的数字信号。双积分型 A/D 转换器就是先将输入的模拟量转换成一个与之成正比的时间宽度信号,再将这个时间宽度信号转换为与之成正比的数字信号。因此,也把这种 A/D 转换器称为 V–T 变换型 A/D 转换器。另一种间接 A/D 转换器称为 V–F 变换型 A/D 转换器。在 V–F 变换型 A/D 转换器中,首先将输入的模拟信号转换成一个频率与它成正比的脉冲信号,再将这个脉冲信号转换为输出的数字信号。在 Σ–Δ 型 A/D 转换器中,输出是由 **0**、**1** 组成的串行数据流,数据流中 **1** 所占的比例与输入的模拟信号成正比。因此,它也是一种间接 A/D 转换器。

此外,在 D/A 转换器数字量的输入方式上,又有并行输入和串行输入两种类型。相应地,在 A/D 转换器数字量的输出方式上,也有并行输出和串行输出两种类型。

⚙ 技能训练

熟悉 ADC0809 型号 A/D 转换器

ADC0809 是美国国家半导体公司生产的 CMOS 工艺 8 通道、8 位逐次逼近型 A/D 转换器,如图 8-5-5 所示。其内部有一个 8 通道多路开关,它可以根据地址码锁存译码后的信号,只选通 8 路模拟输入信号中的一个进行 A/D 转换。它仅在单片机初学应用设计中较为常见。

ADC0809 的主要技术指标如下。

(1) 分辨率: 8 位。

(2) 单电源: +5 V。

(3) 总的不可调误差: ± 1 LSB。

(4) 转换时间: 取决于时钟频率。

(5) 模拟输入范围: 单极性 0~5 V。

(6) 时钟频率范围: 10~1 280 kHz。

ADC0809 的外部引脚图如图 8-5-6 所示。

图 8-5-5　ADC0809 型号 A/D 转换器

1	IN–3	IN–2	28
2	IN–4	IN–1	27
3	IN–5	IN–0	26
4	IN–6	ADD–A	25
5	IN–7	ADD–B	24
6	START	ADD–C	23
7	EOC	ALE	22
8	D3	D7	21
9	OE	D6	20
10	CLOCK	D5	19
11	VCC	D4	18
12	ref(+)	D0	17
13	GND	ref(–)	16
14	D1	D2	15

图 8-5-6　ADC0809 的外部引脚图

课后思考

一、判断题

1. 采样是将时间上断续变化的模拟量转换成时间上连续变化的模拟量。

（　　）

2. 双积分型 A/D 转换器转换前要将电容充电。（　　）

3. D/A 转换是将模拟信号转换为数字信号。（　　）

4. 转换误差是 A/D 转换的技术指标之一。（　　）

二、选择题

1. 在把模拟量转换为数字量的过程中，由于模拟量的变化而造成的误差称为（　　）。

    A. 孔径误差　　　B. 量化误差　　　C. 偏移误差　　　D. 非线性误差

2. 下列不属于直接 A/D 转换器的是（　　）。

    A. 并行比较型 A/D 转换器　　　　B. 双积分型 A/D 转换器

    C. 计数型 A/D 转换器　　　　　　D. 逐次逼近型 A/D 转换器

3. 一个 8 位 D/A 转换器的分辨能力可以达到满量程的（　　）。

    A. 1/8　　　　　B. 1/256　　　　C. 1/16　　　　D. 1/32

4. 若采用 8 位 A/D 转换器转换 0~5 V 的电压信号，则分辨率约为（　　）。

    A. 51 mV　　　　B. 10 mV　　　　C. 20 mV　　　　D. 40 mV

5. 以下选项中不是 D/A 转换的技术指标的是（　　）。

    A. 转换速度　　　B. 分辨率　　　C. 温度系数　　　D. 转换误差

三、思考题

简述 A/D 转换与 D/A 转换有什么区别。

任务评价

完成任务评价表，见表 8-5-1。

表 8-5-1　任务评价表

评价项目	评价内容	要求	配分	评分		
				自评	小组	教师
A/D 转换	A/D 转换的基本原理	了解 A/D 转换的基本原理	20 分			
	A/D 转换器	了解 A/D 转换器的分类	10 分			
	A/D 转换的技术指标	了解 A/D 转换的技术指标	15 分			

续表

评价项目	评价内容	要求	配分	评分		
				自评	小组	教师
D/A 转换	D/A 转换的基本原理	了解 D/A 转换的基本原理	20 分			
	D/A 转换的技术指标	了解 D/A 转换的技术指标	15 分			
完成工作任务的表现	学习态度端正,积极完成工作任务,认真学习相关知识,遵守安全操作规程和劳动纪律,有良好的职业道德和职业素养		10 分			
完成本次工作任务的体会(学到了哪些知识、掌握了哪些技能、有哪些收获):			10 分			
总分			100 分			
综合评价得分						

项目九 ▶▶▶
···
新能源汽车电压转换电路

▶ **项目目标**

1. 知识目标

（1）掌握新能源汽车低压电源系统与传统汽车的区别。

（2）掌握新能源汽车低压蓄电池的特点。

（3）掌握新能源汽车 DC/DC 变换器的功能和原理。

（4）掌握三相交流电整流电路的工作原理。

（5）掌握电源供电电路的工作原理。

2. 能力目标

（1）能够对新能源汽车低压蓄电池进行更换。

（2）能够对新能源汽车 DC/DC 变换器进行更换。

（3）能够讲述三相交流电整流电路在新能源汽车上的应用。

（4）能够对三端稳压器进行正确接线。

3. 素养目标

（1）培养正确的学习态度，养成良好的学习习惯，寻找有效的学习方法。

（2）在工作过程中，与小组其他成员合作、交流并进行学习任务分工，具备团队合作的意识。

（3）养成服从管理、规范作业的良好工作习惯。

（4）养成安全工作的习惯。

任务一　DC/DC 电路原理及应用

必学必会

1. 新能源汽车低压电源系统。
2. 新能源汽车低压蓄电池的特点。
3. 新能源汽车 DC/DC 变换器的功能和原理。

任务描述及分析

　　传统汽车在正常运转时，发动机通过传动带带动发电机发电，同时向蓄电池充电。与传统汽车蓄电池的充电方式不同，新能源汽车的 DC/DC 变换器将动力蓄电池的高压直流电变换为 12 V 低压直流电，然后给低压蓄电池充电。下面通过本任务分析新能源汽车低压电源系统，以及低压蓄电池的特点，学习 DC/DC 变换器电路的基本原理及应用。

相关知识

一、新能源汽车低压电源系统

1. 新能源汽车低压电源系统与传统汽车的区别

　　传统燃油汽车的电源是蓄电池和发电机，发电机未起动或起动时由蓄电池供电，起动以后则由发电机供电，同时为蓄电池充电。新能源汽车低压电源系统是将动力蓄电池的电能通过 DC/DC 变换器转变为 12 V 低压电源，为车载 12 V 低压蓄电池和车身电器部件提供工作电源。常规车身电器部件包括灯光、中控门锁、信息娱乐系统、电动车窗等。

　　传统燃油汽车的交流发电机将发电机旋转发电产生的电能提供给用电器并为蓄电池充电。纯电动汽车的动力蓄电池容量很大，因此以动力蓄电池为电源，能够利用 DC/DC 变换器为低压蓄电池充电，从而可以省去原来的交流发电机。图 9-1-1 所示为纯电动汽车利用 DC/DC 变换器为低压蓄电池充电示意图。

　　传统燃油汽车在发电机转速低时，如果同时使用空调、音响及车灯等，有时"电池的电量会用尽"。即使发电机仍在运行，有些条件下（如用电器全开）也会出现电力不足现象。而混

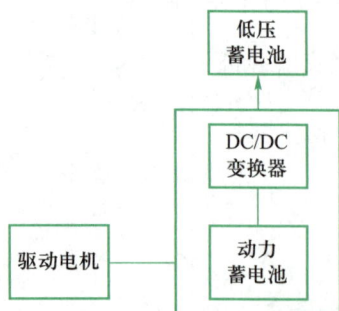

图 9-1-1　纯电动汽车利用 DC/DC 变换器为低压蓄电池充电示意图

合动力汽车和纯电动汽车使用动力蓄电池和 DC/DC 变换器,便可不必考虑发电机的转速问题而可以自由使用电力。混合动力汽车利用 DC/DC 变换器为蓄电池充电示意图如图 9-1-2 所示。

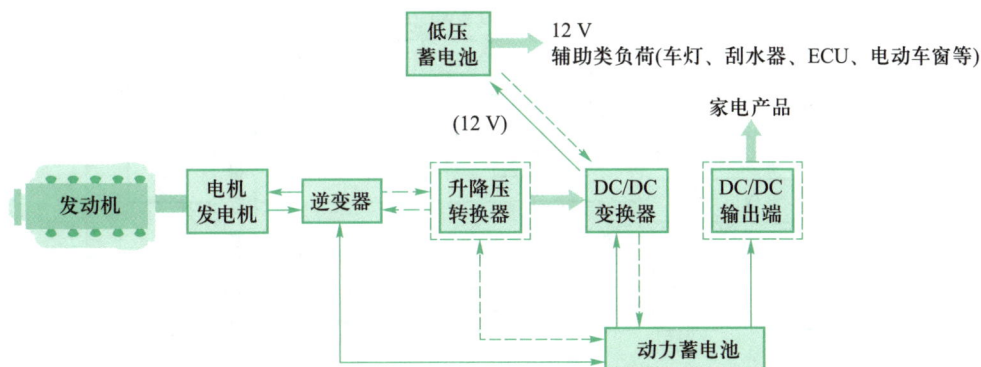

图 9-1-2 混合动力汽车利用 DC/DC 转换器为蓄电池充电示意图

2. 新能源汽车电源的特点

1) 纯电动汽车电源的特点

纯电动汽车的电源分为主电源和辅助电源。主电源为驱动汽车行驶的高压电源;辅助电源(低压的铅酸蓄电池)是为车载各种仪表、控制系统提供的直流低压电源。纯电动汽车电源模块是整个系统稳定运行的保障。电源的可靠性对于整个系统的性能起着至关重要的作用。纯电动汽车在设计和选择电源时要考虑配电方案、布局、接地回路等,以实现对负载良好的供电,达到高电压调整精度、低噪声,同时避免系统中电路之间的干扰、振荡以及过热等问题的出现。以北汽新能源纯电动汽车为例,研制设计了 DC/DC 辅助电源模块,并分别为 3 个电路模块供电,如图 9-1-3 所示。

2) 混合动力汽车电源的特点

部分混合动力车型的发动机保留了发电机,低压电源系统由 12 V 低压蓄电池、DC/DC 和发电机 3 个电源共同提供。图 9-1-4 所示为比亚迪秦混合动力汽车的低压电源系统。

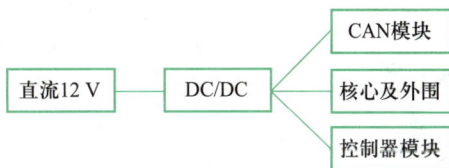

图 9-1-3 DC/DC 辅助电源模块框图

二、新能源汽车低压蓄电池

1. 新能源汽车低压蓄电池的作用

蓄电池是将化学能直接转化成电能的一种装置,并且可以通过可逆的化学反应实现再充电。蓄电池已有 100 多年的历史,广泛用作内燃机汽车的起动动力电源。蓄电池也是成熟的电动汽车动力电源,它的优点是可靠性好、原材料易得、价格便宜,比功率也基本上能满足电动汽车的动力要求。但蓄电池有两大缺点:一是比能量低,所占的质量和体积太大,且一次充电行驶里程较短;二是使用寿命短,使用成本高。从理论上说,混合动力汽车和纯电动汽车可以省去低压蓄电池,但实际上还是保留了低压蓄电池。这样做有两个主要原因:一是保留低压蓄电池能够降低车辆的成本;二是确保电源的冗余度。

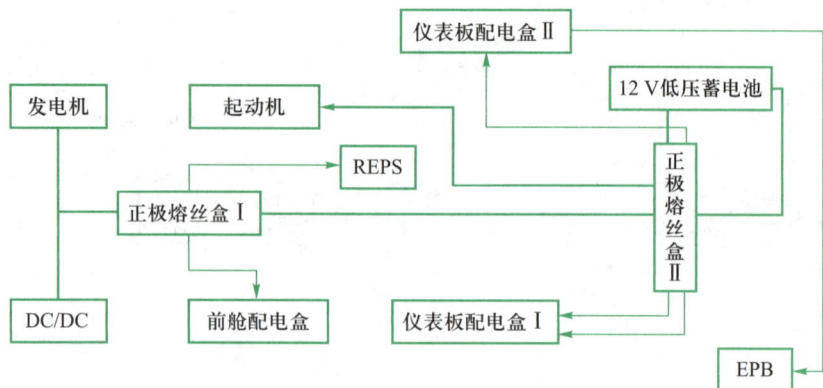

图 9-1-4　比亚迪秦混合动力汽车的低压电源系统

低压蓄电池能在短时间内向空调、刮水器及车灯等释放大电流。如果省去低压蓄电池而将高压动力蓄电池的电力用于空调及刮水器等,DC/DC 变换器的尺寸势必就要增大,从而使整体成本增加。由于低压蓄电池价格便宜,因此目前将低压蓄电池取消还没有成本上的优势。

低压蓄电池还具有确保向辅助类电器供电的冗余度的作用。当 DC/DC 变换器出现故障停止供电时,如果没有低压蓄电池,辅助类电器就会立即停止运行。例如,夜间车灯不亮、雨天刮水器停止运行等,就会影响驾驶。如果有低压蓄电池,就能够更安全地将汽车就近开到家里或工厂。

2. 低压蓄电池的类型

常用的 12 V 低压蓄电池主要分为 4 类,分别为普通蓄电池、干荷蓄电池、湿荷蓄电池和免维护蓄电池。到目前为止,汽车上使用的基本上都是免维护的铅酸蓄电池,是由 6 个铅酸蓄电池单体(2 V)串联成的 12 V 的电池组,如图 9-1-5 所示。

铅酸蓄电池采用填满海绵状铅的铅基板栅(又称为格子体)作负极,填满二氧化铅的铅基板栅作为正极,并用密度为 1.26~1.33 g/ml 的稀硫酸作电解质。铅酸蓄电池在放电时,金属铅是负极,发生氧化反应,生成硫酸铅;二氧化铅是正极,发生还原反应,生成硫酸铅。铅酸蓄电池能反复充电、放电,在用直流电充电时,两极分别生成铅和二氧化铅。移去电源后,又恢复到放电前的状态,组成化学电池。

三、DC/DC 变换器的功能和工作原理

1. DC/DC 变换器的功能

DC/DC 变换器是新能源汽车一个非常重要的部件,如图 9-1-6 所示。DC/DC 变

换器将不受控制的直流输入电压转换成受控制的直流输出电压,称为 DC/DC 变换。目前,DC/DC 变换器在计算机、航空、航天、汽车、通信及电视等领域中得到了广泛应用,同时这些应用促进了 DC/DC 变换技术的进一步发展。

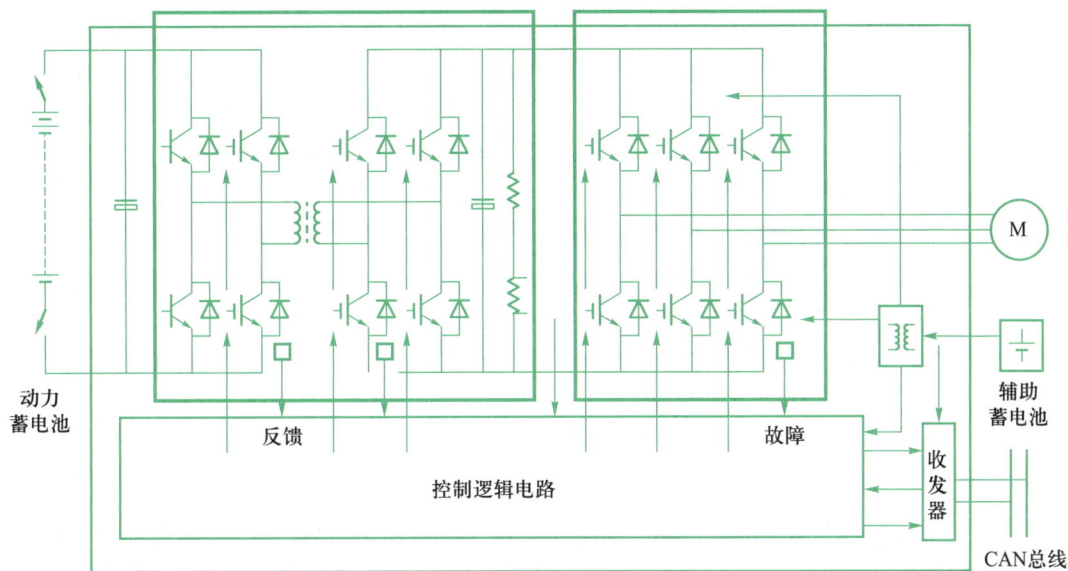

图 9-1-5　铅酸蓄电池组的结构图

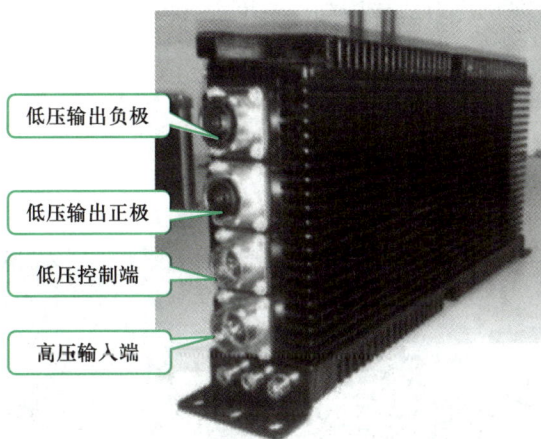

图 9-1-6　DC/DC 变换器

　　DC/DC 变换器在汽车上的应用可以理解为在传统燃油汽车中,发动机装了个发电机来给车上的设备供电。新能源汽车里的 DC/DC 变换器就是取代了传统燃油汽车中的发电机,将动力蓄电池的高压直流电变换为整车低压 12 V 直流电,给整车用电系统供电及给铅酸蓄电池充电。

2. DC/DC 变换器的类型

目前在新能源汽车里 DC/DC 变换器有 3 种类型。

(1) 高低压转换器(辅助功率模块)：主要作用是取代传统燃油汽车的 12 V 发电机,在混合动力汽车中,发动机输出的动力直接驱动高压继电器给电池系统补充电能,传统的 12 V 用电负荷完全依靠 DC/DC 变换器供给,其功率范围为 1~2.2 kW。

(2) 12 V 电压稳定器：主要用在部分起停(Start–Stop)系统中,在起动中避免电压波动对一些敏感的负载造成影响或损坏,如用户可见的负载、车内照明、收音机和显示屏等。电压稳压器的功率等级根据用电器的负荷确定,一般为 200~400 W。

(3) 高压升压器：为了提高动力系统的效率,选用一个升压器来提高逆变输入的电压,这个部件是动力总成的一部分,集成在动力总成中。如果采用锂电池作为动力蓄电池,升压器是一个十分重要的部分。

3. 典型车型的 DC/DC 变换器

1) 比亚迪 DC/DC 变换器

比亚迪秦的 DC/DC 变换器主要用于降压和升压控制功能,安装在前机舱内,如图 9-1-7(a)所示。

(1) 降压控制：负责将动力蓄电池 318 V 的高压电变换成 12 V 电源。DC/DC 变换器在主接触吸合时工作,输出的 12 V 电源供给整车用电器工作,并且在低压蓄电池亏电时给低压蓄电池充电。

(2) 升压控制：当动力蓄电池电量不足时,DC/DC 变换器将发电机发出的电供给整车低压用电器,剩余的电升压后给动力蓄电池充电及提供给空调使用。

2) 丰田普锐斯 DC/DC 变换器

丰田普锐斯混合动力汽车的 DC/DC 变换器内置于变频器中[图 9-1-7(b)],并用一个内部控制线路操控。高压从一侧与内部控制线路连接,内部控制线路控制晶体管。

(a) 比亚迪秦 DC/DC 变换器的位置

MG ECU 控制变频器组件

变频器
AC ↔ DC

增压转换器
DC 244.8 V ↔ Max. DC 650 V

DC/DC 变换器
DC 244.8 V → DC 12 V

低压蓄电池

HV蓄电池

发动机

带电动机的压缩机总成

高电压线束

动力管理控制（ECU）
（HV CPU）

带转换器的变频器总成
• 增压转换器
• 变频器
• DC/DC变换器

混合动力传动桥
• 发电机(MG1)
• 电动机(MG2)

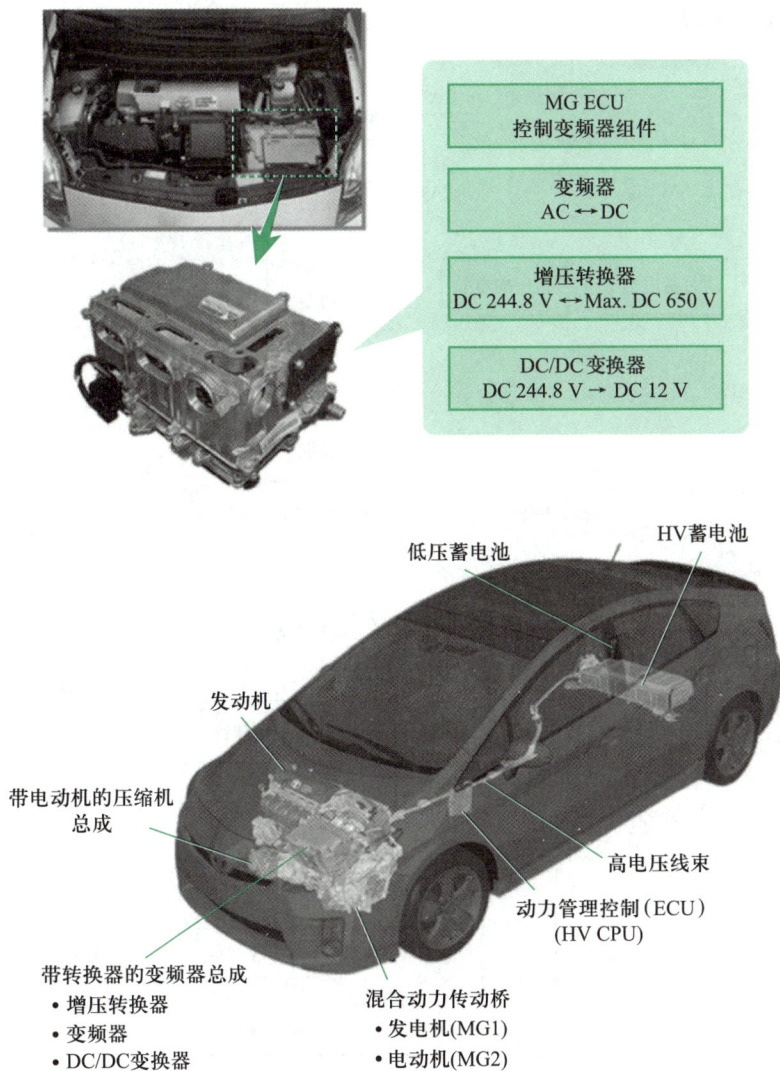

（b）丰田普锐斯 DC/DC 变换器的位置

图 9-1-7 DC/DC 变换器的位置

4. DC/DC 变换器的工作原理

1）比亚迪秦 DC/DC 变换器的工作原理

在纯电模式下，DC/DC 变换器的功能替代了传统燃油汽车挂接在发动机上的 12 V 发电机，和蓄电池并联，给各用电器提供低压电源。DC/DC 变换器在高压（500 V）输入端接触器吸合后便开始工作，输出电压标称 13.5 V。

发动机起动发电机发出 13.5 V 直流电，经过 DC/DC 变换器升压变换成 500 V 直流电给动力蓄电池充电。图 9-1-8 所示为 DC/DC 变换器的控制原理框图。

2）丰田普锐斯 DC/DC 变换器的工作原理

DC/DC 变换器将 HV 蓄电池和发电机发出的 244.8 V/201.6 V 直流电减压至 12 V，

以供车辆的辅助设备、电子部件 ECU 作为电源使用。其工作过程如图 9-1-9 所示。

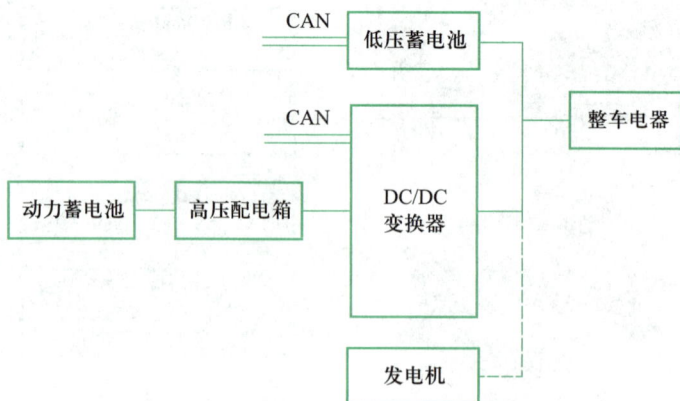

图 9-1-8 DC/DC 转换器的控制原理框图

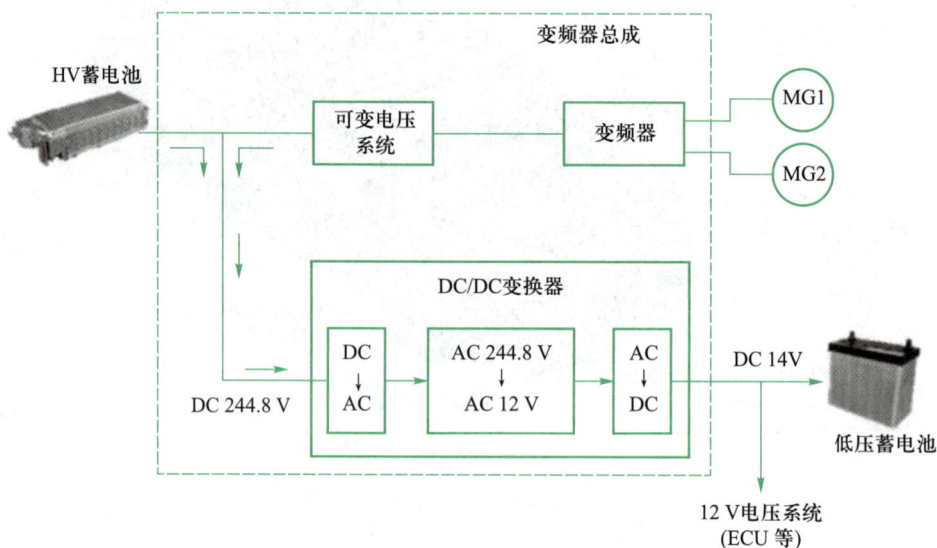

图 9-1-9 DC/DC 变换器的工作过程

知识拓展

新能源汽车低压蓄电池与传统燃油汽车蓄电池有什么区别

新能源汽车,特别是纯电动汽车,12 V 低压蓄电池不需要给起动机提供起动时的大电流,容量变小,此外结构和类型也与传统燃油汽车有所区别。从图 9-1-10 中可以看出,比亚迪秦 12 V 低压蓄电池与传统燃油汽车用的蓄电池主要区别如下。

(1) 用于发动机的起动正极与其他用电器的供电正极分开了。

（2）蓄电池内部具有智能控制模块（BMS），用于对蓄电池进行智能控制。例如，蓄电池电压低时，关闭多媒体系统的电源。

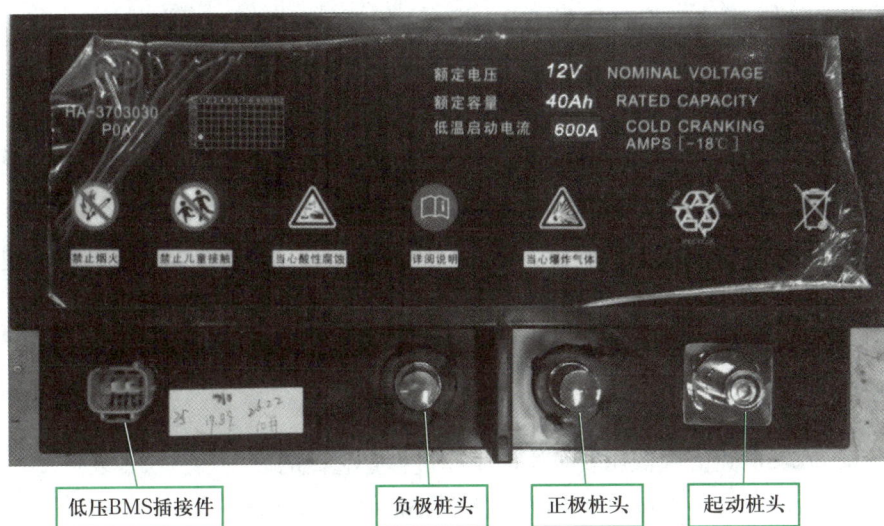

图 9-1-10　比亚迪秦低压蓄电池

技能训练

新能源汽车蓄电池关键数据测量

在教师指导下对蓄电池关键数据进行测量，并填入表 9-1-1 中。

表 9-1-1　新能源汽车蓄电池关键数据测量表

序号	检验项目	标准限值 （参照对应车型维修手册）	测量值	结果判定
1	电池外观检查			
2	总电压			
3	总电流			
4	正极对地绝缘电阻			
5	负极对地绝缘电阻			
6	正极继电器状态			
7	负极继电器状态			

🌱 **课后思考**

一、判断题

1. DC 是指交流电。 （　　）
2. DC/DC 电路是直流变交流。 （　　）
3. 新能源汽车采用 DC/DC 变换器之后，可省去交流发电机。 （　　）
4. 新能源汽车低压电源供给方式是将动力蓄电池的电能通过 DC/DC 变换器变换为 10 V 低压电源。 （　　）
5. 目前在新能源汽车里 DC/DC 的类型有 3 种。 （　　）

二、思考题

1. DC/DC 电路完成低压转高压的工作过程是怎样的？
2. 比亚迪秦与丰田普锐斯 DC/DC 变换器有什么区别？

🏠 **任务评价**

完成任务评价表，见表 9-1-2。

表 9-1-2　任务评价表

评价项目	评价内容	要求	配分	评分		
				自评	小组	教师
DC/DC 电路的原理与应用	新能源汽车低压电源系统	了解新能源汽车低压电源系统与传统燃油汽车的区别；掌握新能源汽车低压电源的特点	15 分			
	新能源汽车低压蓄电池	了解新能源汽车低压蓄电池的作用；能识别低压蓄电池的类型	15 分			
	DC/DC 变换器的功能和原理	掌握比亚迪秦、丰田普锐斯 DC/DC 变换器的工作原理	25 分			
	新能源汽车蓄电池关键数据测量	数据测量正确，测量步骤规范	15 分			
安全规范操作	仪器的操作	在使用万用表过程中，正确选择挡位与量程进行测量，并且使用完毕整理工位	10 分			

评价项目	评价内容	要求	配分	评分		
				自评	小组	教师
完成工作任务的表现	学习态度端正,积极完成工作任务,认真学习相关知识,遵守安全操作规程和劳动纪律,有良好的职业道德和职业素养		10分			
完成本次工作任务的体会(学到了哪些知识、掌握了哪些技能、有哪些收获):			10分			
总分			100分			
综合评价得分						

任务二　三相交流电整流电路组装与测量

必学必会

1. 三相交流电的特征。
2. 三相交流电整流电路的工作原理。
3. 三相交流电整流电路在新能源汽车中的应用。

任务描述及分析

　　传统燃油汽车在减速或制动时,制动系统将车辆动能转变为热能,并向大气中释放,无法回收能量。而新能源汽车在减速或制动过程中,汽车动能转换成三相交流电的形式,然后经过整流电路,将三相交流电转换成直流电后给动力蓄电池充电,实现制动能量回收的目的。下面通过本任务学习新能源汽车中三相交流电的整流过程及其基本原理。

相关知识

1. 三相交流电的特征

　　三相交流电是由 3 个频率相同、振幅相等,但相位差互错开 120° 的交流电组成的,如图 9-2-1 所示。其中每根相线与中性线之间的电压称为相电压,U、V、W 三相引出线相互之间的电压称为线电压。

微课
三相交流电整流电路原理

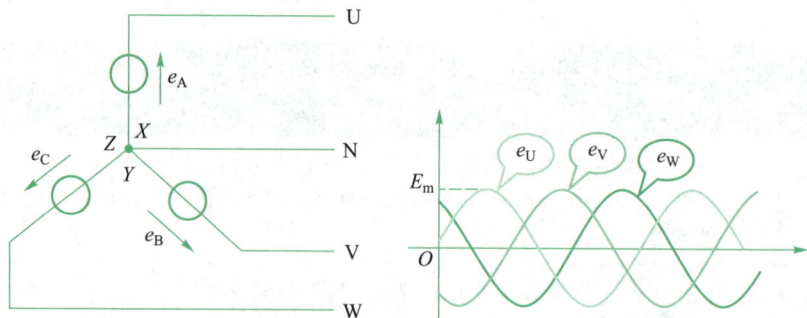

图 9-2-1 三相交流电

2. 三相交流电整流电路的工作原理

三相交流电整流电路主要由 6 个整流二极管组成,并分为 3 组: VD$_1$ 和 VD$_2$、VD$_3$ 和 VD$_4$、VD$_5$ 和 VD$_6$。而且不管任何时刻,每组有且只有一个二极管导通,如图 9-2-2(a) 所示。

整流电路的工作过程: 电流从电位最高的相出发,经 VD$_1$、VD$_3$、VD$_5$ 的某一个,通过负载以后,再由 VD$_2$、VD$_4$、VD$_6$ 中的某一个流回电位最低的相。

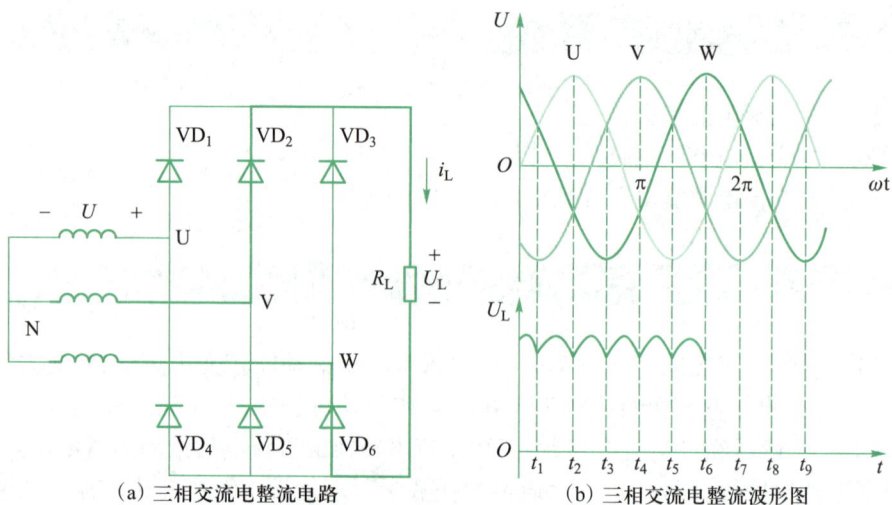

(a) 三相交流电整流电路　　　　(b) 三相交流电整流波形图

图 9-2-2 三相交流电整流电路与波形图

负载两端电压波形如图 9-2-2(b) 所示。在 0 到 t_1 时间段,W 相的电位最高,V 相的电位最低,电流经整流二极管 VD$_3$ 通过负载后,再经整流二极管 VD$_5$ 流回 V 相。在 t_1 到 t_2 时间段,U 相的电位最高,V 相的电位最低,电流经整流二极管 VD$_1$ 通过负载后,再经整流二极管 VD$_5$ 流回 V 相。在 t_2 到 t_3 时间段,U 相的电位最高,W 相的电位最低,电流经整流二极管 VD$_1$ 通过负载后,再经整流二极管 VD$_6$ 流回 W 相。在 t_3 到 t_4 时间段,V 相的电位最高,W 相的电位最低,电流经整流二极管 VD$_2$ 通过负载后,再经整流二极管 VD$_6$ 流回 W 相。在 t_4 到 t_5 时间段,V 相的电位最高,U 相的电位最低,电流经整流二极管 VD_2 通过负载后,再经整流二极管 VD_4 流回 U 相。在 t_5 到 t_6 时间段,W 相的电位最高,U 相的电位最低,电流经整流二极管 VD_3 通过负载后,再经整流二极管 VD_4 流回 U 相。如此循环,电流都是从负载的上方流入、下方流出。

知识拓展

三相交流电整流电路在新能源汽车上的应用

在新能源汽车上,发电机和电动机的结构是相同的,主要由定子、转子、外壳等组成。电动机在定子接通三相交流电后驱动转子转动,将电能转化为机械能。而发电机则是靠外力带动转子旋转,使定子切割磁力线产生电流,从而将机械能转换为电能。

在图 9-2-3 所示的新能源汽车减速或制动过程中,由于惯性作用,车轮通过传动机构使电动机的转子受力转动,切割磁力线,从而产生三相交流电。由于动力蓄电池的充电电流是直流电,因此需要三相交流电整流电路进行整流后才能完成能量回收。

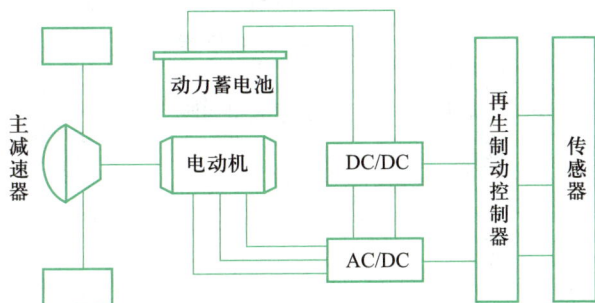

图 9-2-3　制动能量回收示意图

技能训练

三相交流电整流电路的搭建与测试

利用 6 个整流二极管、整流电阻 R_L 搭建图 9-2-2(a)所示的三相交流电整流电路,并接入电源,观察和测试电路运行情况。

(1) 正确搭建电路。

(2) 观察各相运行情况和波形。

(3) 观察负载 R_L 两端的输出电压和波形。

课后思考

一、判断题

1. 三相交流电是 U、V、W 三相。　　　　　　　　　　　　　　　　（　　　）

2. 整流是交流变直流。 （　　）
3. 逆变是交流变交流。 （　　）

二、思考题

根据图 9-2-2，分析在 $t_2 \sim t_3$ 时间段内电路中电流流经的路径。

任务评价

完成任务评价表，见表 9-2-1。

表 9-2-1 任务评价表

评价项目	评价内容	要求	配分	评分		
				自评	小组	教师
三相交流电整流电路	三相交流电的特征	正确描述三相交流电的特征	15分			
	整流电路的原理	正确分析整流电路，说出各相电位变化	25分			
	整流电路在新能源汽车上的应用	掌握新能源汽车制动能量回收过程	15分			
	三相交流电整流电路的搭建与测试	正确搭建电路，且能在示波器中观察到各相电压和负载的电压波形	15			
示波器的操作	示波器的安全操作	示波器使用符合规范	10分			
完成工作任务的表现	学习态度端正，积极完成工作任务，认真学习相关知识，遵守安全操作规程和劳动纪律，有良好的职业道德和职业素养		10分			
完成本次工作任务的体会（学到了哪些知识、掌握了哪些技能，有哪些收获）：			10分			
总分			100分			
综合评价得分						

任务三 单相变三相电路原理及应用

必学必会

1. 电机控制器的工作。
2. 逆变器的工作原理。

3. 二极管的续流保护。

任务描述及分析

　　新能源汽车的动力蓄电池给车辆提供的是直流电源,但是目前的新能源汽车使用的电机都属于三相交流电机。因此驱动三相交流电机的技术关键,是把直流电转化成三相交流电,提供给三相交流电机使用,使三相交流电机的工作满足汽车行驶的要求。三相交流电机的工作离不开电机控制器,而新能源汽车电机控制器的工作原理实际上就是利用单相变三相电路的原理。下面通过本任务从电机控制器、逆变器及二极管的续流保护 3 个部分展开学习,了解单相变三相电路的原理。

相关知识

1. 电机控制器

　　在新能源汽车中,电机控制器的功能是根据挡位、加速踏板位置、制动踏板位置等,将动力蓄电池所存储的电能转换为驱动电机所需的电能,来控制车辆的起动、进退、爬坡等行驶状态。电机控制器主要由逆变器和控制器两部分组成。逆变器负责将动力蓄电池输送过来的直流电转换成三相交流电后,驱动电机。控制器负责接收和处理各种信号,改变逆变器中 IGBT 的通断时间,从而改变三相交流电的工作频率,继而实现新能源汽车的加速或减速过程。新能源汽车使用的驱动电机通常是三相交流异步电机或三相永磁同步电机。当对电机输入三相交流电时,电机转子就可以旋转,从而驱动新能源汽车行驶。可见,一般的电机控制器最少具备两组高压接口:一组是输入接口,用于连接动力蓄电池高压接口的正负极;另一组是高压输出接口,连接驱动电机的三相输入接口。电机控制器实物图如图 9-3-1 所示。

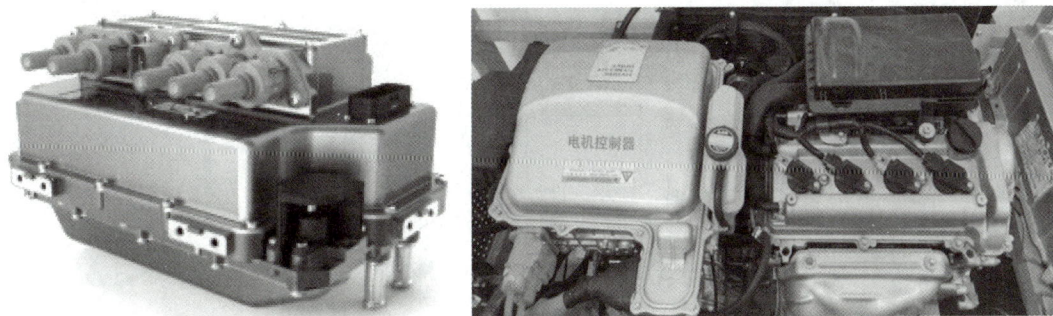

图 9-3-1　电机控制器实物图

2. 逆变器的工作原理

　　简单地讲,逆变器就是将直流电转变成交流电的一种电子设备,它有两种类型,分别是半桥逆变器和全桥逆变器。相对半桥逆变器而言,全桥逆变器的开关电流减

小了一半,因而在大功率场合得到了广泛应用。

三相逆变器的作用是将直流电转换为交流电,主要由 6 个 IGBT 组成,每相的输出线从连接正负母线的 IGBT 之间引出。逆变器的工作过程如图 9-3-2 所示。为了将直流电转换成交流电,6 个 IGBT 会按照特定的顺序依次导通和关闭。在一个周期内,6 个 IGBT 触发导通的顺序为 $VD_1 \rightarrow VD_2 \rightarrow VD_3 \rightarrow VD_4 \rightarrow VD_5 \rightarrow VD_6$,依次相隔 60°,以保证在任意时刻均有 3 个 IGBT 同时导通,其组合顺序为 $VD_1VD_5VD_6$、$VD_1VD_2VD_6$、$VD_1VD_2VD_3$、$VD_2VD_3VD_4$、$VD_3VD_4VD_5$、$VD_4VD_5VD_6$,每种组合工作 60°,一个正弦交流电的周期是 360°,U、V、W 三相错开 120° 输出同频率的交流电,连接驱动电机后就会在电机定子内部产生旋转磁场,因此转子可以旋转做功。

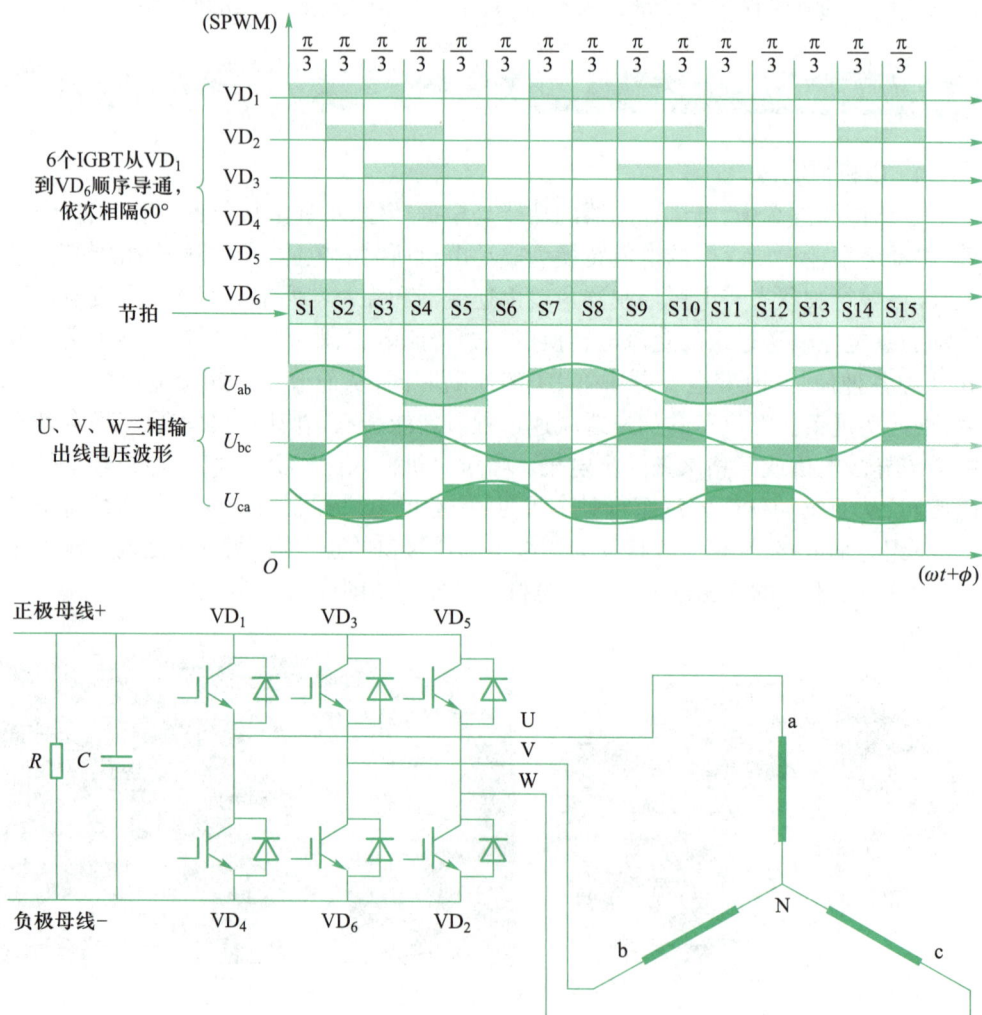

图 9-3-2 逆变器的工作过程

3. 二极管的续流保护

IGBT 作为逆变器的核心器件,在高频工作状态下,IGBT 需要续流二极管来实现快速、准确的通断；续流二极管是指以并联的方式连接在 IGBT 两端的二极管，如图 9-3-3 所示。它的作用是防止电路中电压电流的突变，为反向电动势提供耗电通路，起到平滑电流的作用。在开关电源中，能见到一个由二极管和电阻串联起来构成的续流电路。在这个电路中，当 IGBT 处于导通状态时，因为续流二极管反向偏置，所以不起作用。当 IGBT 处于截止状态时，电机定子绕组产生的反向突变电流可以绕过 IGBT 元件，通过正向偏置的续流二极管来进行放电，从而使感应电流可以平缓地释放，防止击穿 IGBT 元件，提高 IGBT 模块的安全性。

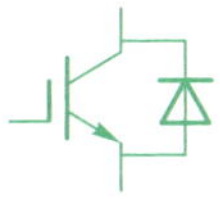

图 9-3-3　IGBT 与续流
二极管的连接

知识拓展

作为高铁技术的世界第一强国，中国高铁为什么能够领跑全球

坐过我国高铁的人都知道，高铁又快又稳又安全，但在这背后，是一条庞大的产业链和大量的自主知识产权在为其保驾护航。高铁项目集施工、车辆制造、信号控制、运营维护、人员管理等众多分支项目于一体，其中涉及的专业领域众多，而这其中环环相扣，如果某一个环节出现问题，整个列车就很可能无法运行。高铁的"心脏"，也就是绝缘栅双极型晶体管，其技术曾一直掌握在国外公司。直到 2012 年，中车株洲电力机车研究所有限公司研制出耐压 3 300 V 的高压 IGBT，一举打破了一直被外国"卡脖子"的现状。这项关键设备技术涉及资金高达数亿元，而这仅是高铁发展过程中的冰山一角。

技能训练

二极管续流保护的测试

利用 IGBT 和续流二极管搭建图 9-3-3 所示的电路，接通电源，观察和测试电路的运行情况，了解 IGBT 相关特性。

（1）搭建电路模型。

（2）当 IGBT 处于导通状态时，测量通过续流二极管的电流。

（3）当 IGBT 处于截止状态时，测量通过续流二极管的电流。

课后思考

一、判断题

1. 电机控制器主要由逆变器和控制器两部分组成。　　　　　（　　）

2. 二极管是逆变器的核心器件。　　　　　（　　）

3. 单相电变三相电需要中间的逆变过程。　　　　　（　　）

4. 单相电变三相电的过程是交流变换交流的过程。　　　　　（　　）

二、选择题

1. 三相逆变器的作用是将直流电转换为交流电,主要由(　　)个 IGBT 组成。

   A. 6　　　　　　　B. 4　　　　　　　C. 5　　　　　　　D. 8

2. 当 IGBT 处于导通状态时,因为续流二极管(　　)偏置,所以不起作用。

   A. 正向　　　　　B. 反向　　　　　C. 单相　　　　　D. 三相

3. 单相变三相电路中变频器要选用单进(　　)出型。

   A. 单　　　　　　B. 二　　　　　　C. 三　　　　　　D. 四

三、思考题

新能源汽车在行驶过程中如何改变汽车行驶的速度?

任务评价

完成任务评价表,见表 9-3-1。

表 9-3-1　任务评价表

评价项目	评价内容	要求	配分	评分		
				自评	小组	教师
单相变三相电路的原理	电机控制器	了解电机控制器的组成	15 分			
	逆变器	掌握逆变器的工作过程	25 分			
	二极管的续流保护	掌握 IGBT 与续流二极管的连接	15 分			
	二极管续流保护的测试	电路模型搭建正确,能正确使用万用表测量通过续流二极管的电流	15 分			
安全规范操作	仪器的操作	在使用万用表过程中,正确选择挡位与量程进行测量,并且使用完毕整理工位	10 分			
完成工作任务的表现		学习态度端正,积极完成工作任务,认真学习相关知识,遵守安全操作规程和劳动纪律,有良好的职业道德和职业素养	10 分			
完成本次工作任务的体会(学到了哪些知识、掌握了哪些技能,有哪些收获):			10 分			
总分			100 分			
综合评价得分						

项目十 ▶▶▶

··

新能源汽车驱动电机及控制技术

▶ **项目目标**

1. 知识目标

(1) 掌握交流异步电机、永磁同步电机和开关磁阻电机的结构。

(2) 掌握交流异步电机、永磁同步电机和开关磁阻电机的工作原理。

(3) 了解交流异步电机、永磁同步电机和开关磁阻电机的控制方法。

2. 能力目标

(1) 能够指出交流异步电机、永磁同步电机和开关磁阻电机的各组成部分。

(2) 能够解释交流异步电机、永磁同步电机和开关磁阻电机的工作原理。

3. 素养目标

(1) 养成良好的学习习惯及思维方法。

(2) 在学习中要秉持科学严谨的态度,要牢记将理论与实践相结合,扎实提高自身的理论和技能水平。

任务一 交流异步电机原理及控制技术

必学必会

1. 掌握交流异步电机的结构。
2. 掌握交流异步电机的工作原理。
3. 理解交流异步电机的控制方法。

任务描述及分析

与传统燃油汽车相比,新能源汽车的发动机替代为电机,那么新能源汽车的电机有哪些类型呢? 它们的结构和工作原理又是什么呢? 下面通过本任务的学习,了解交流异步电机的结构和控制方法。

相关知识

一、交流异步电机的结构

微课

认识交流异步
电机构造

交流异步电机主要由定子(固定部分)和转子(转动部分)组成,如图 10-1-1 所示。

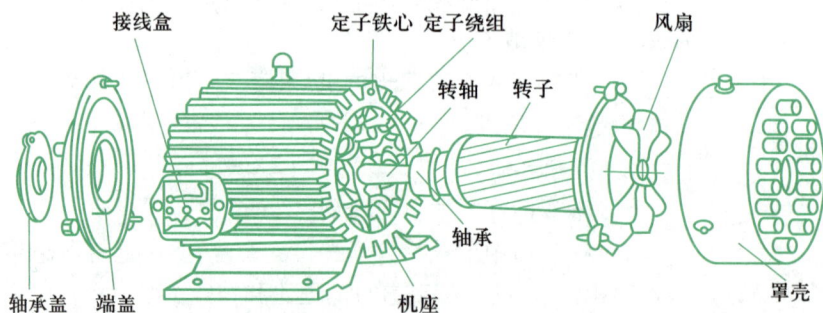

图 10-1-1 交流异步电机的结构

交流异步电机的定子由机座、装在机座上的定子铁心和三相定子绕组组成。按照定子绕组的相数来分,有单相异步电机、两相异步电机和三相异步电机。新能源汽车上的交流异步电机一般为三相异步电机。按照转子结构来分,有笼型异步电机和绕线型异步电机。在新能源汽车中,主要使用笼型异步电机。在三相交流异步电

机的定子铁心中,放有三相对称绕组,由 U_1 和 U_2、V_1 和 V_2、W_1 和 W_2 三相绕组接成星形,绕组中接入三相对称电流,它们在空间上互差 120°。选定交流电在正半周时,电流从绕组的首端流入,末端流出;反之,在负半周时,电流从绕组的末端流入,首端流出。

二、交流异步电机的工作原理

在交流异步电机中,旋转磁场由定子部分产生,当定子绕组中通入三相电流后,就会产生随三相电流时序变化的交变磁场,此时转子中的导条会切割磁力线,进而产生电动势。电动势的存在会导致转子导条中有电流流过,通电导体会在磁场中受到磁场力,所以转子会转动起来。通过改变三相电流的相序可以改变交变磁场的方向,从而改变整个电机的旋转方向。

电机中转子的旋转方向与定子产生的旋转磁场的方向相同。为了保持转子一直转动,转子的转速不能与旋转磁场的转速相同,否则转子和旋转磁场之间的相对运动将不存在,转子也不会受到旋转磁场的力的作用。

旋转磁场的转速称为同步转速 n_0,同步转速与定子的磁极对数有关。假设旋转磁场的磁极对数为 P,电流的频率为 f,则旋转磁场的转速可以表示为

$$n_0 = \frac{60f}{P} \qquad (10\text{-}1\text{-}1)$$

其中,n_0 的单位为 r/min。在我国,三相电流的频率为 50 Hz,因此可以得出不同磁极对数下的旋转磁场的转速,见表 10-1-1。

表 10-1-1　不同磁极对数下的旋转磁场的转速

P	1	2	3	4	5	6
$n_0/(\text{r/min})$	3 000	1 500	1 000	750	600	500

三、交流异步电机的控制方法

1. 交流异步电机的起动方法

1) 直接起动

直接起动是利用闸刀开关或接触器将电机直接接到具有额定电压的电源上。直接起动方法较为简单和方便,起动过程快,适用于中小型的笼型异步电机。其接线方法如图 10-1-2 所示。直接起动的缺点也很明显,如需要的起动电流大、起动转矩小,在起动时会引起电路压降,影响同一电网上其他负载的正常工作等。

2) 降压起动

当直接起动引起的电路压降较大时,就需要采取降压起动方法,也就是降低起动时加在电机定子绕组上的电压,待电机转速稳定下来后,再把电压恢复到正常的额定电压,包括星形 – 三角形换接起动方法和外界起动电阻起动方法。

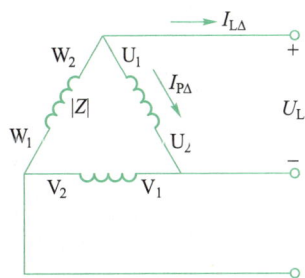

图 10-1-2　直接起动的接线方法

对于笼型异步电机,常采用星形－三角形换接起动方法,即在起动时,采用星形连接方式给电机绕组通电,而当电机运行转速达到稳定转速后,改变电路的连接状态,采用三角形连接方式通电。图 10-1-3 所示为星形接法和三角形接法。在这种起动方法下,起动电压为直接起动电压的 1/3。

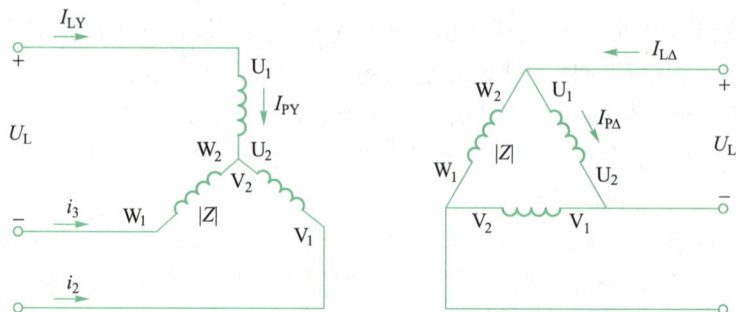

图 10-1-3　星形接法和三角形接法

对于绕线型异步电机的降压起动,采用外界起动电阻起动,即在电机起动时,在转子电路中接入起动电阻,之后随着起动转速的上升再将起动电阻逐步排除。该起动方法可以使电机获得较大的起动转矩,适用于大型设备的降压起动。

3) 软起动法

软起动法相对较为先进,采用微机控制技术,可以按照用户要求实现对电机起动的自动控制,具有起动平滑、安全可靠等优点。在新能源汽车上,采用软起动可以使得汽车的起动、停止更加平滑、稳定。

2. 交流异步电机的调速方法

根据交流异步电机的转速公式

$$n = (1-s)\frac{60f}{p} \tag{10-1-2}$$

可以得到交流异步电机主要有以下调速方法。

(1) 改变磁极对数调速。改变磁极对数调速又称为变极调速,由于磁极对数只能成对改变,因此变极调速属于有级调速。变极调速机械特性好,无转差率损耗,效率高。其缺点是可调速度级差较大,无法获得平滑调速,通常需要配合其他调速方法一起使用。

(2) 改变电源频率调速。改变电源频率调速就是平常所说的变频调速,通过改变通入定子绕组的电源的频率,从而改变其同步转速。在变频调速中主要用到的设备是变频器,一般使用交－直－交变频器。变频调速属于无级调速,优点是效率高,无转差率损耗,调速范围大,机械特性好;缺点是技术复杂,硬件成本高,适用于调速要求较高的场合。

(3) 改变转差率调速。改变转差率调速又可以分为改变定子电压调速、绕线式电机转子串电阻调速和串级调速。改变定子电压调速主要适用于笼型异步电机,一般采用晶闸管交流调压电路来实现；绕线型电机转子串电阻调速适用于绕线型异步电机，通过在电机的转子回路中串联附加电阻，改变转差率从而实现调速；串级调速方式通过在转子回路中引入附加电动势，改变转差率从而实现调速。

知识拓展

在交流异步电机中，能量是如何变换和传递的

在交流异步电机中，有一个非常重要的参数，就是转差率。如前所述，转子的转速不能与旋转磁场的转速相同，实际上转子的转速应小于旋转磁场的转速。假设转子的转速为 n，旋转磁场的转速为 n_0，则转差率用公式表示为

$$s = \frac{n_0 - n}{n_0} \qquad\qquad (10\text{-}1\text{-}3)$$

式（10-1-3）也可以写为

$$n = (1-s)\,n_0 \qquad\qquad (10\text{-}1\text{-}4)$$

交流异步电机的转差率通常用百分数来表示，当电机工作在额定负载时，转差率 s 一般为 1%~9%。从式（10-1-3）中可以得到如下结论，当电机起动的瞬间，由于转速仍为 0，此时转差率 s 最大，随着时间的增加，转子的转速逐渐增大，转差率逐渐减小，当 $n = n_0$ 时转差率最小。

技能训练

三相交流异步电机控制实训

实训器材：断路器、熔断器、交流接触器、按钮开关、三相笼型异步电机、导线若干。

认识各电器的结构、电路表示方法以及接线方法，利用万用表检验各电器正常与否，保证实验安全。参照图 10-1-4 将三相异步电机接成星形，线路经教师检查后，方可通电进行后续操作。

（1）打开实训台的电源开关。

（2）合上各断路器，启动主回路和控制回路电源。

（3）利用启动按钮对电动机进行点动控制操作。

（4）实验结束后，断电并清理恢复实训器件。

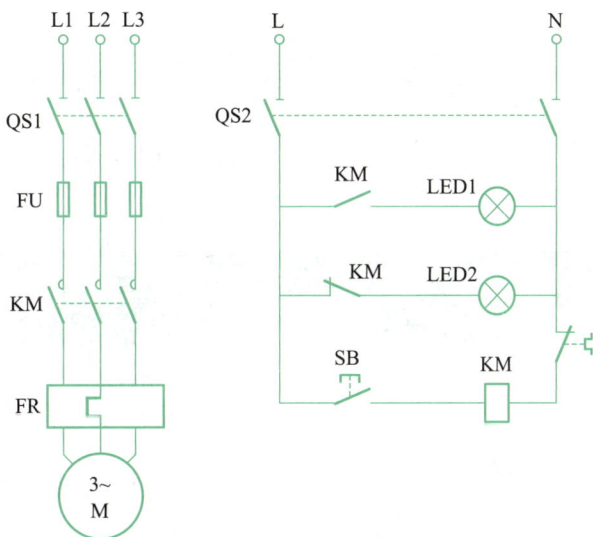

图 10-1-4　三相交流异步电机点动控制电路原理图

课后思考

一、判断题

1. 变频调速指的是改变磁极对数调速。　　　　　　　　　　　　　（　　）
2. 改变磁极对数调速属于无级调速。　　　　　　　　　　　　　　（　　）
3. 变频调速属于有级调速。　　　　　　　　　　　　　　　　　　（　　）
4. 星形 – 三角形起动方法属于降压起动。　　　　　　　　　　　　（　　）
5. 直接起动方法在起动时会引起电路压降。　　　　　　　　　　　（　　）

二、选择题

1. 交流异步电机的转速（　　　）。
   A. 等于旋转磁场的转速　　　　　B. 低于旋转磁场的转速
   C. 与旋转磁场的转速无关　　　　D. 大于旋转磁场的转速
2. 某一 50 Hz 的三相交流异步电机的额定转速为 2 800 r/min，则其额定转差率为（　　　）。
   A. 0.7%　　　　　B. 0.058%　　　　　C. 6.7%　　　　　D. 0.66%

三、思考题

1. 试分析转差率 s 在何时会等于 1？
2. 在绕线型异步电机转子串电阻调速中，串入的电阻越大，电机的转速是越大还是越小？

任务评价

完成任务评价表，见表 10–1–2。

表 10–1–2　任务评价表

评价项目	评价内容	要求	配分	评分		
				自评	小组	教师
三相交流异步电机控制	电路器件认识	结合电路图认识电路器件的结构和接线方法	10 分			
	三相交流异步电机控制	根据电路图完成接线，并通电完成测试	20 分			

评价项目	评价内容	要求	配分	评分		
				自评	小组	教师
仪器的使用	万用表的使用	万用表选挡、操作方法正确,测量结果正确	10分			
	实训台	接线、使用方法正确	30分			
安全规范操作	实训仪器设备的安全操作	万用表使用完毕规范放置,实训台使用完毕断电	10分			
完成工作任务的表现	学习态度端正,积极完成工作任务,认真学习相关知识,遵守安全操作规程和劳动纪律,有良好的职业道德和职业素养		10分			
你完成本次工作任务的体会(学到了哪些知识、掌握了哪些技能,有哪些收获):			10分			
总分			100分			
综合评价得分						

任务二 永磁同步电机原理及控制技术

必学必会

1. 掌握永磁同步电机的结构和工作原理。
2. 理解永磁同步电机的控制系统。

任务描述及分析

　　永磁同步电机相对于传统交流异步电机具有良好的调速性能,正逐渐成为纯电动汽车和混合动力汽车中驱动电机的选择之一。那么永磁同步电机是如何工作的?又是如何控制的呢? 下面通过本任务的学习,了解永磁同步电机及其控制系统。

相关知识

一、永磁同步电机

1. 永磁同步电机的定义

永磁同步电机也称为永磁同步电动机,在汽车上作为驱动电机,是新能源汽车中唯一的动力源。永磁同步电机可向外输出转矩,驱动汽车前进、后退、加速和减速。在这个过程中,电能通过电机转换为动能,同时电机可以作为发电机发电。例如,汽车在下坡、高速滑行以及制动过程中,把势能或动能通过电机转换为电能。那么为什么称为同步电机呢? 其实所谓同步,就是电枢绕组的磁场旋转与转子旋转的方向一致,转速相同。永磁同步电机以永磁体提供励磁,使电机结构较为简单,降低了加工和装配费用,并且省去了容易出问题的集电环和电刷,提高了电机运行的可靠性;又因无须励磁电流,没有励磁损耗,提高了电机的效率和功率密度。

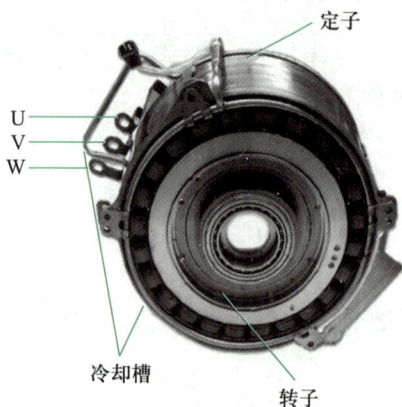

2. 永磁同步电机的结构

图 10-2-1 所示为永磁同步电机的结构,永磁同步电机主要由定子、转子、整流器、电刷组件和端盖等部件构成。定子由叠片叠压而成,以减少电机运行时产生的铁耗,其中装有三相交流绕组,称为电枢。转子可以制成实心的形式,也可以由叠片压制而成,其上装有永磁体材料。

图 10-2-1　永磁同步电机的结构

永磁同步电机的分类方式一共有以下 4 种。

(1) 按照励磁电流的供给方式分类。永磁同步电机是利用永磁体建立励磁磁场的同步电机,其定子产生旋转磁场,转子用永磁材料制成。永磁同步电机实现能量转换需要一个直流磁场,产生这个磁场的直流电流称为电机的励磁电流。它可分为以下两种类型。

① 他励电机:从其他电源获得励磁电流的电机。

② 自励电机:从电机本身获得励磁电流的电机。

(2) 按供电频率分类。永磁无刷电机包括永磁无刷直流电机和永磁无刷交流电机两种类型,作为电机运行时均需要变频供电。永磁无刷电机只需要方波逆变器供电,永磁无刷交流电机需要正弦波逆变器供电。

(3) 按气隙磁场分布分类。电枢磁场与主磁场的合成,形成了气隙磁场。主磁通是经过转子的定子磁力线,能够在旋转的电枢绕组中感应出电动势,并产生电磁转矩;漏磁通也是定子发出的闭合磁力线,但不经过转子,因此这部分磁力线不做功,不产生电动势和电磁转矩,作用是传递能量。它主要有以下两种类型。

① 正弦波永磁同步电机:磁极采用永磁材料,当输入三相正弦波电流时,气隙磁场按正弦波规律分布,简称永磁同步电机。

② 梯形波永磁同步电机:磁极仍为永磁材料,但输入方波电流,气隙磁场呈梯形波分布,性能更接近于直流电机。用梯形波永磁同步电机构成的自控变频同步电机又称为无刷直流电机。

(4) 按照永磁体结构分类,可以分为表面永磁同步电机(SPMSM)和内置式永磁同步电机(IPMSM)。内置式永磁同步电动机根据永磁极的安装位置又可以分为径向式、切向式、U 形混合式和 V 形径向式,如图 10-2-2 所示。

径向式   切向式   U形混合式   V形径向式

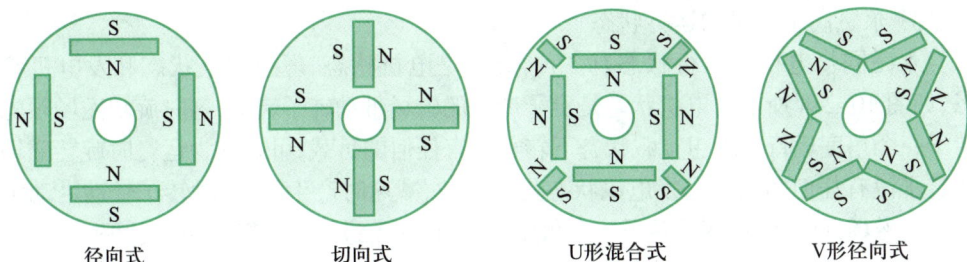

图 10-2-2   内置式永磁同步电机的类型

3. 永磁同步电机的工作原理

1）永磁同步电机旋转磁场的产生

永磁同步电机旋转磁场的产生原理和异步电机是一样的。永磁同步电机的三相绕组分别是 U_1 和 U_2、W_1 和 W_2、V_1 和 V_2 三个绕组。在定子中，三相电流是对称分布的。当给 3 个绕组通入 380 V 的对称三相交流电，定子就会产生一个旋转磁场。

i_1、i_2、i_3 是三相电流的符号，它们之间关系为：电流的最大值都是一样的，只是相差一个 120° 的电角度。

$$i_1 = I_m \sin \omega t \rightarrow U \qquad (10\text{-}2\text{-}1)$$

$$i_2 = I_m \sin (\omega t - 120°) \rightarrow V \qquad (10\text{-}2\text{-}2)$$

$$i_3 = I_m \sin (\omega t + 120°) \rightarrow W \qquad (10\text{-}2\text{-}3)$$

$\omega t=0°$、$\omega t=120°$、$\omega t=240°$ 和 $\omega t=360°$ 时永磁同步电机合成的磁场如图 10-2-3 所示。由图 10-2-3 可知，随着 t 的变化，合成的磁场是一直在转动的。

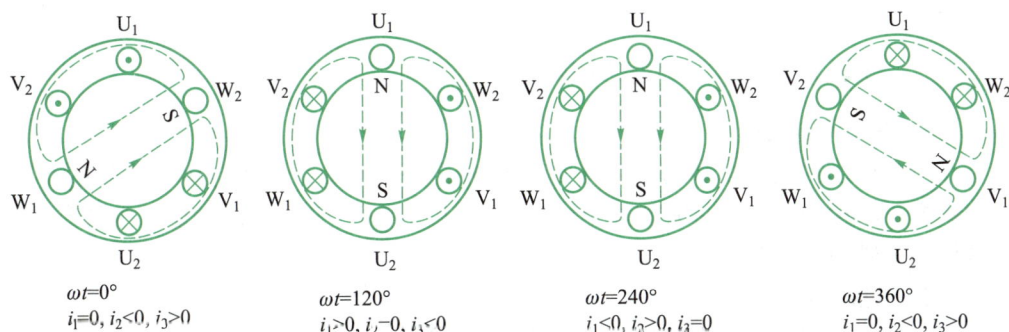

$\omega t=0°$
$i_1=0, i_2<0, i_3>0$

$\omega t=120°$
$i_1>0, i_2=0, i_3<0$

$\omega t=240°$
$i_1<0, i_2>0, i_3=0$

$\omega t=360°$
$i_1=0, i_2<0, i_3>0$

图 10-2-3   永磁同步电机合成的磁场

2）永磁同步电机的转动原理

永磁同步电机是通过电转磁的方式，让外圈磁场旋转起来。所谓同步，就是指定子产生的旋转磁场和转子的转速是基本相同的。电机在电动机状态时，利用"异性相吸、同性排斥"的原理带动转子旋转。在刚通电时，旋转磁场先转动，然后才带动转子旋转，所以旋转磁场会比转子领先一个旋转角度。合成的磁场带动转子一直在转，这就是永磁同步电机将电能转化为动能的过程。

因为电机的转动就是靠旋转磁场带动的，所以它们的方向是一致的。

3）永磁同步电机的运行状态

永磁同步电机的运行状态有 3 种，分别是电机状态、理想空载状态和发电机状态，如图 10-2-4 所示。电机状态是定子产生的磁场带动转子转动，这时旋转磁场领先转子一个角度运行。理想空载状态下转子没有任何的负载，可以认为运行时旋转磁场和转子没有任何角度差。发电机状态是在下坡、减速时产生的，这时转子转动带动定子产生磁场，旋转磁场落后转子一个角度在运行，这个过程就是能量回收过程。

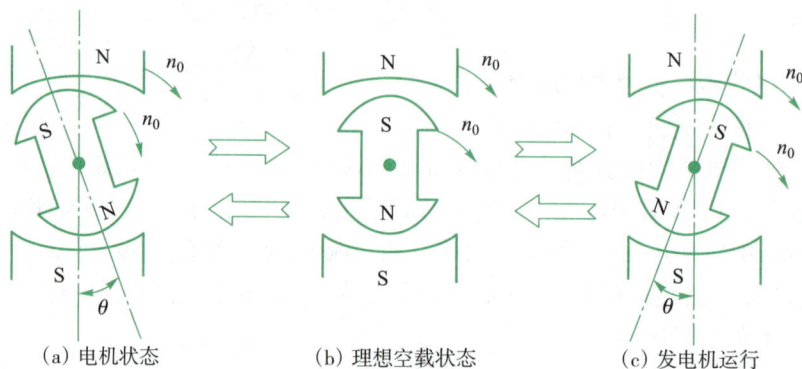

(a) 电机状态　　　　　　(b) 理想空载状态　　　　　　(c) 发电机运行

图 10-2-4　永磁同步电机的运行状态

在永磁同步电机工作时，先给对称三相绕组通入对称三相电，三相交流电使定子绕三相绕组产生一个旋转磁场，那么旋转磁场在"异性相吸、同性相斥"的作用下，就会带着转子旋转起来，最后带动机械负载旋转起来，这就是永磁同步电机最基本的工作原理。

微课

永磁同步电机
的控制系统

二、永磁同步电机的控制方法

1. 变频调速控制

变频调速控制是指利用变频器调节供电频率和电压，以实现电机转速的精确控制。变频调速控制通常具有调速范围广、控制精度高、起动和制动性能好等特点，是常用的永磁同步电动机调速方式。

2. 直接转矩控制

直接转矩控制是指直接控制电机的转矩，以实现对电机转速和转向的控制。其原理是测量电机输出的转速和转矩，然后通过控制电机的电流，直接控制电机的转矩大小和方向，从而实现对电机的控制。通过测量电机的磁场和电枢电流，可以计算出转子速度和负载特性。直接转矩控制法通常具有响应速度快、调速精度高等特点，适用于对转速变化要求较高的应用领域。

3. 矢量控制

矢量控制是指通过对电机输出的电流和电压进行控制，以实现电机的转速控制和转向控制。其原理是将电机转子的位置信息通过编码器等传感器采集后，结合电机的电流和电压信息，运用数学模型实时计算电机磁场方向，控制电机的磁场与转子磁场同步,从而实现精确控制。矢量控制结合了直接转矩控制和感应电机矢量控制的特点,通过闭环控制实现对永磁同步电机的电磁转矩和转速控制。矢量控制通常具有响应速度快、控制精度高、鲁棒性好等优点。

技能训练

永磁同步电机的拆装

使用拆卸工具拆卸工作台上的永磁同步电机,分别指出其定子、定子铁心、定子绕组,以及转子、转子轴、转子铁心。实验完成后整理场地。

课后思考

一、判断题

1. 永磁同步电机的速度控制精确,其速度/转矩特性适用于直接驱动大功率、高转速的负载。　　　　　　　　　　　　　　　　　　　　　　　　　　（　　）

2. 永磁同步电机具有体积小、质量轻、转动惯量小、功率密度高、过载能力强、低速转矩大等优点,适合在新能源汽车上使用。　　　　　　　　　　　　　（　　）

3. 在永磁同步电机通电后,定子绕组产生旋转磁场,转子能够马上受力,也就是转子的转速和定子产生的磁场的转速一样,所以称为同步电机。　　（　　）

二、选择题

1. 永磁同步电机采用（　　）对称绕组结构,它们的轴线在空间彼此相差120°,转子上贴有磁性体,一般有两对以上的磁极。

　　A. 一相　　　　B. 二相　　　　C. 三相　　　　D. 四相

2. 永磁同步电机的特点不包括（　　）。

　　A. 结构简单　　B. 运行可靠　　C. 体积小　　　D. 成本较高

3. 永磁同步电机与笼型异步电机比较有哪些缺点？（　　）

　　A. 效率低　　　　　　　　　　　B. 调速范围大

　　C. 体积小、质量轻　　　　　　　D. 发热小,温升低,密封性强,免维护

4. 永磁同步电机的转速为（　　）r/min。

　　A. 4 000~6 000　B. 12 000~15 000　C. 4 000~10 000　D. >15 000

5. 电机的（　　）是一个永磁体,N、S极沿圆周方向交替排列,定子可以看成是一个以速度0旋转的磁场。电机在运行时,定子存在旋转磁动势,转子像磁针在旋转磁场中旋转一样,随着定子的旋转磁场同步旋转。

　　　　A. 转子铁心　　B. 定子　　　　C. 转子铁心　　D. 转子

6. 永磁同步电机的转子的主要结构不包括（　　）。

A. 永磁体　　　B. 转子铁心　　　C. 转轴　　　D. 电枢

任务评价

完成任务评价表，见表 10-2-1。

表 10-2-1　任务评价表

评价项目	评价内容	要求	配分	评分		
				自评	小组	教师
永磁同步电机	永磁同步电机的定义	了解永磁同步电机的定义	10分			
	永磁同步电机的结构	理解永磁同步电机的结构	20分			
	永磁同步电机的工作原理	了解永磁同步电机的工作原理	20分			
永磁同步电机的控制系统	变频调速控制	理解变频调速控制方法	10分			
	直接转矩控制	理解直接转矩控制方法	10分			
	矢量控制	理解矢量控制方法	10分			
完成工作任务的表现	学习态度端正，积极完成工作任务，认真学习相关知识，遵守安全操作规程和劳动纪律，有良好的职业道德和职业素养		10分			
你完成本次工作任务的体会(学到了哪些知识、掌握了哪些技能，有哪些收获)：			10分			
总分			100分			
综合评价得分						

任务三　开关磁阻电机原理及控制技术

必学必会

1. 了解开关磁阻电机的结构。
2. 掌握开关磁阻电机的工作原理。

任务描述及分析

随着人们生活水平的提高,空调、冰箱等家电已深入千家万户。空调、冰箱的核心部件是压缩机,压缩机的变频调速系统在中、低速运行时,机械特性通常会变差,系统效率和功率因素下降明显,会产生较高的能耗,而开关磁阻电机系统除了具有变频调速系统的一系列优点,还具有比变频调速系统更高的电能－机械能转换效率,特别是在中、低转速运行时,能耗更低,效率更高。

随着国家工业领域的进步和开关磁阻电机的发展,特别是国产新能源汽车企业的崛起,开关磁阻电机由于其特点,在新能源汽车中同样具有广泛的前景和发展空间。

开关磁阻电机如此不同,是因为其结构的特殊性。下面通过本任务学习开关磁阻电机的结构和工作原理。

相关知识

一、开关磁阻电机

1. 开关磁阻电机概述

电机是把电能转换成机械能的一种设备。

电机主要由转子和定子两部分组成。定子是电机静止不动的部分,主要作用是产生旋转磁场,而转子是电机中的旋转部分,在旋转磁场中被磁力线切割,来实现电能与机械能的转换。

电机按使用电源不同,分为直流电机和交流电机。目前,电力系统中的电机大部分是交流电机。

开关磁阻电机是随着电力电子、微计算机和控制理论的迅速发展而发展起来的一种新型电机调速系统。目前已成为交流电机调速系统、直流电机调速系统的强有力竞争者。由于利用了磁阻最小原理,因此称为磁阻电机,又因为绕组的电流通断、磁通状态直接受开关控制,所以称为开关磁阻电机。

2. 开关磁阻电机的结构

开关磁阻电机同样是由定子和转子组成。

开关磁阻电机的定子与转子都有凸起的齿极。

定子的齿极上绕有绕组,径向相对的两个绕组是连接在一起的,组成一"相"。定子用来向电机提供工作磁场;而转子旋转切割磁力线产生(输出)电流。

开关磁阻电机的结构主要有如下特点。

(1) 定子和转子均为凸极结构。

(2) 定子的齿极上绕有绕组,径向相对的两个线圈组成一"相"。

(3) 转子上没有绕组。

（4）电机的磁阻随着转子与定子的中心线相对位置的变化而变化。

（5）根据定子和转子的数量，开关磁阻电机最常见的组合为 6/4 极、8/6 极或 12/8 极，即分别为电机中存在 6 个定子和 4 个转子的结构、8 个定子和 6 个转子的结构、12 个定子和 8 个转子的结构。

图 10-3-1 所示的开关磁阻电机即为 8/6 极结构。

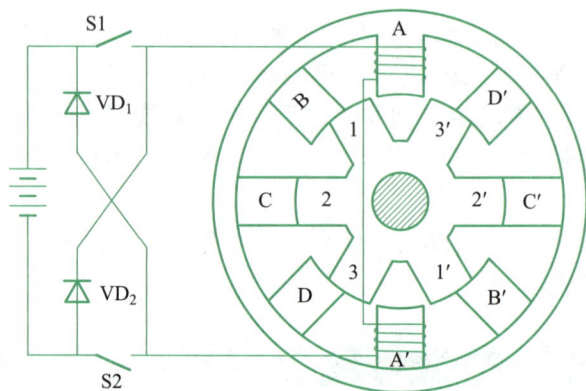

图 10-3-1　8/6 极结构的开关磁阻电机

3. 开关磁阻电机的特点

由于开关磁阻电机是一种新型的电机，它具有很多特点，具体如下。

（1）开关磁阻电机结构简单、成本低，可用于高速运转。在应用于新能源汽车领域中时，维护简单，具有良好的适应性。

（2）开关磁阻电机的功率电路简单可靠。开关磁阻电机调速系统中所需的功率器件少，电路结构简单，其中每个功率开关器件均直接与电机绕组相串联，从根本上避免了直通短路现象。

（3）系统可靠性高。当电机一相绕组或控制器一相电路发生故障时，只需要停止该相工作，电机除总输出功率能力有所减小之外，并无其他妨碍。

（4）开关磁阻电机的起动转矩大，起动电流低。控制器从电源侧得到较少的电流，在电机侧就得到较大的起动转矩。

（5）适用于频繁起停及正反向转换运行。由于其具有高起动转矩、低起动电流的特点，非常适用于频繁起停及正反向转换运行。它在家电行业中有广泛的应用。

（6）可控参数多，调速性能好。可控参数多，意味着控制灵活方便。开关磁阻电机具有很高的稳速精度，可以很方便地构成无静差调速系统。

（7）效率高，损耗小。开关磁阻电机是一种非常高效的调速系统，易于在宽转速范围和不同负载下实现高效优化控制。

（8）虽然开关磁阻电机具有很多优点，但是也具有转矩脉动大、噪声大的缺点。

【想一想】在图 10-3-2 中的方框内填上电机所对应的部分。

微课
认识开关磁阻
电机构造

图 10-3-2　电机实物图

二、开关磁阻电机的工作原理

开关磁阻电机的工作基于"磁通总是沿磁阻最小的路径闭合"的原理。这个原理的解释是：当定子和转子的齿极中心线不重合（磁阻不为最小）时，磁场就会产生磁拉力，形成磁阻转矩，使转子转到磁导最大的位置。

正是由于磁通总要沿着磁阻最小路径闭合，一定形状的铁心在移动到最小磁阻位置时，必定使自己的轴线与主磁场的轴线重合。

下面以 8/6 极结构的开关磁阻电机为例，具体说明开关磁阻电机的工作原理。电机中存在 8 个定子和 6 个转子，定子上径向相对的两个线圈是连接在一起的，组成一相。如图 10-3-3 所示，电机中存在 A–A′、B–B′、C–C′、D–D′ 四相。下面具体来分析这四相。

（1）若定子 A–A′ 通电时，则 1–1′ 转子的轴线与 A–A′ 定子的轴线重合。

（2）若定子 B–B′ 通电时，则 2–2′ 转子的轴线与 B–B′ 定子的轴线重合。

（3）若定子 C–C′ 通电时，则 3–3′ 转子的轴线与 C–C′ 定子的轴线重合。

（4）若定子 D–D′ 通电时，则 1–1′ 转子的轴线与 D–D′ 定子的轴线重合。

综上，依次给 A—B—C—D 绕组按顺序通电，转子按逆时针方向连续旋转。

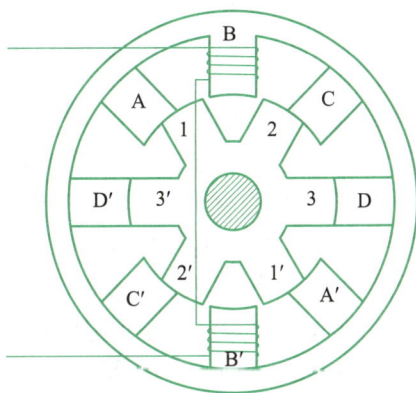

图 10-3-3　8/6 极结构的开关磁阻电机

微课
开关磁阻电机
的工作原理

【练一练】结合图 10-3-3，尝试分析开关磁阻电机的工作原理。

三、开关磁阻电机的控制

1. 开关磁阻电机的完整系统

开关磁阻电机的完整系统主要由开关磁阻电机本体、功率变换器、位置检测器、电流检测器和控制器组成，如图 10-3-4 所示。

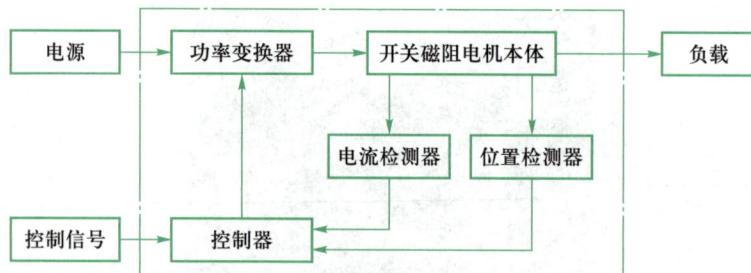

图 10-3-4　开关磁阻电机的完整系统

1）开关磁阻电机本体

开关磁阻电机本体由定子和转子组成。通过磁阻最小原则来实现电机的连续运转。

2）功率变换器

功率变换器的作用是将电源提供的能量经适当转换后提供给开关磁阻电机。由于开关磁阻电机绕组电流是单向的,使得其功率变换器主电路不仅结构较简单,而且相绕组与主开关器件是串联的,因而可预防短路故障。

3）位置检测器

进行位置检测是开关磁阻电机工作的一大特点。位置检测器将中间开槽的光电传感元件及与开关磁阻电机转子同轴安装,由此可以计算出电机运行的实际速度,并得到转子的位置信息。

4）电流检测器

为了实现电机低速运行下电流斩波控制与过流保护,必须对绕组中的电流进行检测。

5）控制器

控制器好比开关磁阻电机系统的神经中枢、大脑,它接收电机的转子位置信号、绕组电流信号、外围给定信号,给出电机每相绕组的通断信号,计算电机的转速等。

2. 开关磁阻电机的控制方法

开关磁阻电机的控制是指运行时对电机的一些控制参数进行控制,使得电机达到给定的转速值、转矩值等运行工况,并保持较高的效率。

开关磁阻电机主要是通过相绕组两端电压、开通角和关断角 3 个可控参数进行控制,使电机达到理想的运行转速、转矩等。控制方法一般分为以下 3 种。

（1）角度控制方法:当施加于相绕组的电压不变的情况下,通过调节开关器件的开通角和关断角的值,实现转矩和转速的控制。

（2）电流斩波控制方法:设定一电流上、下限值,当检测到相绕组的电流达到该设定上限值时,关断此绕组的开关器件,使电流下降;当相绕组的电流降至该设定下限值时,导通此绕组的开关器件,使电流上升。反复通断,使电流值在设定上、下限值内波动,防止过电流和电流峰值现象,这样电机转速在负载的扰动下变化时,电机转矩不会自动改变。

（3）电压控制方法:保持开通角和关断角不变,通过调节相绕组的电压,以改变相绕组的电流,达到调节转矩和转速的目的。

为了确保各相绕组的电流的准确开通和关断,电机还装有转子位置检测装置,使控制器通过转子的位置信号和控制参数,正确地决定各相绕组的通断。

知识拓展

作为电动汽车"三电"之一,驱动电机在电动汽车中的地位无疑是举足轻重的,它的表现还直接决定了电动汽车的性能,所以电动汽车驱动电机的选择就显得尤为重要。目前市面上比较流行的电动汽车的驱动电机主要有 3 类:一是无刷直流电机;二是交流异步电机;三是永磁同步电机。

一、曾经的主流:直流电机

凭借着控制装置简单、成本较低等特点,在电动汽车发展早期,直流电机成为很多电动汽车制造厂的首选方案。但同时直流电机本身的缺点也非常突出,首先电刷和机械换向器等组成了其自身较为复杂的机械结构,还制约了它的过载能力和电机转速,而且长时间高速大负荷下运行时,换向器表面还会有火花出现,以上这些因素都会影响到整车性能。随着碳刷的磨损,如果不及时进行保养和维护,直流电机的可靠性和使用寿命都会有所降低,目前的电动汽车已经将直流电机基本淘汰。

二、忧喜参半:交流异步电机

交流异步电机是当今工业中主流电机之一,也称为感应电机,它同样拥有结构简单、耐用可靠、维修方便等优点。交流异步电机一般其定子铁心上埋有三相交流绕组,转子由铁心和短接的笼型绕组组成,当定子绕组中通以三相交流电时,将产生一合成的空间同步旋转磁场,切割转子绕组,从而在转子笼型绕组中产生电流,该电流又会受到磁场的作用而产生电磁力,驱动转子旋转。因为交流异步电机定子和转子之间没有相互接触的机械部件,所以结构上较为简单,加上免去了磨损部件,运行也更加可靠。与直流电机相比,交流异步电机的功率更高,质量还轻了 1/2 左右。

但是,在高转速情况下,交流异步电机的转子会出现发热严重等问题。为了保证电机的冷却,交流异步电机还需要配备冷却系统,这也导致了成本偏高。另外,交流异步电机运行时还需要变频器提供额外的无功功率来建立磁场,故与稀土永磁电机和开关磁阻电机相比,交流异步电机的效率和功率密度偏低。

三、综合性能优异:永磁同步电机

按电机定子绕组的电流波形的不同,可分无刷直流电机和永磁同步电机两种类型,这两种电机在结构和工作原理上大体相同,转子都是永磁体,减少了励磁所带来的损耗,定子上安装有绕组,通过交流电来产生转矩,所以冷却相对容易。由于这类电机不需要安装电刷和机械换向结构,工作时不会产生换向火花,运行安全可靠,维修方便,能量利用率较高。

相比于交流异步电机,永磁同步电机的控制系统更加简单。但是由于受限于永磁材料,在高温、振动和过流等极端条件下,转子永磁体会产生退磁现象,所以在相对复杂的工作条件下,永磁同步电机容易发生损坏,加上永磁材料的高价和稀土资源的紧缺,导致了整个电机及其控制系统成本较高。

四、未来发展的方向:开关磁阻电机

相比于其他类型的驱动电机,开关磁阻电机是一种新型电机,其只在定子侧装有简单的集中绕组,转子上并没有绕组,所以结构相对较为简单。定子和转子均为硅钢片叠压而成的双凸极结构,具有结构简单坚固、可靠性高、质量轻、成本低、效率高、易于维修等优点,很适合作为电动汽车的驱动电机。

技能训练

汽车驻车制动电机的检测

汽车驻车制动电机通过控制电机的正反转,带动联动机构,使锁止机构锁止或解锁。与驱动轮相连接的齿轮,在车辆驻车时,保证车辆稳固锁止,防止滑移;在车辆行驶的过程中,解除限制。

使用开关磁阻电机的汽车驻车制动电机,日常需要进行以下检测。

(1)使用万用表(图10-3-5)测量各相绕组的阻值,对比各相绕组的阻值,是否存在较大差异。

(2)检测各相绕组与电机外壳是否存在短路现象,阻值是否符合绝缘要求。

(3)主动供电测试:分别给各相绕组按顺序通电,观察开关磁阻电机的运动情况。

图10-3-6所示为开关磁阻电机截面图。

图10-3-5　万用表

图10-3-6　开关磁阻电机截面图

课后思考

一、判断题

1. 开关磁阻电机主要由转子和定子两部分组成。　　　　　　　（　　）
2. 开关磁阻电机的转子用来向电机提供工作磁场。　　　　　　（　　）
3. 开关磁阻电机可以进行转子的位置检测。　　　　　　　　　（　　）
4. 开关磁阻电机的电动机结构简单、成本低,可用于高速运转。　（　　）
5. 当定子和转子的齿极中心线不重合时,磁阻最小。　　　　　（　　）

二、选择题

1. 开关磁阻电机中(　　　　)切割磁力线产生(输出)电流。

　A. 定子　　　　　　B. 转子　　　　　　C. 控制器　　　　　D. 输出器

2. 开关磁阻电机常见的 6/4 极结构的意思为(　　　　)。

　A. 有 6 个定子和 6 个转子　　　　B. 有 4 个定子和 6 个转子

　C. 有 6 个定子和 4 个转子　　　　D. 有 4 个定子和 4 个转子

3. 以下选项中不是开关磁阻电机的优点的是(　　　　)。

　A. 开关磁阻电机的起动转矩大、起动电流低

　B. 开关磁阻电机的转矩脉动大、噪声小

　C. 开关磁阻电机效率高,损耗小

　D. 开关磁阻电机适用于频繁起停及正反向转换运行

4. 以下选项中不是开关磁阻电机控制方法的是(　　　　)。

　A. 功率控制　　　B. 电压控制　　　C. 角度控制　　　D. 电流斩波控制

三、思考题

1. 简述开关磁阻电机的工作原理。
2. 简述开关磁阻电机的完整系统组成。

任务评价

完成任务评价表,见表 10-3-1。

表 10-3-1　任务评价表

评价项目	评价内容	要求	配分	评分		
				自评	小组	教师
开关磁阻电机的结构	认识开关磁阻电机	能说出开关磁阻电机的定义	10 分			

评价项目	评价内容	要求	配分	评分		
				自评	小组	教师
开关磁阻电机的结构	了解开关磁阻电机的结构	掌握定子和转子的结构与特点	20分			
	开关磁阻电机的特点	掌握开关磁阻电机的优缺点和应用	10分			
开关磁阻电机的工作原理	了解开关磁阻电机的工作原理	掌握开关磁阻电机的工作原理	20分			
开关磁阻电机的控制	了解开关磁阻电机的完整系统	熟悉开关磁阻电机完整系统的组成和每个部分的作用	10分			
	开关磁阻电机的控制方法	了解开关磁阻电机的3种控制方法	10分			
完成工作任务的表现	学习态度端正,积极完成工作任务,认真学习相关知识,遵守安全操作规程和劳动纪律,有良好的职业道德和职业素养		10分			
你完成本次工作任务的体会(学到了哪些知识、掌握了哪些技能,有哪些收获):			10分			
总分			100分			
综合评价得分						

项目十一 ▸▸▸

新能源汽车电力电子变流技术

▶ **项目目标**

1. 知识目标

（1）掌握半桥式开关稳压电源的作用及分类。

（2）熟悉交流电机 SPWM 交直交变频调速的原理、三相异步电机变频调速控制系统作用原理。

（3）熟悉半桥式开关稳压电源、SPWM 交直交变频调速、三相异步电机变频调速控制系统在新能源汽车中的应用。

2. 能力目标

（1）了解半桥式开关稳压电源的基本工作原理。

（2）掌握半桥式开关稳压电源在新能源汽车各系统中的应用。

（3）能处理交流电机 SPWM 交 – 直 – 交变频调速系统、三相异步电机变频调速控制系统简单故障。

3. 素养目标

（1）回顾近年来我国新能源汽车品牌的蓬勃发展，以及取得的辉煌成就，了解我国新能源汽车行业发展前景和现状，树立民族自豪感。

（2）鼓励学生为我国新能源汽车产业贡献自己的力量。

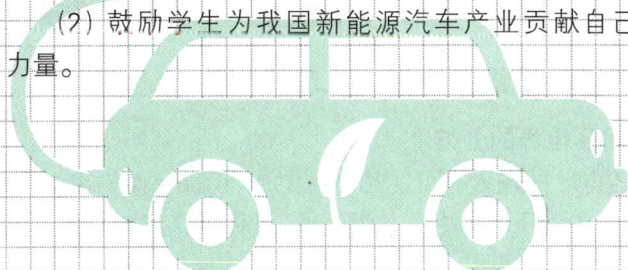

任务一　半桥式开关稳压电源电路认识

必学必会

1. 开关电源的工作原理及分类。
2. 半桥式开关稳压电源的工作原理。
3. 半桥式开关稳压电源的电路分析。

任务描述及分析

　　近年来,新能源汽车发展日新月异,以电机驱动的新能源汽车发展尤为迅速。新能源汽车是一个复杂的电力电子系统,其用电类型多样,电机、电动助力及其他电气辅助系统等用电制式各不相同,需要对电压制式进行转换。因此,开关稳压电源等电力电子技术在新能源汽车上得到了广泛运用。下面通过本任务了解开关稳压电源的作用、电路原理和常用类型,掌握半桥式开关稳压电源电路,能够简单分析半桥式开关稳压电源电路波形。

相关知识

一、开关稳压电源概述

　　开关稳压电源又称为开关电源,是利用现代电力电子技术,控制功率开关管的导通和截止时间比率,改变输出电压的一种电源。开关稳压电源具有效率高、稳压范围宽、稳压精度高、不使用电源变压器等特点,是一种较理想的稳压电源。半桥式开关稳压电源结合桥式整流电路以及开关稳压电源的优点,可以将质量较差的、不稳定的电能(如供电网或蓄电池电能)转换成稳定的质量较高的电能。

　　开关稳压电源的电路原理图如图 11-1-1 所示。假设输入电压为 220 V 交流电,经过滤波和整流之后变为 300 V 直流电,然后通过功率开关管的导通与截止,电压变成了连续的脉冲,再经过输出滤波后变为稳定的低压直流电,供直流用电设备使用。PWM 驱动电路控制开关管的导通与截止,可调节输出电压的大小,供不同用电系统使用。

二、开关稳压电源的主要类型及应用

1. 开关稳压电源的分类

　　开关稳压电源的输入有可能是交流电或直流电,而输出端大多连接的是直流用电设备,因此开关稳压电源主要分为两种:一种是直流开关稳压电源(图 11-1-2);另

一种是交流开关稳压电源(图 11-1-3),即 DC/DC 和 AC/DC 开关电源。

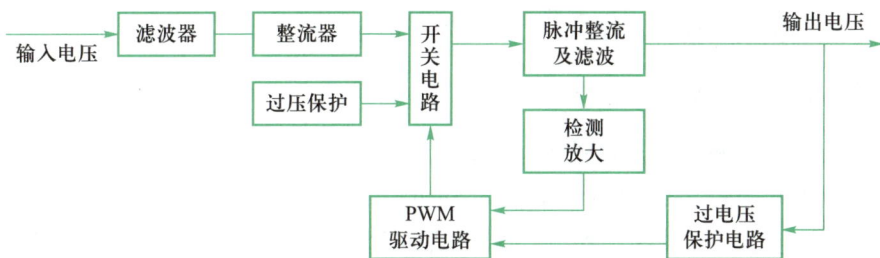

图 11-1-1　开关稳压电源的电路原理图

图 11-1-2　直流开关稳压电源　　　　图 11-1-3　交流开关稳压电源

【想一想】开关稳压电源在新能源汽车中如何应用?

2. 直流开关稳压电源(DC/DC 开关电源)在新能源汽车中的应用

(1) 新能源汽车中动力电池输出的是高于 200 V 的直流高压电,而汽车中的用电设备使用的大多是 12 V 直流低压电,这就需要 DC/DC 开关电源进行电压的降压转换。

图 11-1-4 所示为新能源汽车中 DC/DC 开关电源应用的结构图。

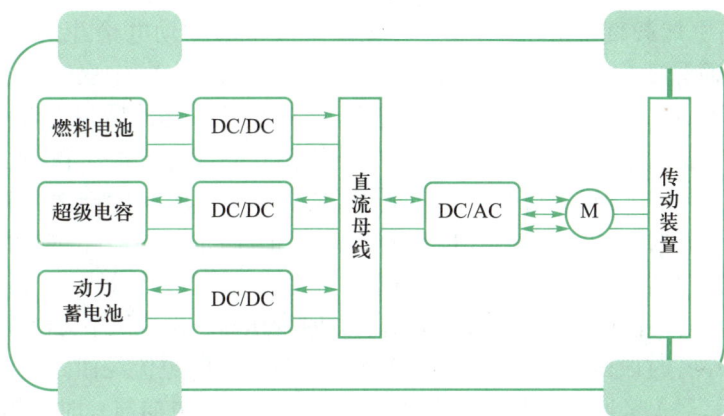

图 11-1-4　新能源汽车中 DC/DC 开关电源应用的结构图

（2）新能源汽车充电过程也需要用到 DC/DC 开关电源。充电设施将电网的三相电整流成直流低压电，滤波后输入给车内 DC/DC 开关电源，经过变换输出直流高压电，二次滤波后为新能源汽车的动力蓄电池充电。

三、半桥式开关稳压电源

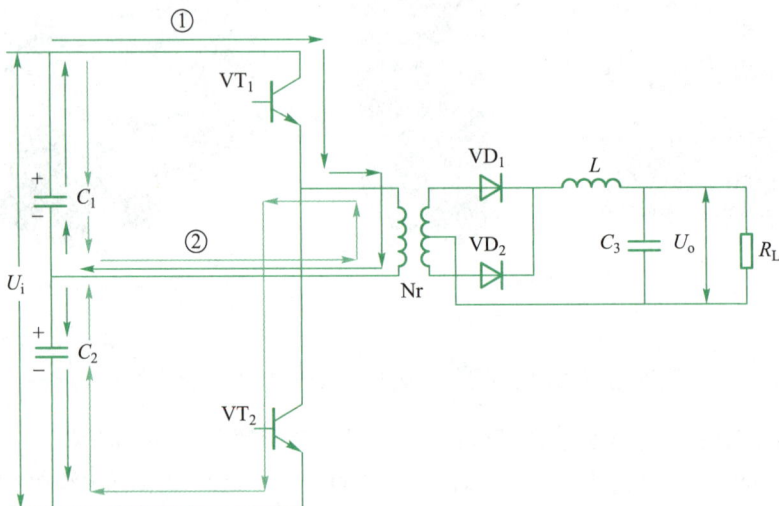

1. 半桥式开关稳压电源的工作原理

半桥式开关稳压电源属于隔离式 DC/DC 开关电源，也是典型的逆变整流型转换器，其逆变电路采用半桥式。半桥式开关稳压电源结合了桥式整流以及开关稳压电源的优点，将直流电逆变成交流电，再经过变压器变换电压等级，在输出侧经过整流和滤波之后输出直流电供负载使用。其工作原理图如图 11-1-5 所示。

（微课）
半桥式开关稳
压电源

图 11-1-5　半桥式开关稳压电源的工作原理图

2. 半桥式开关稳压电路分析

在电路中加载直流电压 U_i，通过脉宽调制（PWM）驱动电路，控制晶体管 VT_1、VT_2 轮流导通和截止，使电容 C_1、C_2 反复充放电，在变压器 Nr 一次绕组上加载一个交变电流，使二次绕组感应出一个交变电流，经过整流和滤波后为负载提供稳定的直流电，输出直流电的大小由 PWM 驱动电路控制开关管的导通占比时间进行控制。VT_1、VT_2 禁止同时导通，否则可能会出现短路烧毁现象。具体工作过程如下。

（1）在 $t_1 \sim t_2$ 时段内，晶体管 VT_1 导通、VT_2 截止，回路①导通，C_1 释放电能，电流经 VT_1 流到变压器 Nr 一次绕组，二次绕组中产生感应电流，同时给 C_2 充电。

（2）在 $t_2 \sim t_3$ 时段内，VT_1 和 VT_2 均截止，此时变压器一次绕组中无电流。

（3）在 $t_3 \sim t_4$ 时段内，VT_2 导通、VT_1 截止，C_2 释放电能，电流经回路②流到变压器 Nr 一次绕组，经 VT_2 回到电源负极，在变压器绕组中电流方向与 t_1 时刻相反，在二次绕组中产生感应电流,同时给 C_1 充电。

(4) 在 t_4~t_5 时段内,VT_1 和 VT_2 均截止,此时变压器 Nr 一次绕组中无电流,完成一个工作周期。

半桥式开关稳压电源有如下特点。

(1) 电路中 C_1、C_2 电容大小相等,每个电容的承受的电压为 $U_i/2$,在 VT_1、VT_2 导通时,承受的电压等于输入电源的一半,因此半桥式开关稳压电源适用于输入电压较高的场合。

(2) VT_1、VT_2 两个开关管交替导通,相当于两个开关稳压电源同时输出功率,具有较高的输出功率,且半桥式开关稳压电源的输出电压的电压脉动系数 S_v 和电流脉动系数 S_i 都很小,输出端只需要很小的滤波电感和电容就可以满足。

(3) 变压器 Nr 一次侧只有一个绕组,方便小功率开关变压器的线圈绕制。

图 11-1-6 所示为半桥式开关稳压电源的工作波形图。

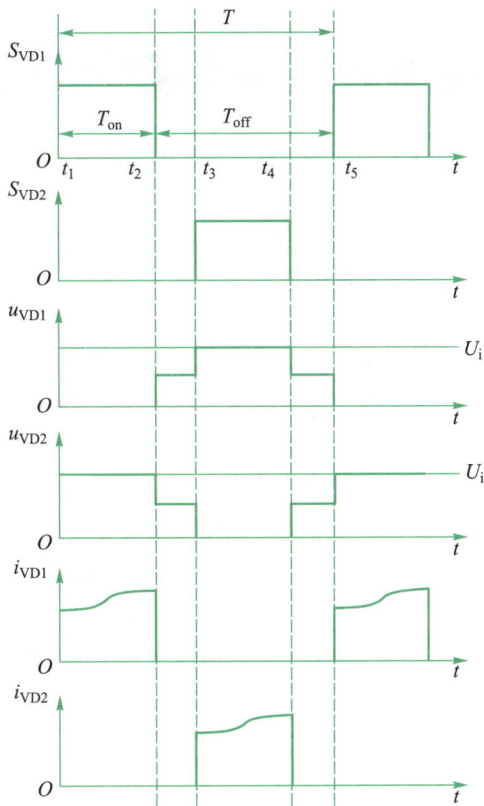

图 11-1-6　半桥式开关稳压电源的工作波形图

知识拓展

桥式整流电路简介

桥式整流也称为桥式整流器,或者称为整流桥堆,其原理是利用二极管的单向导通性进行整流,可将交流电转变为直流电,是整流电路的一种重要组成部分。图 11-1-7 所示为桥式整流电路,其工作原理如下。

(1) 当 U_i 在正半周时,在 VD_1、VD_3 上施加正向电压,VD_1、VD_3 导通;在 VD_2、VD_4 上施加反向电压,VD_2、VD_4 截止。电路中构成 U_i、VD_1、R_L、VD_3 通电回路,在 R_L 上形成上正下负的半波整流电压。

(2) 当 U_i 在负半周时,在 VD_2、VD_4 上施加正向电压,VD_2、VD_4 导通;在 VD_1、VD_3 上施加反向电压,VD_1、VD_3 截止。电路中构成 U_i、VD_2、R_L、VD_4 通电回路,同样在 R_L 上形成上正下负的另外半波整流电压。

按照此过程往复循环,在 R_L 上便得到直流电压,实现了交流电到直流电的转换。

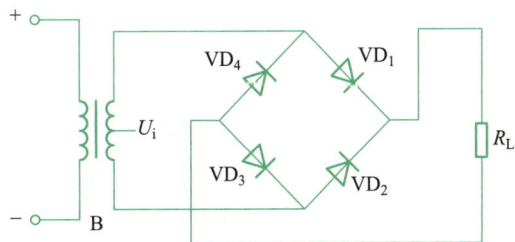

图 11-1-7　桥式整流电路

技能训练

半桥式开关稳压电源电压控制实训

1. 实训器材

可调电压电池模块、DC/DC升压控制实训板、示波器。

2. 操作步骤

（1）用导线连接电源线、搭铁线、示波器等。

（2）打开示波器电源以及电池模块开关。

（3）调节速度旋钮，观察示波器波形。

（4）关闭电池模块开关，关闭示波器电源。

3. 试验探究

（1）探究在频率不变的条件下，输入电压与输出电压的关系。

由输入端波形（图11-1-8）和输出端波形（图11-1-9）可知，输入端电压最大值为_____V，输出端电压最大值为_____V。

总结，DC/DC电路可以将_____直流电转变为_____直流电。（选填低压/高压）

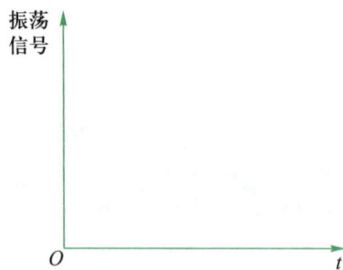

图 11-1-8　输入端波形

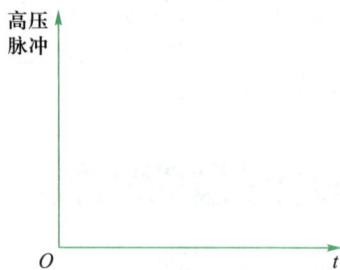

图 11-1-9　输出端波形

（2）探究频率对DC/DC升压电路输入端和输出端电压的影响。

调节速度旋钮，改变低压端振荡信号的频率。在频率较低的条件下，输出端电压的情况是_____；在频率较高的条件下，输出端电压的情况是_____。

课后思考

一、填空题

1. 开关稳压电源可分为_____和_____。

2. 开关稳压电源在新能源汽车中的应用为_____和_____。

3. DC/DC电路的作用是_____。

4. 半桥式开关稳压电源电路的工作原理是将直流电逆变成_____，再经过变压器变换电压等级。

二、选择题

1. 可控桥式整流电路用的是（　　）。
   A. 二极管　　　　B. 晶闸管　　　　　C. 三极管　　　　　D. 晶体管
2. 不可控桥式整流电路用的是（　　）。
   A. 二极管　　　　B. 晶闸管　　　　　C. 三极管　　　　　D. 晶体管
3. 半桥型开关稳压电源结合的桥式整流电路和开关型稳压（　　）的优点。
   A. 电压　　　　　B. 电流　　　　　　C. 电阻　　　　　　D. 电感
4. 半桥型开关稳压电源能够实现（　　）。
   A. 整流　　　　　B. 逆变　　　　　　C. 变压　　　　　　D. 变频
5. 半桥型开关稳压电源电路中要接（　　）个开关器件。
   A. 1　　　　　　B. 2　　　　　　　C. 3　　　　　　　D. 4
6. 半桥型开关稳压电源电路中要接（　　）个二极管
   A. 1　　　　　　B. 2　　　　　　　C. 3　　　　　　　D. 4

三、思考题

半桥式开关稳压电源具有什么优点？

任务评价

完成任务评价表，见表 11-1-1。

表 11-1-1　任务评价表

评价项目	评价内容	要求	配分	评分		
				自评	小组	教师
开关电源	开关稳压电源的概念	理解开关电源的概念、作用	10分			
	开关稳压电源的分类	了解开关电源的分类	10分			
	开关稳压电源在新能源汽车中的应用	了解开关稳压电源在新能源汽车中的应用	10分			
开关稳压电源实训	实训板认知	能正确识别实训板上各零部件	10分			
	电路搭建	能正确连接试验电路	10分			
	试验探究	掌握试验方法，并独立完成试验探究	20分			
完成工作任务的表现	学习态度端正，积极完成工作任务，认真学习相关知识，遵守安全操作规程和劳动纪律，有良好的职业道德和职业素养		10分			

续表

评价项目	评价内容	要求	配分	评分		
				自评	小组	教师
你完成本次工作任务的体会(学到了哪些知识、掌握了哪些技能,有哪些收获):			10分			
总分			100分			
综合评价得分						

任务二　交流电机 SPWM 交－直－交变频调速原理探究

必学必会

1. 交－直－交变频系统。
2. 脉冲宽度调制(PWM)原理。
3. 正弦波脉宽调制(SPWM)变频调速的工作原理。

任务描述及分析

　　交流电机体积小、效率高,技术成熟,在新能源汽车中被广泛应用。交流电机的调速方式主要有两种:一种是改变电机的供电电压(调压);另一种是改变供电频率(调频)。为了保持电机的良好运行性能,在调速过程中,通常调压和调频同时进行,称为变压变频调速(VVVF)。下面通过本任务学习交流电机交－直－交变频调速装置,掌握正弦波脉宽调制(Sinusoidal PWM,SPWM)变频调速的工作原理。

相关知识

一、交－直－交变频系统

　　新能源汽车中的交流电机采用逆变器或变频器作驱动电源,变频装置按照变换环节可以分为交－交变频、交－直－交变频和直－交变频,目前交流电机使用最广泛的就是交－直－交变频系统,如图11-2-1所示。

　　图11-2-1所示的交－直－交变频系统由整流器、滤波系统和逆变器组成,利用逆变器和整流器实现电流制式的转换。其中,整流环节有两种模式:一种是利用可控型整流器调节电压,配合一般的电压型或电流型逆变器调节频率;另一种是采用不可控整流器,配合脉冲宽度调制(Pulse Width Modulation,PWM)逆变器实现电压和

频率的调节,目前后者应用较多。

图 11-2-1　异步交流电机交 – 直 – 交变频系统

　　工作过程:将频率固定的三相(或单相)交流电通过"整流"环节变成直流电,再把直流电通过"逆变"环节变成频率可调的三相交流电,连上交流电机,就可以控制交流电机转动。整个过程的关键技术是"逆变",目前通用变频装置几乎全部都采用脉冲宽度调制(PWM)技术。

　　【想一想】想一下交流电机还有哪些其他的变频调速技术?

二、正弦波脉宽调制技术

1. 脉冲宽度调制技术

　　脉冲宽度调制(PWM)技术是利用模拟控制技术调节脉冲系列宽度来产生可控直流或交流电的技术,通过控制开关元件导通时间占比来调整输出电压和频率。随着电子技术的发展,PWM 技术得到了较大突破,如相电压控制 PWM、脉宽 PWM、随机 PWM 和 SPWM(Sinusoidal PWM,正弦波脉宽调制)技术,已经成为电子技术的一个重要分支,广泛用于各种类型电机的变频调速中。PWM 技术较典型的应用是在交 – 直 – 交逆变电路中,称为脉宽型逆变器。

2. 正弦波脉宽调制技术

　　正弦波脉宽调制(SPWM)是一种较成熟的、使用较广泛的 PWM 技术。基于 PWM 技术原理,以正弦波信号 u_S 作为参考信号,用一个三角波信号 u_t 与正弦波信号电压进行比较,当正弦波信号大于三角波信号时就向 MOSFET 的栅极输出触发电压 u_G;反之,则无电压输出,负半周也如此,可以得到幅值相等宽度按正弦规律变化的脉冲电压(也称为正弦波),控制 MOSFET 按照正弦规律导通,如图 11-2-2 所示。在正弦波脉冲的控制下,SPWM 变频调速系统输出的也是正弦规律的脉冲电压,其面积与某一正弦交流电 u_{sf} 相等。因此,用正弦波脉宽调制的方法控制电机转速与正弦交流电效果一致。

微课
交流电机
SPWM 交 - 直 -
交变频调速

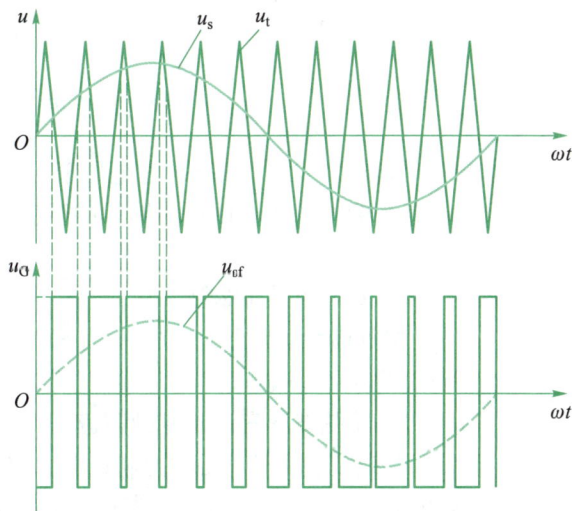

图 11-2-2　正弦波脉宽调制(SPWM)技术原理

🔧 **知识拓展**

1. 面积等效原理

冲量相等而形状不同的窄脉冲加在具有惯性环节上时,其效果基本相同。冲量是指窄脉冲的面积;这里的效果基本相同,是指环节的输出响应波形基本相同。图 11-2-3 是形状不同而冲量相等的各种窄脉冲,它们加在图 11-2-4 中的惯性环节上。

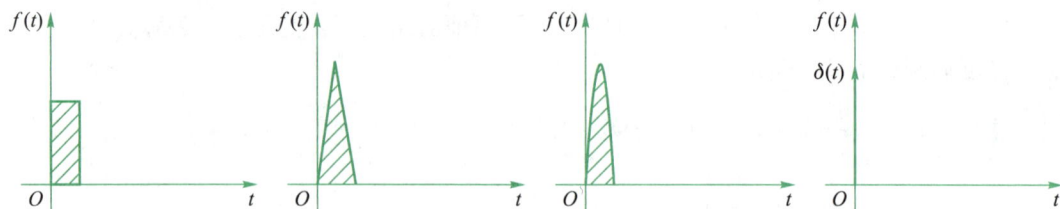

图 11-2-3　形状不同而冲量相等的各种窄脉冲

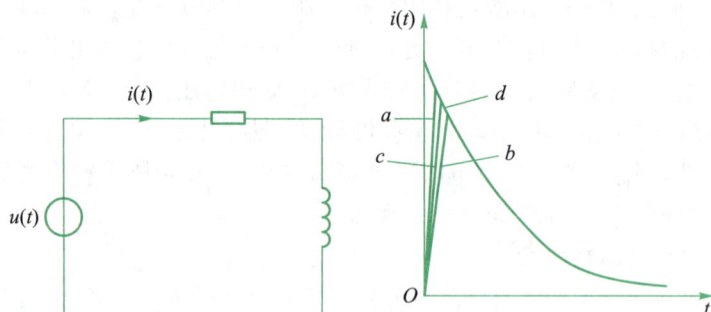

图 11-2-4　冲量相等的各种窄脉冲的响应波形

在图 11-2-4 中,$u(t)$ 为电压窄脉冲,是电路的输入,$i(t)$ 为输出电流,是电路的响应。可以发现,4 种不同形状的窄脉冲由于冲量相等,在同一电路中,其效果基本相同。

2. 脉冲等效正弦波

根据面积等效原理(图 11-2-5),可以使用脉冲等效正弦波,有两种方法:等宽不等幅、等幅不等宽。

3. 正弦波脉宽调制变频调速

若改变参考信号 u_S 的幅值,则生成正弦波脉冲 u_C 的宽度会发生改变,从而改变输出电压的大小;若改变参考信号 u_S 的频率,则正弦波脉冲 u_C 的正负交变频率也会改变,进而改变输出脉冲的交变频率。因此,利用正弦波脉宽调制控制交 – 直 – 交逆变器就可以实现交流电机的变压变频调速(VVVF)。

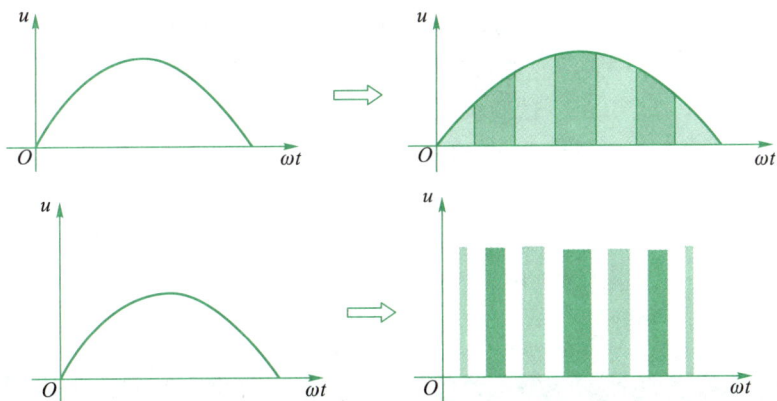

图 11-2-5 正弦波面积等效原理

图 11-2-6 是正弦波脉宽调制变频调速的工作原理图。图中 VT_1、VT_2、VT_3、VT_4、VT_5、VT_6 是逆变器的 6 个开关器件,各由一个续流二极管反并联连接,整个逆变器由三相整流器提供的恒直流电压供电。参考信号发生器生成参考信号和三角载波信号,其频率决定逆变器输出的基波频率,且在所要求的输出频率范围内可调。

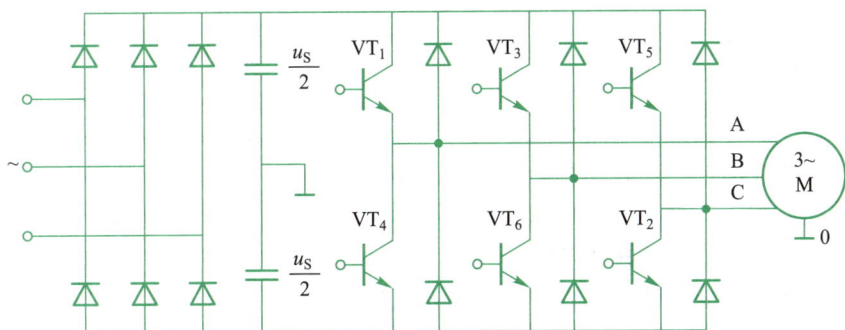

图 11-2-6 正弦波脉宽调制变频调速的工作原理图

技能训练

正弦波脉宽调制(SPWM)变频调速原理实训

1. 实训步骤

(1) 接通设备电源,关闭电机开关,调制方式设定在 SPWM 方式(控制部分的 S、V、P 的 3 个端子都悬空),开启电源开关。

(2) 按下"增速"按键,将频率设定在 0.5 Hz,在 SPWM 部分观测三相正弦波信号(在测试点 2~4)、观测三角载波信号(在测试点 5),以及 SPWM 调制输出信号(在测试点 6~8);再按下"转向"按键,改变转动方向,观测上述各信号的相位关系变化。

(3) 逐步升高频率,直至到达 50 Hz 处,重复以上的步骤。

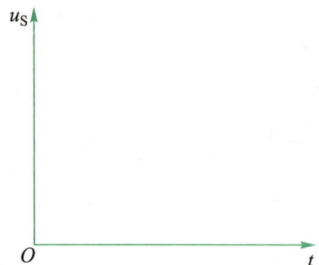

图 11-2-7 SPWM 调制输出波形

（4）将频率设置为在 0.5~60 Hz 范围内改变，在测试点 2~4 中观测正弦波信号的频率和幅值的关系。

2. 试验探究

（1）画出 SPWM 调制输出波形（图 11-2-7），并说明 SPWM 变频调速的基本原理。

（2）在频率 10~50 Hz 范围内，检测电机转速，取 8 组数据填入表 11-2-1 中。

表 11-2-1 电机调速数据表

序号	1	2	3	4	5	6	7	8
频率 /Hz								
电压 /V								
转速 /(r/min)								

课后思考

一、选择题

1. PWM 就是（　　　）调制技术。
　A. 脉冲　　　　　B. 频率　　　　　　C. 混合型　　　　　D. 脉宽
2. 交 – 直 – 交变频装置的核心环节是（　　　）。
　A. 整流　　　　　B. 逆变　　　　　　C. 变压　　　　　　D. 变流
3. 面积等效原理就是将直流脉冲等效成交流（　　　）。
　A. 正弦波　　　　B. 余弦波　　　　　C. 方波　　　　　　D. 脉冲波
4.（　　　）相等而形状不同的窄脉冲加在具有惯性环节上时，其效果基本相同。
　A. 面积　　　　　B. 体积　　　　　　C. 冲量　　　　　　D. 幅值
5.（　　　）为窄脉冲的面积。
　A. 曲线　　　　　B. 波形　　　　　　C. 幅值　　　　　　D. 冲量

二、判断题

1. 目前中、小容量的通用变频装置几乎全部都采用 PWM 逆变技术。　　　（　　　）
2. SPWM 波形就是正弦波 PWM 波形。　　　　　　　　　　　　　　　（　　　）

任务评价

完成任务评价表，见表 11-2-2。

表 11-2-2 任务评价表

评价项目	评价内容	要求	配分	评分		
				自评	小组	教师
交-直-交变频系统	交-直-交变频系统的概念	理解交-直-交变频系统的概念	10分			
	交-直-交变频系统的组成及工作原理	掌握交-直-交变频系统的组成及工作原理	10分			
正弦波脉宽调制（SPWM）技术	脉宽调制（PWM）技术的概念及分类	理解脉宽调制技术的概念及分类	10分			
	正弦波脉宽调制技术的电路原理	掌握正弦波脉宽调制技术的电路原理，并能进行分析	10分			
	面积等效原理	理解面积等效原理	10分			
正弦波脉宽调制变频调速原理实训	实训设备认知	能正确识别各实训设备	10分			
	试验操作	能正确连接试验电路	10分			
	试验探究	掌握试验方法，并独立完成试验探究	10分			
完成工作任务的表现	学习态度端正，积极完成工作任务，认真学习相关知识，遵守安全操作规程和劳动纪律，有良好的职业道德和职业素养		10分			
你完成本次工作任务的体会(学到了哪些知识、掌握了哪些技能，有哪些收获)：			10分			
总分			100分			
综合评价得分						

任务三 三相交流异步电机变频调速控制原理及应用

必学必会

1. 三相交流异步电机变频调速原理。
2. 三相交流异步电机变频调速控制系统的组成及工作原理。

任务描述及分析

三相交流异步电动机发明于 1889 年。一经问世，便以其结构简单坚固、价格低廉而迅速地在电力拖动领域独占鳌头，其广泛应用于机床、起重机、鼓风机、水泵、新能源汽车等。由于三相交流异步电机应用工况较为复杂,需要调节转速以适应不同的运动情况。下面通过本任务学习三相交流异步电机的工作原理,掌握三相异步电机变频调速控制系统的组成及工作过程。

相关知识

微课
三相交流异步
电机变频调速

一、三相交流异步电机变频调速原理

三相异步电机的变频调速是通过改变电动机定子绕组供电的频率来达到调速的目的,当在定子绕组上接入三相交流电时,在定子与转子之间的空气间隙内产生一个旋转磁场,它与转子绕组产生相对运动,使转子绕组产生感应电动势,出现感应电流,此电流与旋转磁场相互作用,产生电磁转矩,使电动机转动起来。

电动机磁场的转速称为同步转速,用 n_1 表示,即

$$n_1 = 60f/p \qquad (11-3-1)$$

式中,f 为三相交流电源频率,一般为 50 Hz;p 为磁极对数。

当 $p=1$ 时,$n_1=3\ 000$ r/min;当 $p=2$ 时,$n_1=1\ 500$ r/min。

由式(11-3-1)可知,磁极对数 p 越多,转速 n_1 就越慢。转子的实际转速 n 比磁场的同步转速 n_1 要慢一点,所以称为异步电机,这个差别用转差率 s 表示,即

$$s = \left[\frac{n_1 - n}{n_1}\right] \times 100\% \qquad (11-3-2)$$

再加上电源,转子尚未转动瞬间,$n=0$,这时 $s=1$;启动后的极端情况 $n=n_1$,则 $s=0$,即 s 在 0~1 之间变化。一般异步电机在额定负载下 $s=1\%\sim6\%$。综合式(11-3-1)和(11-3-2)可以得出

$$n = (1-s)\,60f/p \qquad (11-3-3)$$

从式(11-3-3)中可以看出,调节三相异步电机的转速有 3 种方案,即改变转差率 s、磁极对数 p 及频率 f。由于成品电机的磁极对数 p 已经确定,转差率 s 变化不大,则电动机的转速与电源频率 f 成正比,由此改变输入电源的频率就可以改变电动机的同步转速,进而达到异步电机调速的目的,这种变频调速的方法在各种异步电机调速系统中效率最高,同时性能最好,是交流调速系统的主要研究和发展方向。

但是,为了保持在调速时,电动机的最大转矩不变,必须维持电动机的磁通量恒定,因此定子的供电电压也要做相应调节。

【想一想】想一下直流电机如何进行调速?

二、三相交流异步电机变频调速控制系统的组成

三相交流异步电机变频调速控制系统由变频器、速度采集显示器和励磁电源系统组成,变频器是核心。变频器可将工频电源转换成各种频率的交流电,实现三相

异步电机的控制。目前应用较为广泛的为交－直－交变频调速。三相交流异步电机变频调速控制系统电路原理图如图 11-3-1 所示。

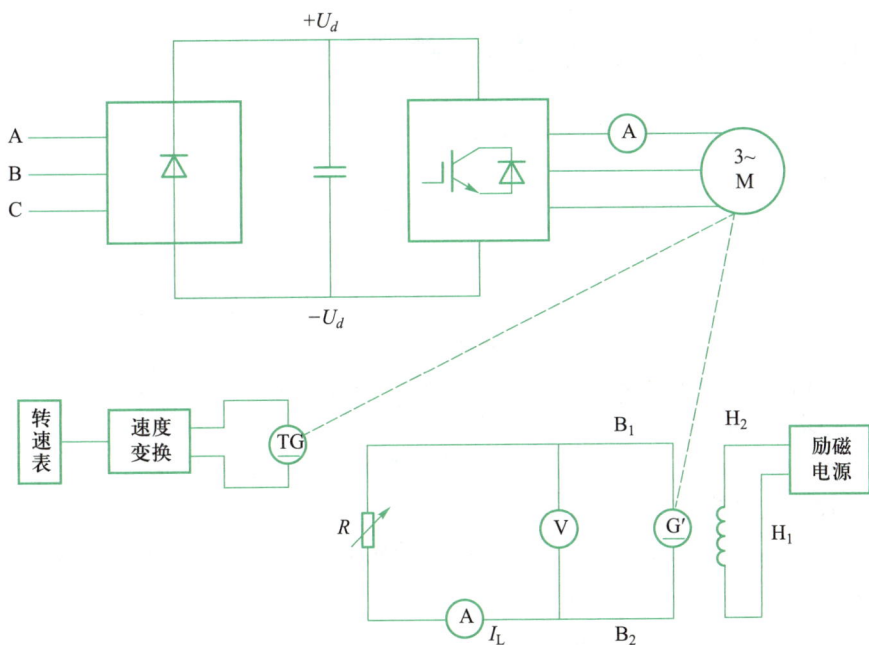

图 11-3-1　三相异步电机变频调速控制系统电路原理图

知识拓展

永磁同步电机调速原理

永磁同步电机由于体积小、质量轻、传动惯性小且功率密度高,同时具有较高的转矩惯量、较强的过载能力,因此在新能源汽车行业得到了广泛应用。永磁同步电机调速方法主要有以下 3 种。

1. 矢量控制

矢量控制一般有 $i_d=0$ 控制、最大转矩／电流比控制和弱磁控制 3 种控制策略。矢量控制结构简单,控制软件容易实现,已被广泛应用到调速系统中。但是矢量控制也存在一些不足:一是转子磁链的准确检测存在一定的难度,永磁同步电机的参数变化影响较大;二是采用了矢量旋转变化,系统计算比较复杂。

2. 直接转矩控制

直接转矩控制以转矩为受控对象,电压矢量是控制系统唯一的输入,不需要传统矢量控制中复杂的旋转坐标变化和磁链定向,受电机参数变化影响较小,动态性能极佳。

3. 智能控制

随着汽车智能化的发展,目前永磁同步电机的调速系统加入智能控制模型,如模糊控制和神经网络控制等。采用智能控制的永磁同步电机能够实现多环控制,智能控制处于外环,而内环电流和转矩的控制仍采用 PI 控制、直接转矩控制等方法。

技能训练

三相交流异步电机变频调速控制实训

1. 实训器材

三相交流异步电机驱动实训板、电池模块、示波器及导线若干。

2. 操作步骤

(1) 用导线连接电源线、搭铁线连接 GND 端子、示波器连接转速端子等。

(2) 打开示波器电源、打开电池模块开关。

(3) 调节调速旋钮,观察示波器波形,观察转速表转速变化。

(4) 关闭电池模块开关,关闭示波器电源。

注意:在拨"正 / 反"转开关时,需在电机停止的状态下操作。

3. 探究电机转速与调速脉冲信号的关系

接通电源,使用示波器测量转速脉冲信号端子,转动可调电阻旋钮,控制电机转速,观察现象。由此试验可知,_____。

课后思考

一、填空题

1. n 是指电机的_____,f 是指电机的_____,p 是指电机的_____,s 是指电机的_____。

2. 三相交流异步电机的转速与电源_____成正比。

3. 改变电源频率就可以改变电机_____。

二、判断题

1. 三相交流异步电机直接接到电源就可以改变转速。　　　　　　　(　　)

2. 三相交流异步电机的转速与电源频率无关。　　　　　　　　　(　　)

3. 改变电源频率就可以改变三相交流异步电机的转速。　　　　　(　　)

任务评价

完成任务评价表,见表 11-3-1。

表 11-3-1　任务评价表

评价项目	评价内容	要求	配分	评分		
				自评	小组	教师
三相交流异步电机变频调速	三相交流异步电机变频调速原理	理解交－直－交变频系统概念	20分			
	三相交流异步电机变频调速系统的组成	掌握交－直－交变频系统组成及工作原理	20分			
三相异步电机变频调速控制实训	实训设备认知	能正确识别各实训设备	10分			
	试验操作	能正确连接试验电路	10分			
	试验探究	掌握试验方法，并独立完成试验探究	20分			
完成工作任务的表现	学习态度端正，积极完成工作任务，认真学习相关知识，遵守安全操作规程和劳动纪律，有良好的职业道德和职业素养		10分			
完成本次工作任务的体会（学到了哪些知识、掌握了哪些技能、有哪些收获）：			10分			
总分			100分			
综合评价得分						

参考文献

[1] 张宪.万用表使用从入门到精通[M].北京:化学工业出版社,2021.

[2] 贺令辉.电工仪表与测量[M].3版.北京:中国电力出版社,2023.

[3] 陈铖彬.电动汽车开发的关键技术及发展路线浅析[J].科技创新与应用,2017(8):1.

[4] 唐勇,王亮.新能源汽车电气技术[M].北京:人民交通出版社,2017.

[5] 蒋智忠.电位计算和基尔霍夫定律教学难点的突破策略[J].广西教育,2021,1186(10):146-147.

[6] 王旭.新能源电动汽车关键技术发展现状与趋势[J].汽车实用技术,2021,46(7):13-15.

[7] 王志敏,刘皓宇.汽车电工电子技术[M].3版.北京:高等教育出版社,2022.

[8] 程勇.电工技术[M].北京:北京邮电大学出版社,2019.

[9] 唐程山.电子技术基础[M].2版.北京:高等教育出版社,2012.

[10] 余红娟.模拟电子技术[M].北京:高等教育出版社,2013.

[11] 朱定华,蔡红娟,蔡苗.模拟电子技术[M].北京:清华大学出版社,2013.

[12] 张媛,何春燕.电工电子技术[M].西安:西安电子科技大学出版社,2016.

[13] 张楠,王艳,郭靖.新型CMOS大数逻辑门电路的设计[J].微电子学与计算机,2021,38(2):77-82.

[14] 李永际.移位寄存器控制的流水灯设计[J].电子技术,2022,51(6):12-14.

[15] 冯津.新能源汽车电力电子技术[M].北京:机械工业出版社,2020.

[16] 高有华.电工技术[M].3版.北京:机械工业出版社,2019.

[17] 秦曾煌,姜三勇.电工学:电工技术[M].北京:高等教育出版社,2009.

[18] 康龙云,令狐金卿.新能源汽车与电力电子技术[M].北京:机械工业出版社,2022.

读者意见反馈

为收集对教材的意见建议,进一步完善教材编写并做好服务工作,读者可将对本教材的意见建议通过如下渠道反馈至我社。

咨询电话　400-810-0598

反馈邮箱　gjdzfwb@pub.hep.cn

通信地址　北京市朝阳区惠新东街4号富盛大厦1座
　　　　　高等教育出版社总编辑办公室

邮政编码　100029